漢代畫像石綜合研究

信立祥 著

上海古籍出版社

图书在版编目(CIP)数据

汉代画像石综合研究 / 信立祥著. -- 上海：上海古籍出版社, 2024. 11. -- ISBN 978-7-5732-1429-4

Ⅰ. K879.42

中国国家版本馆CIP数据核字第2024V59K18号

汉代画像石综合研究

信立祥　著

上海古籍出版社出版发行

(上海市闵行区号景路159弄1-5号A座5F　邮政编码201101)

（1）网址：www.guji.com.cn
（2）E-mail：guji1＠guji.com.cn
（3）易文网网址：www.ewen.co

苏州市越洋印刷有限公司印刷

开本787×1092　1/16　印张24.5　插页4　字数477,000

2024年11月第1版　2024年11月第1次印刷

ISBN 978-7-5732-1429-4

K·3755　定价：138.00元

如有质量问题，请与承印公司联系

序言

　　汉画像石是当时社会面貌的具体描绘，但却综合着政治制度、社会关系、生产能力、战争方式、道德观念、精神信仰以及艺术水平等各方面内容，被人们看作是汉代历史的画卷，对汉文化的研究具有特殊且重要的地位。

　　北宋末年，赵明诚在《金石录》中著录了山东嘉祥武氏祠的榜题。南宋的洪适在《隶续》中又收录了武氏祠的部分图像摹本及更多的汉画像石榜题。以此为开端，汉代画像石成为金石学的研究内容。金石学的研究目的是"证经补史"，所以这种早期研究的重心是对其榜题内容的考释。但汉画像石既是一种画卷，仅用"证经补史"的方法来研究就远远不够。然而要跨越"证经补史"的局限再前进一步，尚有待于史学研究认识的提高。

　　等到这个时机出现，转眼间时间已过去了好几百年。19世纪中叶，对研究古代历史产生转折意义的考古学在欧洲诞生了。20世纪初，日本也开始了近代考古学研究。在这种学术背景下，20世纪初叶，法国的沙畹、色伽兰以及日本的关野贞等人，调查了山东、河南、四川等地的汉画像石，刊印出了一些照相制版的勘察记录。从此，汉代画像石成为美术史和考古学的研究内容，并日益受到重视。新中国建立后，从20世纪50年代起全国各地的考古工作得到了巨大发展，在半个世纪的时间内，山东、河南、安徽、江苏、湖北、四川、山西、陕西、甘肃、云南、浙江等地，不断有汉画像石出土，其总数已达1万块以上。面对如此惊人的众多资料，要真正看懂画像内容，自然应先做好基础性的分类工作。于是，首先关心的就是以下这两个问题。

　　一是根据已发现的完整墓室（含崖墓和石棺）、石祠堂、石阙上各类画像的分布位置，探索各类画像的具体内容及其相互关系。当在这方面得到了基本的规律性认识后，就可以将各地所出大量的零散画像石组合成同一单位，复原其本来面貌。

　　二是对各地的汉代画像石进行分区和年代学研究，寻找出汉画像石的发展谱系。

　　此外，对画像内容的解释，当然也一直受到大家的关注；而且，以上几个方面的工作当然也是同时和交错进行的。不过，如果从理解汉画像石的历史过程来说，弄清楚不同画像内容的原来分布位置和分区以及年代问题，则一定是最具基础性的。

　　关于第一种研究，20世纪40年代时美国人费慰梅已经开始对武氏祠画像作了复原研究，20世纪80年代时蒋英炬更成功地完成了这项重要的研究；但大家都还来不及对各类画像石的原有布置规律作出全面研究和阐述。至于分区、分期研究，由于在整个中国考古学的研究中，这种方法要到20世纪80年代才真正成熟，在此以前，当然不会系统进行。信立祥君是在20世纪70年代至80年代之际开始研究汉画像石的。在当时，自然首先着重研究分区、分期问题；同时也注意到了汉画像石内容的组合问题。他从1979年开始，第一步是从四川、湖北着手，然后又至河南、山东、安徽、江苏以及山西、陕西等地，仔细观察了数千块汉代画像石，完成了《汉画像石的分区与分期研究》一文，并以这篇论文取得了北京大学1982年的硕士学位（此文1989年正式发表时，又经一定修改）。这是汉画像石研究史上第一篇系统研究，也是为其分区、分期研究打下可信基础的论文。此后，他继续以主要精力研究汉画像石，尤其是着重研究了汉墓上石祠堂的画像、汉墓壁画、孔望山汉代东海庙址摩崖造像中的道教造像等问题，并发表了一系列研究论文。后来，当其1994年至1996年在日本茨城大学讲学期间，又挤出时间，完成了《中国汉代画像石の研究》一书（1996年3月日本东京同成社出版），对汉画像石作了更全面的论述，并因此书而获得了东京大学文学博士学位。因其写作此书时还有讲课任务，时间比较紧迫，所以在完成后三年中，又对此书作了全面修改。如就汉画像石研究的专著而言，现在完成的全稿，无疑是最全面、最系统的一本。如就汉画像石的研究历程来说，则正反映了20世纪以来关于汉画像石内容分类及其在同一单位内的相互关系，尤其是关于分区、分期研究已经取得的成就。

具体的科学研究，离不开科学整体研究水平的制约。今天，考古学研究的整体研究水平，早已从分类阶段进入到解释阶段；对考古学遗物的研究，其重心也已从物质文化领域的说明逐渐向探讨精神形态领域转移。在汉代考古的研究中，学界近年来也慢慢认识到两汉文化之所以发生阶段性的变化，除了生产能力和社会结构变化的影响外，意识形态的变化是至关紧要的。汉画像石产生于西汉中期，至西汉晚期得到迅速发展，东汉中期以后达到其繁盛期。这一历史现象与汉武帝时董仲舒提倡的儒家思想占据了社会思潮的主流地位有密切关系，甚至可以说这是汉画像石出现和日益发达的根本原因。东汉中期以后，道教及当时还依附于道教的佛教信仰也迅速发展起来，汉画像石及同时期的墓室壁画中表现这种信仰的内容，也相应扩大。这种变化的线索虽已清楚，具体的阐述却还很不够，这肯定是以后研究会着重探讨的内容。

1995年11月6日，在日文版《中国汉代画像石の研究》出版前不久，我曾为该书写了一个短序。现在此书又将出版，我又写了这个序言，并特意写了上面的最后一段话，无非是希望信立祥君和其他热心于研究汉代画像的学者在今后能注重探讨汉画像中隐藏的精神世界。这可能是最难寻找的，但这恰恰是汉画像的灵魂！

俞伟超
1999年7月30日凌晨于北京小石桥寓所

目次

序言（俞伟超） 1

第一章 / 汉画像石的发现和研究简史 1

第二章 / 汉画像石的区域分布和产生的社会背景 13

第三章 / 汉画像石的艺术表现手法 23

  第一节 汉画像石的制作过程 25
  第二节 汉画像石的雕刻技法 30
  第三节 汉画像石的构图方式 45
  第四节 汉画像石的画像题材分类 62

第四章 / 墓地祠堂画像石 67

  第一节 墓地祠堂建筑及其画像的由来 69
  第二节 祠堂后壁楼阁拜谒图的内容和意义 89
  第三节 幽明两界的车马出行图 110
  第四节 表现人间现实世界的画像 125
  第五节 表现仙人世界和祠主升仙的图像 151
  第六节 表现诸神天上世界内容的画像 171
  小 结 194

第五章 / 地下墓室画像石 197

  第一节 地下墓室画像石的由来 199
  第二节 滥觞期的画像石墓及其画像 207
  第三节 成熟期的墓室画像石 240
  小 结 301

第六章 / 石阙画像　303

第七章 / 墓室画像与祠、阙画像之间的关系　335
　　　　第一节　地下之"堂"与地上之"堂"　337
　　　　第二节　"都亭""驿"与祠堂的关系　339
　　　　第三节　河、桥以及桥上交战图的图像学意义　346
　　　　小　结　350

第八章 / 江苏连云港孔望山的摩崖画像　351
　　　　第一节　道教人物画像　353
　　　　第二节　佛教内容画像　362
　　　　第三节　孔望山摩崖画像的雕造年代和性质　365

第九章 / 汉画像石各分布区间的交流和影响　371

结束语　379

后　记　385

第一章

汉画像石的发现和研究简史

所谓汉画像石，实际上是汉代地下墓室、墓地祠堂、墓阙和庙阙等建筑上雕刻画像的建筑构石。其所属绝大多数为丧葬礼制性建筑，因此，在本质意义上汉画像石是一种祭祀性丧葬艺术。中国古代，"国之大事，在祀与戎"[1]，当时社会上最优秀的物质和精神产品，通常都首先用于祭祀和战争。就这点来说，汉画像石无疑应是汉代美术艺术的精华。作为一种历史现象，从西汉晚期到东汉末，伴随着疯狂涌动的厚葬风潮，汉画像石在社会上流行了近3个世纪之久。主要由画像石、画像砖和墓室壁画所代表的汉代美术，不仅是汉以前中国古典艺术发展的巅峰，而且对汉以后的艺术也产生了巨大而深远的影响，在中国美术史上占有承前启后的重要地位。特别是汉画像石，不仅分布地域广，发现数量大，而且艺术成就巨大。它以现实主义的手法，生动地再现了汉代社会生活的各个方面；用浪漫主义的手法，妙趣横生地描绘了汉代人的鬼神信仰和理想追求。可以毫不夸张地说，在中国美术史上，汉画像石是一座不朽的丰碑，是一部精深博大的史诗。随着研究工作的深入，汉画像石作为研究汉代历史和中国古代美术史的第一手资料越来越为学界所珍重。

汉画像石的发现和研究大体经历了三个阶段。

第一个阶段为金石学阶段，时间上大体从北宋末年到20世纪初。

作为一种明显的地理标志，矗立在墓地中的汉代石祠及其画像，最先受到战争史家和地理学家的注视。东晋末年，戴延之在《西征记》中首次记载了今山东地区鲁恭［按：此字应为峻，据碑文，鲁峻卒于汉灵帝熹平元年（172），葬于熹平二年（173）］墓前的石祠、石庙及其画像，称其画像内容有"忠臣、孝子、贞妇、孔子及弟子七十二人形象"，像旁有铭刻题榜[2]。这是今天所能见到的关于汉画像石的最早记载。北魏末年，郦道元在《水经注》中记述了今山东、南阳等地李刚、鲁峻、胡著等人的石祠及其画像[3]。但这些石祠及其画像，都是作者在记述水道和地理形势时作为地理标志而写进著作中的。汉代墓室画像石的著录，最早见于北宋元祐年间（1086～1094）沈括所著的《梦溪笔谈》。该书卷十九有一段关于朱鲔墓石刻画像的记述："济州金乡县发一古冢，乃汉大司徒朱鲔墓。石壁皆刻人物、祭器、乐器之类。人之衣冠多品，有如今之幞头者，巾额皆方，悉如今制，但无角耳。妇人亦有如今之者，如近年所服角冠，两翼包而下垂及肩，略无小翼。人情不相远，千余年冠服已常如此。其祭器亦有类今之食器者。"语虽简约，但从其对画像细部把握的准确和古今比较时语气的肯定来看，沈括很可能实地观察过该墓的画像石，至少曾仔细观看过该墓画像石的拓片。大约与此同时，著名书画家米芾在

---

[1]《左传·成公十三年》。
[2] 见《水经注》济水条引文。
[3]《水经注》济水、泚水条。

《画史·唐画》中也记载了朱浮（疑为朱鲔）墓的车马出行图及其铭刻题榜。但这两则关于汉代墓室画像石的记述都是缘事而发，并非学术性著录。

北宋中期以后，随着金石学的兴起，一些金石学家开始有目的地收集和著录汉画像石。北宋末年，金石学家赵明诚"访求藏蓄凡二十年"，积累了大量金石铭刻拓片资料，苦心玩味探索，著成《金石录》一书。全书共三十卷，前十卷为目录，以时代为序，注明藏品的年月及撰书者姓名；后二十卷为跋尾，对藏品进行评论和考订。从书中所记，可知赵明诚收藏了不少汉画像石拓片。其中目录第二百三十九至二百四十三号为"武氏石室画像"一至五卷。卷十九"武氏石室画像"条下跋尾云："右汉武氏石室画像五卷。武氏有数墓，皆在今济州任城，墓前有石室，四壁刻古圣贤画像，小字八分书题记姓名，往往为赞其上，文辞古雅，字画遒劲可喜，故尽录之，以资博览。"这是有关武氏祠画像的最早著录。由于该书对画像石的记述过于简略，读者很难通过其描述了解画像的具体内容。从书中对画像石的评述可以看出，主观欣赏的比重远远大于客观研究。真正意义上的汉画像石研究著述，始于南宋洪适的《隶释》及其序篇《隶续》。成书于乾道二年（1166）的《隶释》一书，不仅收录了比《金石录》更多的汉画像石的题榜刻铭，而且增加了对画像内容的描述和简单考证。如在卷十六的"武梁祠画像"条云："右武梁祠画像为石六，其五则分为二，梁高行、蔺相如二段又广于他石。所画者古帝王、忠臣、义士、孝子、贤妇，各以小字识其旁，有为之赞文者。其事则《史记》、两汉史、《列女传》诸书，合百六十有二人，有标题者八十七人，其十一人磨消不可辨，又有鸟兽、草木、车盖、器皿、屋宇之属甚众。"稍后成书的《隶续》卷五、卷六，收录摹写了包括武氏祠在内的山东、四川等地的许多石祠、碑、阙上的画像，在汉画像石研究中首开编辑出版图录的先例。元明时期，学术废弛，金石学日衰，汉画像石似被遗忘，有关著作寥若晨星。进入清代以后，随着乾嘉学派的兴起，金石学也走向复兴之路，这为汉画像石的发现与研究带来了一个新的发展契机。乾隆五十一年（1786）和乾隆五十四年（1789），金石学家黄易和李克正分别对已被洪水淤积淹埋达数百年之久的武氏祠石刻群进行了发掘，使这批久负盛名的石刻画像重见天日[1]，在学术界再次激起了著录和研究汉画像石的热潮。以这两次发掘为开端，著录和研究汉画像石的金石学著作不断问世，到20世纪初，总数不下数百种。较重要的有黄易的《小蓬莱阁金石文字》、王昶的《金石萃编》、翁方纲的《两汉金石记》、毕沅和阮元的《山左金石志》、冯云鹏和冯云鹓兄弟的《石索》、瞿中溶的《汉武梁祠画像考》、方朔的《枕经堂金石书画题跋》、刘喜海的《金石苑》、陆增祥的《八琼室金石补正》、端方的《陶斋藏石记》等。一些地方志也在金石目中著录了当地发

---

[1] 黄易：《小蓬莱阁金石文字》。

现的汉画像石。

概括这一阶段的特点，一是资料主要来自未经科学调查和发掘的零散画像石，大多数学者甚至只以收集的拓片为依据，因此研究资料几乎全部是地面上散存的石祠、碑、阙的画像，墓室画像石资料几近于无；二是著录和研究偏重题榜铭刻文字和历史故事画像内容的考证，对大量无文字题榜的画像石则很少加以注意。这种研究方法的局限，使金石学家没有也不可能对汉画像石作全面、科学的考察。不过，在汉画像石题材内容，特别是历史故事画像内容的考证方面，不乏精辟之作，如冯氏兄弟和瞿中溶的著作，至今仍有参考价值。

第二个阶段约从20世纪初到60年代，这是一个用近代考古学方法积累汉画像石资料的阶段。

1907年，法国考古学家沙畹[1]和日本古建筑学家关野贞[2]分别调查了山东、河南等地的汉代石祠、石阙及其画像，并出版了印制精美的图录；1914年，法国考古学家色伽兰等人调查了四川嘉陵江和岷江流域的汉代崖墓、石阙及其画像。调查中，他们用近代考古学方法进行了测量和记录，使汉画像石的研究开始走出金石学家的书斋，进入到考古科学的庭院。1933年，当时"中研院"史语所的考古学家主持发掘了山东滕县一座大型画像石墓——传曹王墓[3]。与此同时，河南南阳地区的汉画像石也引起了文化界人士的关注。1930年和1937年，关百益和孙文青相继出版了《南阳汉画像集》[4]《南阳汉画像汇存》[5]，两书共刊布了一百余幅南阳汉画像石拓片，使南阳汉画像石的风貌开始为世人所知。抗日战争期间，撤往四川的原"中研院"和中国营造学社的部分学者，分别调查了四川的彭山、乐山和重庆附近的汉代画像石阙及画像崖墓。20世纪50年代初，傅惜华集中了大量山东地区的汉画像石拓片，编辑出版了《汉代画像全集》初编（1950）、二编（1951）。但直到此时，汉画像石资料的积累还主要是通过调查和捶拓进行的，唯一的一次汉画像石墓的科学发掘，也因资料的丢失而至今没有发表报告[6]。

汉画像石的发现和介绍，激发了国内外文化界人士收集和研究汉画像石的极大兴趣，也引发了一些帝国主义分子和贪婪的古董商人占有和掠卖汉画像石的欲望，致使不少汉

---

[1] Chvannes Eaouard, *la sculpture en chine au temps des deux dynasties Han*, Paris, 1893; Chvannes Eaouard, *Missiou archeoeogi gus dons ea china septentrionale*, Paris, 1909; Chvannes Eaouard, *Les documente chino is decouuverts par Auurel sttein dans les sables du turkestan oriental*, Oxford, 1913.
[2] 关野贞：《支那山东省における漢代墳墓の表飾》，1916年，东京；关野贞：《支那の建築と藝術》，岩波书店，1933年。
[3] 董作宾：《山东滕县曹王墓汉画像残石》，《大陆杂志》第21卷12期，1960年。
[4] 关百益：《南阳汉画像集》，中华书局，1930年。
[5] 孙文青：《南阳汉画像汇存》，金陵大学文化研究所，1937年。
[6] 董作宾：《山东滕县曹王墓汉画像残石》，《大陆杂志》第21卷12期，1960年。

画像石流失到国外。例如，1919年，山西离石马茂庄发现的东汉和平元年（150）左元异墓画像石出土后不久，就被卖到国外[1]。目前，在日本的国立东京博物馆、天理参考馆、白鹤美术馆，英国的大英博物馆，美国的弗利尔美术馆和加拿大的一些博物馆都收藏着不少汉画像石。值得一提的是，这一时期，中国文化革命的主将鲁迅先生也是汉画像石的热心收集者和宣传者。从民国初年起，鲁迅先生就已开始收集山东地区的汉画像石拓片，至20世纪20年代末，已积累了相当数量。南阳汉画像石的最早图录问世后，引起了鲁迅先生的极大兴趣，曾先后多次致函友人托为代购拓片，总数达200余幅。他认为，这种深沉雄大的汉代石刻画，是发展和提高木刻版画艺术的最好借鉴。他说："我已确切相信：将来的光明，必将证明我们不但是文艺上的遗产的保护者，而且也是开拓者和建设者。"[2]鲁迅先生曾计划将收集的汉画像石拓片精品整理出版，可惜因先生于1936年突然逝世，使这一愿望未能实现。

随着新中国的建立，汉画像石资料的积累进入到以科学发掘为手段的时期。1954年山东省沂南县北寨村大型汉画像石墓[3]的发掘，为这一时期揭开了序幕，使汉画像石的调查、发掘和研究，越来越成为汉代考古的重要内容。到20世纪60年代中期止，在山东、苏北、皖北地区，发掘了安丘牟山、福山东留公村、章丘普集镇、睢宁九女墩、铜山的洪楼和茅村、东海昌黎水库、定远坝王庄等处的20多座汉画像石墓；在河南南阳地区，发掘了杨官寺、七里园、襄城茨沟等重要汉画像石墓；在西南的重庆、合川、宜宾、乐山、新津、彭山、成都等地，也调查发掘了相当数量的汉画像崖墓和汉画像石墓，出土了一些有价值的画像石棺；在陕北的绥德、米脂、榆林等地，新发现了一大批汉画像石墓，证明了这里是汉画像石的一个重要分布区。

研究方法亦已不再是简单地著录图像或孤立地进行画像题材内容的考证，而是将汉画像石作为一种历史现象，力图从整体上加以考察。最初，沙畹和关野贞结合汉代丧葬礼制、建筑形制对山东、河南、四川等地石祠、石阙及其画像所做的研究，美国的费慰梅[4]及日本的秋山进午[5]对武氏祠复原的构想，都对汉画像石的研究起了推动作用。在艺术史方面，自日本的大村西崖在《支那美术史雕塑篇》[6]中第一次对汉画像石进行详细

---

[1] 谢国桢：《跋汉左元异墓石陶片拓本》，《文物》1979年11期；高维德：《左元异墓汉画像石浅析》，《汉代画像石研究》，文物出版社，1987年；梁宗和：《山西离石县的汉代画像石》，《文物参考资料》1958年4期；卫聚贤：《汉左表墓石画说明书》，《说文》第一卷，456页。
[2] 鲁迅：《引玉集·后记》，《鲁迅全集》第4卷，人民文学出版社，1992年，第608页。
[3] 曾昭燏、蒋宝庚、黎忠义：《沂南古画像石墓发掘报告》，文化部文物管理局，1956年。
[4] 费慰梅：《汉"武梁祠"建筑原形考》（王世襄译），《中国营造学社汇刊》第7卷第2期。
[5] 秋山进午：《武氏祠堂復原の再検討》，《史林》1963年6期。
[6] 大村西崖：《支那美术史雕塑篇》，东京印刷株式会社，1916年。

介绍后,汉画像石日益成为汉代美术史的最重要的研究对象。在汉画像石本身的研究中,金石学家所忽视的画像雕刻技法此时得到充分重视。沙畹和关野贞是最早对汉画像石的雕刻技法进行分析研究的学者。20世纪30年代,滕固在《南阳汉画像石刻之历史的及风格的考察》[1]一文中,把雕刻技法的分析提到了首位,认为雕刻技法是决定汉画像石艺术风格的最主要因素。他通过与希腊、罗马石刻艺术的对比,把汉画像石的雕刻技法归纳为"拟绘画的"和"拟浮雕的"两大类。这一分类原则,至今仍未失去意义。

此期间内,研究汉画像石的金石学著作,也间有佳作问世,最著名的当首推容庚于1936年出版的《汉武梁祠画像考释》[2]。该书系统而全面地介绍了武梁祠画像石的发现始末、著录研究和拓片流传,并对画像内容进行了详细考证。作者在讨论武梁祠画像的雕刻技法时深刻指出:"欧洲绘画,重在外物之精密观察,其阴阳向背之影,以渲染显之;吾国绘画,重在领会动植物之内在精神,而不求之迹象,其显露物象,乃以线条而不以阴影。观于武梁祠画像,可知吾国画法之所从出。"在汉画像石的研究史上,这是第一次对我国与欧洲美术艺术的异同所作的精辟概括。

但这一阶段的研究,忽视了对社会关系的注意,对汉画像石本身的发展序列,同一建筑内不同内容画像之间联系,特别是墓室画像与祠堂画像之间的有机联系还没有给予注意。因此,这一阶段只能被认为是一个资料的积累阶段。不过,通过这一阶段的研究,汉画像石的地域分布及其雕刻技法、艺术风格特点已被大体搞清,从而为进一步的深入研究奠定了基础。

从20世纪60年代中期起,特别是70年代以来,汉画像石的研究进入到第三阶段,即综合研究阶段。

早在50年代末至60年代初,考古学研究已开始注意到对隐藏在考古资料背后的社会关系的考察,并注意到考古资料所反映出的各地区发展的不平衡性和阶段性。这也正是考古学文化的区系类型和分期断代研究的课题。正是在这种学术思想背景下,考古界开始了汉画像石分区与分期的研究。在此基础上,汉画像石的各个研究领域,诸如画像石的雕刻技法、图像内容的解释和考证、图像的配置规律、各类题材内容画像之间的联系,汉画像石所反映出的汉代礼制、风俗、宗教信仰,汉画像石所属建筑的复原等专项研究也相继展开,汉画像石研究出现了一个佳作不断、异彩纷呈的新局面。

大量新的考古发现为这些研究提供了充分的资料。在河南南阳、鄂北地区,发掘了当阳刘家冢子,邓县长冢店,南阳军帐营、石桥、王寨,唐河电厂、针织厂,方城东关

---

[1] 滕固:《南阳汉画像石刻之历史的及风格的考察》,载《张菊声先生七十生日纪念论文集》,商务印书馆,1937年。
[2] 容庚:《汉武梁祠画像考释》,燕京大学考古社,1932年。

等地点的30余座汉画像石墓,特别是南阳赵寨[1]和唐河石灰窑村墓[2]的发掘,把这一地区汉画像石的出现时间上推到西汉晚期,大大改变了对这一问题的传统看法。在山东、苏北、皖北、豫东地区,发掘了诸城、泰安、嘉祥、肥城、枣庄、阳谷、济南、平邑、微山、滕县、苍山、徐州、铜山、新沂、邳县、赣榆、泗洪、永城、亳县和褚兰等地的40余座汉画像石墓,其中山东临沂庆云山[3]、平阴新屯[4]、江苏徐州万寨[5]、沛县栖山[6]、连云港锦屏山桃花涧[7]、河南夏邑吴庄[8]等地点的多座小型画像石椁墓的发掘,亦将这一地区汉画像石的起源时间追溯到西汉晚期。此外,连云港市孔望山汉代摩崖造像群佛、道教内容的认定,为了解汉画像石社会意识形态方面的内容增加了重要资料[9]。在陕北的绥德、米脂、子洲、神木和晋西地区的离石等地点,也发掘了一批汉画像石墓,其中神木大保当汉画像石墓群[10]出土的一大批画像石,色彩鲜丽如新,是研究汉画像石制作工艺的绝好资料。在四川的宜宾、成都、内江、简阳、彭山、合川和郫县等地点,也发掘了一批汉画像石墓和汉代画像崖墓,得到了一批有研究价值的画像石棺。值得注意的是,在江南的浙江海宁、江苏苏州和镇江等地点,相继发现了一些汉画像石墓,使我们对汉画像石的地域分布有了新的认识。而汉代考古的一些重要新发现,如湖南长沙马王堆1号、3号墓和山东临沂金雀山汉墓出土的彩绘漆棺及帛画,河南洛阳卜千秋墓的壁画配置,都为探讨汉画像石的渊源提供了重要线索。在汉画像石资料的出版方面,也取得了可喜的成绩。不仅报刊杂志上有关汉画像石的发掘报告和简报的数量不断增加,而且各汉画像石主要分布区如山东、徐州、南阳、陕北都出版了印制精美的汉画像石图录,四川的石棺画像、汉阙画像,河南登封三阙画像,山东武氏祠画像和安丘画像石墓也都出版了专集。这一切,都有力地促进了汉画像石研究工作的开展。

从1965年开始,山东、徐州、河南的考古工作者先后著文对这些地区的汉画像石的分布、雕刻技法、艺术风格、题材内容等方面的特点和分期问题进行了探讨。其中蒋英

---

[1] 南阳市博物馆:《南阳县赵寨砖瓦厂汉画像石墓》,《中原文物》1982年1期。
[2] 南阳地区文物队、唐河县文化馆:《河南唐河县石灰窑村画像石墓》,《文物》1982年5期。
[3] 临沂市博物馆:《临沂的西汉瓮棺、砖棺、石棺墓》,《文物》1988年10期。
[4] 济南市文化局文物处、平阴县博物馆筹建处:《山东平阴新屯汉画像石墓》,《考古》1988年11期。
[5] 徐州市博物馆:《徐州汉画像石》,江苏美术出版社,1985年,第6页。
[6] 徐州市博物馆、沛县文化馆:《江苏沛县栖山汉画像石墓清理简报》,《考古学集刊》第二卷,1982年。
[7] 李洪甫:《连云港市锦屏山汉画像石墓》,《考古》1983年10期。
[8] 商丘地区文化局:《河南夏邑吴庄石椁墓》,《中原文物》1990年1期。
[9] 连云港市博物馆:《连云港市孔望山摩崖造像调查报告》,《文物》1981年7期;俞伟超、信立祥:《孔望山摩崖造像的年代考察》,《文物》1981年7期;信立祥:《孔望山摩崖造像中的道教人物考》,《中国历史博物馆馆刊》1997年2期。
[10] 陕西省考古研究所、榆林地区文物管理委员会:《陕西神木大保当第11号、第23号汉画像石墓发掘简报》,《文物》1997年9期。

炬、吴文祺对山东地区汉画像石的产生条件、雕刻技法、分期所作的分析，代表了这一阶段研究的新水平[1]。在这里，有必要回顾一下关于山东苍山元嘉元年（151）汉画像石墓年代问题的讨论。在报告作者把墓的年代误定为刘宋时代以后，考古界同行纷纷著文加以纠正，说明在汉画像石的断代研究方面已达到了相当高的水平。在恢复零散汉画像石的本来面目方面，蒋英炬和吴文祺对武氏祠所作的科学复原[2]，使这批久负盛名的零散祠堂画像石变成了较完整的科学资料；而蒋英炬利用嘉祥出土零散画像石对小祠堂的复原[3]，使我们对汉代墓上祠堂的形制有了新的认识。

与此同时，国外学者也作了许多研究。1965年出版、由日本的长广敏雄主编的《汉代画像的研究》[4]一书，是最早的一部对汉代画像石、画像砖和墓室壁画进行综合比较研究的专著，它的问世，宣告了汉画像石研究新阶段的到来。该书收录的德国学者库劳瓦森从透视学角度分析武梁祠画像构图特点的论文，是一篇立意新颖的佳作。1974年，长广敏雄出版了《南阳的画像石》[5]一书，从题材内容、雕刻技法到艺术风格，对南阳地区汉画像石作了较全面的分析。1986年，日本学者土居淑子出版了汉画像石综合研究力作《古代中国的画像石》[6]，对汉画像石的构图以及五行思想对画像内容的影响作了精辟阐述。各项专题研究也取得了令人瞩目的成果。1966年，日本学者林巳奈夫发表了《东汉时期的车马行列》[7]一文，根据汉画像石和汉画像砖中的大量车马出行图，对汉代的车舆等级制度进行了探讨。这一研究，实际上已经超出了汉画像石研究的范畴而进入到社会史研究的领域。1974年，林巳奈夫发表了题为《汉代的鬼神世界》[8]的论文，第一次对汉画像石中的鬼神信仰内容作了系统的考察，这是迄今所见最精彩的汉画像石研究论文。另一位日本学者曾布川宽先后发表了《昆仑山与升仙图》[9]《向昆仑山的升仙》[10]《汉代画像石中的升仙图谱系》[11]等著名论文，对汉画像石中升仙内容图像的由来、产生和发展作了系统而全面的研究。1991年，日本学者佐原康夫在《汉代祠堂画像考》[12]一文中，对汉代墓上祠堂的性质、画像内容及其配置作了考察。1989年，中国学者巫鸿在美国用英文发

---

[1] 蒋英炬、吴文祺：《试论山东汉画像石的分布、刻法与分期》，《考古与文物》1980年4期。
[2] 蒋英炬、吴文祺：《武氏祠画像石建筑配置考》，《考古学报》1981年2期。
[3] 蒋英炬：《汉代的小祠堂——嘉祥宋山汉画像石的建筑复原》，《考古》1983年8期。
[4] 长广敏雄：《漢代画像の研究》，中央公论美术出版，1965年。
[5] 长广敏雄：《南陽の画像石》，京都大学人文科学研究所研究报告，1974年。
[6] 土居淑子：《古代中国の画像石》，同朋舍出版，1986年。
[7] 林巳奈夫：《後漢時代の車馬行列》，《东方学报》京都版第37册，1966年。
[8] 林巳奈夫：《漢代鬼神の世界》，《东方学报》京都版第46册，1974年。
[9] 曾布川宽：《昆侖山と昇仙図》，《东方学报》京都版第51册，1979年。
[10] 曾布川宽：《昆侖山への昇仙》，中央公论社，1981年。
[11] 曾布川宽：《漢代画像石における昇仙図の系譜》，《东方学报》京都版第65册，1993年。
[12] 佐原康夫：《漢代祠堂画像考》，《东方学报》京都版第63册，1991年。

表了《武梁祠研究——中国早期的绘画艺术观念》[1]一书，在美国学术界引起了相当大的轰动。

从上面的叙述可以看出，这一阶段的汉画像石研究已经取得了很大的成绩，但也存在着明显的不足。例如，对各区域画像石之间的交流及影响还很少有人加以注意和研究；在对汉画像石中的升仙图像进行考察时，由于忽视了汉代礼制对画像内容的影响和不同画像内容之间特别是墓室画像与祠堂画像之间的有机联系，有时将明显是表现祭祀场面的车马出行图也看成墓主升仙图。显然，要进一步将汉画像石研究工作推向深入，就必须克服这些研究上的缺陷。

笔者从事汉画像石研究始于1979年。当时，我正在北京大学历史系考古专业由俞伟超先生指导读硕士研究生课程。本来，最初的研究课题是"汉代墓葬所反映的社会等级制度"。当年秋，一个偶然的机会，我随俞伟超先生考察了四川乐山的麻浩崖墓和柿子湾崖墓，深深为其宏大的气势和精美的石刻画像所打动。回校后，经俞伟超先生同意，决定将研究课题改为"汉画像石的分区与分期研究"。为了完成课题研究，自1979年至1982年，我相继考察了四川、河南、山东、苏北、湖北、皖北和陕北地区的汉画像石，并在俞伟超先生指导下写成了《汉画像石的分区与分期研究》[2]一文。使我极为感动的是，在论文答辩时，已多年卧病在家的阎文儒教授看了我的论文，不顾劝阻，坚持拄杖参加论文答辩会，他不是答辩委员，却用左手艰难地写了评语。在答辩会上，他用黯然神伤的口气语重心长地对我说："希望你继续深入研究这个课题，将来写出一部专著。可惜，我可能活不到那一天了。"正是阎文儒先生的殷切嘱托，使我始终没有放弃汉画像石研究这一课题。近二十年来，我先后观察了四川省博物馆（现四川博物院）、山东博物馆、南阳汉画馆、徐州汉画馆、连云港市博物馆、陕西省考古所（现陕西省考古研究院）以及山东邹县、滕县、嘉祥、济宁、益都、蓬莱、福山、青岛和安徽亳县等地文物部门收藏的3 000块以上的零散画像石，还实地观察了四川乐山的汉画像崖墓，河南唐河的冯孺久墓、针织厂墓、南阳的中原机械学校墓、密县打虎亭墓、著名的登封三阙，江苏铜山茅村墓，山东安丘墓、嘉祥武氏祠石刻群和安徽亳县董园村2号墓等墓、阙上的石刻画像，调查和实测了四川乐山麻浩崖墓、柿子湾崖墓、江苏邳县燕子埠缪宇墓、连云港孔望山摩崖造像群，安徽宿县褚兰墓和山东长清孝堂山祠堂等汉代画像石墓、祠堂和摩崖造像。在较充分掌握资料的基础上，我分专题对汉画像石进行了研究，先后发表了《孔望山摩崖造像的年代考察》[3]（与俞伟超先生合写）、《孔望山摩崖造像中的道教人

---

[1] Wu Hung, *The Wu Liang Shrine: The Ideology of Early Chinese Pictorial Art*, Stanford University Press, 1989.
[2] 信立祥：《汉画像石的分区与分期研究》，载俞伟超编：《考古类型学的理论与实践》，文物出版社，1989年。
[3] 俞伟超、信立祥：《孔望山摩崖造像的年代考察》，《文物》1981年7期。

物考》[1]《论汉代的墓上祠堂及其画像》[2]《汉代画像中的车马出行图考》[3]等论文,为进一步的综合研究作了准备。

1994年至1996年,我应邀赴日本国立茨城大学讲授中国考古学,开设了汉代美术考古专题课,汉画像石是我讲授的重要内容。为此,我集中精力对汉画像石进行了综合研究。在我的挚友、茨城大学教授茂木雅博先生的建议、帮助和支持下,我用日文将研究成果写成《中国汉代画像石の研究》一书,1996年3月,由东京同成社出版。本来,原计划全书共写九章,由于交稿时间的限制,不得不压缩成七章,并删减了部分章节。该书出版后,不少友人建议我在中文版中充实日文版被删减压缩的内容,全璧以飨读者,而这也是我个人的愿望。

本书就是为了实现友人的嘱托和我个人的愿望而写成的。书中不仅新增了摩崖造像和石阙画像等章节,其他章节也充实了大量新的内容,部分章节是重新构写的。这是我二十年来对汉画像石进行综合研究的总结。在研究中,我采用了图像学与文献史料相结合的方法。但过分拘泥图像学方法,容易导致违反科学的联想和演绎,使图像的解释脱离历史的实际;而过分强调文献史料的作用,则容易忽视画像间的有机联系,导致对图像内容牵强附会的解释。在研究中,我虽然力求避免这两种矫枉过正的倾向,但由于个人学力所限,失误和偏颇在所难免,这只能祈请方家哂正了。我想,本书的出版,或可慰阎文儒先生在天之灵,也可以向期待本书早日问世的师友作个交代了。

---

[1] 信立祥:《孔望山摩崖造像中的道教人物考》,《中国历史博物馆馆刊》1997年2期。
[2] 信立祥:《论汉代的墓上祠堂及其画像》,载《汉画像石研究》,文物出版社,1987年。
[3] 信立祥:《汉代画像中的车马出行图考》,《东南文化》1999年1期。

第二章

汉画像石的区域分布和
产生的社会背景

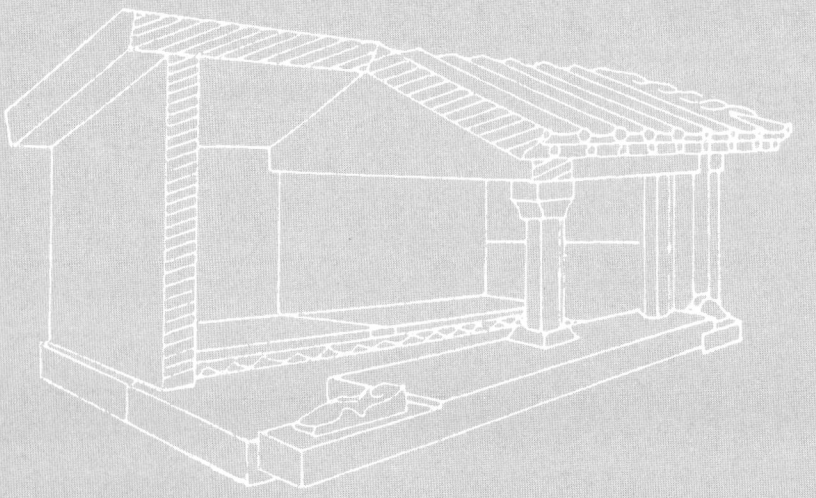

据不完全统计，迄今为止[1]，在全国范围内发现和发掘的汉画像石墓已超过二百座，汉画像石阙二十余对，包括以图面复原的石祠堂在内的汉画像石祠十余座，用汉画像石雕刻技法雕造的摩崖造像群一处，汉画像石总数已超过一万块。其分布范围，东起海滨，西到甘肃、四川一线，北自陕西榆林、北京，南至浙江海宁、云南昭通一线。在如此广阔的地域中，汉画像石的分布是极不平衡的，按其分布的密集程度，主要可以划分为以下五个分布区。

第一个分布区是由山东省全境、江苏省中北部、安徽省北部、河南省东部和河北省东南部组成的广大区域。其范围以山东省西南部和江苏省西北部的徐州市为中心，东起海滨，西至河南省的安阳和永城一线，北自山东半岛的北端，南达江苏省的扬州，汉画像石的发现地点已达二百余处。主要的发现地点，有山东省的嘉祥、金乡、东阿、鱼台、微山、汶上、济宁、曲阜、泗水、邹县、长清、肥城、泰安、枣庄、阳谷、平邑、平阴、费县、临沂、苍山、莒县、沂南、沂水、安丘、即墨、高密、章丘、福山、诸城、济阴，江苏省的徐州、铜山、睢宁、邳县、新沂、丰县、沛县、东海、连云港、赣榆、清江、宿迁、泗洪、泗阳、宝应、射阳，安徽省的淮北、宿县、亳县、定远，河南省的永城、鹿邑、夏邑、安阳等市县。在五个分布区中，这是地域最广阔、汉画像石分布最密集的一个区域，所发现的汉画像石数量占全国汉画像石总数的百分之六十以上。

第二个分布区是以南阳市为中心的河南省西南部和湖北省北部地区。其范围北起河南省的叶县、襄城，南至湖北省的当阳、随县，汉画像石的主要发现地点有南阳、唐河、邓县、桐柏、社旗、方城、新野、叶县、襄城、当阳、随县等。从考古发现看，这里汉画像石的出现时间可以早到西汉中晚期之交，是汉画像石最重要的发祥地。

第三个分布区是陕西省北部和山西省西部地区。汉画像石集中分布在陕西省的绥德、米脂、榆林、神木、子洲、清涧、吴堡、彬县和山西省的离石、柳林、中阳等地点。

第四个分布区是四川省和云南省北部地区。汉画像石集中分布在长江支流的嘉陵江和岷江流域，主要发现地点有四川省的成都、彭山、乐山、新津、新都、梓潼、雅安、宜宾、渠县、忠县、合川和云南的昭通等地点。

第五个分布区是河南省洛阳市周围地区。主要汉画像石发现地点有洛阳市、密县、登封等。

除了上述五个汉画像石分布区，在北京市，天津市的武清，甘肃省的成县，江苏省的镇江、苏州，浙江省的海宁等地点也发现了少数汉画像石。

---

[1] 统计截至2000年本书首次出版。

在这五个汉画像石分布区中，第一和第二两个分布区，早在西汉中期汉画像石墓就已出现和开始流行，是汉画像石的两大发源地，同时也是影响最大的两个汉画像石分布区。特别是第一个分布区，汉画像石不仅出现时间早，延续时间长，题材内容丰富，雕刻技法多样，配置规律严谨，而且类型齐全，墓室、石棺、祠堂、碑、阙画像石和摩崖造像一应俱全，是汉画像石艺术发展水平最高的一个区域。第三和第四两个分布区，其画像石虽迟至东汉早中期之交才开始出现，但都有强烈而鲜明的地方特色。尤其是第四个分布区，不仅广泛流行的画像崖墓和画像石棺为其他地区所不见或少见，而且其下限也可能晚至三国蜀汉时期（221～263）。第五个分布区是唯一一个没有自身地方特色的汉画像石分布区，之所以将其列为一个独立的分布区，一是因为发现的汉画像石具有一定数量，二是其地理位置正好处于其他四个分布区的中间，是个非常敏感的地区。通过对这一地区汉画像石艺术风格变化的考察，可以清楚地看出各分布区汉画像石影响力的消长和各分布区之间在画像石制作技术方面的交流和影响。

汉画像石主要分布在这五个区域绝不是偶然的，这与当时这些地区经济、文化的发达有着直接关系。第五个分布区东汉时期正是首都所在的京畿地区，毫无疑问，这是当时经济、文化最繁荣发达的中心区域。第一个分布区为先秦时期的齐、鲁之地，不仅自古以来就是"通鱼盐之利，而人物辐辏"[1]的富庶之地，而且是孔孟儒家学说的发源地，有着悠久深厚的文化传统。两汉时期，这一地区的青州、徐州、兖州、豫州刺史部是全国最先进的地区。仅以山东地区为例，在西汉政府最重视的冶铁、制盐、丝织三大官营手工业中，现在山东地区所占的比例为全国之首。在当时全国的四十九处铁官中，设在今山东地区的铁官就有十二处，占了近四分之一；在全国的三十八处盐官中，今山东地区有十一处，占了近三分之一。特别是设在当时临淄的服官，有纺织工匠数千人[2]，"织作冰纨绮绣纯丽之物，号为冠带衣履天下"[3]。在浓厚的儒学传统所形成的良好的文化环境下，这一地区为汉政府培养了大量高级官僚，"汉兴以来，鲁东海多至卿相"[4]。汉画像石分布最集中的徐州周围地区，是两汉楚国和彭城国统治的中心区域，水网交错，河流纵横，土地肥沃，交通便利，经济发达。两汉共十八代诸侯王及其荫封的子孙在这里留下了众多规模巨大的坟墓，其中不少是画像石墓。例如，睢宁九女墩画像石墓[5]所出的大量玉衣片就是墓主王侯身份的证明。尤其需要指出的是，早在东汉明帝时期，楚王

---

[1]《汉书·地理志》。
[2]《汉书·贡禹传》。
[3]《汉书·地理志》。
[4]《汉书·地理志》。
[5] 李鉴昭：《江苏睢宁九女墩汉墓清理简报》，《考古通讯》1955年2期。

刘英就在这里"诵黄老之微言，尚浮屠之仁祠"[1]，使这里成为当时道教和佛教最流行的地区。这种特殊的意识形态背景，成为连云港孔望山佛、道摩崖造像群诞生的思想温床。第二个分布区在两汉时期为荆州刺史部的南阳郡辖地，南阳郡的治所宛城（今南阳市）地处南北交通要冲，为当时最大的南北贸易集散地，汉政府在这里设置了铁官、工官等官营手工业工场，至迟到西汉中期，宛城已发展成全国最著名的工商业城市。由于西汉召信臣等人在任南阳太守期间，实行劝农政策，大规模兴修水利，使南阳郡"比室殷足""蓄积有余""户口倍增"，农业生产呈现一派繁荣景象[2]。召信臣也因此深受南阳人爱戴，被尊称为"召父"。据《汉书·地理志》记载，南阳郡到西汉晚期有县三十六个，户数359 316户，人口1 942 050人，已成为全国最大的郡。特别需要指出的是，东汉王朝的开国皇帝光武帝刘秀的出生地就是南阳郡。刘秀是南阳郡蔡阳县人，其直系祖先作为皇族的一支，公元前1世纪被封到南阳郡并迅速在当地发展起了家族势力。在王莽时期全国性的社会大动荡中，刘秀就是以南阳刘氏家族和南阳豪族的势力为核心，在逐鹿中原中击灭其他割据势力而登上皇帝宝座的。东汉建立政权后，很多南阳郡出身的近亲和功臣得到刘秀重用，被任命为朝廷重臣。在三十二位开国功臣中，南阳郡出生者占了十三位，云台二十八位将军中，南阳郡出生者占了十位。"南阳帝乡多近亲"[3]，东汉时期，与南阳郡豪族重臣联姻成为东汉朝廷的风尚。据统计，东汉时期，有五位皇后、一位贵人是南阳人，被封在南阳郡的公主有七人之多[4]。正因为是"帝乡"，南阳郡在经济发展的同时，人口也迅速增加。据《续汉书·郡国志》载，东汉时期南阳郡有（县）城三十七个，户数528 551户，人口2 439 618人。东汉时期全国人口的最高数字比西汉时期略少，但南阳郡东汉时期的户数和人口数都明显高于西汉时期，这充分说明了当时南阳郡的繁荣。第四个分布区为先秦时期的巴、蜀之地，公元前4世纪末，秦昭王灭巴、蜀后，任命李冰为蜀守，在成都平原兴建了都江堰水利工程，使成都周围地区，"无水旱灾，每岁常熟"[5]。两汉时期，这一地区，"民食稻鱼，亡凶年忧，俗不愁苦"[6]，号称"天府"。西汉景帝时期或武帝初年，文翁为蜀郡太守，开设学校，教民读书和学习法令，造成蜀中以文学相尚的风气，出了司马相如、王褒、严遵、扬雄等许多著名文

---

[1]《后汉书·楚王英传》。
[2]《汉书·召信臣传》。
[3]《后汉书·刘隆传》。
[4] 肖亢达：《汉代南阳郡与南阳画像石》，载《汉代画像石研究》，文物出版社，1987年；山下志保：《画像石墓と後漢时代の社会》，载《熊本大学文学部论丛》，1991年11月。
[5]《风俗通义》逸文，《太平御览》卷八八二所引。
[6]《汉书·地理志》。

学家，其"文章冠天下"[1]。特别是东汉晚期，当中原群雄蜂起，战乱相继，经济、文化急剧衰退之时，这一地区却基本没有受到影响，经济、文化仍然在发展。这也正是这一地区的画像石能延续到蜀汉时期的原因。第三个分布区为当时所属的上郡和西河郡，都是地处北部边境的荒僻边郡，经济和文化自然无法与其他汉画像石分布区相比，但东汉顺帝永和五年（140）以前一直是汉政府的北方军事重镇，又位于通往北方和西方的贸易通道上，加之东汉政府在这里实行的大规模屯田政策，至迟到东汉中期农牧业已有了很大发展[2]。因此，这五个分布区都具有营建画像石墓的经济条件。此外，这些分布区内广泛分布的石灰岩和砂岩山丘，为画像石提供了取之不尽、用之不竭的原料；而汉武帝推行的"盐铁官营"政策，在重要产铁地区设置"铁官"，"不出铁者，置小铁官，使置所在县"，极大地推动了冶铁技术的发展，从而为石料的开采和画像石的雕造提供了得心应手的工具[3]。

但是，汉画像石能在如此广阔的地域、如此漫长的时间流行和发展，仅仅用这些地区经济、文化的发达是解释不了的。因为在汉以后的历史中，尽管这些地区的经济、文化得到了进一步的发展，画像石也没有重新流行。但作为一种历史现象，在汉画像石流行的背后，显然有着更为深刻的社会背景。这种社会背景就是两汉时期疯狂推行的厚葬风俗。

作为典型的农业社会，中国古代极为重视丧葬礼仪，厚葬可以说是中国古代社会的一大特色。当然，由于各个历史时期经济发展程度以及死者的社会地位、思想倾向、个人性格的差异，厚葬情况也有所不同。但从总体上看，两汉时期的厚葬，无论其规模还是程度，都超过了其他任何时代。

西汉初年，由于受到秦末战乱严重破坏的社会经济尚未得到恢复，"民无盖藏，自天子不能具醇驷，而将相或乘牛车"[4]，从汉高祖刘邦至景帝，都大力提倡薄葬。特别是汉文帝刘恒，起自外藩，深知民间疾苦，处处"以示敦朴，为天下先。治霸陵（文帝的陵墓）皆以瓦器，不以金银铜锡为饰，不治坟，欲为省，毋烦民"。临终还留下遗诏，强调

---

[1]《汉书·地理志》。
[2]《后汉书·西羌传》：永建四年（129），"尚书仆射虞诩上疏曰：'《禹贡》雍州之域，厥田惟上，且沃野千里，谷稼殷积，又有龟兹盐池以为民利。水草丰美，土宜农牧，牛马衔尾，群羊塞道。北阻山河，乘陁据险。因渠以溉，水舂河漕。用功省少而军粮饶足。故孝武皇帝及光武筑朔方，开西河，置上郡，皆为此也。……'书奏，帝乃复三郡。……既而激河浚渠为屯田，省内郡费岁一亿计。遂令安定、北地、上郡及陇西、金城常储谷粟，令周数年"。
[3] 对河北满城汉墓和南阳北关瓦房庄汉代冶铁遗址出土的铁工具所作的金相分析证明，汉代已经掌握了生铁柔化、铸铁炒钢、铸铁退火脱碳成钢等先进技术。见《满城汉墓发掘报告》，文物出版社，1980年，388～389页；华觉明等：《战国两汉铁器的金相学考查初步报告》，《考古学报》1960年1期。
[4]《汉书·食货志》。

"当今之时，世咸嘉生而恶死，厚葬以破业，重服以伤生，吾甚不取"，命令丧事从简[1]。当时，连最高统治阶层都将"以石为椁"看作是有害无益的奢侈行为[2]。被认为极其奢侈的湖南长沙马王堆1号汉墓，是大约死于文帝时期的轪侯夫人墓，墓中的重要遗物，只有保存良好的尸体和衣服、丝织品、漆器类等有机质的日常用品，金器、银器、玉器类贵重的随葬品几乎一无所有。如果这座墓像一般的西汉木椁墓一样，椁室周围没有白膏泥保护层，墓中的有机物全部腐朽的话，恐怕除了少量陶器，其他随葬品什么都不会留下。西汉初期的薄葬从这座墓可见一斑。

到汉武帝时期（前140～前87），西汉前期的薄葬风俗为之一变。在最高统治阶层的倡导和支持下，厚葬之风愈演愈烈，风靡了整个社会。导致这种局面的原因有两个。其一，经过西汉初年七十余年的"休养、生息"，至汉武帝时期，社会经济不仅得到全面恢复，而且出现了历史上从未见过的繁荣和富足景象。据《汉书·食货志》载，从汉高祖刘邦建国"至武帝之初七十年间，国家亡事，非遇水旱，则民人给家足，都鄙廪庾尽满，而府库余财。京师之钱累百钜万，贯朽而不可校。太仓之粟陈陈相因，充溢露积于外，腐败不可食。众庶街巷有马，仟伯之间成群，乘牸牝者摈而不得会聚。守闾阎者食粱肉；为吏者长子孙；居官者以为姓号"。正是这种史无前例的社会繁荣，为汉代厚葬风俗的出现提供了充分的物质条件。其二，儒家学说为汉代厚葬风俗的出现和盛行提供了思想上和礼制上的依据。从汉高祖刘邦到汉景帝时期，在意识形态方面对整个社会影响最大的一直是黄老的"无为"学说。汉武帝即位后，排斥黄老，独尊儒术，任用了以董仲舒和公孙弘为首的一大批儒家代表人物担任丞相、九卿等重要官职，并在朝廷设置了五经博士，使孔孟的儒家学说第一次在中国历史上成为占统治地位的思想。儒家学说的核心内容是"仁孝"，而对死去祖先特别是父母的厚葬被儒家学说看作最主要的"孝行"。儒家学派这一历史性的抬头，使社会上的厚葬习俗进一步被儒家学说礼制化和理论化，这对汉代厚葬风潮的形成和泛滥起了不可估量的推动作用。

在这种历史背景下，汉武帝从即位的第二年即建元二年（前139）开始直到其死去的后元二年（前87），用了53年的时间，在今陕西省兴平县为自己营造了规模巨大的陵墓——茂陵。陵园内外，不仅建有庙堂（龙渊庙）及寝殿等规模巨大的祭祀性建筑，还在陵园的东南方建造了供其灵魂游乐的周长五里的"白鹤馆"。根据近年的考古调查，茂

---

[1]《汉书·文帝纪》。
[2]《汉书·张释之传》："(张释之)从(汉文帝)行至霸陵，上居外临厕，时慎夫人从，上指视慎夫人新丰道，曰：'此走邯郸道也。'使慎夫人鼓瑟，上自倚瑟而歌，意凄怆悲怀，顾谓群臣曰：'嗟乎，以北山石为椁，用纻絮斮陈漆其间，岂可动哉。'左右皆曰：'善。'释之前曰：'使其中有可欲，虽锢南山犹有隙，使其中亡可欲，虽亡石椁，又何戚焉。'文帝称善。"

陵的封土高达46.5米，底部每边长230米，顶部每边长40米，是西汉规模最大的帝陵。据说汉武帝入葬时，由于随葬品过多，最后墓室都容纳不下了[1]。王莽末年，农民起义军掘开了茂陵，成千上万的起义军士兵不停地从墓室中向外搬运随葬品，经数十天之久，尚未搬出墓中随葬品的一半[2]。由此可以想象出茂陵的随葬品多到了何种程度。不仅如此，汉武帝还为自己的亲近大臣在茂陵周围建造了巨大的陪葬墓。例如，元狩六年（前117），在反击匈奴的战争中立下赫赫战功的青年军事家、汉武帝最宠幸的外戚将领、骠骑将军霍去病死后，根据汉武帝的命令，在茂陵以东1公里的地方为他建造了封土外形像祁连山的巨大陪葬墓。在封土表面，散置着"马踏匈奴"为代表的各种动物形象的大型石雕，以纪念霍去病的不朽功勋。西汉时期最极端的厚葬事例是大将军霍光。宣帝地节二年（前68），这位权倾一时的三朝元老死后，"上及皇太后亲临光丧。太中大夫任宣与侍御史五人持节护丧事。中二千石治莫府冢上。赐金钱、缯絮，绣被百领，衣五十箧，璧珠玑玉衣，梓宫、便房、黄肠题凑各一具，枞木外藏椁十五具。东园温明，皆如乘舆制度。载光尸柩以辒辌车，黄屋左纛，发材官轻车北军五校士军陈至茂陵，以送其葬。谥曰宣成侯。发三河卒穿复土，起冢祠堂，置园邑三百家，长丞奉守如旧法"[3]。也就是说，霍光是蒙汉宣帝恩许，用皇帝葬制埋葬的。在当时，对臣下来说，这已是绝无仅有的莫大荣耀。但霍光的妻子仍不满足，在未经皇帝允许的情况下，擅"改光时所自造茔制而侈大之。起三出阙，筑神道，北临昭灵，南出承恩，盛饰祠堂，辇阁通属永巷，而幽良人婢妾守之"[4]。上行下效，最高统治阶层的这种奢侈葬俗一起，京师的高官贵戚、郡县的豪族缙绅竞相效仿，厚葬风潮迅速席卷了整个社会。厚葬所追求的直接目的，首先是坚固而不易损坏的墓室和墓地建筑。对这个目的来说，坚硬而不腐朽的石材，当然是比木材和砖瓦更为优良的建筑材料。早在汉武帝时期，分封到各地的诸侯王就已开始穿山为陵，建造起耗资巨大、隧道式的石室墓。目前已发掘的西汉时期的徐州楚王陵、河南芒砀山梁王陵和河北满城中山靖王刘胜夫妇墓，都是这种穿山为陵的隧道式石室墓。至迟到西汉中期晚段，用精细加工过的石材构筑的、曾被西汉初年的最高统治者认为是无益而奢侈的石椁墓终于出现了[5]。为了让这种石椁墓也具有木椁墓的装饰效果，人们模仿西汉早期木椁墓中流行的漆棺画特别是帛画的表现形式，将其画像的题材内容转刻到

---

[1] 刘庆柱、李毓芳：《西汉十一陵》，陕西人民出版社，1987年，45～47页。
[2] 《晋书·索綝传》。
[3] 《汉书·霍光传》。
[4] 《汉书·霍光传》。
[5] 迄今发现的最早的汉画像石墓，如河南南阳地区的唐河石灰窑村墓和山东临沂市庆云山石棺墓，都可早到西汉宣帝时期。参见赵成甫、张逢西、平春照：《河南唐河县石灰窑村画像石墓》，《文物》1982年5期；临沂市博物馆：《临沂的西汉瓮棺、砖棺、石棺墓》，《文物》1988年10期。

石椁内部。其后不久,作为与地下墓室对应的墓上建筑,画像石祠堂和画像石墓阙也出现了。汉画像石就这样被西汉时期的厚葬狂潮带到了人间。

东汉时期的厚葬,与西汉时期相比,有过之而无不及。东汉政府所实行的"举孝廉"制度,将"孝悌"列为选拔、任用官吏的最重要的标准,极大地推动了厚葬的疯狂发展。与西汉时期的厚葬不同之处是,东汉时期的厚葬,与其说是为了死者,倒不如说是为了生者。为了骗取"孝悌"的美名以便飞黄腾达,人们争相"崇饬丧纪以言孝,盛飨宾客以求名","京师贵戚,郡县豪家,生不极养,死乃崇丧。或至刻金镂玉,糯梓梗楠,良田造茔,黄壤致藏,多埋珍宝、偶人、车马,造起大冢,广种松柏,庐舍祠堂,崇侈上僭。宠臣贵戚,州郡世家,每有丧葬,都官属县,各当遣吏赍奉车马、帷帐,货假待客之具,竞为华观"。对这种厚葬做法,"子为其父,妇为其夫,竞相仿效","东至乐浪,西至敦煌,万里之中,竞相用之"[1]。为了得到"孝悌"的虚名,有人甚至倾家荡产厚葬父母。例如,东汉著名政论家崔寔本来家道殷实,其父死时,"剽卖田宅,造冢茔,立碑颂。及终葬,资产尽,以故贫困"[2]。崔寔对此事刻骨铭心,终生反对厚葬,对当时的厚葬陋习,曾发出"是可忍,孰不可忍"[3]的愤怒谴责。当时的厚葬,已经达到了"法令不能禁,礼义不能止"[4]的程度。汉画像石就是在风靡整个东汉社会的厚葬狂潮中迎来了自己发展的极盛期。迄今所发现的汉画像石中,百分之九十都是东汉中晚期的作品,这一点正是汉画像石发展极盛期的反映。

至于汉画像石发展的下限,各分布区的情况略有不同。汉灵帝光和七年(184),东汉时期规模最大的农民起义——黄巾起义爆发。在起义军的沉重打击下,腐朽不堪的东汉王朝迅速土崩瓦解,走向灭亡。第一、第二和第五汉画像石分布区相继沦为战场。第一分布区是当时的主要战场,特别是徐州地区,在农民起义军被镇压以后,曹操、吕布、刘备、陶谦在这里反复争夺,祸乱连年。汉献帝初平四年(193),曹操攻陶谦于徐州,屠杀百姓数十万,泗水尽赤,路途无复行人。因此,这一分布区汉画像石的下限,总体上说应以光和七年(184)为断,个别地方,如徐州周围地区可能晚到初平四年(193),山东东部的诸城等地点的汉画像石有可能晚到献帝时期。第二分布区的南阳一带也是起义军与政府军争夺的主要战场,起义军在这里杀守令,占宛城,顽强抗击政府军达十个月之久。其后,这一带又成为曹操与张绣、刘表等割据势力角逐拼杀的屠场。在这种战乱频仍、经济凋敝的条件下,人们已不可能再建造耗资巨大的画像石墓。第五分布区地

---

[1] 王符:《潜夫论》。
[2] 《后汉书·崔寔传》。
[3] 崔寔:《政论》。
[4] 《后汉书·光武帝纪》。

处东汉王朝的京畿范围，自然是起义军攻击的首要目标，因此最先受到战乱影响，后又遭到董卓军队的大肆屠杀和彻底破坏，十室九空，遍地荆棘，已丧失了汉画像石存在和发展的最基本条件。作为这几个分布区汉画像石下限的旁证，在第一和第二分布区，都发现一些魏晋时期的墓葬是利用拆毁的汉代墓室和祠堂画像石建造的，以至墓中画像石的位置错乱颠倒，完全看不出任何配置规律[1]。这一现象，说明魏晋时期这两个分布区早已停止画像石墓、祠堂和墓阙的营造，一些旧有的墓地石祠堂和石墓阙已经倾圮散置丛莽之中，以致人们可以随意取用这些散乱废置的汉画像石来修造新墓。这几个分布区所发现的汉画像石的纪年刻铭也证明了这一点。目前，在这三个分布区共发现有纪年刻铭的画像石（包括纪年画像石墓和祠堂、石阙）近四十种，大多数纪年属东汉中晚期，黄巾起义以后的纪年画像石只有一种，即山东滕县董家村发现的初平元年（190）封墓记画像石[2]，说明黄巾起义后，画像石在这三个分布区已基本停止了发展。第三分布区的汉画像石几乎全部是东汉中晚期的作品，其流行时间，陕北和晋西两个区域不同而又互相衔接。陕北地区汉画像石的下限不会晚于汉顺帝永和五年（140）。这一年，由于南匈奴的叛扰，东汉政府将西河郡治迁到离石，上郡治所迁到夏阳，两郡原有辖地遂沦为匈奴势力范围，画像石墓的建造也宣告终止。迄今在陕北地区共发现十一座纪年汉画像石墓，最早的纪年是和帝永元二年（90），最晚的纪年是顺帝永和四年[3]（139），可知永和五年（140）后，画像石在这一地区已经绝迹。在晋西地区，目前共发现了三座纪年画像石墓，均属东汉晚期，最早的纪年为桓帝和平元年（150），最晚的纪年为桓帝延熹四年[4]（161）。从这一情况看，晋西地区的汉画像石应是西河郡治迁到离石后才发展起来的，其下限也应以黄巾起义爆发的光和七年（184）为断。第四分布区的情况前已述及，其画像石的下限可晚到蜀汉时期。总之，作为汉代特有的历史现象，汉画像石也随着东汉王朝的灭亡而销声匿迹，永远退出了历史舞台。

---

[1] 嘉祥县武氏祠文管所：《山东嘉祥宋山发现汉画像石》，《文物》1979年9期；济宁地区文物组、嘉祥县文管所：《山东嘉祥宋山1980年出土的汉画像石》，《文物》1982年5期；嘉祥县文管所：《嘉祥五老洼发现一批汉画像石》，《文物》1982年5期；南阳博物馆：《南阳发现东汉许阿瞿墓志画像石》，《文物》1974年8期；河南省文化局文物工作队、南阳市文物管理委员会：《河南南阳东关晋墓》，《考古》1963年1期；王儒林：《河南南阳西关一座古墓中的汉画像石》，《考古》1964年8期；南阳市博物馆：《南阳市建材试验厂汉画像石墓》，《中原文物》1985年3期。
[2] 山东省博物馆、山东省文物考古研究所：《山东汉画像石选集·序言》，齐鲁书社，1982年。
[3] 李林、康兰英、赵力光：《陕北汉代画像石》，陕西人民出版社，1995年，234页。
[4] 信立祥：《汉画像石的分区与分期研究》，俞伟超编：《考古类型学的理论与实践》，文物出版社，1989年，287页。

第三章

汉画像石的
艺术表现手法

第一节 汉画像石的制作过程

1934年在山东省东阿县发现的芗他君祠堂画像石[1],是东汉桓帝永兴二年(154)芗他君之子芗无患与芗奉宗兄弟二人为死去的父母所建祠堂的门柱石,通高1.2米,下为伏兽,上为柱身,柱身呈四角形,周围三面刻画像,一面刻长篇题记(图一)。题额为

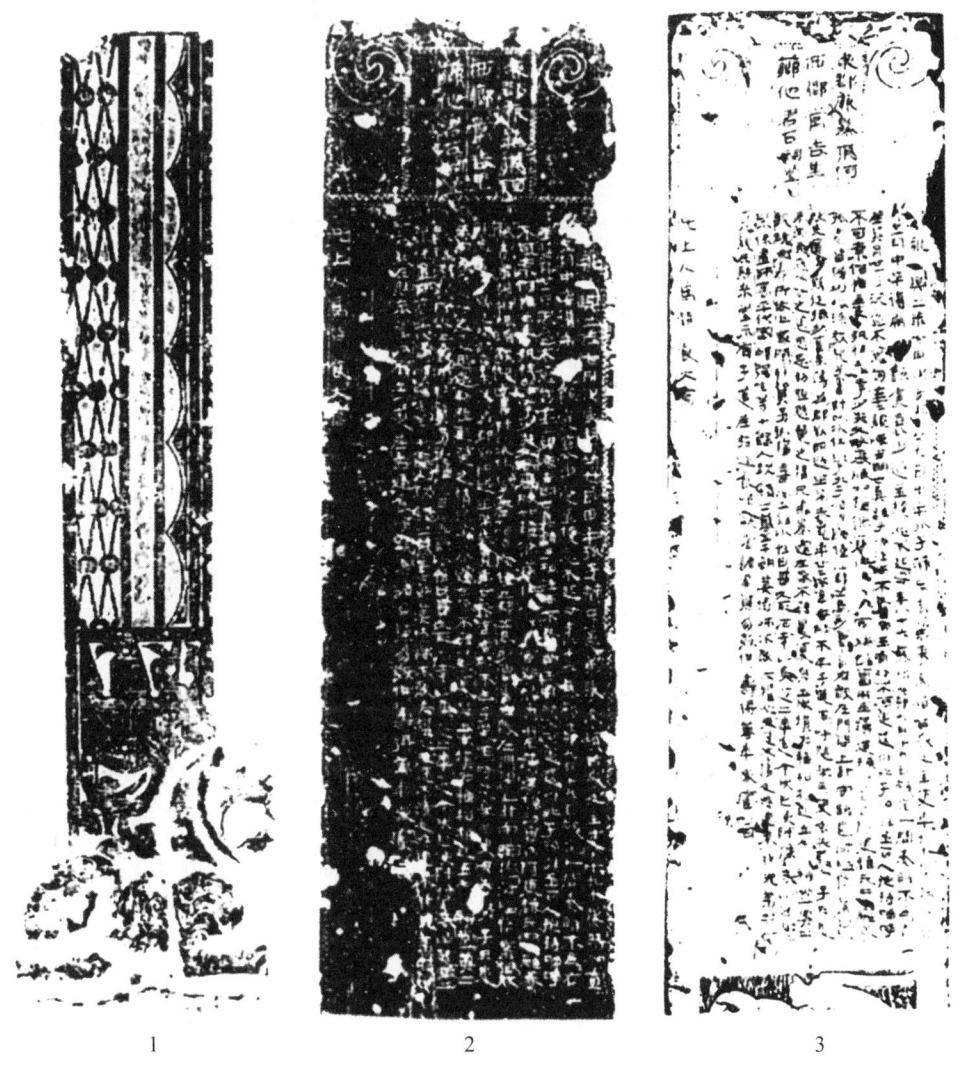

图一 山东东阿芗他君祠堂石柱画像及题记
1.侧面画像 2.正面题记拓本 3.正面题记摹本

---

[1] 罗福颐:《芗他君石祠堂题字解释》,《故宫博物院院刊》总二号,1960年。

"东郡厥县东阿西乡常吉里芗他君石祠堂",题记前半部分记述了芗他君夫妇及其死去长子芗伯南的一生经历,后半部分记述了祠堂的建造始末。关于祠堂的建造过程,题记这样写道:

> 无患、奉宗,克念父母之恩,思念忉怛悲楚之情,兄弟暴露在冢,不辟晨昏,负土成墓,列种松柏,起立石祠堂,冀二亲魂零(灵),有所依止。岁腊拜贺,子孙欢喜。堂虽小,经日甚久,取石南山,更逾二年,迄今成已。使师操义,山阳瑕丘荣保,画师高平代盛、邵强生等十余人。价钱二万五千。

据推测大约东汉桓帝时期立在今山东省嘉祥县武氏家族墓地中的"从事武梁碑"[1]碑文中也有关于建造墓地祠堂的类似的记述:

> 孝子仲章、季章、季立,孝孙子侨,恭修子道,竭家所有,选择名石,南山之阳,擢取妙好,色无斑黄,前设坛砠,后建祠堂。良匠卫改,雕文刻画,罗列成行,摅骋技巧,委蛇有章。垂示后嗣,万世不亡。

1980年,在山东省嘉祥县宋山的魏晋墓中出土了一块东汉"永寿三年"(157)许安国祠堂盖顶石,内面右刻画像,左刻长篇题记[2](图二)。题记全文共461字,记述了卒史许安国在镇压"泰山巨贼"的军事行动中染病身亡的经过及其家人为其治丧的过程,其中一段较详细地叙述了祠堂的建造经过:

> 以其余材,造立此堂,募使名工,高平王叔、王坚、江胡、栾石、连车,采石县西南小山阳山。琢砺磨治,规矩施张,褰帷反月,各有文章。雕文刻画,交龙委蛇,猛虎延视,玄猿登高,狮熊嗥戏,众禽群聚,万兽云布。台阁参差,大兴舆驾。上有云气与仙人,下有孝友贤人。尊者俨然,从者肃侍。煌煌濡濡,其色若倩。作治连月,工夫无极,价钱二万七千。

从上引石刻题记和碑文的内容,我们可以知道,汉代墓室和祠堂画像石的制作,大体是按以下几个工序进行的。

---

[1] (宋)洪适:《隶释》卷六《从事武梁碑》。
[2] 济宁地区文物组、嘉祥县文管所:《山东嘉祥宋山1980年出土的汉画像石》,《文物》1982年5期。

图二　山东嘉祥宋山东汉永寿三年（157）许安国祠堂顶石画像及题记

第一，首先由丧主或死者家属雇请"名工"或"良匠"即雕造画像石技术最好的工匠，让他们承担画像石建筑如墓室、祠堂的设计和建造任务。芗他君祠堂的建造承担者操义、荣保、代盛、邵强生，武梁祠的建造承担者卫改和许安国祠堂的建造承担者王叔、王坚、江胡、栾石、连车等人，应该都是当时名闻一方的画像石工匠。值得注意的是，在这些工匠中，除荣保为山阳人，操义和卫改籍贯不明外，其余的均为高平人。这说明当时在今山东省西南部地区，活跃着一支主要由高平人组成的画像石工匠集团，其中一些人或有亲缘关系。这种同乡关系和亲缘关系，既有利于画像石制作技术的传承和提高，也有利于集中力量承担较大的任务，在流动性很强的施工作业中保持工匠队伍的团结和稳定，容易形成地域范围较大的施工覆盖面。在一些汉画像石分布区的一定区域范围内，画像石的雕刻技法和艺术风格呈现出很强的一致性和继承性，应该与画像石制作工匠的这种组织形式有着直接关系。

第二，由雇请的画像石制作工匠，到附近的山上挑选、开采石料。上列题记和碑文中提到的东阿县的"南山"，嘉祥县的"南山之阳"与"县西南小山阳山"，应该都是当

第三章｜汉画像石的艺术表现手法　27

地的石料产地。所选采的石料，必须是适于雕造、"色无斑黄"的优等石材。在笔者观察过的数千块汉画像石中，极少发现自然裂隙、凹陷和驳杂斑点，可见当时选采石料的工作是十分严格和细致的。

第三，由石匠根据建筑的设计图对选采的石料进行再加工，使石料变为符合设计要求的建筑构件。许安国祠堂题记中所说的"琢砺摩治，规矩施张"，无疑指的就是这种石料的再加工过程。其中"琢砺"，说的是用凿等工具将石料进行切割并打制规整，"摩治"指的是对打制规整的石材表面进行磨光的施工程序。对这些工作程序来说，圆规和矩尺是不可缺少的工具。

第四，由被称为"画师"的画工在磨制平滑的石面上，用墨和毛笔以准确有力的线条绘出画像的底稿。对汉画像石的制作来说，这是一道关系作品成败优劣的关键性工序。画师们不仅要有高超的绘画技巧，还必须对施工建造的建筑本身的结构了如指掌，对每块石材究竟是建筑上哪个部位的构件，应画什么题材内容的图像，做到心中有数，一清二楚。因此，在工作中，画师需要与石工密切配合。许安国祠堂画像石题记中所说的"搴帷反月，各有文章"，实际上指的就是这种由画师在石面上用墨线绘制图像底稿的施工作业过程。"搴帷反月"，说的应是图像周围的垂幛纹边饰花纹带，因每个垂幛都呈圆弧向下的半圆形，所以称为"反月"。"各有文章"，指的是各类边饰花纹，"文章"即图像的意思。在陕北的绥德、米脂等地发现的汉墓画像石上，经常可以看到物象边缘清晰保留着的底稿墨线痕迹，有的墨线在石工雕刻图像时刻去一半，有的则完整保留，说明这种墨线是在石工雕刻图像之前绘制上去的[1]。

第五，由石工严格按照画师在石面上绘制的图像墨线底稿，用凿、錾等工具刻出图像，使其具有凹凸的立体效果。武梁碑文和许安国祠堂画像石题记中所说的"雕文"和"刻"，都是指的这种画像的雕造过程。

第六，由画师对石面上刻好的画像施彩着色，使之具有与帛画和墓室壁画同样的色彩效果。武梁碑文和许安国祠堂画像石题记中"雕文刻画"的"画"，我认为指的就是这种画工的施彩作业。对于许安国祠堂画像石题记中所说的"煌煌濡濡，其色若倩"这句话，各家解释颇存异义。李发林将这句话与前一句的"尊者俨然，从者肃侍"结合起来加以解释，认为是形容"从者"恭敬而高兴的表情[2]。但通观整段题记，从"交龙委蛇"到"从者肃侍"，谈的都是各类画像内容，前面的很多画像内容都没有加以特别

---

[1] 陕西省博物馆、陕西省文物管理委员会：《陕西东汉画像石选集》，文物出版社，1959年，10～11页；戴应新、魏遂志：《陕西绥德黄家塔东汉画像石墓群发掘简报》，《考古与文物》1988年5、6期合刊；戴应新、李仲煊：《陕西绥德县延家岔东汉画像石墓》，《考古》1983年3期。

[2] 李发林：《山东汉画像石研究》，齐鲁书社，1982年，105～106页。

形容，惟独对"侍者"情有独钟加以铺陈渲染，在文章体例上是说不通的，而且"肃侍"本身就是对"从者"的形容，已有恭敬的意思，再将后两句解释为意义相同的形容句，使文意有叠床架屋、画蛇添足之感。笔者认为，"煌煌"形容的是光彩夺目的热烈色彩即暖色，"濡濡"描绘的是肃静淡雅的柔和色彩即冷色。"其色如儵"的"儵"字字书所无，其义不明，但从前后文句的语义关系看，这句话显然是赞美画像施彩巧妙，美不可言的。

迄今为止，尚未有人对上述五、六两个汉画像石的制作工序作过详细的分析和研究，笔者的上述意见，也仅仅是依据今天所能看到的有关汉画像石的碑文和题记所作的简单考察。在这里需要指出的是，在上述第五和第六两道画像石制作工序之间，肯定还存在着一个按照建筑设计图，将已经刻好但还没有施彩着色的画像石拼装成墓室或祠堂等石结构建筑物的施工工序。这是因为，为了便于画像的雕刻，第五道工序一般是在石材拼装成建筑物以前逐石分别进行的，而为了防止在拼装建筑物的施工过程中画像石色彩的人为损坏和脱落，第六道工序即对画像石施彩着色的施工作业，必须在建筑物拼装完毕以后才能进行。当然，四川省摩崖汉墓中的画像制作工序是个例外。该墓肯定是先由雇请的工匠在山崖上穿凿出隧道式墓室和享堂，然后直接在墓室和位于墓室前部的享堂壁面上雕刻画像，最后对画像进行施彩着色的。但一般汉画像石的制作，都要经过这七道施工作业工序。

从芗他君祠堂石柱题记中，可以清楚看出，在所记述的画像石制作工匠队伍中，有被称为"师"的石工和被称为"画师"的画工两种技术工匠，证明了当时画像石制作工匠集团内部已经有了明确的专业技术分工。上述第二、第三、第五三种作业工序，应该主要由石工来承担，第四、第六这两种作业工序，应该主要由画工来承担。耐人寻味的是，正因为汉画像石上原来都施有鲜艳的色彩，所以汉代人不把它称为"雕刻"或"石刻"，而直接称之为"画"。例如，在1973年山东省苍山县发现的东汉桓帝元嘉元年（151）画像石墓的石刻题记中，就用了"薄疏樗内，画观后当"和"其中画，像家亲"的词句来记述墓中的画像内容，把墓室画像石直接称为"画"[1]。河南南阳杨官寺墓[2]、河南襄城墓[3]、陕西彬县雅店墓[4]和山西离石左元异墓[5]的画像石，发现时其表面所施绘的赤、黄、白、绿等矿物质颜料的色彩仍然清晰可见。1996年，在陕

---

[1] 山东省博物馆、苍山县文化馆：《山东苍山元嘉元年画像石墓》，《考古》1975年2期。
[2] 河南省文化局文物工作队：《河南南阳杨官寺汉画像石墓发掘报告》，《考古学报》1963年1期。
[3] 河南省文化局文物工作队：《河南襄城茨沟汉画像石墓》，《考古学报》1964年1期。
[4] 陕西省考古研究所泾水队：《彬县雅店村清理一座东汉墓》，《文物》1961年1期。
[5] 谢国桢：《跋汉左元异墓石陶片拓本》，《文物》1979年11期。

西神木大保当发掘到一批汉画像石，不仅画像雕刻精美，而且画像表面施绘的赤、黑、绿等色彩保存完好，色泽艳丽，宛如新绘[1]。在施彩着色这一点上，汉画像石与同时代的画像砖和墓室壁画是相同的，但因画像石的图像具有凹凸的立体感，当初应比画像砖和墓室壁画具有更强烈的色彩效果和视觉效果。由于画像石的石材质地坚硬细腻，对矿物质颜料没有吸附作用，致使其色彩极易脱落，色彩能保存至今的实属偶然。就这点说，神木大保当墓的画像石，实在是考察汉画像石制作工艺的不可多得的珍贵资料。从汉画像石的整体情况看，原来施绘的色彩在发现时都已脱落殆尽，将其作为绘画艺术来考察已不可能。换言之，现在我们能加以考察的，只有汉画像石的雕刻艺术表现形式了。

第二节　汉画像石的雕刻技法

对汉画像石的雕刻技法，从 20 世纪初开始，关野贞[2]、孙文青[3]、滕固、李发林[4]、吴增德[5]、蒋英炬和吴文祺[6]、王恺[7]、长广敏雄[8]、土居淑子[9]等学者都进行过分类和研究。由于各家所依据的分类原则不同，造成各种雕刻技法的名称各异，同一种雕刻技法，各家的叫法也不一致。其中，值得注意的是滕固在 1937 年提出的分类原则。他通过对汉画像石与希腊石刻艺术的比较、分析，精辟指出："浮雕亦有二种不同的体制，其一是拟雕刻的（高浮雕），希腊的浮雕即属于此类，在平面上浮起相当高度的形象而令人感觉到有圆意；其二是拟绘画的（浅浮雕），埃及和古代亚细亚的遗品即属于此类，在平面上略作浮起，使人视之，但觉将描绘之物像镌刻于其上。中国的石刻画像自然属于后一种，在佛教艺术以前，中国从未有过类似希腊的浮雕。但中国的石刻画像也有好几种，如孝堂

---

[1] 陕西省考古研究所、榆林地区文物管理委员会：《陕西神木大保当第 11 号、第 23 号汉画像石墓发掘简报》，《文物》1997 年 9 期。
[2] 关野贞：《支那山东省における漢代墳墓の表飾》，1916 年，东京；关野贞：《支那の建築と藝術》，岩波书店，1933 年。
[3] 孙文青：《南阳汉画像汇存》，金陵大学文化研究所，1937 年。
[4] 李发林：《略谈汉画像石的雕刻技法及其分期》，《考古》1965 年 4 期；《汉画像石的雕刻技法问题补谈》，《中原文物》1989 年 1 期。
[5] 吴曾德：《汉代画像石》，文物出版社，1982 年。
[6] 蒋英炬、吴文祺：《试论山东汉画像石的分布、刻法与分期》，《考古与文物》1980 年 4 期。
[7] 王恺：《苏鲁豫皖交界地区汉画像石墓的分期》，《中原文物》1990 年 1 期。
[8] 长广敏雄：《漢代画像の研究》，京都大学人文科学研究所研究报告，1965 年；长广敏雄：《南阳の画像石》，京都大学人文科学研究所研究报告，1974 年。
[9] 土居淑子：《古代中国の画像石》，同朋舍出版，1986 年。

山和武梁祠的刻像，因为其底地磨平，阴勒的浅线用得丰富而巧妙，所以尤近于绘画，像南阳石刻都是平浅浮雕而加以粗率劲直的线条阴勒，和绘画实在有相当的距离。所以我对于中国的石刻画像，也想区别为两种，其一是拟浮雕的，南阳石刻属于这一类，其二是拟绘画的，孝堂山武梁祠的产品是属于这一类。"[1] 1980年，蒋英炬和吴文祺根据滕固提出的这一分类原则，进一步将汉画像石的雕刻技法细分为线刻、凹面线刻、凸面线刻、浅浮雕、高浮雕和透雕等六种。这是迄今对汉画像石雕刻技法较为妥当的分类。

根据我近二十年来对各地大量汉画像石实地观察的结果，汉画像石的雕刻技法可分为线刻和浮雕两大类。线刻类技法表现的重点是物象的轮廓，而浮雕类技法表现的重点是物象的质感。两大类中又可各自细分为若干具体的雕刻技法。

1. 第一类——线刻类

线刻类技法刻成的作品，因不需要表现物象的质感，物象的轮廓和细部全部用线条来加以表现。这种画像石作品，与其叫做石刻，倒不如叫做以刀代笔的绘画更为贴切。从拓片看，这类作品实际就是一种白描画。线刻类技法，又可细分为三种。

阴线刻。即直接在石面上用阴线条刻出图像。这种作品的最大特点，是画像表面没有凹凸，物象与余白在一个平面上。因对石面的处理方法不同，这种技法有两种表现形式。A. 平面阴线刻，即在磨制平滑的石面上用阴线刻出图像。早期即西汉晚期到东汉初期的作品，线条粗深而拙稚，图像简单，如江苏连云港市锦屏山桃花涧汉墓石椁画像[2]（图三）。晚期即东汉中晚期的作品，线条细如丝发，刚劲准确，图像复杂，常用来刻画大场面的图像，如山东诸城前凉台孙琮墓的庭院图画像石[3]（图四）。B. 凿纹地阴线刻，即余白面留有平行凿纹的阴线刻技法。做法是，先用凿、錾等工具以较细的平行凿纹将石面打制平整，再以较粗的线条刻出图像，给人以粗犷朴拙之感，如河南南阳杨官寺汉画像石墓的主室门扉画像[4]（图五）。

凹面线刻。所谓凹面线刻，就是在石面上沿物象的轮廓线将物象面削低，使物象面呈略低于余白面的凹面，物象细部以阴线来表现的雕刻技法。这种技法也有两种表现形式。A. 凿纹地凹面线刻，即先用凿、錾等工具以平行凿纹将石面打制平整，再于其上加刻图像。这种技法，流行于西汉晚期到东汉早中期。西汉晚期作品，如河南南阳市赵寨

---

[1] 滕固：《南阳汉画像石刻之历史的及风格的考察》，《张菊生先生七十生日纪念论文集》，商务印书馆，1937年。
[2] 李洪甫：《连云港市锦屏山汉画像石墓》，《考古》1983年10期。
[3] 任日新：《山东诸城汉墓画像石》，《文物》1981年10期。
[4] 河南省文化局文物工作队：《河南南阳杨官寺汉画像石墓发掘报告》，《考古学报》1963年1期。

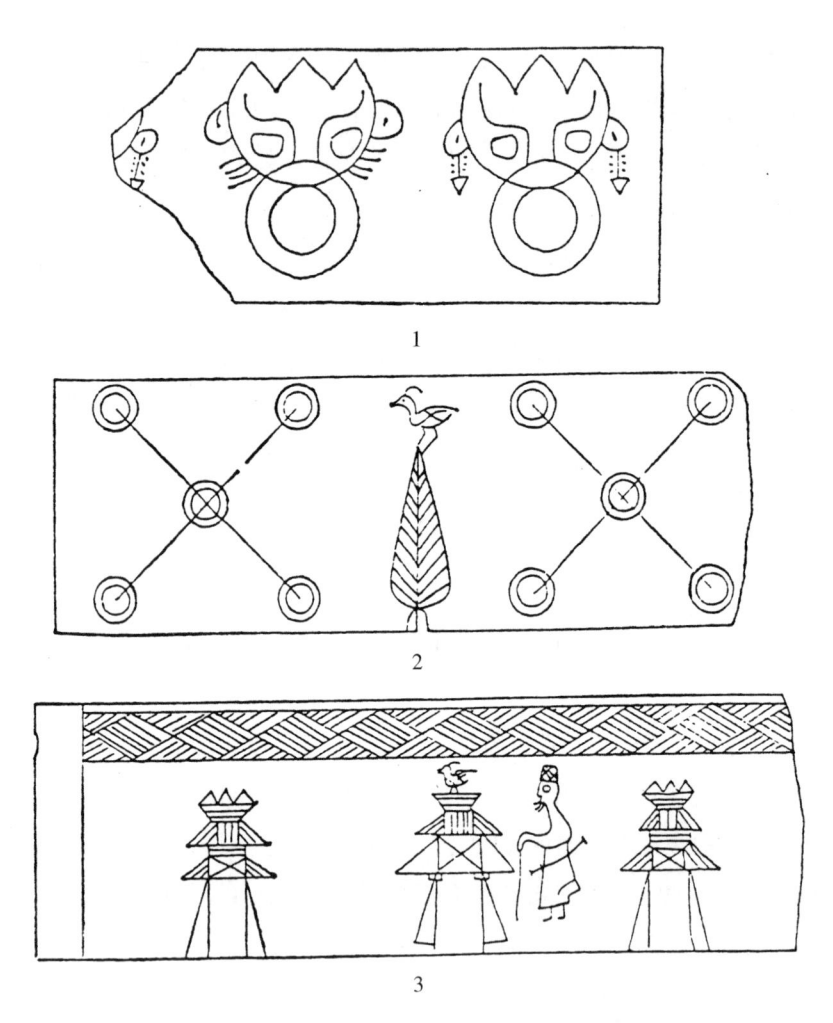

图三　江苏连云港锦屏山桃花涧墓石椁画像摹本
1. 头部挡板画像　2. 足部挡板画像　3. 右侧壁板画像

砖瓦厂墓[1]墓门门扉上的楼阁图和门柱上的门阙图（图六），线条呆板，图像简单，立柱和柱斗均刻成凹面，物象外各部分的平行凿纹方向不一。东汉早中期的作品，如山东省嘉祥县嘉祥村发现的祠堂西壁石画像[2]，线条洗练，造型优美，余白面上的纵向平行凿纹上下一致，极为规整（图七）。B. 平地凹面线刻，即余白面为平面的凹面线刻。山东省长清县孝堂山祠堂后壁下部的车马出行图就是这种技法的代表性作品，在磨平的石面上，沿物象的轮廓线用雕刀斜向将物象面削低，使凹下的物象面略呈周围低而中间高的弧状

---
[1] 南阳市博物馆：《南阳县赵寨砖瓦厂汉画像石墓》，《中原文物》1982年1期。
[2] 山东省博物馆、山东省文物考古研究所：《山东汉画像石选集》图194，齐鲁书社，1982年。

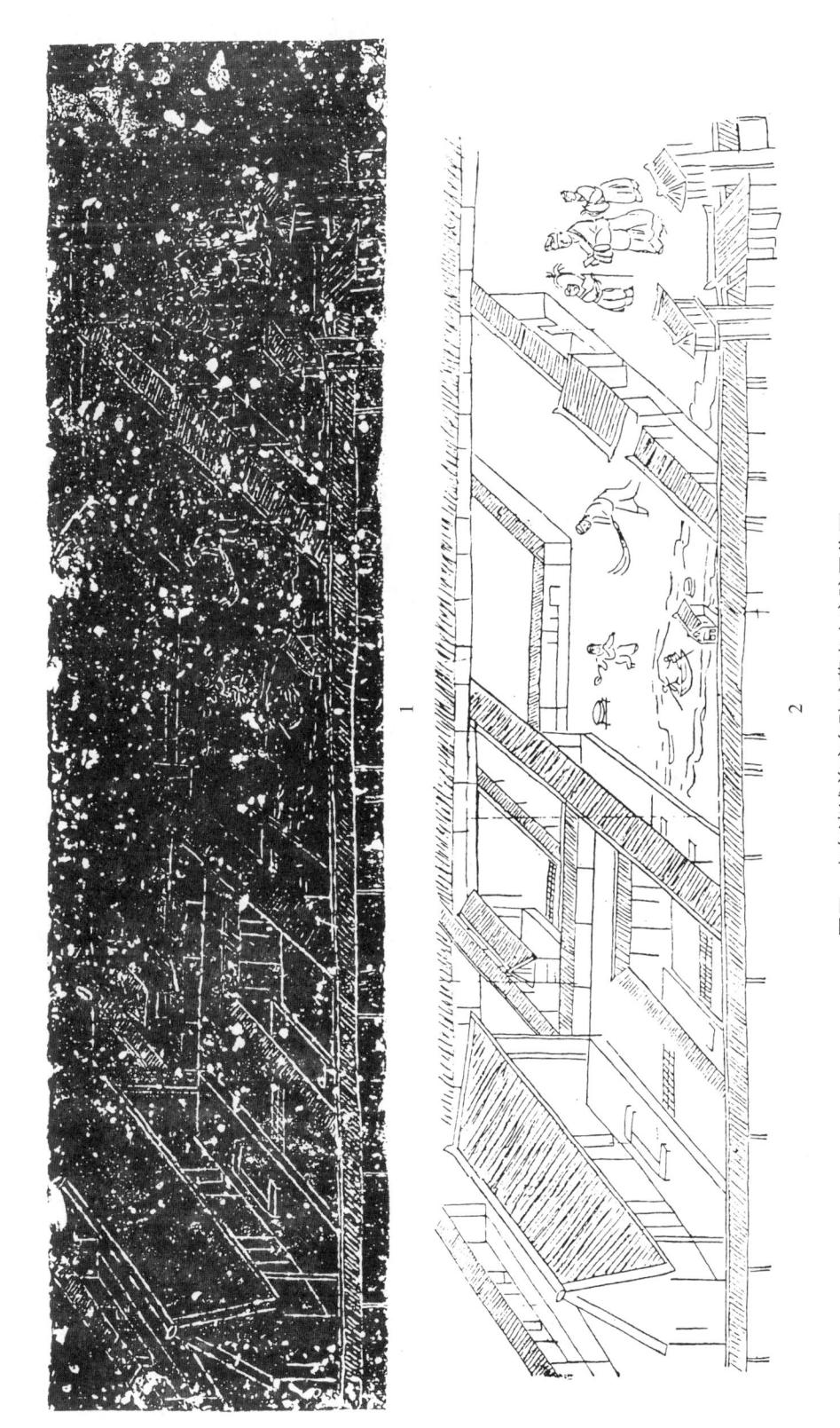

图四　山东诸城前凉台孙琮墓出土庭院画像石
1. 拓本　2. 摹本

第三章｜汉画像石的艺术表现手法　33

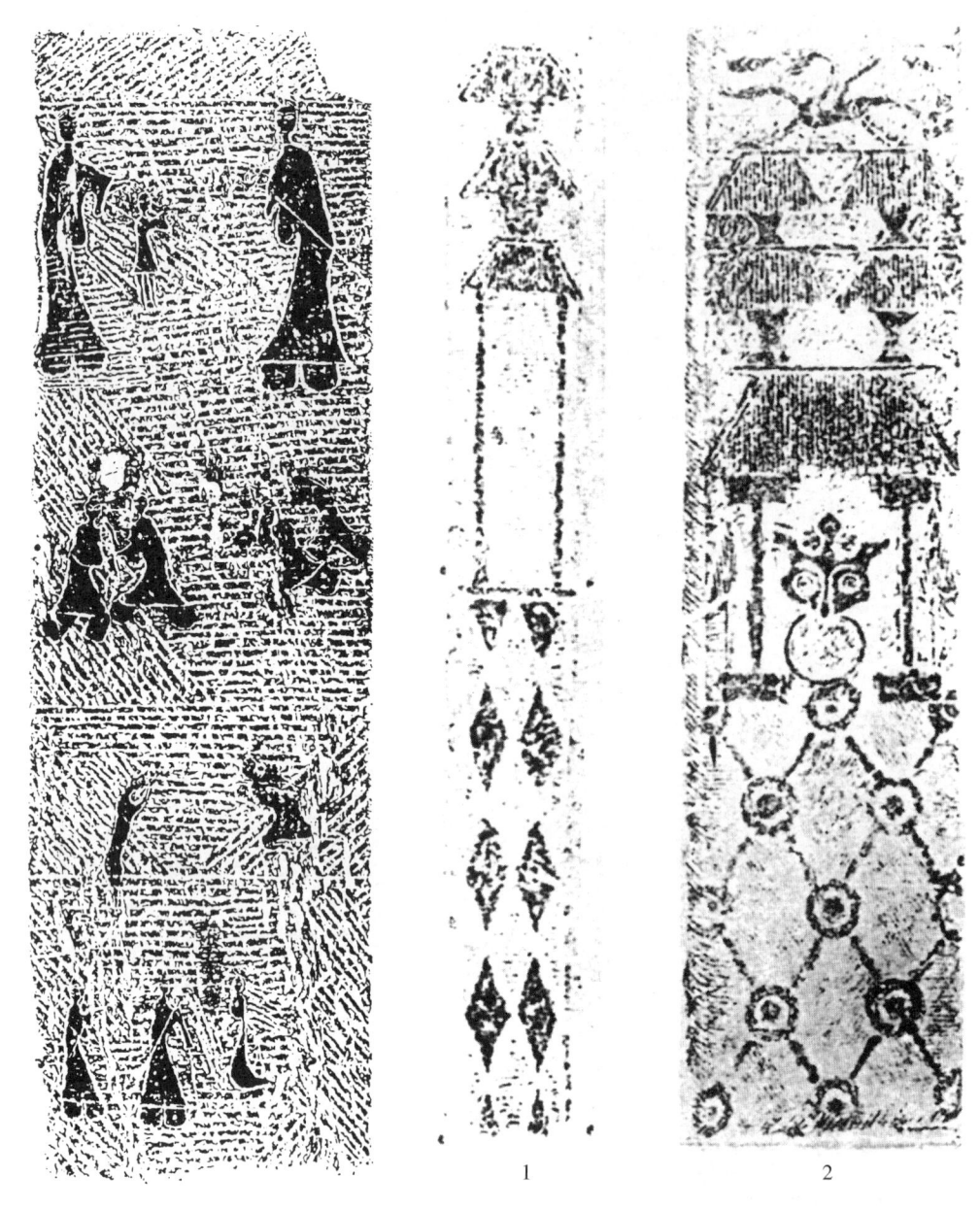

图五 河南南阳杨官寺画像石墓主　　图六 河南南阳赵寨砖瓦厂画像石墓门柱和门扉画像
　　　室门扉画像　　　　　　　　　　　1.门柱画像　2.门扉画像

凸起，造成物象的微略质感[1]（图八）。

凸面线刻。这是一种与凹面线刻截然相反的雕刻技法，即在磨平的石面上，将物象以外的余白面削低，使物象面呈平面凸起，物象细部再用阴线加以表现。由于余白面的

---

[1] 笔者1980年调查孝堂山祠堂时拓制的拓片。

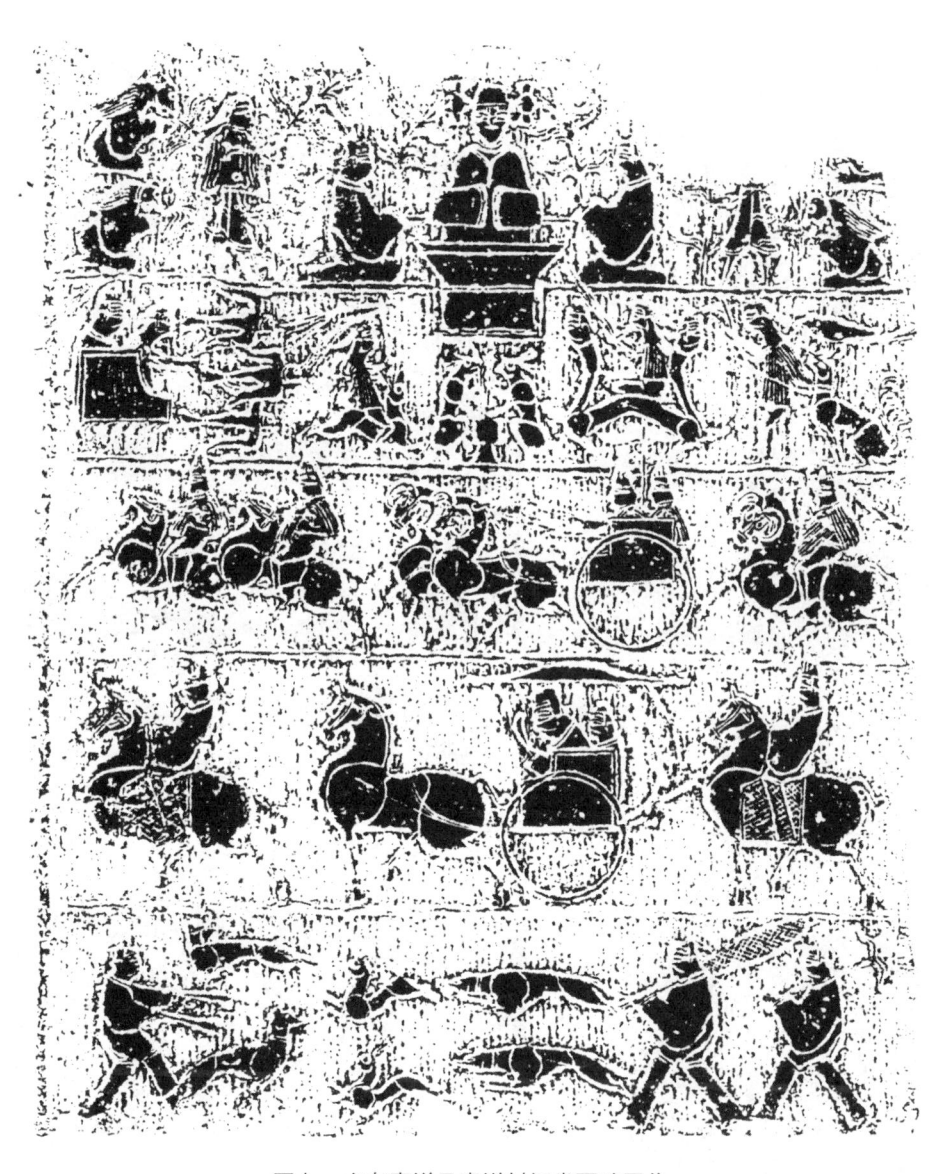

图七　山东嘉祥县嘉祥村祠堂西壁画像

处理方法和图像细部的表现方法不同，这种技法至少有三种表现形式。A. 凿纹减地凸面线刻。即图像细部用阴刻线条来表现，余白面为减地时留下的细密平行凿纹，如山东嘉祥武氏祠左石室西壁下部的水陆交战图[1]就是用这种技法刻成的（图九）。东汉晚期，这种技法在山东嘉祥一带极为流行，迄今在该地所发现的东汉晚期画像石几乎都是用这

---

[1] 这块画像石，黄易于清乾隆年间将其发掘出土后，编为武氏祠后石室第七石。近年经美国学者费慰梅和蒋英炬、吴文祺等人研究，证明后石室是不存在的，此石应是武氏祠左石室即武开明祠堂西壁下部的画像石。该拓片选自朱锡禄编《武氏祠画像石》图39，山东美术出版社，1993年。

第三章｜汉画像石的艺术表现手法　35

图八 山东长清孝堂山祠堂后壁下部的车马出行图（局部）

图九 山东嘉祥武氏祠左石室西壁下部的水陆交战图

种技法刻成的。由于这类作品雕刻精美，图像华丽，且有铭刻题记的较多，因而历来为金石学家所重视。著名的武氏祠汉画像石群雕刻之精美细腻为同类作品之冠，以致被长广敏雄誉为"汉画像石之王"[1]。B. 铲地凸面线刻，即将物象外的余白面铲低成平面，使物象面呈平面凸起，物象细部用阴线刻出。但由于地方风格不同，余白面的铲低深度有明显差异。如江苏睢宁九女墩墓的门扉画像石[2]（图一〇），余白面的铲低深度只有2毫米左右，而山东滕县西户口村墓画像石[3]（图一一）的余白面比物象面要低2~3厘米左右。C. 铲地凸面刻。即将余白面铲低成平面，物象细部不用阴刻线条，而由画工用墨线来描绘的凸面线刻技法。这种技法，主要在东汉中晚期流行于汉画像石的第三分布区即陕北和晋西地区。陕西绥德发现的东汉永元十二年（100）王得元墓画像石[4]（图一二），就属于这种技法的作品。由于这类画像石的拓片具有强烈的剪影效果，使这一地区的汉

图一〇 江苏睢宁九女墩墓门扉画像
1. 照片 2. 拓本

---

[1] 长广敏雄：《南陽の画像石》，京都大学人文科学研究所研究报告，1974年。
[2] 李鉴昭：《江苏睢宁九女墩汉墓清理简报》，《考古通讯》1955年2期；徐州市博物馆：《徐州汉画像石》图127、128，江苏美术出版社，1985年。
[3] 山东省博物馆、山东省文物考古研究所：《山东汉画像石选集》图209、210，齐鲁书社，1982年。
[4] 陕西省博物馆、陕西省文物管理委员会：《陕北东汉画像石选集》图11，文物出版社，1959年。

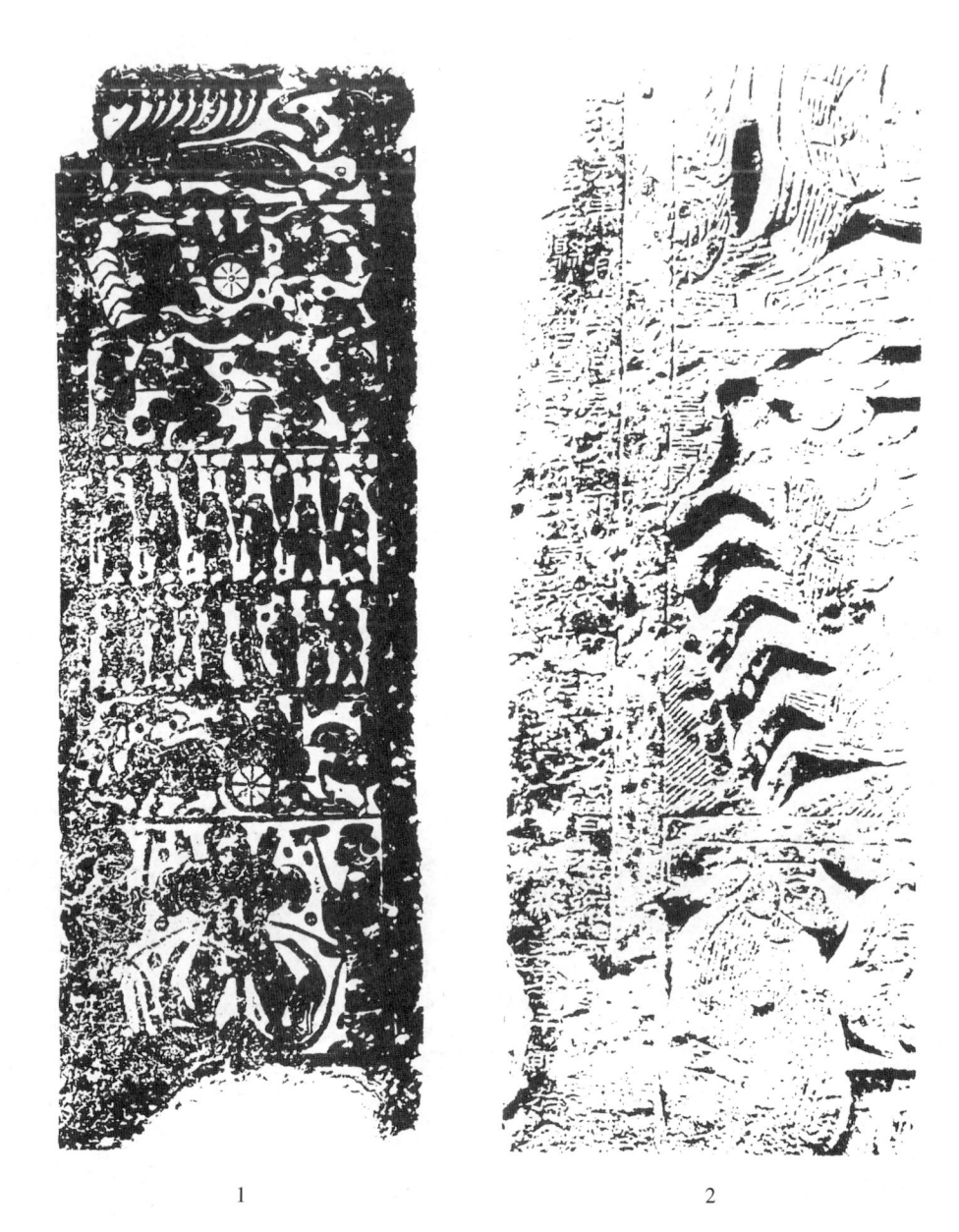

图一一　山东滕县西户口村墓画像石
1. 拓本　2. 照片（左上部）

画像石以鲜明的地方特色而闻名遐迩。在近年的考古工作中，发现陕北地区的一些画像石上反复出现的同类物象，如车马出行图中的车马、骑吏等物象的轮廓线完全相同，证明画工在石面上绘制画稿时使用了"模板"类复制工具[1]。这一现象，在其他汉画像石分

---

[1] 陕西省考古研究所、榆林地区文物管理委员会：《陕西神木大保当第11号、第23号汉画像石墓发掘简报》，《文物》1997年9期。

图一二 陕西绥德王得元墓门额画像
1. 照片 2. 拓本

第三章 汉画像石的艺术表现手法 39

布区还没有发现。

2. 第二类——浮雕类

浮雕类雕刻技法，为了表现物象的质感，不仅要将物象面以外的余白面削低，使物象明显浮起，而且要将物象面削刻成弧面。这类技法，可再细分为三种类型。

浅浮雕。这是一种物象浮起较低，物象细部用阴线刻来表现的浮雕技法。这种技法，从西汉晚期到东汉晚期的200余年间，广泛流行于第一、二、四汉画像石分布区，可以说是汉画像石最重要、最基本的雕刻技法。由于对余白面的处理方法不同，这种技法存在着两种表现形式。A. 凿纹地浅浮雕，即余白面上留有减地平行凿纹的浅浮雕技法，如河南南阳的"二桃杀三士"历史故事画像石[1]（图一三）。B. 平地浅浮雕，即将余白面铲成平地的浅浮雕，图一四的山东省微山县两城山画像石[2]就是用这种技法刻成的作品。

图一三　河南南阳"二桃杀三士"画像石

高浮雕。这是一种铲地较深、物象浮起很高、物象细部也根据立体表现的原则用不同的凹凸来刻画的浮雕技法。这类作品，因具有较强烈的立体感，一般多配置在门扉或门楣等比较醒目的位置。四川成都曾家包汉墓的门扉画像[3]（图一五）就是这种技法的代表作。

透雕。这是一种在高浮雕的基础上，进一步将物象的某些部位镂空，使物象接近于

---

[1] 南阳汉代画像石编辑委员会：《南阳汉代画像石》图337，文物出版社，1985年。
[2] 山东省博物馆、山东省文物考古研究所：《山东汉画像石选集》图30、31，齐鲁书社，1982年。
[3] 成都市文物管理处：《四川成都曾家包东汉画像砖石墓》，《文物》1981年10期。

图一四　山东微山县两城山画像石
1. 照片　2. 拓本

圆雕的浮雕技法。山东安丘董家庄画像石墓[1]的前室中柱下部雕像（图一六）就属于这种技法的作品。少数具有圆雕风格的作品，如江苏徐州青山泉白集画像石墓[2]中室西壁

---

[1] 殷汝章：《山东安邱牟山水库发现大型石刻汉墓》，《文物》1960年5期；山东省博物馆：《山东安丘汉画像石墓发掘简报》，《文物》1964年4期；山东省博物馆、山东省文物考古研究所：《山东汉画像石选集》图538，齐鲁书社，1982年。
[2] 南京博物院：《徐州青山泉白集东汉画像石墓》，《考古》1981年1期。

图一五　四川成都曾加包画像石墓门扉画像　　图一六　山东安丘董家庄画像石墓前室中柱下部画像

的羊形柱础（图一七）也应被视为属于这种雕刻技法的作品。

在上述六种雕刻技法中，第一、二、三种属于滕固所说的"拟绘画"类技法，第四、五、六种属于滕固所说的"拟浮雕"类技法。其中，第一种的阴线刻技法是最早出现的雕刻技法，早在西汉晚期至东汉初期，第一分布区的山东省南部、徐州至连云港的江苏北部地区和第二分布区的河南南阳地区就已普遍使用，特别是平面阴线刻，在第一分布区一直流行和使用到东汉晚期，而且雕刻技巧不断提高，晚期作品线条的准确流畅和图像的精美细腻，都达到了出神入化的程度。第二种技法中的凿纹地凹面线刻，也是西汉晚期到东汉早中期第一、二分布区最流行的雕刻技法，东汉晚期已不见使用；平地凹面线刻大约只流行于东汉早中期之交，目前仅在第一分布区的山东长清、肥城一带有所发现，但用这种技法刻成的长清孝堂山祠堂画像石，被认为是汉画像石中最精美的作品群之一。第三种技法最早的用例是东汉早期的江苏睢宁九女墩汉画像石墓，这是东汉中晚期第一、三、五画像石分布区最流行的雕刻技法之一，特别是第三分布区的汉画像石，几乎全部是用这种技法刻成的。第四种的浅浮雕技法，其最早用例是河南唐河县王莽天凤五年（18）冯孺人墓的画像石，除了第三分布区外，

42　汉代画像石综合研究

图一七　江苏徐州青山泉画像石墓羊形础石柱

这是其他四个分布区在东汉时期使用最广泛的雕刻技法，全国一半以上的汉画像石为这种技法刻成的作品。由浅浮雕发展而来的高浮雕和透雕技法，目前只在第一、二、四分布区发现为数不多的东汉晚期作品。在五个汉画像石分布区中，以第一分布区的画像石雕刻技法最为多样，囊括了全部六种技法，是集汉画像石雕刻技法之大全的一个分布区。

本节最后要特别说明的是很多汉画像石余白面上存在的平行凿纹的作用问题。长广敏雄认为，这些平行凿纹，是为了涂抹给画像石施彩的石灰层由石工留下的毫无装饰意义的凿痕[1]。笔者认为，这是没有根据的。首先，除了极少数后世重新加以利用的汉画像石[2]外，迄今为止，还没有发现一块平行凿纹上涂有石灰层的汉画像石。此外，这种平行凿纹，如武氏祠画像石的平行凿纹，雕刻得极为精致细密，与图像浑然一体，相得益彰，如果仅仅为了涂抹石灰层，胡乱刻些"凿痕"即可，根本不必如此大费其工。因此，这种余白面上的平行凿纹，只能是石工用特定的雕刻技法处理余白面时留下的具有装饰意义的刻痕或纹饰。

―――――――
[1] 长广敏雄：《南陽の画像石》，京都大学人文科学研究所研究报告，1974年。
[2] 嘉祥县武氏祠文管所：《山东嘉祥宋山发现汉画像石》，《文物》1979年9期；济宁地区文物组、嘉祥县文管会：《山东嘉祥宋山1980年出土的汉画像石》，《文物》1982年5期。根据这两则简报，我们知道这相邻的三座魏晋墓葬都是利用毁弃的东汉祠堂画像石建造的，发现时画像石的表面涂有石灰层。

第三章｜汉画像石的艺术表现手法

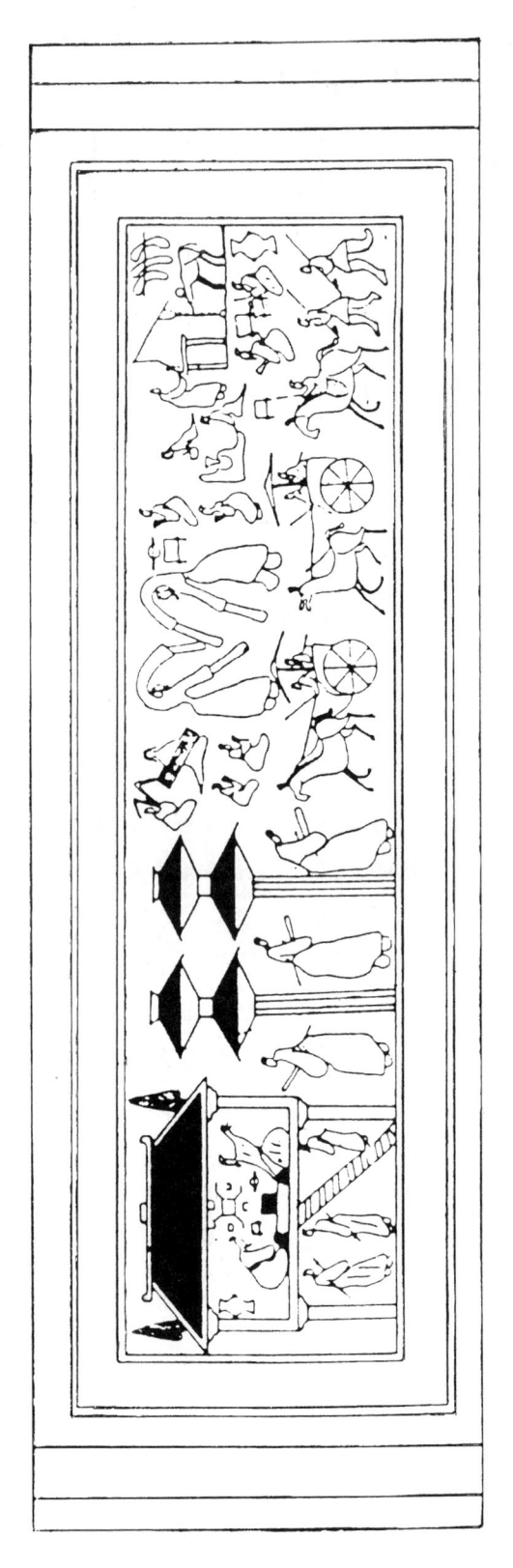

图一八 江苏沛县栖山石梓墓中梓内壁画像摹本

第三节　汉画像石的构图方式

汉画像石的构图方式，可以归纳为图像配置方式、空间透视方法和图案装饰技法三个方面。以下先考察图像配置方式。

在汉画像石的发展过程中，无论墓室画像还是祠堂画像，画像内容和画像面积始终在不断增加，与此同时，其图像配置尤其是墓室画像的配置，也经历了一个从无规律到有规律的发展过程。在早期即西汉中晚期的大型汉画像石墓中，尽管墓室内可以雕刻画像的壁面面积相当大，但画像只刻在门扉和门柱的正面等醒目位置，墓室内很少刻有画像。如河南南阳杨官寺画像石墓和南阳赵寨砖瓦厂画像石墓都是这样。不仅如此，同一块画像石上往往中间没有界限地配置多幅内容不同的图像。例如，图五的南阳杨官寺画像石墓主室门扉所雕刻的四组图像，互相之间就没有任何界限，只有从图像间的距离才能分辨出它们是四组不同内容的图像。这种现象在江苏徐州一带西汉末到东汉初的小型画像石椁墓中表现得尤为突出。1977年在江苏沛县栖山发掘的一座王莽前后的画像石椁墓[1]，是目前发现的最重要的早期汉画像石墓。墓中共有三具石椁，其中中椁四壁的内外满刻画像，而以石椁东、西侧壁板内面的画像内容最为丰富。以石椁西侧壁内面为例，在横长的石面上，墓主楼阁六博图、双阙图、墓主车马出行图、歌舞图、庖厨图等多种内容不同的图像，既无界限又无距离地密集刻在一起，其图像内容如果不经过仔细认真地观察研究，恐怕谁都难以辨清（图一八）。可以说，像这样将多种内容的画像毫无界限分隔地配置在一块石面上，正是早期汉画像石的一个重要特点。其后不久，南阳地区约在王莽时期，山东和徐州约在东汉初，这种画像配置上的无规律状态开始发生了变化，逐渐形成了分层配置法和独立配置法两种图像配置方式。所谓分层配置法，就是在比较大的石面上，从上到下用水平隔离线（带）将其分割成若干横长的小画面，并在每个横长的小画面内分别配置一幅图像。这种分层配置法，在祠堂画像石上应用得极为普遍。以1978年山东嘉祥宋山发现的小祠堂西侧壁画像石[2]（图一九）为例，石面由三条水平隔离线分割为四个横长的画面，从上到下分别配置着西王母图、"周公辅成王"图、"提弥明杀犬救赵盾"图、祠主车马出行图。需要指出的是，这种层的划分和图像的分层配置绝不是随意进行的，而是严格按照当时人们的宇宙方位观念和尊卑伦理观念安排的。因为西王母住在最接近天界、高耸入云的昆仑山上，所以被刻在最上层；祠主住在比现

---

[1] 徐州博物馆、沛县文化馆：《江苏沛县栖山汉画像石墓清理简报》，《考古学集刊》2，1982年。
[2] 嘉祥县武氏祠文管所：《山东嘉祥宋山发现汉画像石》，《文物》1979年9期；朱锡禄：《嘉祥汉画像石》图44，山东美术出版社，1992年。

图一九　山东嘉祥宋山小祠堂西壁画像

实人间世界低的地下世界,所以其车马出行图刻在最下层;"周公辅成王"和"提弥明杀犬救赵盾"等历史故事,都是发生在现实人间世界的事情,所以刻在中间两层,而在这两幅历史故事图像中,也存在着时间顺序,"周公辅成王"发生于较早的西周时期,故配置在第二层,"提弥明杀犬救赵盾"发生在较晚的春秋时期,故配置在第三层。从现有资料看,不仅是汉画像石,在全部汉代绘画作品中,画面的上下位置关系的重要性都远远超过左右位置关系。正因为如此,分层配置法始终是汉画像石使用最广泛、同时也是最重要的图像配置方法。与此相对,那些独立性较强以及必须强调的重要画像内容,则经常采用独立配置法。所谓独立配置法,就是画面上没有"层"的划分,每种题材内容

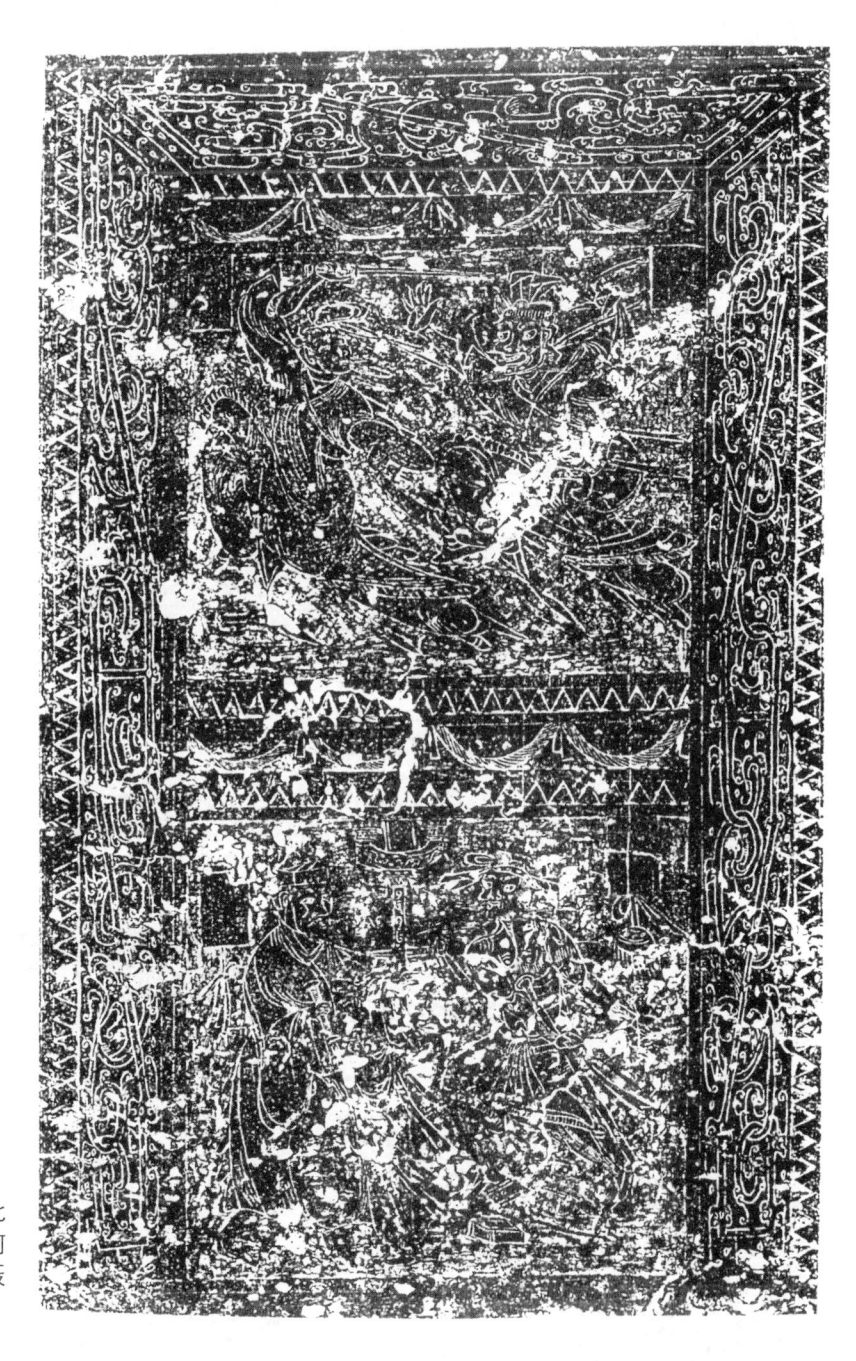

图二〇　山东沂南北寨村画像石墓的荆轲刺秦王图（下）和聂政刺侠累图（上）

的图像各自占有一个完整、独立画面的图像配置法。这类图像，一般画面四周都有由装饰花纹带组成的画框，以便与周围的其他图像明显隔开。例如，山东沂南北寨村汉画像石墓中室西壁所刻的两幅历史故事图像[1]（图二〇），下部的"荆轲刺秦王"图和上部的

---

[1] 曾昭燏、蒋宝庚、黎忠义：《沂南古画像石墓发掘报告》图版60之第49幅拓片，文化部文物管理局，1956年。

"聂政刺侠累"图，由于中间隔有由三角纹和垂幛纹组成的装饰花纹带，使人一见即知这是两幅独立的画像。在墓室画像石中，数量最多、最常见的刻在门楣和横梁上的墓主车马出行图，多数是采用这种配置方法构图的。毫无疑问，在这种独立配置法中，装饰花纹带起着重要作用。

作为汉画像石边饰花纹的装饰花纹带，无论在图像配置上，还是在画面装饰上，都有重要作用，是汉画像石艺术不可缺少的组成部分。汉画像石的装饰图案，一般都以带状形式刻在主题图像的四周，作为主题图像的外框而存在。迄今所见到的汉画像石的装饰花纹，按其图案因素的构成，大体可分为简单图案形式（图二一）和复杂图案形式

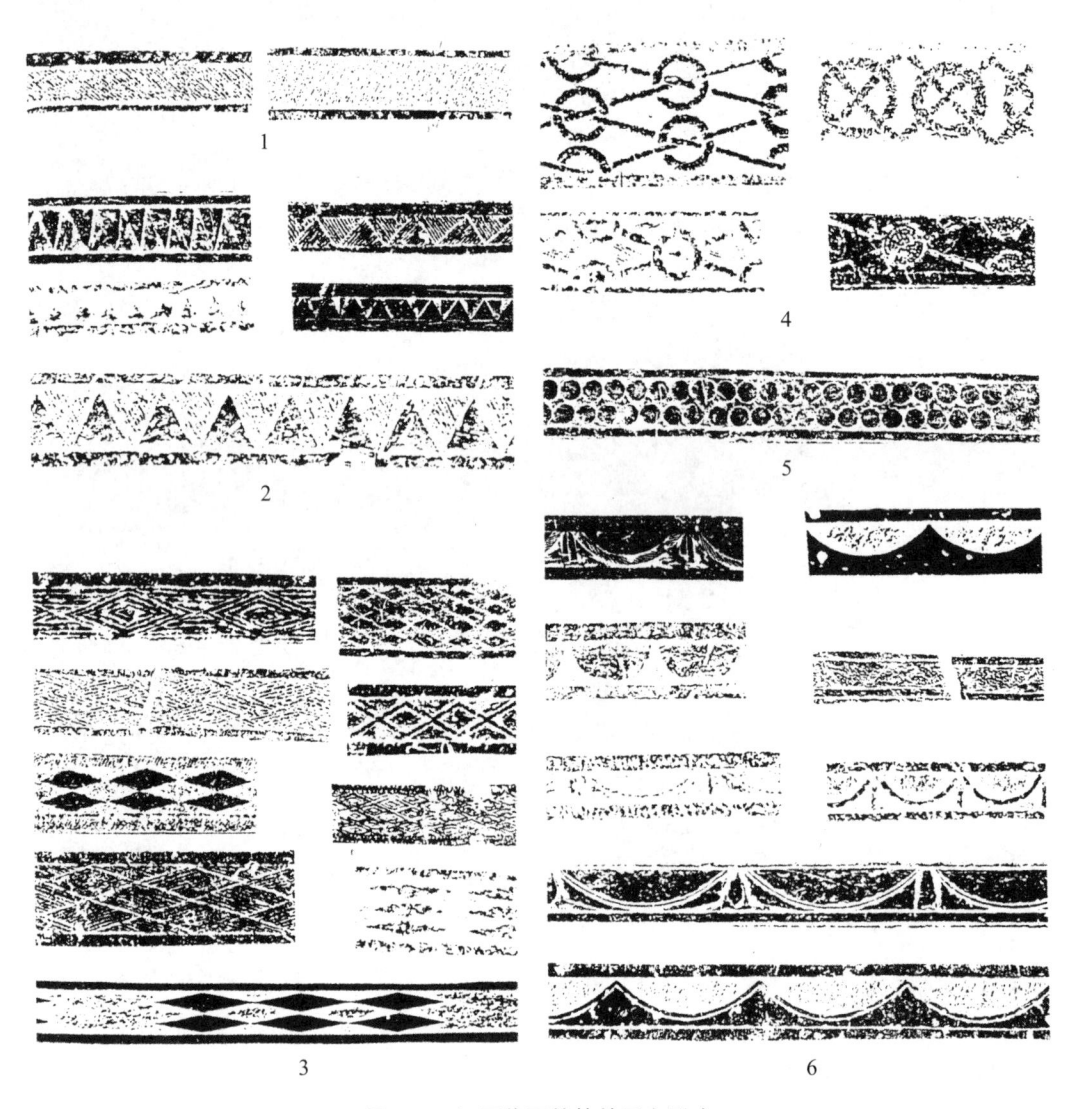

图二一　汉画像石的简单图案形式
1.平行凿纹　2.三角纹　3.菱形纹　4.穿璧纹和连环纹　5.连珠纹　6.垂幛纹

48　汉代画像石综合研究

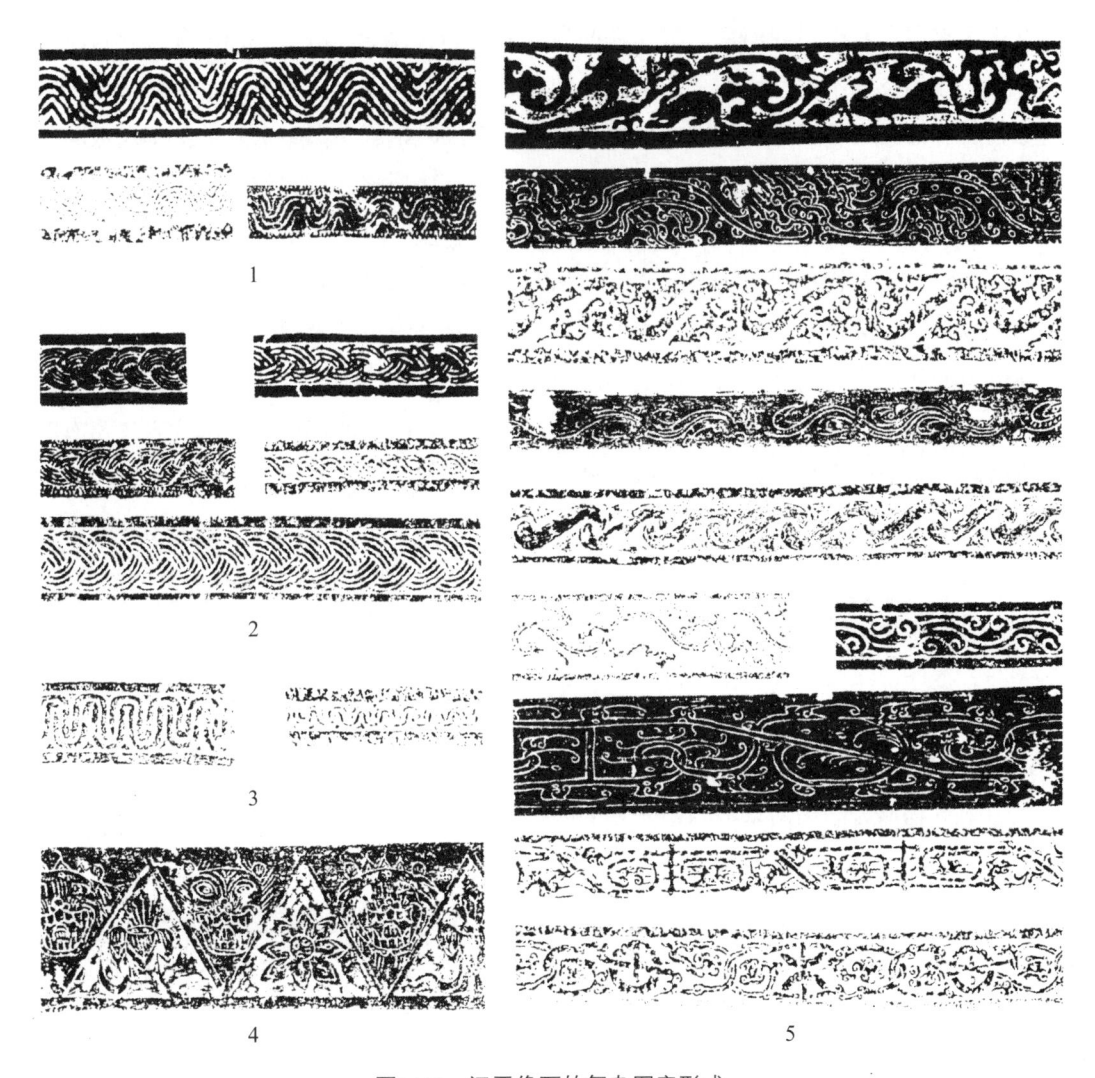

图二二　汉画像石的复杂图案形式
1.水波纹　2.绳索纹　3.双曲线纹　4.兽面植物纹　5.流云纹

（图二二）两大类。所谓简单图案形式，是指那些用普通的直尺和圆规就很容易画出的装饰图案。换言之，简单图案形式是以圆弧和直线作为构图要素的装饰图案。属于简单图案形式的图案花纹主要有平行凿纹、三角纹、菱形纹、穿璧纹、连环纹、方格纹、连珠纹和垂幛纹等。与此相对，复杂图案形式是指那些仅用直尺和圆规等绘图工具无法绘出、必须靠人的双手用笔墨精心绘制才能完成的图案花纹。从构图要素上说，复杂图案形式比简单图案形式要复杂得多，构图线条大多是无规则的曲线。属于复杂图案形式的图案花纹主要有水波纹、绳索纹、双曲线纹、兽面植物纹、流云纹等。在这两类图案形式中，简单图案形式虽然早在西汉晚期就已出现，但直到东汉晚期仍在继续广泛使用。复杂图案形式约出现在东汉中期前后,东汉晚期为其发展的极盛期。由于各地区和各建筑单位画像石的雕刻技法不同,特别是由于画工和石工的技术水平和技术熟练程度不同,使汉画像石的装饰图案呈现迥然不同的风貌,尤其是东汉晚期复杂图案形式的图案花纹,构图精美,线条流畅,极富变化。以流云纹为例,就有普通流云纹、卷草状流云纹、神兽流云纹、龙云纹、变形云纹等多种图案。即使同一种流云纹,在不同的画像石上图案构成也不相同,几乎找不到两块流云纹装饰图案完全一样的画像石。从西汉晚期到东汉初期的画像石,一般是以简单图案形式中的一种图案花纹组成单层二方连续花纹带,刻在主体图像的四周作为画像的边饰。从东汉中期开始,随着汉画像石的边饰花纹艺术的迅速发展,画像石中装饰花纹所占的面积也越来越大。在陕西北部地区的画像石中,有时装饰花纹所占的面积甚至超过了主体图像。在山东和江苏北部地区的画像石中,由互相重叠的几种单层二方连续花纹带组成的相当宽的复合装饰花纹带(图二三)出现并迅速流行开来。东汉晚期的山东嘉祥武氏祠、安丘画像石墓、沂南北寨村画像石墓的画像石,由于大量使用了这种复合装饰花纹带作为边饰,使主体图像极为华丽典雅,大大提高了画像的艺术性,使这些汉画像石群成为代表汉画像石最高艺术成就的杰作。除了装饰作用,这种装饰花纹带在图像内容的配置上,有时还具有宇宙不同层次分界线的意义,这一点,在以下章节中将细加阐述。

对于汉画像石的构图来说,影响最大的是它的空间透视法。空间透视法即构图视点无疑与人类对于空间的认识有着密切关系,在汉画像石中,我们可以清楚地看到这种认识发展的轨迹。对于汉画像石的空间透视法问题,德国的美术史家德里斯·库劳瓦森[1]和日本学者土居淑子[2]都曾进行过研究,笔者也进行过探讨[3]。据笔者的观察和研究,在汉画像石中,存在着等距离散点透视构图法和焦点透视构图法两种空间透视构图方法。

1. 等距离散点透视构图法

所谓等距离散点透视构图法,就是从同一方向、用等距离的视点去捕捉所有要表现的事物,并将其描绘在画面上的空间透视构图方法。在汉画像石中,这种空间透视构图法至少有四种表现形式。

A. 底线横列法。这是一种将所要描绘的所有事物,用等距离散点透视法而不问其

---

[1] ドリス・クロワサン:《武氏祠画像のコムポジション》,长广敏雄:《漢代画像の研究》,京都大学人文科学研究所研究报告,1965年,156~157页。
[2] 土居淑子:《古代中国の画像石》,同朋舎出版,1986年。
[3] 信立祥:《汉画像石的分区与分期研究》,载俞伟超编:《考古类型学的理论与实践》,文物出版社,1987年。

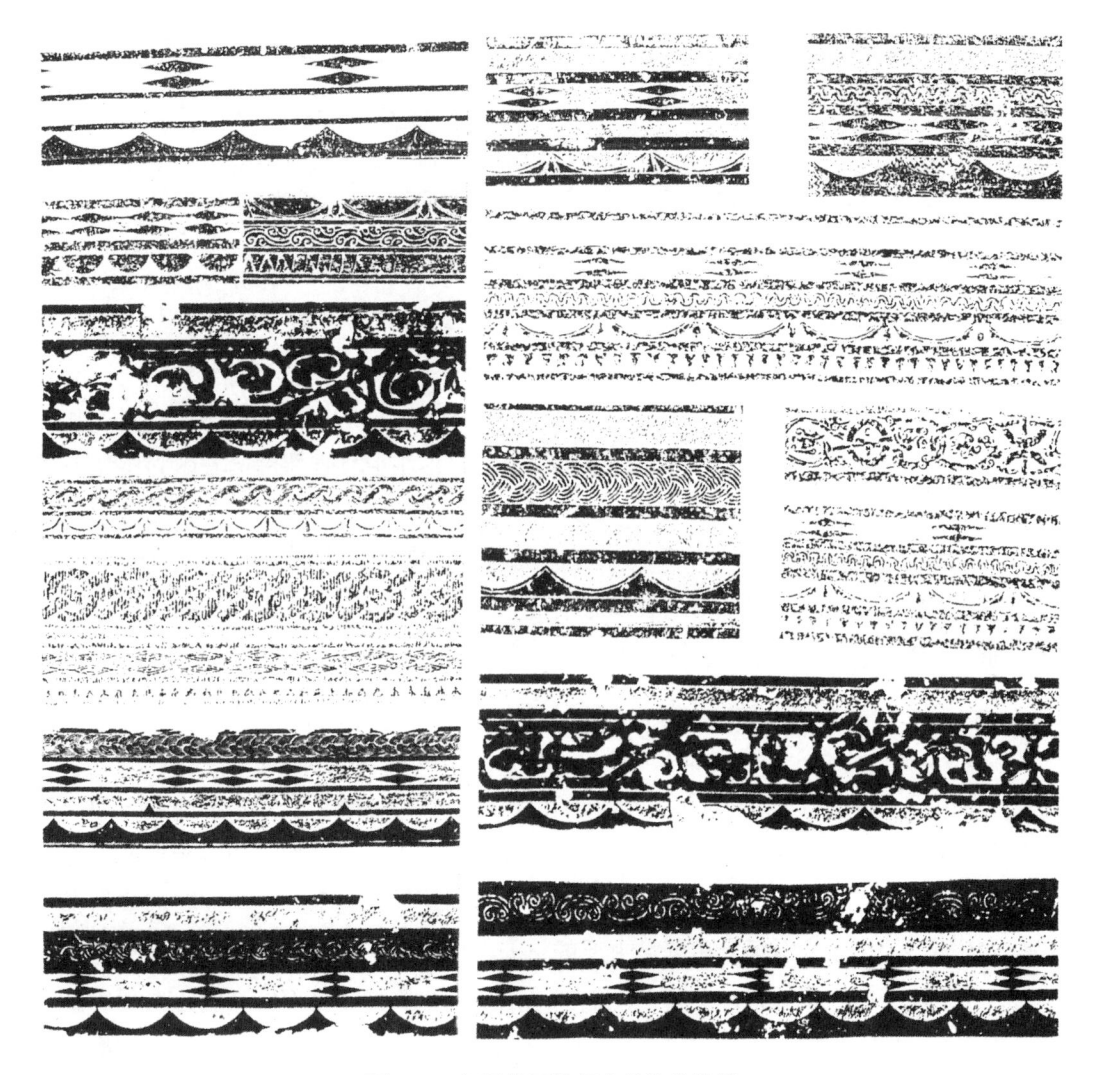

图二三　汉画像石的复合装饰花纹带

纵深位置，横向排列在画面的同一底线上的透视构图法。换言之，在用这种方法构图的画像中，现实的三维空间变为艺术的二维空间，完全看不到所描绘事物的纵深位置关系，事物之间的相互关系只能由他（它）们的左右位置和身姿手势才能看出。图二四的山东省长清县孝堂山祠堂后壁的"孔子见老子图"，就是用这种底线横列法构图的典型作品[1]。这是汉画像石最基本同时也是最重要的空间透视构图法，已发现的汉画像石中一半以上的图像是用这种透视法构图的。对事物进行侧面描绘是这种构图法最显著的特征，图像中的人物、器物、建筑等几乎都是从侧面捕捉到的形象。实际上，这种透视构图法

---

[1] 笔者1980年带领北京大学考古实习队调查孝堂山祠堂时所绘线图。

图二四　山东长清孝堂山祠堂后壁的"孔子见老子图"摹本（局部）

早在战国时期就已广泛使用，例如，河南省辉县赵固1号墓所出铜鉴上刻的"大蒐礼图"及汲县山彪镇1号墓出土铜鉴上刻的"交战图"都采用的是这种透视构图法（图二五）。西汉初期湖南长沙马王堆1号墓的非衣帛画图像，也采用了这种构图法。汉画像石不过继承了战国以来的这种空间透视构图法。

但是，底线横列法有一个本身无法克服的缺陷，就是它无法表现纵深空间中的事物。为了克服这一局限，较自由地表现三维空间的景象，聪明的汉画像石制作工匠在底线横列法的基础上，想出了移动视点的方法，发明了下述几种等距离散点透视的新的表现形式。

B. 底线斜透视法。这种透视构图法虽然仍将所描绘的事物横向排列在画面的同一底线上，但由于已将视点从正侧面移到了斜侧面，沿着纵深空间整齐排列的同类事物在画面上便出现了侧面轮廓线互相重叠的现象。换言之，由于对所要描绘的事物采取了等距离水平斜侧面透视，沿纵深空间整齐排列的同类事物便由互相重叠的侧面轮廓线而表现出来。例如，刻在孝堂山祠堂后壁最上层的"大王出行图"中的大王车图像（图二六），因为采用了这种底线斜透视法，驾车的四匹马的头部、胸部、足部的右侧，出现了重叠得极为整齐、漂亮的侧面轮廓线。一看画面即知，作者构图时采用了右斜侧面底线等距离透视法。这时，画面上的空间表现已不是二维空间，而是三维空间。这种透视法，在描绘波澜壮阔的车马出行图时经常使用。

C. 等距离鸟瞰斜侧面透视法。这是一种在底线斜透视法的基础上，进一步将视点提高，不仅有沿纵深空间整齐排列的同类事物的侧面轮廓线，而且使其上部轮廓线也在画面上整齐重叠，从而画面的三维空间得到更明确体现的透视构图法。同底线斜透视法一样，这种透视法在汉画像石的车马出行图中也经常使用。例如，河南南阳七孔桥汉画像石墓门额上所刻的车马出行图[1]就是用这种透视法构图的（图二七）。画面上，沿纵深空间整齐排列的骑吏行列中，靠近观察者最近处的骑吏被配置在底线上，其旁位置较远的骑吏则被配置在高于底线的位置上，后部和下部因被较近处的骑吏所遮盖而无法看到，

---

[1] 南阳汉代画像石编辑委员会：《南阳汉代画像石》图337，文物出版社，1985年。

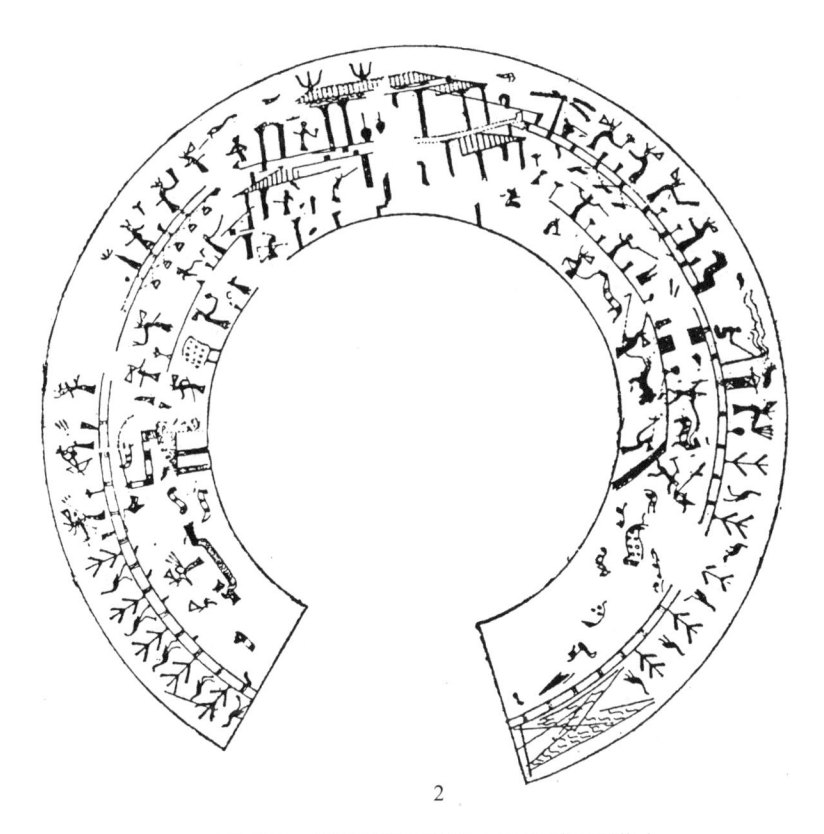

图二五　战国时期青铜器上的线刻画像摹本
1. 河南汲县山彪镇 1 号墓出土铜鉴上的交战图（局部）
2. 河南辉县赵固 1 号墓出土铜鉴上的"大蒐礼图"

只有左部和上部显露出来。也就是说，在用这种方法构图的画面中，处于纵深位置上的物象已脱离了底线。与底线斜透视法相比，在空间表现上这种透视法无疑是个很大的进步。此外，画像石中的庭院图有时也使用这种透视法构图，如图四的山东诸城孙琮墓的庭院图中，沿纵深空间整齐排列的建筑和上下平行排列的建筑，分别被描绘成斜向整齐排列的建筑行列和上下平行排列的建筑行列。

第三章｜汉画像石的艺术表现手法　53

图二六 山东长清孝堂山祠堂后壁的"大王出行图"摹本（局部）

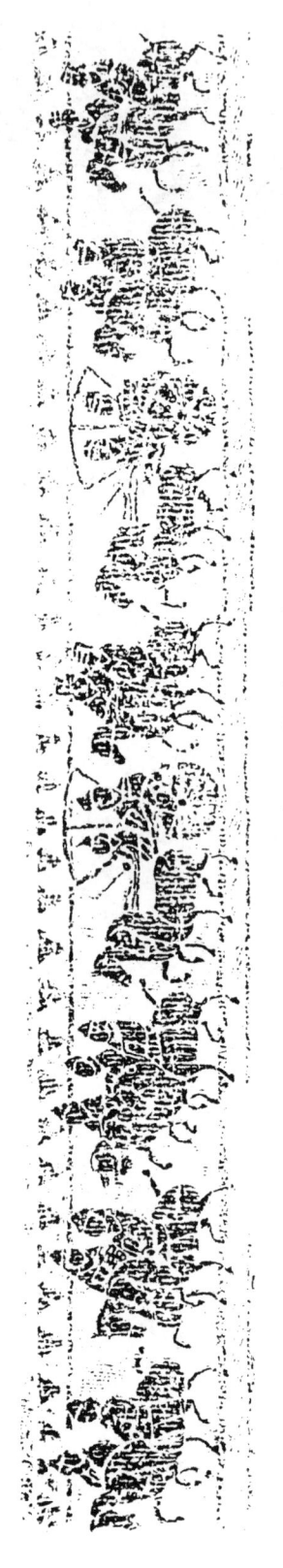

图二七 河南南阳七孔桥画像石墓门额上的车马出行图

54 汉代画像石综合研究

D. 上远下近的等距离鸟瞰透视法。这种透视法，为了表现沿纵深空间多层次排列的复杂事物群，将视点提得较高，从正面对每个事物群进行等距离鸟瞰透视，并将纵深空间中分布的事物按照上远下近的原则从画面底线向上展现在全画面上。这样，画面上的上下位置关系就变成了所描绘的事物群的远近关系。山东诸城东汉晚期孙琮墓[1]的"髡刑图"（图二八）就是用这种透视法构图的典型画例。实际上，在 C 种即等距离鸟瞰斜侧面透视法中，就已经包含了上远下近的透视构图原则，但在上远下近的等距离鸟瞰透视法中，上远下近成为唯一的透视构图原则，并在构图上得到了更充分的表现。

图二八　山东诸城前凉台孙琮墓出土髡刑画像石摹本

---

[1] 任日新：《山东诸城汉墓画像石》，《文物》1981 年 10 期；山东省博物馆、山东省文物考古研究所：《山东汉画像石选集》图 553，齐鲁书社，1982 年。

这里需要指出的是，上述等距离散点透视构图法的四种表现形式往往两种甚至三种并用在汉画像石的同一个画面上。换言之，在用等距离散点透视法构图的画像中，经常可以看到透视法不统一的现象。例如，在图二六的山东长清孝堂山祠堂后壁的"大王出行图"中，"大王车"及其前面的鼓乐车用的是底线斜透视构图法，而"大王车"前后的骑吏行列则用了上远下近的等距离鸟瞰透视法来进行构图。此外，在汉画像石中，那些摆放在两人之间的很低而从侧面难于看到的器物，如杯、盘和陆博局盘等，经常用垂直鸟瞰透视法将捕捉到的物象直接描绘在画面上，乍一看，给人一种悬挂在空中的感觉，使画像显得很不协调。图二九是山东微山县两城山出土的一块祠堂后壁石中层所刻宴饮图中的陆博图像[1]，图中的人物使用了底线横列法和底线斜透视法来表现，但两位主要人物之间所放置的陆博局盘却使用了垂直鸟瞰法来表现，好像局盘不是平置在几案上，而是悬挂在正面的墙壁上。图三〇是山东省沂水县韩家曲汉画像石墓中的一幅宴饮图[2]，两位宴饮者之间的地面上所放置的杯盘也是用垂直鸟瞰法来表现的，好像悬挂在空中一样。有的画像石图像，由于透视法不统一所带来的视觉矛盾非常突出，令人无法分辨画面中所展现的场景究竟是什么地方。图九是山东省嘉祥县武氏祠左石室（据推测为武开明祠堂）西壁下部的水陆交战图，画面下部画一座跨河的桥梁，桥下为舟船水战的场面，桥上为骑卒陆战的场面。如果按照上远下近的透视构图原则，画面上部应为桥后的河面，但这里描绘的却是不应有的陆战场面。土居淑子认为，画面上部表现陆战场面的陆地应是桥两侧的地面，为了集中全面地表现战争场面，作者在设计画面时，将与桥成直角的地面旋转了90°，使其与桥平行展开[3]。但这样一来，图中所描绘的陆战场面究

图二九　山东微山两城山出土宴饮画像石

[1]　山东省博物馆、山东省文物考古研究所：《山东汉画像石选集》图9，齐鲁书社，1982年。
[2]　山东省博物馆、山东省文物考古研究所：《山东汉画像石选集》图448，齐鲁书社，1982年。
[3]　土居淑子：《古代中国の画像石》，同朋舍出版，1986年，38页。

图三〇　山东沂水韩家曲画像石墓出土宴饮画像石（局部）

竟发生在桥的哪一侧就完全无从推测了。很显然，这种透视构图法不统一所带来的视觉矛盾，是等距离散点透视构图法本身无法克服的。大概正是由于这一原因，东汉晚期，一种前所未有的新的透视构图法——焦点透视构图法出现并首先在画像石的构图中开始使用。

2. 焦点透视构图法

所谓焦点透视构图法，就是从一个固定的视点去观察和捕捉所要描绘的事物的透视构图法。焦点透视构图法与等距离散点透视构图法最大的不同是，前者只从一个固定的视点去观察和捕捉物象，而后者为了对物象实现等距离透视，必须不断地移动和变换视点，因此其观察和捕捉物象的视点是复数的、无限多的。换言之，焦点透视构图法是不等距离透视法，距离视点越近的事物其物象尺寸就越大，越远其物象尺寸就越小，极远处的事物最后就成为一个看不到物象的消失点即灭点。也就是说，用这种透视法构图的画像，其视觉效果与我们用肉眼实际观察的结果相一致。使用这种方法构图的画像石图像数量不多，全部是东汉晚期作品。其典型画例有出土地点不明的山东汉画像石中的宴饮图[1]（图三一）和山东省费县潘家疃汉画像石墓的楼阁图[2]（图三二）。在前者右部的宴饮场面中，沿纵深空间整齐排列的两排宴饮者中间是一条摆满食具的通道，由于画面采用了焦点透视法构图，通道自画面底线渐远渐窄呈等边三角

---

[1]　傅惜华：《汉代画像全集》初编图 273，巴黎大学汉学研究所，1950 年。
[2]　山东省博物馆、山东省文物考古研究所：《山东汉画像石选集》图 433，齐鲁书社，1982 年。

图三一 山东出土宴饮画像石

图三二　山东费县潘家疃画像石墓出土楼阁画像石

形，宴会的主人公正好坐在这个等边三角形的顶点位置上，这使得图像中的众多人物主次分明，层次清晰。后者描绘的是一座巨大的多层楼阁形建筑，由于在构图时使用了鸟瞰焦点透视法，建筑各侧面轮廓线的变化把建筑的立体空间清晰地表现出来。从这两个画例可以看出，用焦点透视法构图的画像中，由于画面上的所有物象，诸如人物、建筑等都被纳入了一个统一的、三维的视觉空间中，解决了等距离散点透视构图法经常出现的视觉矛盾。

在上述等距离散点透视法和焦点透视法这两种透视构图技法中，如果从物理学的观点看，前者是违反科学规律的、不合理的，后者是符合物理学规律的、是合理的；但从美术的观点看，不仅两者都是合理的，而且前者比后者更适于表现波澜壮阔的宏大场面。艺术不是自然科学，两者各有自己的思维认识规律，因此不能简单地用自然科学规律去衡量艺术。但两者又有着密切的联系，将自然科学的抽象思维变为不符合科学规律的艺术的形象思维，正是艺术进步的一种巨大推动力。等距离散点透视构图法尽管不符合自

第三章｜汉画像石的艺术表现手法

然科学规律，但却是汉代美术特别是汉画像石艺术的主要透视构图方式，绝大多数汉画像石图像都是用这种方法完成构图设计的。特别是那些场面恢宏、气魄雄大、至今令人叹为观止的车马出行图，都是使用的这种透视构图法。让我们惊奇的是，在汉画像石从产生到消亡的短短二百多年时间里，其透视构图技法竟取得了如此巨大的进步，这是在任何其他时代都无法看到的现象。当然，这一进步，是由汉画像石、汉画像砖、汉墓壁画和帛画在各自的发展中共同取得的，但汉画像石在其中无疑起了重要作用，特别是焦点透视构图法，目前只在山东地区的汉画像石中有所发现，应是汉画像石独自取得的一大艺术进步。遗憾的是，这种能够把握图像统一视觉空间的更为科学的焦点透视法，并没有被后世的中国美术所继承，以至到近代，中国美术界不得不重新从欧洲艺术界学习和引进这种科学的透视构图方法。

最后，我们再探讨汉画像石艺术表现技法的另一特征，即主要人物的表现方法问题。在汉画像石中，为了从众多的人物中突出主要人物，一般是将主要人物画得比普通人物更为高大。这种表现方法在祠（墓）主受祭图中使用得最为普遍。图三三是山东省嘉祥县宋山发现的一块祠堂后壁石画像[1]，画面分上下两层，下层为祠主车马出行图，上层为祠主受祭图。上层的祠主受祭图中，画面左侧是一座由双阙夹峙的二层楼阁，祠主受祭的场面在楼阁内展开。楼阁下层，在榻上面右端坐的祠主，明显比其面前的两名跪拜者和身后的侍者以及楼阁外的持板谒见者要高大得多。同样，在楼阁上层正中央正襟危坐的女祠主也比其两侧的侧面侍女高大得多。因此，从人物图像的大小，观者一眼就可看出画像中的主要人物是谁。这一表现方法，在山东省诸城县前凉台村东汉晚期孙琮墓画像石的上计图[2]（图三四）中得到了最充分的体现。这幅画像，从总体上看虽说是用焦点透视法构图的，但人物形象的大小丝毫不合透视比例，完全是根据人物的地位和身份来确定的。画像中最主要的人物——墓主人孙琮在高大殿堂正中央的围屏内正襟危座，其身躯高达殿顶，几乎占据了殿堂内近二分之一的空间，一望之下，给人以"惟我独尊"的感觉。与孙琮的高大形象相比，其周围的侍者以及殿堂内外众多执板属吏的形象明显矮小得多，而在殿堂前整齐纵向排列的四队普通士卒尽管距离观者最近，按照焦点透视法应该形象更为高大，但却画得小如蝼蚁，猥琐不堪，甚至还不如孙琮面前的酒樽高大。这种违反透视学常识的艺术表现手法，绝非出自绘画艺术本身真、善、美的需要，完全是儒家等级尊卑观念对艺术影响的结果。

---

[1] 济宁地区文物组、嘉祥县文管会：《山东嘉祥宋山1980年出土的汉画像石》，《文物》1982年5期；朱锡禄：《嘉祥汉画像石》图63，山东美术出版社，1992年。
[2] 任日新：《山东诸城汉墓画像石》，《文物》1981年10期；山东省博物馆、山东省文物考古研究所：《山东汉画像石选集》图547，齐鲁书社，1982年。

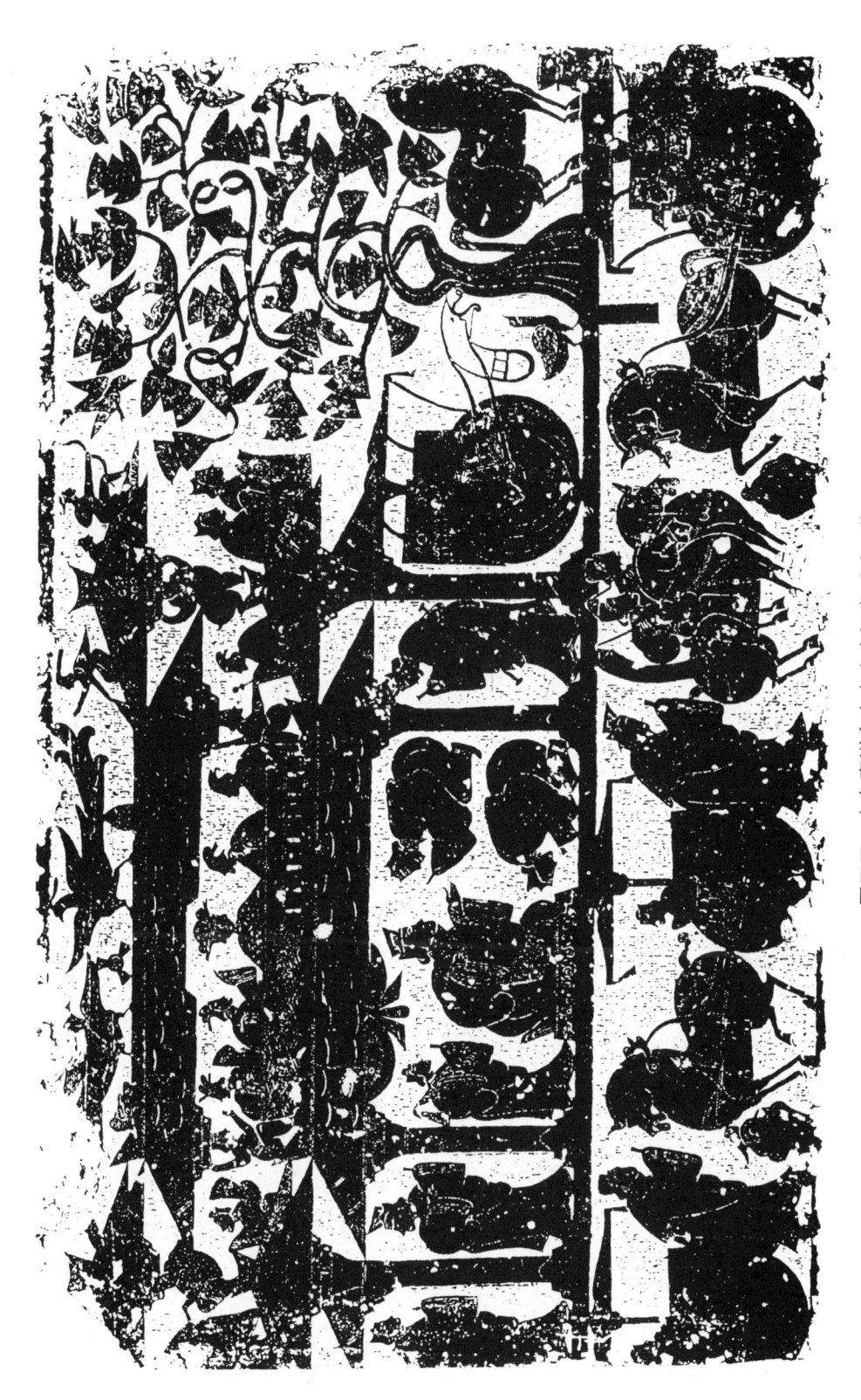

图三三　山东嘉祥宋山出土小祠堂后壁画像

第三章｜汉画像石的艺术表现手法　61

图三四　山东诸城前凉台孙琮墓出土谒见（上计图）画像石摹本

第四节　汉画像石的画像题材分类

　　汉画像石的题材、内容极其丰富，几乎涉及当时社会生活的各个领域，因此很难对其进行准确的概括性分类。迄今为止，几乎所有的汉画像石研究者都是根据直观的印象对汉画像石的题材内容进行分类的。其中，李发林将其分为四类，即：（1）反映社会现实生活的图像（共11种），（2）描绘历史人物故事的图像，（3）表现祥瑞和神话故事的图像，（4）刻画自然风景的图像[1]。蒋英炬和吴文祺二人在《山东汉画像石选集》的序言中，将汉画像石的题材内容分为：（1）描绘社会生产的内容，（2）表现社会生活的内容，（3）描写历史故事的内容，（4）表现神话传说及鬼神信仰的内容等四大类[2]。日本的土居淑子则将其分为：（1）具有故事情节的画像，（2）关于祭祀礼仪的画像，（3）有关天

---

[1]　李发林：《山东汉画像石研究》，齐鲁书社，1982年，25页。
[2]　山东省博物馆、山东省文物考古研究所：《山东汉画像石选集》，齐鲁书社，1982年，4～5页。

象及自然现象的画像,(4)关于仙人及神怪的画像,(5)关于日常生活和社会生活的画像,(6)描绘怪兽等空想动物的画像,(7)各种装饰图案等七大类[1]。笔者在《中国大百科全书·考古学》"汉画像石"条和《汉画像石的分区与分期研究》的论文中,也曾将汉画像石的题材内容分为八类和九类(共55种)[2]。但是,这种对汉画像石题材内容的直观的分类方法,不仅忽略了画像内容与其所属建筑之间应有的关系,而且完全无视画像的配置规律,人为地割断了各类题材内容画像之间的有机的内在联系,因此不可能从总体上正确地理解和把握汉画像石的题材内容。在这里最重要的是研究者的分类原则,即研究者是按照自己的主观印象去分类的,还是按照画像内容的本来意义去分类的。笔者认为,按照画像内容的本来意义进行分类才是汉画像石题材内容唯一正确的分类原则。从表面上看,这种分类似乎仅仅是一个形式问题,而实际上却是一个对汉代历史和汉代艺术的认识问题。如果按照研究者自身对汉画像石题材内容的直观印象进行分类,不可避免地会带有主观臆断的成分,很容易陷入毛泽东曾讽刺过的"甲乙丙丁,开中药铺"的形式主义分类。而按照画像内容的本来意义进行分类,则需要在对汉代的社会生活、风俗、信仰、礼制和艺术进行全面考察的基础上,再通过对同类建筑和不同类建筑的画像内容进行细致的比较、研究之后才能作出。所谓汉画像石内容的本来意义,指的是汉代人对画像石内容的理解和认识,亦即汉代人的生死观和宇宙观。像人类历史上的所有宗教艺术和祭祀艺术一样,汉画像石是一种因循性和传承性非常强的艺术,在其存在和发展的二百余年间,尽管其题材内容在种类和数量上始终不断增加,但从其本质意义和所表现的宇宙范围来看,可以说从始至终绝少变化。这是因为,汉画像石并不是一种自由创造的艺术,它是严格按照当时占统治地位的儒家礼制和宇宙观念刻在石结构墓室、石棺、祠堂和墓阙上的。

  这里所说的宇宙观念,并不是哲学意义上人对物质与精神相互关系的认识,而是原始信仰中对宇宙层次的基本划分及对宇宙不同层次相互关系的认识。汉代人认为,全部宇宙世界是由从高到低的四个部分构成的。首先是天上世界,这是一个由作为宇宙最高存在的上帝和诸多人格化的自然神组成和居住的诸神世界。其次是由西王母居住的昆仑山所代表的仙人世界。第三个宇宙层次是现实的人间世界,而第四个宇宙层次是地下的鬼魂世界。在这里需要稍加解释的是天上诸神世界与仙人世界的区别和联系问题。现在,我们经常"神仙"二字连用,对其意义不加区别地混淆使用,但在古代特别是在汉代人的观念中,"神"和"仙"是性质完全不同的两种存在。根据《说文解字》的解释,"神,

---

[1] 土居淑子:《古代中国の画像石》,同朋舍出版,1986年,38页。
[2] 俞伟超、信立祥:《汉画像石墓》,《中国大百科全书·考古学》,中国大百科全书出版社,1981年,178～179页;信立祥:《汉画像石的分区与分期研究》,载俞伟超编:《考古类型学的理论与实践》,文物出版社,1987年。

天神，引出万物者也"。也就是说，住在天上世界的上帝和诸神，不仅是宇宙万物的创造者，也是宇宙秩序的主宰者和管理者。对人类来说，上帝和诸神无所不知、无所不能，是超越时间和空间的、无始无终的终极存在。而仙人，却与"神"有着本质的不同。在《说文解字》中，"仙"字有"仚"和"僊"两种写法，"仚，人在山上""僊，长生僊去"。《释名·释长幼》解释说："老而不死谓之仙，仙，迁也，迁入山也。"从这些汉代人的解释，可以知道在当时人的观念中，所谓仙人，是同时具有超越时间和空间的不死不老的神性和人的肉体的永恒存在，其住处不是天上世界，而是高高耸立在现实人间世界的仙山。对"神"和"仙"的区别，古代人非常清楚，在北宋初期编辑的类书《太平广记》中，仍将"神"和"仙"各分为一类。这里需要指出的是，仙人世界的观念绝不是从来就有的，而是在战国中期才开始出现、到西汉晚期才终于确立起来的宇宙观念。这一新的宇宙观念的产生，可以说是中国古代思想史上的一次重大变革。而这一变革，又与发生在原始社会末期的、在史书上被称为"绝天地通"的另一次重大思想变革有着密切关系。关于"绝天地通"，最早的记载出自《尚书·吕刑》：

　　　　皇帝哀矜庶戮之不辜，报虐以威，遏绝苗民，无世在下，乃命重、黎，绝天地通。

《山海经·大荒西经》中也有类似记载：

　　　　颛顼生老童，老童生重及黎。帝令重献上天，令黎邛（抑）下地。

　　从这两条记载，可以断定，所谓"绝天地通"，就是"重献于天""黎邛（抑）于地"。但因其词句晦涩难明，至春秋时期，连当时楚国的最高统治者对"绝天地通"也已不甚了了，不得不向其大臣请教。《国语·楚语》云：

　　　　（楚）昭王问于观射父曰："《周书》所谓'重黎实使天地不通'者，何也？若无然，民将能登天乎。"对曰："非此之谓也。古者民神不杂，及少暤（氏）之衰也，九黎（氏）乱德，民神杂糅，不可方物。……颛顼（氏）受之，乃命南正重司天以属神，命火正黎司地以属民，使复旧常，无相侵渎。此谓'绝天地通'。"

　　所谓"民神杂糅"，是说当时的部落民众不分尊卑，都是巫师，谁都可以利用巫术与天上诸神自由交往，这种民神不分的社会状况正是原始社会晚期的典型社会特征。优美的希腊神话所反映的正是这一历史阶段的社会状况。从希腊神话可以看到，人不仅可与诸神自由交往，还可自由婚恋，人神婚恋生育的后代都有惊世骇俗的超凡本领，并在诸神的帮助下创造了不凡的英雄业绩，因此这一历史时期也被称为"英雄时代"。到了原始社会末期，这种全民皆巫、人神不分的状态，开始受到新兴部落贵族越来越严厉的限制，利用巫术与天上诸神自由交往日益成为巫师阶层即人类历史上最早的知识分子阶层的特权。当然，这一巫师阶层是由新兴贵族的一部分组成的。"绝天地通"所叙述的正是这一重大的历史变革。有关这一历史性变革的文献记载尽管极为简略，晦涩难明，却证明了中国上古史上，像希腊、罗马一样，也有过一个"民神杂糅"的"英雄时代"，只是由于过早地跨进了文明社会，这段历史逐渐被人遗忘，变成模糊不清的记忆，仅以古史传说的形式零散地保存在古代文献中。"绝天地通"这一历史变革，是中国古代"民神杂糅"历史阶段即原始社会阶段终结的标志。这一历史性变革，对中国古代的思想观念产生了巨大而深远的影响，大大加深了人对天界即上帝和诸神的恐惧。从楚昭王"民将能登天乎"这句问话中可以知道，由于"绝天地通"这一历史性变革的影响，在春秋时期的普通民众心目中，绝对没有"升天"或"死后升天"的想法。当时，在人们的观念中，"升天"是巫觋才有的思想和特权。这种状况，到佛教传入中土并成为主要社会宗教以前的两汉时期一直没有变化。在汉代人的观念中，上帝和诸神的天上世界是最可怕的地方。西汉时期编辑的诗集《楚辞·招魂》中对天上世界就有令人毛骨悚然的描述：

　　魂兮归来！君无上天些。虎豹九关，啄害下人些。一夫九首，拔木九千些。豺狼从目，往来侁侁些。悬人以娭，投之深渊些。致命于帝，然后得瞑些。归来归来！往恐危身些。

这个森严恐怖、可望而不可即的天上世界，不仅活人不敢问津，就连鬼魂都不敢游历。它与汉代以后佛教信仰中的天堂是两个截然相反的世界。有的哲学家认为汉代艺术作品中的诸神，已"不再具有现实中的威吓权势"，"天上也充满人间的快乐"，因而"人们要到天上去参与和分享神的快乐"[1]。这是对汉代天人关系的极大误解。到目前为止，尽管两汉考古已取得了巨大成就，出土的各类美术品在数量上居各个时代之冠，但我们从中还没有找到一件真正的"升天图"。这是因为董仲舒等人用"畏天之威"的画皮装扮起来的皇天上帝和诸神的形象，吓退了所有准备升天的"志愿战士"。西汉武帝时期，孔孟的儒家思想经过董仲舒等人改头换面的神秘化改造，建立起一套完整的"天人感应"学说，进一步拉大了人间世界与天上世界的距离，加剧了人们对上天的恐惧。根据董仲

---

[1] 李泽厚：《美的历程》，文物出版社，1981年，74页。

舒等人大力鼓吹的"天人之道",上天是一种有意识的存在,以天帝"太一"为首的人格化的诸神占据着高高在上的天穹,以一副冰冷严酷的面孔统治着整个宇宙。它从不公开对凡世明确表态,而只用灾异给以暗示;它能降祥瑞于人间,而更多的是将灾祸刑杀无情地加给下民。在这里,人是被动的,永远只能战战兢兢、诚惶诚恐地跪倒在地,可怜巴巴地祈求天帝和诸神的恩赐和原宥。在这种"天人感应"学说的笼罩下,汉代的普通民众是不可能有升天思想的。升天的观念,在汉以前(包括两汉)是巫觋的思想,在汉以后是佛教的观念。

但是,"绝天地通"这一重大的历史性变革所带来的人对上天的恐惧,并没有也不可能阻止住人们对生命和幸福的追求。对死亡的巨大恐惧,使人们渴望获得青春永驻、长生不老的神性;现实的苦难,使人们渴望幸福的世外桃源。但现实既无法摆脱,升天又却步于畏惧,人们只能把对生命和幸福的追求寄托于宗教的幻想。战国中期,在令人眼花缭乱的百家争鸣声中,随着人的自身价值的被发现和被重视,首先由哲学家庄周幻想出了"入水不濡,入火不燃""吸风饮露""御风而行"的最早的仙人。在《庄子》一书中,这些不死不老的仙人被称为"神人""至人""真人""大人",他们不住在上帝和诸神的天上世界和现实的人间世界,而是住在高耸入云的"藐姑射山"上[1]。到战国晚期和秦始皇时代,传说中生长着不死之药的昆仑山和东海中的蓬莱、方丈、瀛洲等海岛,在方术之士的鼓吹下,也成了仙人世界的领地。西汉时期,昆仑山开始成为全社会憧憬的、人人渴望到达的、最具吸引力的幸福仙境。就这样,一个新的宇宙构成部分——仙人世界终于被人创造出来了。

在汉代人的观念中,这四个宇宙构成部分互相关联,不可分割,共同构成一个统一的宇宙有机体。高处天穹的上帝和诸神,惟我独尊,公正无私地君临着整个宇宙,对万事万物实行着强有力的统治,维持着宇宙的正常运行秩序。生活在凡世间的人,尽管不能升天与诸神齐寿,但却能以"死"的形式摆脱苦难的现实世界,暂时栖身到地下的鬼魂世界,在那里获得升仙资格后,再飞升到昆仑山仙界,在那里长生不老,永远过着无忧无虑的幸福生活。汉画像石的题材内容,完全是按照这种宇宙观念进行设计和配置的。正因为如此,汉画像石题材内容的分类,只能遵循这种宇宙观念,分为天上世界的内容、仙人世界的内容、人间现实世界的内容、地下鬼魂世界的内容等四大类。其中,表现现实人间世界与地下鬼魂世界关系的祠(墓)主受祭图、表现现实人间世界与昆仑山仙人世界关系的升仙图,是汉画像石中最富情趣、最具人性的题材内容。按照当时的宇宙观念对汉画像石的图像内容进行正确解释,也是本书的最重要的研究课题。

---

[1] 闻一多:《神仙考》,《闻一多全集》第一卷,生活·读书·新知三联书店,1982年。

第四章

墓地祠堂画像石

如果按照汉画像石所属各类建筑的从属关系来叙述的话，本章应该探讨地下墓室画像石的有关问题，但因墓上祠堂的画像石无论在画像内容上还是图像的配置上，都比墓室画像石有着更强的继承性和规律性，为了论述和考证的方便起见，决定变更叙述顺序，在本章中讨论墓上祠堂画像石的有关问题。

第一节　墓地祠堂建筑及其画像的由来

关于汉代墓上祠堂的由来问题，目前在我国的历史学界和考古学界有两种截然不同的意见。

一种意见认为，墓上祠堂先秦时期就已经出现。东汉的王逸在注释《楚辞·天问》时说："屈原放逐，彷徨山泽，忧心愁悴，见楚先王庙及公卿祠堂，图画山川神灵，琦玮僪佹，及圣贤怪物行事，因书其壁，呵而问之，以泄愤懑。"[1] 清赵翼据此认为"战国末已有祠堂矣"[2]。近年来，由于河南省安阳殷墟小屯 5 号墓即著名的妇好墓[3]，大司空村 311 号墓[4]、312 号墓[5] 墓圹正上方的地面建筑遗址和河南省辉县固围村战国中期魏王陵[6] 及河北省平山县战国中期中山王陵[7] 封丘上的建筑遗址的发现，特别是由于中山王陵"兆域图"[8] 的出土，使有的研究者进一步发展了这种看法，认为战国时期甚至殷商时期就已经有了墓祭用的墓上祠堂或墓上祠堂性质的墓地建筑了[9]。

另一种意见认为，"古不墓祭"[10]，先秦时期祭祀祖先的活动都在都邑中的宗庙里进行，墓祭用的墓上祠堂是在墓祭盛行的汉代才出现的。杨宽先生根据文献记载，认为墓上祠堂产生于西汉时期，昭帝时已经相当普遍[11]。

---

[1] 王逸注：《楚辞·天问》。
[2] 赵翼：《亥余丛考》卷三十四"祠堂"条。
[3] 中国社会科学院考古研究所安阳工作站：《安阳殷墟五号墓的发掘》，《考古学报》1977 年 2 期；中国社会科学院考古研究所安阳工作站：《殷墟妇好墓》，文物出版社，1981 年。
[4] 马得志：《一九五三年安阳大司空村发掘报告》，《考古学报》1955 年 5 期。
[5] 马得志：《一九五三年安阳大司空村发掘报告》，《考古学报》1955 年 5 期。
[6] 中国科学院考古研究所：《辉县发掘报告》，科学出版社，1956 年。
[7] 河北省文物管理处：《河北省平山县战国时期中山国墓葬发掘简报》，《文物》1979 年 1 期。
[8] 傅熹年：《战国中山王𰠷墓出土的〈兆域图〉及其陵园规制的研究》；杨鸿勋：《战国中山王陵及兆域图研究》；均载于《考古学报》1980 年 1 期。
[9] 杨鸿勋：《关于秦代以前墓上建筑的问题》，《考古》1982 年 4 期；杨鸿勋：《"关于秦代以前墓上建筑的问题"要点的重申——答杨宽先生》，《考古》1983 年 8 期。
[10] 蔡邕：《独断》。
[11] 杨宽：《中国皇帝陵の起源と変遷》，学生社，1982 年，东京；杨宽：《中国古代陵寝制度史研究》，上海古籍出版社，1985 年。

在先秦文献中，确实没有出现过"祠堂"这一名称。"祠堂"的最早记载，见于《汉书·循吏传·文翁传》。文翁，庐江舒人，汉景帝末年为蜀郡太守，"仁爱好教化"，在任期间，以移风易俗为己任，挑选"开敏有材者"送到京师学习，又"修起学官于成都市中"，造成蜀中以文相尚的风气，极得民众爱戴。文翁死后，"吏民为立祠堂，岁时祭祀不绝"。吏民为文翁建立的祠堂是否为墓上祠堂在《文翁传》中虽语焉不详，但其显然是蹈袭了墓上祠堂而建造的。按文翁在任期内的活动时间推算，为文翁立祠堂一事当在汉武帝初年。当时蜀郡地处偏僻，文化落后，吏民为其立祠堂当学自关中等经济、文化发达地区。显然，在这些发达地区，在墓地建祠堂当早已沿袭成风。这一推测，可从另一条文献得到证实。据《盐铁论·散不足》记载，贤良文学在抨击当时社会上的厚葬陋俗时指出："今富者积土成山，列树成林，台榭连阁，集观增楼；中者祠堂屏阁，垣阙罘罳。"《盐铁论》所记载的御史大夫桑弘羊和贤良文学之间关于政府盐铁政策的辩论，发生于汉昭帝始元六年（前81）。贤良文学的这段议论，证明建立墓上祠堂之风在汉昭帝时期已经普及到社会中层，其滥觞期当更早。根据这两条文献记载，我们有理由认为，西汉早期就已出现了墓上祠堂。

既然墓上祠堂在西汉早期就已出现，为什么当时的文献没有记载，其前身又是什么？对这一问题，我们可以从当时墓上祠堂的名称入手，结合文献和考古资料来加以解答。

从现有资料看，墓上祠堂在汉代至少有四种名称。1964年，在北京市石景山区的上庄村发现了一批东汉时期的墓表石柱和墓阙画像石[1]。其中，两根墓表石柱的上部和两块方柱形阙石上都刻有铭文。从这些铭文知道，这处墓表和墓阙是东汉和帝永元十七年（105）孝子秦仙为死去的父母——"幽州书佐秦君"夫妇建造的。在8号阙石上，刻有长达147字的铭文，生动地陈述了孝子秦仙缅怀和悼念父母的悲痛心情。其中一段说："欲广祠庙，尚无时日。呜呼！非爱力财，迫于制度"（图三五）。从这段文字推断，当时秦仙父母的墓前立有被称为"祠庙"的小型祠堂。对这段铭文，邵茗生[2]和郭沫若[3]都曾进行过释读，由于两人分别将"欲广祠庙"误释为"欲厚显祖"和"欲厚显相"，使铭文的本来含义变得暧昧不明。为了搞清这段铭文的文意，笔者曾数次到北京市石刻博物馆，对陈列在那里的8号阙石进行仔细观察，并对铭文重新作了释读。上面所引文字就是笔者重新释读的结果。在山东地区汉画像石的题刻铭文中，常将墓上祠堂称为"食堂"。例

---

[1] 北京市文物工作队：《北京西郊发现汉代石阙清理简报》，《文物》1964年11期。
[2] 邵茗生：《汉幽州书佐秦君石阙释文》，《文物》1964年11期。
[3] 郭沫若：《"鸟还哺母"石刻的补充考释》，《文物》1965年4期。

图三五 北京石景山出土秦君墓阙石铭刻题记

如，汶上县所发现的路公祠堂画像石上就刻有"天凤三年立食堂"的铭文[1]，微山县所发现的两块祠堂画像石上分别刻有"永和四年四月丙申朔廿七日壬戌，桓弄终亡，二弟文山、淑山悲哀，治此食堂"[2]和"思念父母，弟兄悲哀，乃治冢作小食堂"[3]的题刻铭文。此外，在邹县发现的一块画像石上刻有"食斋祠园"四个字（图三六）[4]，显然，"斋祠"或"食斋祠"应是当时墓上祠堂的名称。通过以上考察，可知墓上祠堂在汉代至少有"祠堂""庙祠""食堂""斋祠"或"食斋祠"四种称呼。这些称呼，都与先秦时期的宗庙建筑有着密切关系。

图三六　山东邹县出土"食斋祠园"画像石

将文献记载与近年的研究成果结合起来看，我国在春秋时期以前，是没有墓祭即在墓地举行的祭祀祖先活动的。《易·系辞传下》说："古之葬者，厚衣之以薪，臧（藏）之中野，不封不树。""不封"，是说墓葬没有封土即坟丘；"不树"，是说墓地中不植树作为标志。西汉晚期的著名学者刘向进一步具体指出："殷汤无葬处，文（周文王）、武（周武王）、周公葬于毕，秦穆公葬于雍橐泉宫祈年馆下，樗里子葬于武库（指西汉国都长安城内的武库，位于未央宫与长乐宫之间，近年已进行了考古发掘揭露），皆无丘陇之处。"[5]东汉著名政论家崔寔也指出："古者墓而不坟，文（周文王）、武（周武王）之兆（指墓地的兆域），与平地齐。"[6]也就是说，当时不仅普通的庶民，就连最高统治者的墓地也没有任何地面标志。20世纪以来大量的考古发现基本证实了上述记载的可靠性。在迄今所发现的数千座殷商和西周时期的墓葬中，除了安徽省屯溪市，江苏省句容县、金坛县的一些土墩墓和河南安阳殷墟的妇好墓、大司空村的311号

---

[1] 傅惜华：《汉代画像全集》二编图129，巴黎大学北京汉学研究所，1951年。
[2] 山东省博物馆、山东省文物考古研究所：《山东汉画像石选集》图版一之图1，齐鲁书社，1982年。
[3] 山东省博物馆、山东省文物考古研究所：《山东汉画像石选集》图版一五之图32，齐鲁书社，1982年。
[4] 周进：《居贞草堂汉晋石景》，1929年石印本。
[5] 《汉书·楚元王传》所附刘向传。
[6] 崔寔：《政论》。

和312号墓等少数墓葬外，绝大部分既无坟丘又无墓上建筑。屯溪、句容和金坛等地的土墩墓，虽有高出地面的坟丘，却无深挖在地下的墓穴，与当时的周墓迥然有别，应是按照特殊的民族葬俗建造的吴、越贵族墓葬。而妇好墓和大司空村两座殷商墓的墓上建筑，其用途和性质至今尚未搞清。正因为当时的墓地中没有任何地面标志，所以西周的王陵区即文献中所说的"毕"究竟在何处至今仍是一个不解之谜。换言之，因为当时没有墓祭，自然也就没有必要在墓地中建造祭祀用的墓上祠堂类建筑。当时，对已故祖先的祭祀活动几乎都在宗庙中举行。也就是说，在春秋时期以前，只有庙祭而无墓祭，魏文帝曹丕在黄初三年（222）的诏书中所说的"古不墓祭，皆设于庙"[1]，指的就是这种古代祭俗。

根据文献记载，先秦时期的宗庙，不仅是统治者（宗子）祭祀已故祖先的地方，也是举行军政大典之处，举凡朝聘、册命、出军、献俘等重要军事、政治活动都在宗庙中举行，因此宗庙也是重要的政治活动场所。古代常常"庙堂"连称，"庙"即宗庙，"堂"指的是朝堂即统治者日常处理公务的殿堂，可见宗庙的地位和重要性尤在朝堂之上。为了活动的方便，宗庙都建在统治者居住的都城中。《左传·庄公二十八年》说："凡邑有宗庙先君之主者曰都，无曰邑。"也就是说，宗庙和祖茔是分开的。至战国中期，秦国[2]和楚国[3]最先开始在王陵区内营造宗庙，但因秦、楚两国都是"蛮夷之邦"，他们的这种"陵旁立庙"的做法被认为不合传统礼制，所以没有被西汉王朝的统治者所继承。

汉高祖十二年（前195），西汉王朝的开国皇帝汉高祖刘邦因战伤和疾病死于首都长安，葬在渭北咸阳原上的长陵。与此同时，按照传统礼制和"匠人营国，……左祖右社，面朝后市"[4]的都城营造原则，分别在长安城中为汉高祖刘邦营建了庙和寝，庙位于西安门内长安门街之东、东太常街之南的长安城南侧，寝则建在桂宫之北的长安城北侧。也就是说，汉高祖刘邦的庙和陵墓不在一处，其庙和寝虽说都在长安城内，但一在南城，一在北城，实际上相距甚远。按照当时的祭祀仪式，每月在高庙祭祀高祖的那一天，都要把高祖的衣冠从寝中运出，通过一条固定的道路，大肆招摇地到高庙游历一

---

[1]《晋书·礼志》。
[2]《史记·秦始皇本纪》云："诸庙及章台、上林皆在渭南。"秦的旧都雍和新都咸阳均在渭水之北，这里所说的诸庙当然不是指的建在雍和咸阳的宗庙，而是指的营建在渭南秦王陵附近的秦昭王庙、秦孝文王庙和秦庄襄王庙等陵庙。参见杨宽《中国古代陵寝制度史研究》24页。
[3] 战国时期楚国的王陵区在今湖北省宜昌市东南，当时称为夷陵。公元前278年，秦将白起率领大军进攻楚国都城郢，焚毁了夷陵的所有陵区建筑，史称"夷陵之战"。当时秦相范雎当面指责白起，说他"焚其庙"。吴师道《战国策校注》说："焚其庙，即所谓烧夷陵先王之墓也。"可见楚国的先王陵墓附近建有陵庙。参见杨宽《中国古代陵寝制度史研究》24～25页。
[4]《周礼·考工记》"匠人"条。

番。当时的吕太后（高祖刘邦的皇后、惠帝刘盈之母）住在长安门街之东的长乐宫，惠帝住在长安门街之西的未央宫。由于惠帝经常要到长乐宫去向母亲请安，为了避开长安门街上行人，就在武库之南的长乐宫和未央宫之间修建了一条"复道"（道路之上架空的过街通道，类似于现在城市中的过街天桥）。但这条"复道"之下的长安门街，恰好是每月庙祭高祖时高祖衣冠游历的必经之路。这招致了博士叔孙通的非议，他向惠帝进谏，指出子孙在"宗庙道上行"是对已故祖先的"不敬"。惠帝采纳了叔孙通的建议，废止了原来每月一次在长安城内举行的把高祖衣冠从寝游历到高庙的礼制，在渭北的长陵附近重新修建了一座高庙，称为"原庙"。"原"即"重"的意思。叔孙通认为，重建"原庙"，使陵、庙靠近，更便于高祖的灵魂从陵寝到宗庙中去接受祭祀。当时规定，每月在"原庙"举行祭祀典礼的那一天，必须把高祖生前穿的衣冠从陵园的"寝"中取出，送到"原庙"中去游历一番[1]。实际上，这是把原来在长安城内举行的"月出衣冠游宗庙"的祭祀礼仪原封不动地搬到了陵墓区来举行。之所以这样做，是因为当时的人们相信，死者的灵魂可以附着在生前的衣冠上，把陵寝中的衣冠送到宗庙中去游历，也就把灵魂带到宗庙中接受祭祀了[2]。由于汉惠帝在渭北的长陵附近营建了"原庙"，使"陵旁立庙"成为西汉一代的陵寝定制。据《汉书·韦玄传》记载，"自高祖下至宣帝，与太上皇（高祖之父）、悼皇考（宣帝之父）各自居陵旁立庙，并为百七十六。又园中各有寝、便殿。日祭于寝，月祭于庙，时祭（四季之祭）于便殿。寝，日上四食；庙，岁二十五祠；便殿，岁四祠。又月一游衣冠"。这里需要指出的是，汉代皇帝陵墓旁所建的"庙"和"寝"等墓地祭祀性建筑，完全是仿照统治者居住的宫殿建造的。当时的人们确信，"鬼犹求食"[3]，人死后其灵魂仍像生前一样，要在同样形式的建筑中处理政务和起居饮食。古代统治者居住的宫殿或衙署，分为用途不同的前、后两部分，前面的部分称为"朝"，是会见臣僚处理政务的地方；后面的部分称为"寝"，是统治者与其家属日常燕居之处。根据儒家"事死如事生，礼也"[4]的礼制规定，举行祭祖典礼用的建筑，必须修建得像生人的住宅一样，前有"朝"而后有"寝"。东汉的著名学者蔡邕对当时的"寝庙"制度，曾做过如下解释：

宗庙之制，古学以为人君之居，前有"朝"，后有"寝"，终则前制庙以象朝，

---

[1]《汉书·叔孙通传》记载叔孙通对汉惠帝云："愿陛下为原庙渭北，衣冠月出游之，益广宗庙，大孝之本。上乃诏有司立原庙。"颜师古注："谓从高帝寝月出衣冠，游于高庙，每月一为之。"
[2] 杨宽：《中国古代陵寝制度史研究》，上海古籍出版社，1985年，20页。
[3]《左传·宣公四年》。
[4]《左传·哀公十五年》。

后制寝以象寝。庙以藏主，列昭穆；寝有衣冠、几杖、象生之具，总谓之宫[1]。

在西汉诸帝的陵园建筑中，不仅庙、寝、便殿等建筑一应俱全，而且各有一套与建筑本身功能相对应的严格而烦琐的祭祀礼仪，可以说是把宗庙制度原封不动地从都城内搬到了陵墓区。"陵旁立庙"这一陵寝制度的重大变化，不可能不对社会各个阶层的墓地形制产生强烈影响。上述汉代墓上祠堂的不同名称，正是受当时皇帝陵园建筑的影响而产生的。

"祠堂"的"祠"字在汉代字书中被训为祭祀之义，说明墓上祠堂是墓祭祖先之处，与皇帝陵旁所立之"庙"的性质完全相同，暗示这种建筑是仿效帝陵旁的"庙"而建在墓地中的。

祠堂被称为"庙祠"，证明了祠堂的前身就是宗庙，不过是搬到墓地的宗庙。看来，司马光所说的"先王之制，自天子至于官师皆有庙。……（秦）尊君卑臣，于是天子之外，无敢营宗庙者，汉世公卿贵人多建祠堂于墓所"[2]，尽管为大多数学者所赞同，但并不完全正确。至少汉代中下层统治者的墓地祠堂，仍然保留着"庙"的称呼，同时也说明当时人对祠堂来源于宗庙是很清楚的。

墓上祠堂被称为"食堂"，应与宗庙在祭祀时摆有供品食物的功能有关，当时帝后的宗庙有时就被称为"籑食堂"。据《汉书·元后传》载："初，（王）莽为安汉公时，又谄太后，奏尊元帝庙为高宗，太后晏驾后当以礼配食云。及莽改太后为新室文母，绝之于汉，不令得体元帝。堕坏孝元庙，更为文母太后起庙，独置孝元庙故殿以为文母籑食堂，既成，名曰长寿宫。以太后在，故未谓之庙。莽以太后好出游观，乃车驾置酒长寿宫，请太后。既至，见孝元庙废彻涂地，太后惊，泣曰：'此汉家宗庙，皆有神灵，与何治而坏之！且使鬼神无知，又何用庙为！如令有知，我乃人之妃妾，岂宜辱帝之堂以陈馈食哉。'"王莽利用汉元帝庙改建而成的长寿宫，实际就是为元后准备的陵墓旁的宗庙，只是因为元后还健在，才叫做"籑食堂"。孟康注曰："籑音撰。"晋灼注曰："籑，具也。""具"，有具办、准备的意思。如果按晋灼的解释，"籑食堂"就成了具办祭食之处，而元后却明确说长寿宫是"陈馈食"的地方，"馈食"即献祭的食物供品，可见晋灼的解释不确。查籑、撰、馔三字同音，可以互相假借，本字应为馔。《仪礼·聘礼》云"馔于东方"，"馔"训为供设食物之义。"籑食堂"的"籑"字也应作此解，即供设、陈放的意思。也就是说，"籑食堂"是元后庙中向元后灵魂陈献祭食，供其享用的地方。

---

[1] 蔡邕：《独断》。
[2] 司马光：《文潞公家庙碑》。

"食堂"一词，应当就是"籑食堂"的简化和省称。1980年山东嘉祥宋山出土的东汉永寿三年（157）许安国祠堂顶石所刻的长篇题记中，叙述了许安国的父母兄弟修建祠堂的目的就是为了向其灵魂献食祭祀，其中一段说："甘珍滋味兼设，随时进纳，省定若生时。"[1]山东东阿县发现的芗他君祠堂石柱刻铭中说："财立小堂，示有子道，差于路食。"[2]从这两则祠堂题记，可知"食堂"是祠主灵魂享用祭食的地方，其作用与元后的"籑食堂"一样。由此可证，"食堂"即墓上祠堂是仿效皇家"陵旁立庙"的制度而来的。目前所见铭刻中自称为"食堂"的汉代祠堂，几乎全部是天井为平顶的石结构小祠堂。大概由于祠主身份的限制，这类祠堂周围没有与其配套的规模较大的其他墓上建筑，除了陈设祭食之外，一般不举行场面较大的祭祀典礼活动，于是"食堂"就变成了这类小祠堂的专用称呼。

祠堂之所以被称为"斋祠"或"食斋祠"，源于与宗庙祭祀活动有关的另一类建筑。在古代人的观念中，宗庙和墓地都是鬼神重地，宗庙为祭祀祖先之处，"皆有神灵"；"墓者，鬼神所在，祭祀之处，齐（斋）戒洁清，重之至也"[3]。祭祀时，为了表示对祖先的恭敬，祭祀典礼前必须进行"斋戒"仪式，即通过沐浴、静思、戒酒、戒荤达到修省洁身。这也就是《礼记·曲礼》所说的"斋戒以告鬼神"。这种仪式，通常都在称为"斋宫"的建筑中举行。据《史记·秦始皇本纪》载，秦二世三年（前207），赵高弑杀秦二世，欲立秦二世之兄子公子子婴为秦王，乃"令子婴斋，当庙见，受王玺。斋五日，子婴与其子二人谋曰：'丞相高杀二世望夷宫，恐群臣诛之，乃详（佯）以义立我。我闻赵高乃与楚约，灭秦宗室而王关中。今使我斋见庙，此欲因庙中杀我。我称病不行，丞相必自来，来则杀之。'高使人请子婴数辈，子婴不行，高果自往，曰：'宗庙重事，王奈何不行？'子婴遂刺杀高于斋宫，三族高家以徇咸阳"。从这段记载，可知在秦都城咸阳的秦宗庙附近建有"斋宫"，宗子入宗庙举行祭祀典礼之前必须在斋宫进行斋戒。汉代，不仅都城长安建有斋宫，在官吏的衙署中也往往建有斋戒用的"斋室"。例如，内蒙古和林格尔发现的东汉晚期壁画墓中室东壁下部的宁城图上，在护乌桓校尉幕府的右侧，就有文字题记自铭为"斋室"的房舍[4]。既然"斋宫""斋室"是为宗庙祭祀前举行斋戒仪式而建立的，那么汉惠帝在渭北长陵附近重建"原庙"之后，也一定要在"原庙"附近修建"斋宫"。20世纪70年代到80年代初，陕西省考古所的一些同志在调查汉高祖刘邦的长陵时，于陪葬区内最大的一座陪葬墓21号墓周围，发现了一组带"斋"字的圆瓦当，当文分别为

---

[1] 济宁地区文物组、嘉祥县文管会：《山东嘉祥宋山1980年出土的汉画像石》，《文物》1982年5期。
[2] 罗福颐：《芗他君石祠堂题字解释》，《故宫博物院院刊》总二期。
[3] 王充：《论衡·四讳篇》。
[4] 内蒙古自治区博物馆文物工作队：《和林格尔汉墓壁画》，文物出版社，1978年。

图三七　陕西咸阳汉高祖长陵东部出土"斋宫"瓦当

"斋园""斋园宫当""斋一宫当"[1]（图三七）。调查报告的作者将"斋"字误释为"齐"，并据此进一步推断21号陪葬墓的墓主为齐王刘闳。齐王刘闳为汉武帝庶子，与汉高祖刘邦相隔已远，即使陪葬也应陪葬在汉武帝的茂陵，而不应陪葬长陵。而且汉武帝时期有严格的"归藩"制度，诸侯王死后都必须葬在自己的封国。因此，可以肯定21号陪葬墓不是齐王刘闳的陵墓。从瓦当文字看，"斋园"当文中"斋"字为本字无疑，"斋园宫当"当文中的"斋"字确实为"齐"字。但古代"斋""齐"相通，《汉书》中凡"斋戒"均作"齐戒"，无一例外。如《汉书·高祖本纪》载高祖元年（前206），"汉王齐戒设坛场，拜（韩）信为大将军"中的"斋"字便作"齐"字。汉碑中此例更多，就笔者所知，除《华山亭碑》碑文中的"散斋华亭"和《复民租碑》碑文中的"斋服祭器"写成本字外，其余汉碑中的"斋"字均写成"齐"字。从文字、风格和形制看，这组瓦当为西汉早期遗物无疑。汉代，只有皇室建筑才称为"宫"，因此，可以肯定，瓦当所属建筑一定是为原庙祭祀前举行斋戒仪式而修建的长陵斋宫。既然皇帝陵庙附近建有"斋宫"，那么高官显宦的墓地中也必建有性质相同的"斋室"或"斋堂"。由于"斋宫"与皇帝陵庙、"斋室"与墓上祠堂是互相依存的祭祀性建筑，因而"斋""祠"连称，"斋祠"或"食斋祠"就成了墓上祠堂的别名。

西汉时期的皇帝陵园内外，都建有庙、寝、便殿、斋宫等祭祀用建筑，规模非常庞大。同样，贵族和高级官吏的墓地建筑也相当壮观，有的甚至可以和皇帝陵园相比，最

---

[1] 石兴邦、马建熙、孙得润：《长陵建制及其有关问题——汉刘邦长陵勘查记存》，《考古与文物》1984年2期。

突出的例子就是第二章谈到的大将军霍光的墓地建筑。与西汉相比，东汉时期由于土地的高度集中和大家族势力的形成和发展，厚葬之风疯狂蔓延，以祠庙为主的墓地建筑规模也越来越宏大。当时的著名政论家崔寔在痛斥高官贵戚和地方豪强"高坟大寝"的厚葬陋俗时，无比愤慨地发出了"是可忍，孰不可忍"[1]的怒吼。与其相比，中下级官吏和普通庶民墓地建筑的规模要小得多。一方面，他们没有营建大规模墓地建筑的经济实力；另一方面，他们的墓地建筑规模和形制也受到当时丧葬等级制度的严格限制。霍光死后，他的妻子私自扩大霍光墓地建筑的规模，擅改其形制，当时被视为僭越一事，以及前述北京市石景山出土秦君墓阙铭文题记中"欲广庙祠，尚无余日。呜呼！非爱力财，迫于制度"等无可奈何的解释，都证明了汉代对墓上祠堂的营造确实有严格的等级制度规定。从考古发现看，当时的中下级官吏和一般地方豪绅的家族墓地，一座墓前只建造一间独立的祠堂，并不另建寝室和斋室。在这种情况下，墓上祠堂就成了同时具有"庙""寝""斋室"等建筑功能的墓地祭祀性建筑，这也正是墓上祠堂被称为"祠庙""食堂""斋祠"或"食斋祠"的原因。

从墓上祠堂这几种不同的称呼来看，汉代的墓上祠堂，明显来源于汉惠帝刘盈所创设的"陵旁立庙"的帝陵寝庙制度，同陵庙一样，祠堂也是搬到墓地的宗庙。汉惠帝到汉景帝（前194～前141）的五十余年间，是墓上祠堂的滥觞期，汉武帝以后，墓地建祠堂之风已经风靡了整个社会。

综合古代文献记载和考古学发现看，汉代的墓上祠堂建筑，按其建筑用材不同，可分为两类，一类为土木结构祠堂，另一类为石结构祠堂。

土木结构建筑作为我国古代的主要建筑形式，有着悠久的历史和极高的技术水平。因此，汉代帝陵寝庙和高官显贵墓上的大型祠堂一般都是土木结构的。当时，这些土木结构的皇帝陵庙和大型墓上祠堂内的壁面上，都画有精美鲜艳的装饰性壁画。东汉的王逸在《楚辞·天问》注里说战国时期楚国先王庙和公卿祠堂内有壁画，虽说是王逸的个人臆断，但也并非全无根据，很可能是他从当时皇帝陵庙和公卿贵族的墓上祠堂内都绘有壁画一事受到误导而作出的推测。在汉代画像研究中经常引用的《鲁灵光殿赋》[2]，是东汉文学家王延寿描写当时鲁国灵光殿雄伟壮丽景象的著名汉赋，其中一段详细描绘了灵光殿的壁画内容：

> 图画天地，品类群生。杂物奇怪，山神海灵，写载其状，托之丹青，千变万化，

---

[1] 崔寔：《政论》。
[2] 《文选》卷十一。

事各缪形，随色象类，曲得其情。上纪开辟，遂古之初。五龙比翼，人皇九头。伏羲鳞身，女娲蛇躯。鸿荒朴略，厥状睢盱。焕炳可观，黄帝唐虞。轩冕以庸，衣裳有殊。下及三后，淫妃乱主。忠臣孝子，烈士贞女。贤愚成败，靡不载叙。恶以诫世，善以示后。

灵光殿为西汉鲁恭王刘余所建，据《汉书·景十三王传》载，鲁恭王刘余，汉景帝子，景帝前元二年（前155）立为淮阳王，第二年徙王鲁，"好治宫室，坏孔子旧宅以广其宫"，灵光殿大概是他营造的最主要的宫殿。从灵光殿这一名称和其内部的壁画内容推测，这座宫殿绝不会是刘余及其家属日常居住和生活的宫殿，极有可能是当时鲁国的宗庙。既然墓上祠堂是搬到墓地的宗庙，其壁面上当然应该像灵光殿等宗庙建筑一样绘有壁画。霍光的妻子"盛饰（霍光的）祠堂"云云，应主要是指重新在霍光的祠堂内绘制更精美的壁画。遗憾的是，由于这类土木结构祠堂易受风雨侵蚀和人为的损坏，在漫长的历史岁月中全部化为灰土，已无一保存至今，只有其建筑用瓦当，如"万岁冢当""巂氏冢当""守（冢）祠堂当""鹿氏冢当""神灵冢当""巨杨冢当""冢祠堂当"[1]等寂寞地躺在荒径蔓草之中，向人们诉说着这类祠堂的兴废盛衰。对此，日本著名学者长广敏雄曾无限感慨地说："木构建筑（祠堂）毁灭，壁画化归泥土，现在只留下了'冢祠堂当'一类的瓦当，或者仅剩下了基石，令人实感惋惜。希腊的巴特农神殿是石造的，所以在大破坏之后还有重新复原的可能，因而在西方能够复活古典希腊美术。相比之下，中国古典美术中冢祠堂的命运就太脆弱了。"[2]但新的考古发现，仍将这类祠堂的昔日风采，形象地展现在我们面前[3]。

另一类墓上祠堂为石结构祠堂。从考古发现看，汉代的石结构祠堂集中分布在今山东省西南部、江苏北部的徐州地区和安徽省北部地区。在四川省的汉代崖墓中，位于隧道式墓室前部的高大享堂，也应是石结构祠堂的一种。但由于前者是汉代流行的祠堂形制，后者仅仅是具有地方特色的祠堂形式，因而笔者在本章中主要利用前者的有关资料对石结构祠堂进行考察。

汉代的石结构祠堂，由于其壁面上都刻有精美的画像，早在北宋时期就引起了金石学家的注意。但因金石学家得到的多为零散祠堂画像石的拓片，因此对祠堂的形制和画像在祠堂中的位置并不十分了解。直到20世纪初，一些学者才开始对这种汉代石结构祠堂的建筑形制进行考察和研究。1907年，日本建筑学家和考古学家关野贞，到今山东省

---

[1] 冯云鹏、冯云鹓：《石索》；罗振玉：《唐风楼秦汉瓦当文字》，1914年。
[2] 长广敏雄：《漢代の冢祠堂について》，《塚本博士颂寿纪念佛教史学论集》，1961年，546～566页。
[3] 详见本书第五章。

长清县（当时为肥城县）调查了孝堂山石祠，第一次将这座久负盛名的汉代祠堂的实测图公之于世；同时还到嘉祥县调查了蜚声中外的武氏祠汉画像石群，并根据实测，发表了武梁祠的复原图[1]。1941年，美国著名汉学家费正清的夫人、美国建筑学家费慰梅（即威廉·弗贝克，Wilma Canon Fairbank）根据拓片和实地观察测量，发表了嘉祥武氏祠中的武梁祠、前石室和左石室的复原图，并推断后石室是不存在的[2]。但由于当时武氏祠的画像石全部嵌在保管所的墙内，费慰梅无法看到画像石的全貌，致使其复原图中的一些问题无法解决。1981年，蒋英炬、吴文祺根据对武氏祠全部画像石的精密实测，发表了武氏祠中的武梁祠、前石室和左石室的科学的复原图，彻底解决了费慰梅复原中遗留的问题，从而结束了学术界这一聚讼多年的公案[3]。其后不久，蒋英炬利用山东嘉祥宋山前后两次出土的零散祠堂画像石，复原了一种学界在那时尚不了解的石结构平顶小祠堂[4]。此外，自20世纪80年代以来，相继发表了江苏省铜山县白集青山泉汉画像石墓[5]、安徽省宿县褚兰1号汉画像石墓和2号汉画像石墓[6]的墓上石结构祠堂的考古发掘资料。上述成果，使我们对汉代墓上石祠堂的形制已基本厘清。

目前所发现的汉代石结构祠堂，大体有四种类型。

第一种，是由基石、后壁石、左右侧壁石、顶石和屋脊石构成的小型单开间平顶房屋式建筑，前部敞开而不设门扉，顶石前端刻出瓦当，上部刻出瓦垄。整个祠堂形制矮小，构造简单。以蒋英炬复原的山东嘉祥宋山1号小石祠为例，面阔1.89米，进深0.88米，通高约1.64米[7]（图三八）。这种祠堂，内部空间狭小，人无法活动，山东微山县两城山出土祠堂画像石铭刻题记中所说的"小食堂"[8]，即指的这种祠堂。

第二种，为单开间悬山顶房屋式建筑，由基石、左右侧壁石、后壁石、前后屋顶石和屋脊石构成。祠堂前部敞开，不设门扉；顶部为两面坡式，顶石前后两端刻出瓦当以表示屋檐，顶石上部刻出瓦垄。属于此种的山东嘉祥武氏祠中的武梁祠，面阔2.41米，进深1.47米，通高2.4米左右[9]（图三九）。江苏省铜山县青山泉白集汉画像石墓和安徽省宿县褚兰1号、2号汉画像石墓的墓上石祠堂均属此类，三座祠堂的顶石和脊石已失而

---

[1] 关野贞：《支那山東省に于ける漢代墳墓の表飾》图4和图52，1916年。
[2] 费慰梅：《汉"武梁祠"建筑原形考》，《中国营造学社汇刊》第七卷2期。
[3] 蒋英炬、吴文祺：《武氏祠画像石建筑配置考》，《考古学报》1981年2期。
[4] 蒋英炬：《汉代的小祠堂——嘉祥宋山汉画像石的建筑复原》，《考古》1983年8期。
[5] 南京博物院：《徐州青山泉白集东汉画像石墓》，《考古》1981年2期。
[6] 王步毅：《安徽宿县褚兰画像石墓》，《考古学报》1993年4期；王步毅：《褚兰汉画像石及有关图像的认识》，《中原文物》1991年3期。
[7] 蒋英炬：《汉代的小祠堂——嘉祥宋山汉画像石的建筑复原》，《考古》1983年8期。
[8] 山东省博物馆、山东省文物考古研究所：《山东汉画像石选集》图版一五之图32，齐鲁书社，1982年。
[9] 蒋英炬、吴文祺：《武氏祠画像石建筑配置考》，《考古学报》1981年2期。

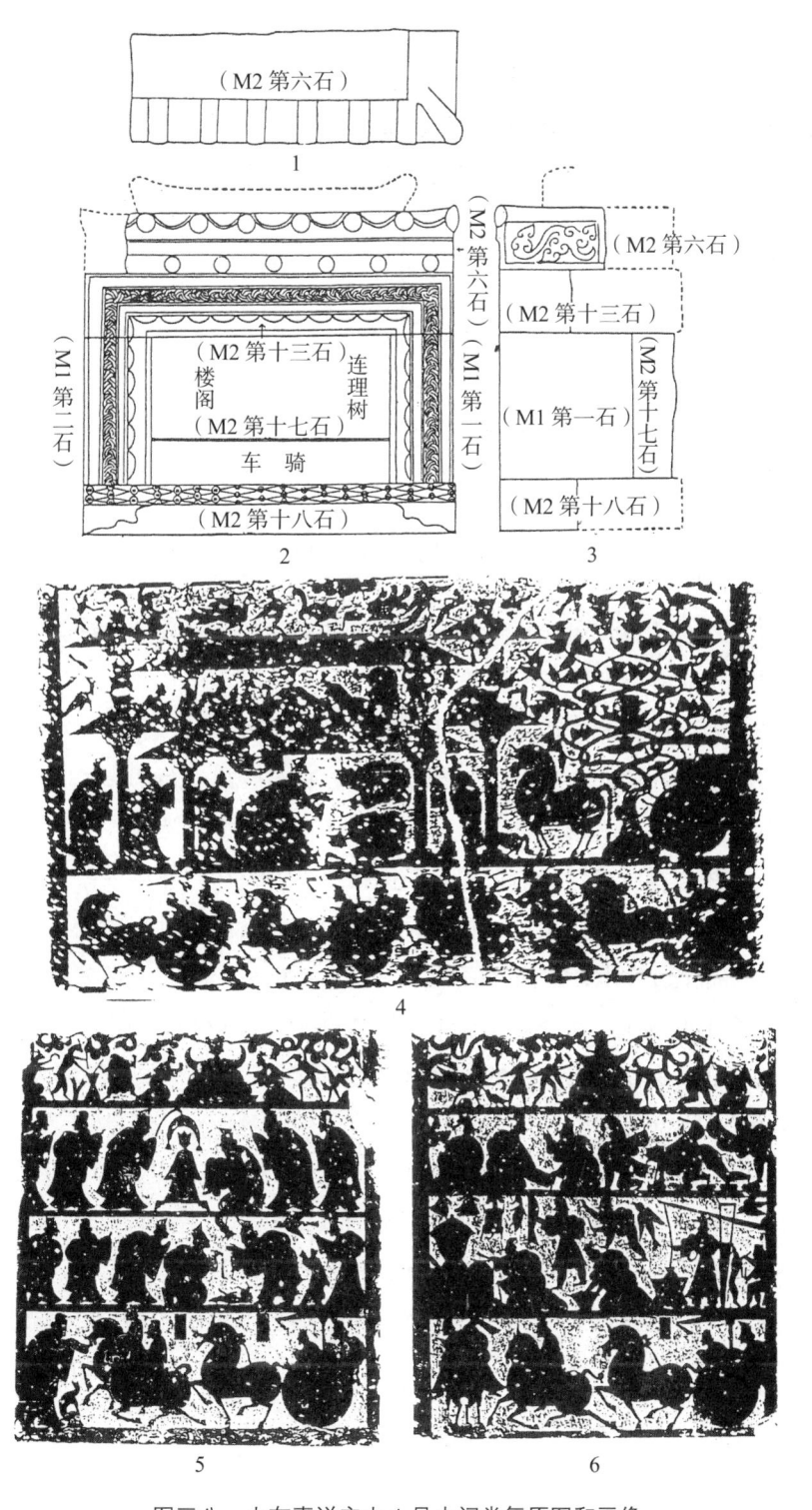

图三八 山东嘉祥宋山 1 号小祠堂复原图和画像
1.屋顶石 2.正面图 3.侧面图 4.后壁画像 5.西壁画像 6.东壁画像

第四章 | 墓地祠堂画像石 81

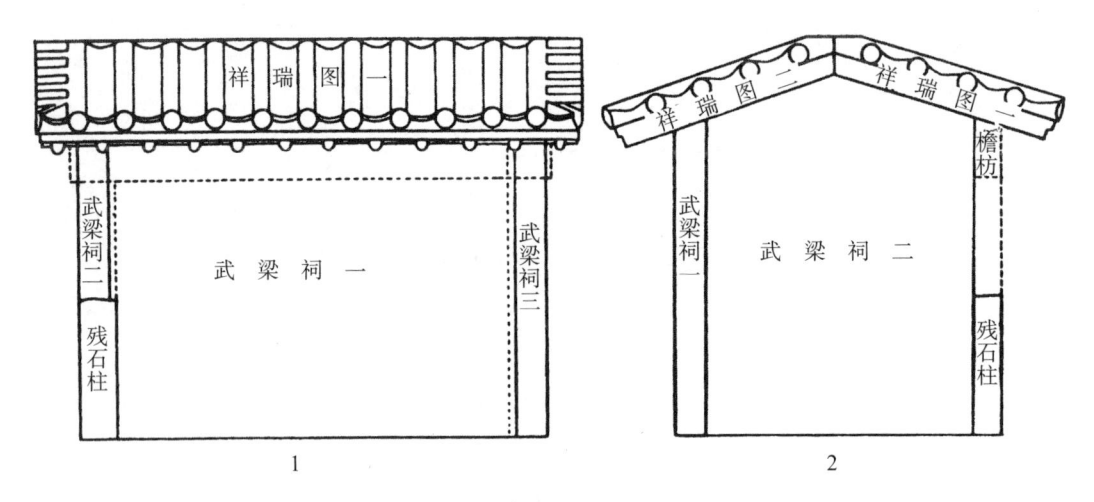

图三九　山东嘉祥武梁祠复原图
1. 正面图　2. 东侧面图

不存，部分壁石严重残缺，时代均为东汉晚期，其中褚兰2号墓的石祠堂建于东汉灵帝建宁四年（171），祠主为胡元壬。

第三种，是双开间单檐悬山顶房屋式建筑。其构筑方法是，先将左右侧壁石和两块后壁石立在基石上，在前部入口正中位置立一石柱，将一块三角形隔梁石纵向架设在石柱和后壁上部正中位置的方形榫口上，把祠堂分为两个开间，然后在天井的前后坡上各置两块屋顶石，将屋脊石横置于前后屋顶石的接缝处，最后紧靠后壁横置一块长贯左右侧壁的长方形祭台石。著名的山东省长清县孝堂山祠堂就是这种祠堂的典型代表。该祠堂面阔4.14米，进深2.5米，通高2.64米左右，顶石前后两端和上部分别刻出瓦当和瓦垄[1]（图四〇）。这座祠堂，是我国现存年代最早的古代地面建筑。同类祠堂还有20世纪50年代在江苏省铜山县洪楼村发现的一座东汉晚期石祠堂，原祠虽已倾圮成零散画像石，但构石大部保存，仍可复原[2]。

第四种，是后壁带有方形龛室的双开间单檐悬山顶房屋式建筑。从形制和大小看，这种祠堂与第三种祠堂大体相同，但后壁下部的正中增设了一个向外突出的小龛室。这种小龛室，由基石、左右侧壁石、后壁石和盖顶石构成，其形制和大小与第一种小祠堂十分接近，唯一不同的是没有屋脊石，盖顶石的前端也不刻出瓦当。由蒋英炬、吴文祺复原的山东嘉祥武氏祠的前石室和左石室都属于这种祠堂[3]。以武氏祠的前石室为例，其

---

[1] 根据1980年笔者与蒋英炬、吴文祺调查孝堂山祠堂时所作的记录和绘制的祠堂实测图。
[2] 徐州市博物馆：《徐州汉画像石》图70～89，江苏美术出版社，1985年。
[3] 蒋英炬、吴文祺：《武氏祠画像石建筑配置考》，《考古学报》1981年2期。

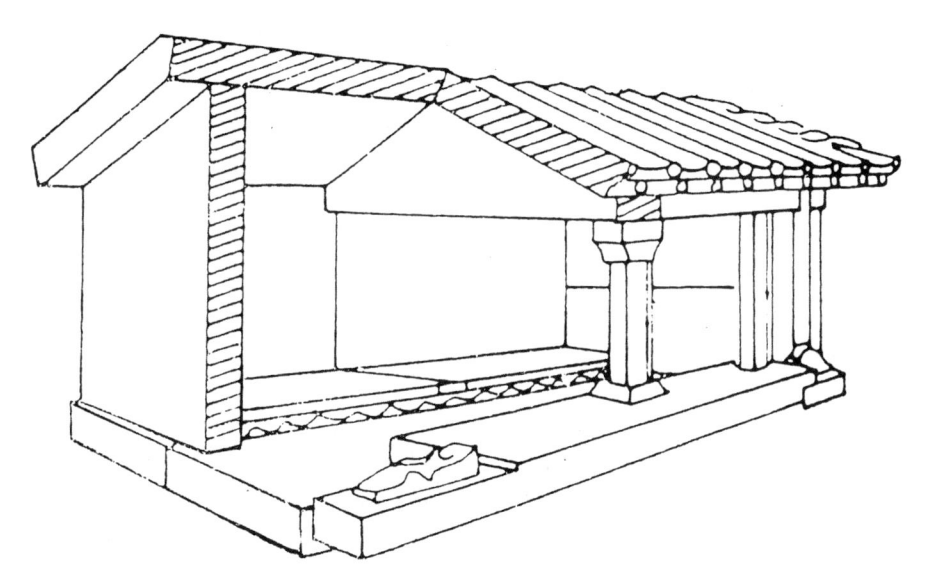

图四〇　山东长清孝堂山祠堂剖视图

内部面阔 3.3 米，进深 2.2 米，通高 2.13 米以上；其后壁上的龛室，内部面阔 1.68 米，进深 0.71 米，高 0.7 米左右（图四一）。这种后壁设龛室的做法，可以说是中国古代宗庙独有的建筑特征[1]。据《后汉书·光武帝纪》载，建武二年（26）春正月壬子，"起高庙，建社稷于洛阳，立郊兆于城南，始正火德，色尚赤。是月，赤眉焚西京宫室，发掘园陵，寇掠关中。大司徒邓禹入长安，遣府掾奉十一帝神主，纳于高庙"。注引《旧汉仪》曰："已葬，收主，为木函，藏庙太室中西壁坎中，去地六尺一寸，祭则立主于坎下。"另据《后汉书·祭祀志》载，建武三十二年（56）"四月己卯，大赦天下，以建武三十二年为建武中元元年……以吉日刻玉牒书函藏金匮，玺印封之。乙酉，使太尉行事，以特告至高庙。太尉奉匮以告高庙，藏于庙室西壁石室高主室之下"。《旧汉仪》文中所说的"坎"，显然就是《后汉书·祭祀志》中所讲的"石室"，设在高庙太室的西壁。近年通过对秦汉帝陵的考古调查，证实了秦始皇陵和西汉帝陵的陵园均东向。建于西汉帝陵附近的陵庙的方向应与陵园的方向一致，也应是东向的，陵庙的太室西壁，应即为太室后壁。"太室"，就是宗庙中位于中央的大室[2]。也就是说，西汉宗庙和陵庙的后壁均设有摆放皇帝神主的龛室。祠堂既然来源于陵庙，其后壁设龛室的做法也应是取法于宗庙或陵庙太室的形制。郦道元在《水经注》中，将所见到的墓上石祠堂分别称为"石祠""石室""石堂"和"石庙"。杨宽认为，这是由于郦道元没有搞清这些墓上建筑的性质，才

---

[1] 长广敏雄：《漢代の冢祠堂について》，《塚本博士颂寿纪念佛教史学论集》，1961 年，546～566 页。
[2] 《周书·洛诰》云："王入太室祼。"孔颖达疏曰："太室，室之大者。故为清庙，庙有五室，中央为太室。王肃云：'太室，清庙中央之室。'"

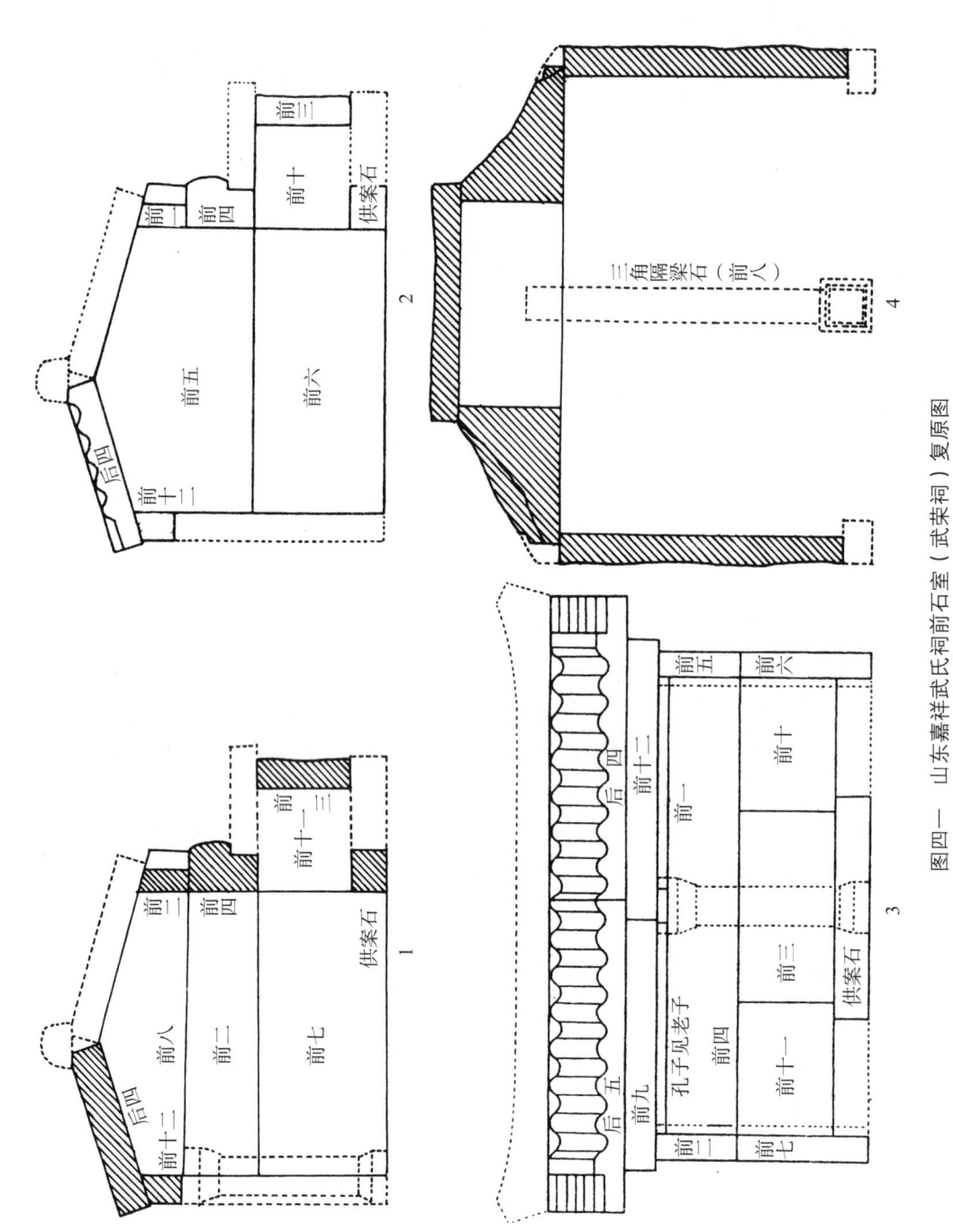

图四一 山东嘉祥武氏祠前石室（武荣祠）复原图
1. 剖面图 2. 西侧立面图 3. 正面图 4. 平面图

84 汉代画像石综合研究

导致叫法上的混乱[1]。实际上，这是郦道元对不同形制的石祠堂而采用的不同名称。"石庙"，指的应就是这种后壁设有龛室的祠堂；"石祠""石室""石堂"指的应是后壁不设龛室的祠堂。当然，这种后壁上的龛室，也是汉代的墓上祠堂由陵庙或宗庙发展而来的最直接有力的证据。

除了上述四种石祠堂，郦道元还见到过规模更大、形制更复杂的石祠堂。《水经注·济水》载："黄水东南流，水南有汉荆州刺史李刚墓。刚字叔毅，山阳高平人，熹平元年卒。见其碑，有石阙。祠堂石室三间，椽架高丈余，镂石作椽瓦，屋施平天，造方井，侧荷梁柱，四壁隐起雕刻，为君臣官属、龟龙麟凤之文、飞禽走兽之像，作制工丽，不甚毁伤。"但这种三开间的汉代石祠堂今天已看不到了，只能暂付阙如。

墓上石祠堂之所以在形制上和规模上有如此大的差异，除了祠主贫富差别的影响，祠主身份等级即社会地位的悬隔应是最主要的原因。第一、二种石祠堂构造简单，规模较小，与此相应，祠主的社会地位也相对比较低，生前为低级官吏和普通庶民的占多数。例如，山东嘉祥宋山发现的东汉桓帝永寿三年祠堂属于第一种小祠堂，根据题记铭文，祠主许安国的生前身份只不过是当时被称为"斗食小吏"的"卒史"，即县政府中最低级的公务员[2]。武梁祠的祠主武梁，生前虽曾担任过"豫州从事"，作过普通官吏，但因不满现实，早已退职闲居，死前为普通庶民[3]。第三、四种祠堂的祠主身份比第一、二种祠堂的祠主身份高得多。关于山东长清县孝堂山祠堂的祠主身份，历来说法不一。最早的说法是孝子郭巨祠堂说。《水经注·济水》载："济水又北，迳平阴城西。"郦道元自注曰："今巫山（即孝堂山）之上有石室，世谓之孝子堂。"但孝子究竟为何人，郦道元并没有言及。首先确指孝子为郭巨的，是北齐陇东王胡长仁。他于武平元年（570）道经平阴，拜谒了孝堂山祠堂，并在祠堂西壁外侧刻了一篇《陇东王感孝颂》，文中说："访问耆旧，郭巨之墓，马鬣交阡，孝子之堂。"但据汉代刘向《孝子图》，孝子郭巨是河内温人，即今河南沁阳人，与山东长清相距千里，故此说历来为方家所疑。近年，李发林[4]和夏超雄[5]著文，将孝堂山祠堂的祠主分别考订为死于西汉武帝天汉四年（前97）的济北王刘胡和死于东汉安帝永宁元年（120）的济北王刘寿。但据笔者和蒋英炬1980年对孝堂山祠堂实地调查的结果，认为祠主是一位死于东汉早中期之交的"二千石"高级官吏[6]。武氏祠前石室的

---

[1] 杨宽：《中国古代陵寝制度史研究》，上海古籍出版社，1985年，128页。
[2] 济宁地区文物组、嘉祥县文管会：《山东嘉祥宋山1980年出土的汉画像石》，《文物》1982年5期。
[3] 《隶释》卷六载《从事武梁碑》。
[4] 李发林：《山东汉画像石研究》第十节，齐鲁书社，1982年。
[5] 夏超雄：《孝堂山石祠画像、年代及主人试探》，《文物》1984年8期。
[6] 蒋英炬：《孝堂山石祠管见》，载《汉代画像石研究》，文物出版社，1987年；俞伟超、信立祥：《孝堂山石祠》，载《中国大百科全书·考古学》，中国大百科全书出版社，1986年。

主人，学术界根据祠堂画像中的祠主官宦经历题记和武荣碑文，一般认为应是武梁胞弟之子、东汉灵帝建宁元年（168）死于执金吾丞任上的武荣[1]。汉代的执金吾丞官秩千石，高于一般的县令、长。

有一点很值得注意，这四种石祠堂的前部，都是既无墙壁又无门扉，似乎可由人任意进出。但是，作为人的进出口，敞开的祠堂前部又显得过于低矮。例如，由蒋英炬所复原的山东嘉祥宋山1号小祠堂前部的进出口高度只有0.7米，就是规模比宋山1号小祠堂大得多的山东长清孝堂山祠堂，其前部进出口的高度也才只有0.86米。显而易见，如此低矮的进出口，一般人是无法从容进出的，特别是第一种小祠堂，进深只有0.7米左右，连转身的余地都没有，人在内根本无法活动。实际上，这种石结构祠堂不过是一种象征性的祭祀建筑，祭祀时祭祀者并不进入祠堂，祭祀典礼活动都在祠堂外进行。从将在第五章详述的山东沂南画像石墓的祠堂图看，祭祀时供物都摆放在祠堂外的庭院中。孝堂山祠堂中的祭台石，笔者认为不是摆放供品的地方，而是放置祠主的神主之处。《从事武梁碑》所云"前设坛砠，后建祠堂"中的"坛砠"，就是位于祠堂前的祭祀用祭坛。也就是说，在武梁祠前，建有石造的祭祀用平台，这是祭祀武梁时摆放供品和举行祭祀仪式的地方。东汉的著名文学家张衡，在《冢赋》[2]中曾这样描述对自己墓地的建设构想：

> 高岗冠其南，平原承其北。列石限其坛，罗竹藩其域。系以修隧，洽以沟渎。曲折相连，迤靡相属。乃树灵木，灵木戎戎。繁霜峨峨，匪雕匪琢。周旋顾盼，亦各有行。乃相厥宇，乃立厥堂。……祭祀是居，神明是处。……恢厥广坛，祭我兮子孙。

他希望自己的墓地四周环以竹墙，内部绿树参天，祠堂之前，有一个石造的祭坛，并希望死后子孙能在祭坛上隆重祭祀自己。可见在祠堂之前建祭坛，是当时通行的做法。之所以这样做，是因为墓祭时，祭祀者必须在祠堂前摆放祭品和举行祭祀仪式。1907年，日本学者藏田信吉在山东长清孝堂山下发掘出一座小石祠堂（费慰梅认为是第四种祠堂的后壁龛室），小祠堂后壁的下层，刻有一幅祠堂祭祀图[3]（图四二）。画面的左半部，为一座土木结构祠堂建筑。建筑为四合封闭式院落，正房两侧为左右厢房，屋顶为两面坡式瓦顶，一只猿猴正在厢房屋脊上奔走嬉戏，向右开的院落大门不设门扉。画面右部，

---

[1] 蒋英炬、吴文祺：《武氏祠画像石建筑配置考》，《考古学报》1981年2期。
[2] 严可均编：《全汉文》第五十四卷。
[3] 关野贞：《支那山東省に于ける漢代墳墓の表飾》图140，1916年。

图四二　祠堂祭祀画像石摹本

有一棵枝条交互缠绕的大树，应该就是张衡《冢赋》中所说的"灵木"。灵木左侧，一人面对祠堂院落大门跪拜在地，面前置有祭食一钵、长明灯一盏。灵木右侧，一名马夫正在喂马，表示祭祀者是骑马而来。很明显，这是一幅表现子孙到墓地来祭祀祖先的祠堂祭祀图。这幅图证明了汉代的墓祭，其仪式是在祠堂外举行的。这一点，也正是汉代石结构祠堂一般规模都比较小的原因。

　　土木结构祠堂由于祠主本人都是高官贵戚，一般都置有守墓人加以保护。西汉的霍光以皇帝礼节埋葬，"置园邑三百家"守墓，自不必说。据《汉书·何并传》载：哀帝时，何并为长陵令，汉成帝外家王林卿聚宾客到"长陵上冢，留饮连日"，借机闹事，又说王林卿以前曾"杀婢婿埋冢舍"。可见王林卿的家族墓地中，不仅建有守墓人住的"冢舍"，而且规模还不小，并有奴婢专门守墓。这种情况，东汉尤甚。王符在《潜夫论·浮侈篇》中痛斥当时的厚葬之风时说："今京师贵戚，郡县豪家，……造起大冢，广种松柏，庐舍祠堂，崇侈上僭。""庐舍"即"冢舍"，是守墓人居住的房屋。可见东汉时期社会上层置专人住在墓地"冢舍"中守墓的做法相当普遍。但石结构墓上祠堂特别是第一、二种石祠堂，由于祠主的身份较低，而且祠堂本身不易损坏，大多独置墓前，周围不再另建"冢舍"设专人守墓，人们可以随意进入祠堂内观赏壁面上所刻的画像。芗他君祠堂画像石的题刻文字中对"观者诸君，愿勿贩（攀）伤，寿皆万年"[1]的殷切希望，山东嘉祥宋山发现的永寿三年（157）许安国祠堂画像石题记中"涕泣双并，传告后生，勉修孝义，无辱生主。唯诸观者，深加哀怜，寿如金石，子孙万年。牧马牛羊诸僮，皆良家子，来入堂宅，但观尔，无得刻画，令人寿，无为贼祸，乱及孙子。明语贤仁四海士，

---

[1] 罗福颐：《芗他君石祠堂题字解释》，《故宫博物院院刊》总二期。

唯省此书，无忽矣"[1]的反复叮咛，都证明这种小祠堂是没有专门守墓人看管的。即使较大的第三、四种石祠堂也是如此。在山东长清孝堂山祠堂的三角隔梁石西侧面，刻有一则题记，文为："平原湿阴邵善君以永建四年四月二十日来过此堂，叩头谢贤明"[2]。永建为东汉顺帝年号，永建四年即公元129年。从题记的语气看，题刻者与祠主相识并曾受过祠主的恩惠，有可能是祠主的门生故吏，所以文中才用"谢"字。这则题记，一方面证明了祠堂建于永建四年之前不久，另一方面，也证明了祠堂当时没有守墓人看护，所以人们才能自由入内题刻。

目前发现的有纪年的石祠堂共十七座，其中十五座发现于山东省境内，两座发现于安徽省宿县。最早的纪年石祠堂为山东汶上县的路公祠堂[3]，时间为王莽天凤三年（16）。其他分别是：东汉章帝建初八年（83）的山东肥城栾镇村祠堂画像石[4]、和帝永元八年（96）的山东鱼台县祠堂画像石[5]、和帝永元十年（98）的山东滕县祠堂画像石[6]、殇帝延平元年（106）的山东曲阜阳三老祠堂画像石[7]、安帝永初七年（113）的山东滕县戴氏祠堂画像石[8]、山东微山县两城山的顺帝永建五年（130）祠堂画像石[9]、永和二年（137）祠堂画像石[10]、永和四年（139）祠堂画像石[11]、顺帝建康元年（144）的山东鱼台文叔阳祠堂画像石[12]、桓帝元嘉元年（151）的山东嘉祥武梁祠堂[13]、桓帝永兴二年（154）的山东东阿县芗他君祠堂画像石[14]、桓帝永寿三年（157）的山东嘉祥宋山许安国祠堂画像石、桓帝延熹元年（158）的山东曲阜徐家村祠堂画像石[15]、灵帝建宁元年（168）的山东嘉祥武荣祠堂[16]、灵帝建宁四年（171）的安徽宿县褚兰胡元

---

[1] 济宁地区文物组、嘉祥县文管会：《山东嘉祥宋山1980年出土的汉画像石》，《文物》1982年5期。
[2] 罗哲文：《孝堂山郭氏墓石祠》，《文物》1961年4、5期合刊；罗哲文：《孝堂山郭氏墓石祠补正》，《文物》1962年10期；山东省石刻艺术博物馆、山东省文物考古研究所编，蒋英炬、杨爱国、信立祥、吴文祺：《孝堂山石祠》，文物出版社，2017年。
[3] 傅惜华：《汉代画像全集》二编图129，巴黎大学北京汉学研究所，1951年。
[4] 王思礼：《山东肥城汉画像石墓调查》，《文物参考资料》1958年4期。
[5] 山东省博物馆、山东省文物考古研究所：《山东汉画像石选集》序言，齐鲁社，1982年。
[6] 山东省博物馆、山东省文物考古研究所：《山东汉画像石选集》图版一五八之图351，齐鲁书社，1982年。
[7] 山东省博物馆、山东省文物考古研究所：《山东汉画像石选集》图版一之图1，齐鲁书社，1982年。
[8] 山东省博物馆、山东省文物考古研究所：《山东汉画像石选集》图版一之图1，齐鲁书社，1982年。
[9] 山东省博物馆、山东省文物考古研究所：《山东汉画像石选集》图版一之图1，齐鲁书社，1982年。
[10] 山东省博物馆、山东省文物考古研究所：《山东汉画像石选集》图版一五之图32，齐鲁书社，1982年。
[11] 山东省博物馆、山东省文物考古研究所：《山东汉画像石选集》图版一之图1，齐鲁书社，1982年。
[12] 关野贞：《支那山東省に于ける漢代墳墓の表飾》图212，1916年；傅惜华：《汉代画像全集》图200，巴黎大学北京汉学研究所，1951年。
[13] 《隶释》卷六载《从事武梁碑》。
[14] 罗福颐：《芗他君石祠堂题字解释》，《故宫博物院院刊》总二期。
[15] 山东省博物馆、山东省文物考古研究所：《山东汉画像石选集》图版七十之图159，齐鲁书社，1982年。
[16] 《隶释》卷十二《故执金吾丞武荣碑》。

壬祠堂[1]，灵帝熹平三年（174）的安徽宿县褚北乡祠堂[2]。其时间从新莽到东汉灵帝，而以东汉中晚期居多。与土木结构祠堂相比，石结构祠堂显然是一种晚出的祠堂建筑形式，后者是模仿前者而来。当然，石结构祠堂的石刻画像，也是模仿其直接前身即土木结构祠堂的装饰壁画而来的。

第二节　祠堂后壁楼阁拜谒图的内容和意义

从考古发现看，汉代墓上祠堂的方向与皇帝陵园建筑不同，几乎都是南北向，而以坐北朝南的居多。图四三是1980年笔者与蒋英炬、吴文祺等人调查山东省长清县孝堂山祠堂时测绘的祠堂墓地平面图。祠堂位于孝里铺村南面约250米处的一个低矮平缓的孤立山冈上，其后有一座封土高约4米的坟丘，祠堂坐北朝南，立于坟丘封土的南麓。在祠堂南面由北向南渐低的冈坡上，至少分布着四座东汉早期的石室墓。为了保护祠堂，文物部门为祠堂加盖了遮蔽风雨的覆屋，周围环以砖墙。据发掘报告，安徽宿县褚兰1号汉画像石墓的墓上石祠堂和2号汉画像石墓的胡元壬祠堂，其方向与孝堂山祠堂一样，也是坐北朝南的[3]。著名的山东嘉祥武氏祠，其茔地双阙、三座祠堂和已发掘的两座东汉晚期的画像石墓，方向都是面向西北[4]。这种固定的建筑方向性，与祠堂画像的配置规律性有着密不可分的关系。

尽管目前发现的墓上石祠堂的形制有上一节叙述的四种之多，但这些祠堂的画像内容及其配置却呈现出很强的规律性和一致性。从祠堂画像的内容看，大体可分为可变性内容和不变性内容两大类，可变性内容是每座祠堂所特有的、各座祠堂都不同的画像内容，而不变性内容则是所有祠堂共有的、表现固定含义的画像内容。其中，最重要的不变性内容，就是祠堂后壁的"楼阁拜谒图"和与之密切相关的"车马出行图"。在第四种石结构祠堂中，这种"楼阁拜谒图"和"车马出行图"不是配置在后壁，而是配置在后壁龛室的后壁。由于这两种图像关涉到对全部祠堂画像内容的理解和认识，本节将重点探讨"楼阁拜谒图"的图像学意义。

关于"楼阁拜谒图"的含义，据笔者所知，学界至少有四种看法。第一种是由英国

---

[1] 王步毅：《安徽宿县褚兰汉画像石墓》，《考古学报》1993年4期；王步毅：《褚兰汉画像石及有关物像的认识》，《中原文物》1991年3期。
[2] 王步毅：《安徽宿县褚兰汉画像石墓》，《考古学报》1993年4期。
[3] 王步毅：《安徽宿县褚兰汉画像石墓》，《考古学报》1993年4期。
[4] 蒋英炬、吴文祺：《汉代武氏墓群石刻研究》，山东美术出版社，1995年。

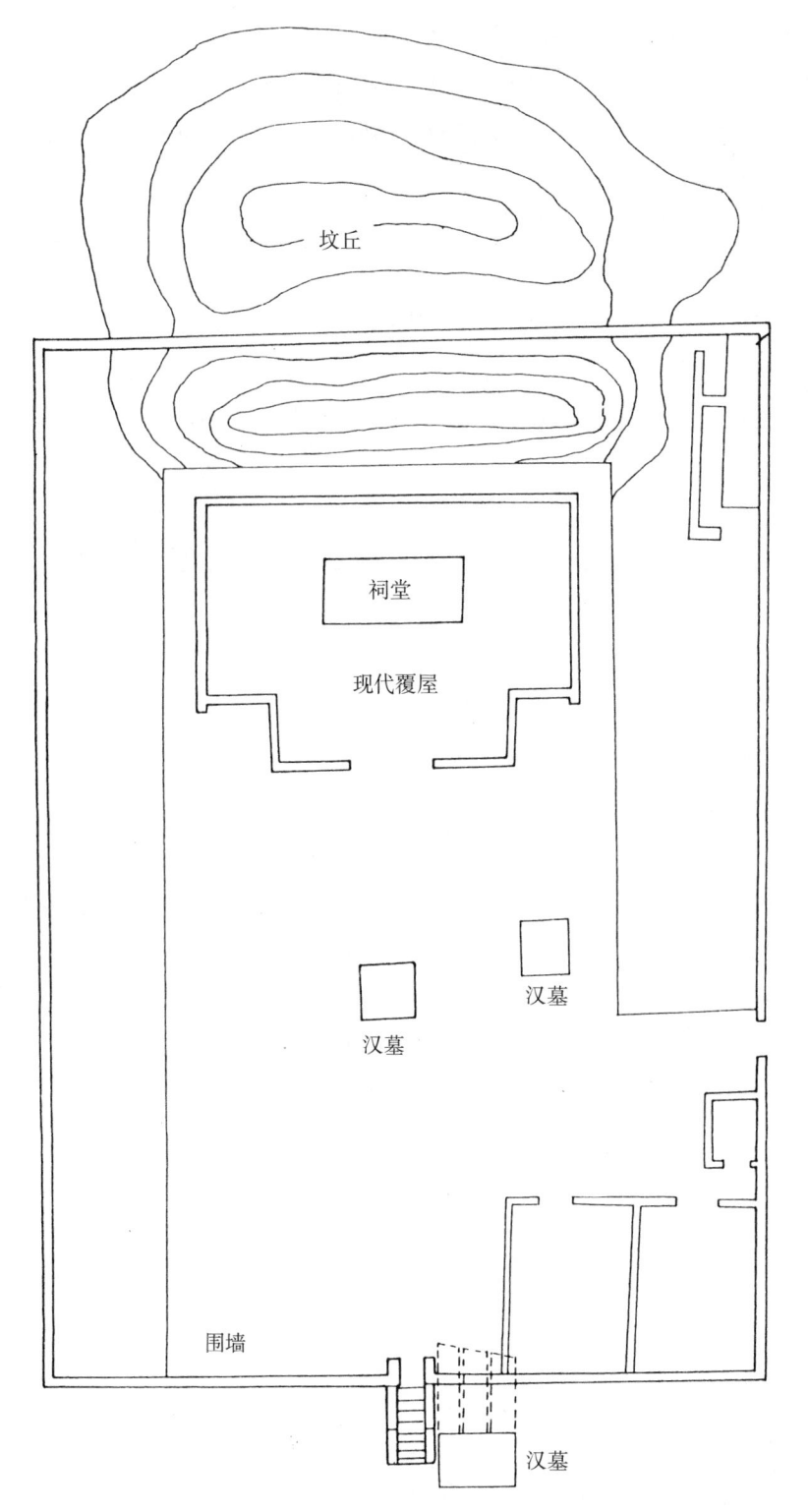

图四三　山东长清孝堂山祠堂位置图

90　汉代画像石综合研究

学者布歇尔[1]和黄明兰[2]提出的"穆天子会见西王母图"说。按照这种说法，图像中楼阁下层的被拜谒者是西周的穆王即穆天子，楼阁二层中央正襟危坐的妇女是西王母。第二种是由日本学者土居淑子提出的"礼拜天帝使者图"说。认为图像中楼阁下层的被拜谒者是"天帝使者"，站其背后的是管理地下鬼魂世界的官吏们，跪伏其前的是祠主即墓主及其家属[3]。第三种是由日本学者长广敏雄发表的"礼拜齐王图"说。认为楼阁下层的被拜谒者是汉代的"某位齐王"，楼阁二层的妇女是祠主及其祖先的偶像[4]。第四种看法认为，楼阁下层的被拜谒者是祠堂主人即墓主，楼上的妇女是女祠主即楼下被拜谒者的妻妾，此说可按照费慰梅的意见称作"敬拜墓主图"[5]说。下文逐一分析这四种意见。

第一种的"穆天子会见西王母图"说，实际上在祠堂后壁的"楼阁拜谒图"中找不到任何根据。在各祠堂后壁的"楼阁拜谒图"中，楼阁二层中央正襟危坐的妇女人数是不同的，有时是一位，有时是好几位。但是，在汉代人的观念中，最重要的女性仙人只有西王母一个人。对这一明显矛盾，"穆天子会见西王母图"说是无法解释的。不仅如此，在"楼阁拜谒图"中，也根本看不到男主人公与女主人公相会的场面，显而易见此说名实不符。从古代祭礼上分析，此说也不能自圆其说。试想，在祖先祠堂的正面墙壁上，画上穆天子和西王母的图像，那祠堂岂不成了西王母的神庙？由于此说毫无根据，早在20世纪40年代，就已遭费慰梅力加驳斥。1982年，黄明兰根据从一位解放前古董商手中得到的画像石（图四四），重新提出此说。该石宽1.59米，高0.94米，画面正中，一座很高的二层楼阁及其两侧的双阙悬空而立，楼阁下层为拜谒的场面。楼阁二层中央一位高大的妇女正面端坐；楼阁的上部和下部，画着很多骑着龙、虎、鱼和各种神兽的怪神；楼阁两侧，画着向楼阁行进的车马出行行列。黄明兰解释说，画面中央的楼阁"是西王母居住的仙阁，西王母正在仙阁上眺望着穆天子的到来。这是画像的主题"。但是，为什么楼阁二层端坐的高大妇女是西王母，为什么楼阁两侧车马出行行列的主人公是穆天子，对这些问题，黄明兰没有作任何解答。乍一看，此石的画像似乎与祠堂后壁的"楼阁拜谒图"相近，但从祠堂画像的配置规律看，疑点颇多。首先，祠堂后壁的车马出行图一般都配置在"楼阁拜谒图"之下，而在此石画像上却画在楼阁两侧；本来应配置在祠堂天井石上的诸神图像，在此石画像中却配置在楼阁的上部和下部。很显

---

[1] 见费慰梅：《汉"武梁祠"建筑原形考》（王世襄译）引文，载《中国营造学社汇刊》第七卷2期。
[2] 黄明兰：《"穆天子会见西王母"汉画像石考释》，《中原文物》1982年1期。
[3] 土居淑子：《古代中国の画像石》，同朋舍出版，1986年，103～111页。
[4] 长广敏雄：《武氏祠左石室第九石の画像について》，《东方学报》京都版第31册。
[5] 见费慰梅：《汉"武梁祠"建筑原形考》（王世襄译）引文，载《中国营造学社汇刊》第七卷2期。

图四四　黄明兰发表的伪刻祠堂后壁画像

然，这是人为地将不同位置的祠堂画像内容生硬地凑到了一起，致使其内容无法被人理解。同样的祠堂画像石从来没有发现过。可以断言，汉代人绝不会雕刻出图像内容如此混乱的画像石，此石肯定是出自后世的伪刻。黄文发表后不久，很快有人著文披露，指认该石是20世纪40年代洛阳古董商伪刻的赝品，所谓"穆天子会见西王母图"说也不攻自破。

土居淑子提出的"礼拜天帝使者图"说的主要根据，是汉代的"镇墓文"的内容和北京大学吴荣曾发表的题为《镇墓文中所见到的东汉道巫关系》的论文[1]。在东汉墓尤其是东汉晚期墓中，常常发现一种其上写有墨书或朱书文字的随葬陶罐，文字内容毫无例外地都是"天帝"或"天帝使者"对地下鬼魂世界的官吏们下达的命令。这种写在随葬陶罐上的文书，通常被叫做镇墓文。目前，已发现多篇汉代镇墓文，其中以东汉灵帝熹平二年（173）的镇墓文最为完整，字数也最多[2]。现全文照录如下：

熹平二年十二月乙巳朔十六日庚申，天帝使者告张氏之家三丘五墓，墓左墓右，中央墓主，冢丞冢令，主冢司令，魂门亭长，冢中游击等。敢告移丘丞墓伯，地下

---

[1] 吴荣曾：《镇墓文中所见到的东汉道巫关系》，《文物》1981年3期。
[2] 郭沫若：《奴隶制时代》引文，人民出版社，1973年，94页。

二千石，东冢侯，西冢伯，地下击犆卿，耗（蒿）里伍长等。今日吉良，非用他故，但以死人张叔敬，薄命蚤死，当来下归丘墓。黄神生五岳，主生人录，召魂召魄，主死人籍。生人筑高台，死人归，深自埋，须眉以落，下为土灰。今故上复除之药，欲令后世无有死者。上党人参九枚，欲持代生人，铅人持代死人，黄豆瓜子，死人持给地下赋。立制牡厉，辟除土咎欲令祸殃不行。传到，约敕地吏，勿复烦扰张氏之家。急急如律令。

文义很清楚，这是天帝使者代表天帝，命令地下世界的各级官吏"三丘五墓，墓左墓右，中央墓主，冢丞冢令，主冢司令，魂门亭长，冢中游击""丘丞墓伯，地下二千石，东冢侯，西冢伯，地下击犆卿，耗（蒿）里伍长"，今后不得再找死者张叔敬一家的麻烦。吴荣曾通过对汉代"镇墓文"的考察，详尽地论述了当时人们对地下鬼魂世界的思想信仰。在汉代人的观念中，地下的鬼魂世界与现实的人间世界一样，由各级管理机关和各级官吏统治着，其最高统治者是管理泰山的黄神，最高统治机关是泰山府。死者的灵魂首先要到泰山去，在泰山脚下的蒿山集中，并在那里接受考核，根据生前有无功罪和功罪的大小，决定其以后在地下世界的身份和待遇。死者生前的身份地位在这里并不一定起作用，生前身份很高的人也会因为在凡世罪孽深重而被处以刑罚和苦役，一切都取决于地下世界的官吏对死者生前功罪的认定。为了逃避刑罚和苦役，死者便用随葬的黄豆瓜子交纳地下世界的赋税，用人参代替生人承受祸殃，用铅人代替死者灵魂承担处罚。而这种偷梁换柱的替罪手法，必须得到"天帝"的恩准，于是"天帝使者"便对地下世界的官吏传达了天帝的上述命令。土居淑子根据吴荣曾的这一研究成果，认为"楼阁谒拜图"中的被谒拜者是"天帝使者"，站在其身后的那些人是地下世界的官吏们，对"天帝使者"跪拜的人是死者家属，"其中有无死者是另外一个问题"[1]。对这一看法，笔者碍难同意。笔者认为，土居淑子完全误解了吴荣曾论文中的正确论述，把中国古代的"祭墓"和"祭祖"这两种截然不同的祭祀混同起来了。所谓"祭墓"，是根据古代礼制，在动工营造墓穴之前和埋葬死者之后，在墓地举行的祭祀地下世界的神祇即后土的祭礼。这种祭礼，早在先秦时期就已存在。《周礼·春官·冢人》云："大丧，既有日，请度甫竁，遂为之尸。"郑玄注曰："甫，始也，请量度所始竁之处也。为之尸者，成葬为祭墓地之尸也。郑司农曰：既有日，既有葬日也。始竁时，祭以告后土，冢人为之尸。"《冢人》又云："凡祭墓为尸。"郑玄注："祭墓为尸，或祈祷焉。郑司农云：为尸，冢人为尸。"文中的"竁"，即墓穴；"尸"即尸祭，是一种由活人扮成受祭者的古代祭祀仪式。唐代贾公彦疏云："是墓新成，

---

[1] 土居淑子：《古代中国の画像石》，同朋舍出版，1986年，109页。

祭后土。"孙诒让在《周礼正义》中也解释说："祷祈于墓地之祇，故以冢人为尸也。"关于"祭墓"，清代史学家赵翼作了更清楚的解释，指出"按《周礼·小宗伯》虽有成葬而墓祭之文，乃葬日，孝子先归虞祭（死者入葬后，其家属从墓地回到家中，在死者咽气的寝中举行的祭祀仪式），而使有司在墓一祭地神，实非祭先祖。《冢人》所云凡祭墓为尸，《礼记·檀弓》所云有司设奠于墓左，亦然。"[1] 从这些文献记载，可以清楚看出，"祭墓"和"祭祖"是两种全然不同的祭祀。"祭墓"，是由管理兆域的"冢人"在墓地举行的祭祀地神后土的祭仪，而"祭祖"，则是由子孙家属在宗庙中举行的祭祀祖先的祭仪，前者以"冢人"为尸，后者以子孙为尸。墓祭在春秋战国之际出现后，"祭墓"活动继续沿袭下来，至两汉时期仍盛行不衰。与先秦时期相比，两汉特别是东汉时期的"祭墓"活动，祭祀对象已由地神后土扩大到全部地下世界的官吏，祭祀者也由先秦时期的巫觋变为汉代的道教术士。所谓"镇墓文"，就是道教术士在"祭墓"仪式上宣读的祭文，但祭祀语言已不再是祈祷，而是拉大旗、作虎皮，假借"天帝"的名义，对地下世界的官吏狐假虎威地发号施令了。于是乎，担任祭祀活动主角的道教术士，就充当了代"天帝"发布命令的"天帝使者"的角色。这种"祭墓"活动，与当时在墓地祠堂中举行的"祭祖"活动，无论祭祀对象还是祭祀者都迥然不同。如果按照土居淑子的说法，祠堂后壁的"楼阁拜谒图"中，只有"天帝使者"、地下世界的官吏和死者家属，"有无死者是另外一个问题"，那就完全抹杀了祠堂是墓祭祖先之处这一突出的建筑性质。因此，土居淑子的"礼拜天帝使者图"说是完全站不住脚的。

第三说即"礼拜齐王图"说，是长广敏雄在考察山东嘉祥武氏祠左石室后壁的龛室后壁画像即左石室第九石的"楼阁拜谒图"（图四六）时提出的。长广敏雄注意到，同样题材的画像，不仅左石室第九石有，而且在山东地区的祠堂画像石中反复被表现，他推测"礼拜图是一个众所周知的题材，是一个铭刻在庶民记忆中的事件。……因此，我认为这种礼拜图在某种意义上是山东人民崇拜和敬畏感情的象征化"[2]。导致长广敏雄得出这一推测的是，《金石索》卷四和傅惜华《汉代画像全集》初编图162所录山东嘉祥焦城村发现的祠堂后壁石的"楼阁拜谒图"（图四六）。从拓片看，原石已碎裂成四块，中间的上下两块残失，但图像还基本完整，雕刻手法为凿纹地阴线刻，线条较稚拙，应是东汉初的作品。画面分上下两层，下层为车马图，上层即"楼阁拜谒图"。"楼阁拜谒图"的正中是一座高大的二层楼阁，两侧是高耸的双阙，楼阁二层左右房间各有一名妇女凭栏正面端坐，楼阁下层是谒拜的场面，右侧一人面左而坐，身后立着一名持便面的

---

[1] 赵翼：《亥余丛考》卷三十二"墓祭"条。
[2] 长广敏雄：《武氏祠左石室第九石の画像について》，《东方学报》京都版第31册，106页。

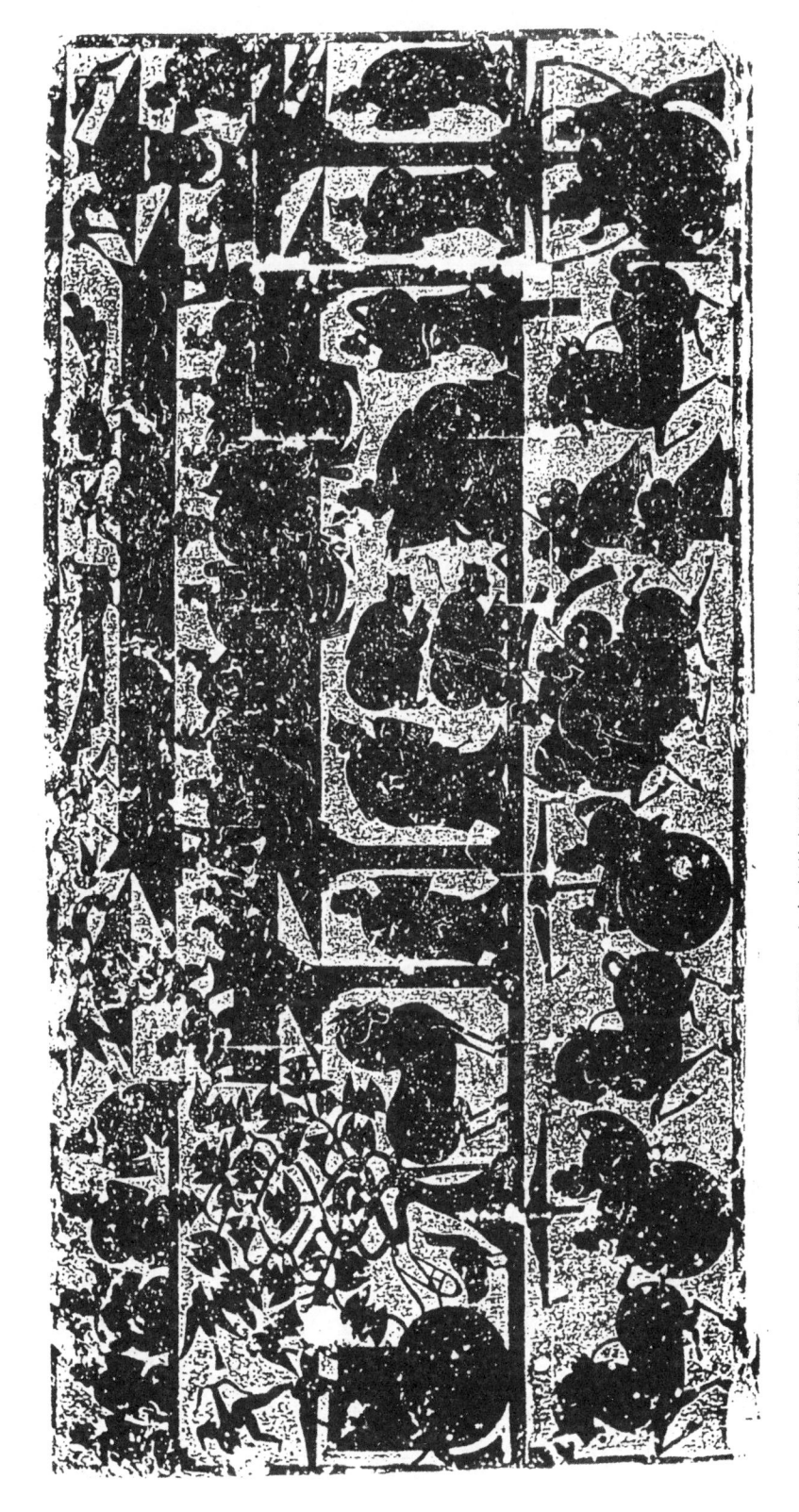

图四五 山东嘉祥武氏祠左石室龛室后壁（第九石）画像

1

2

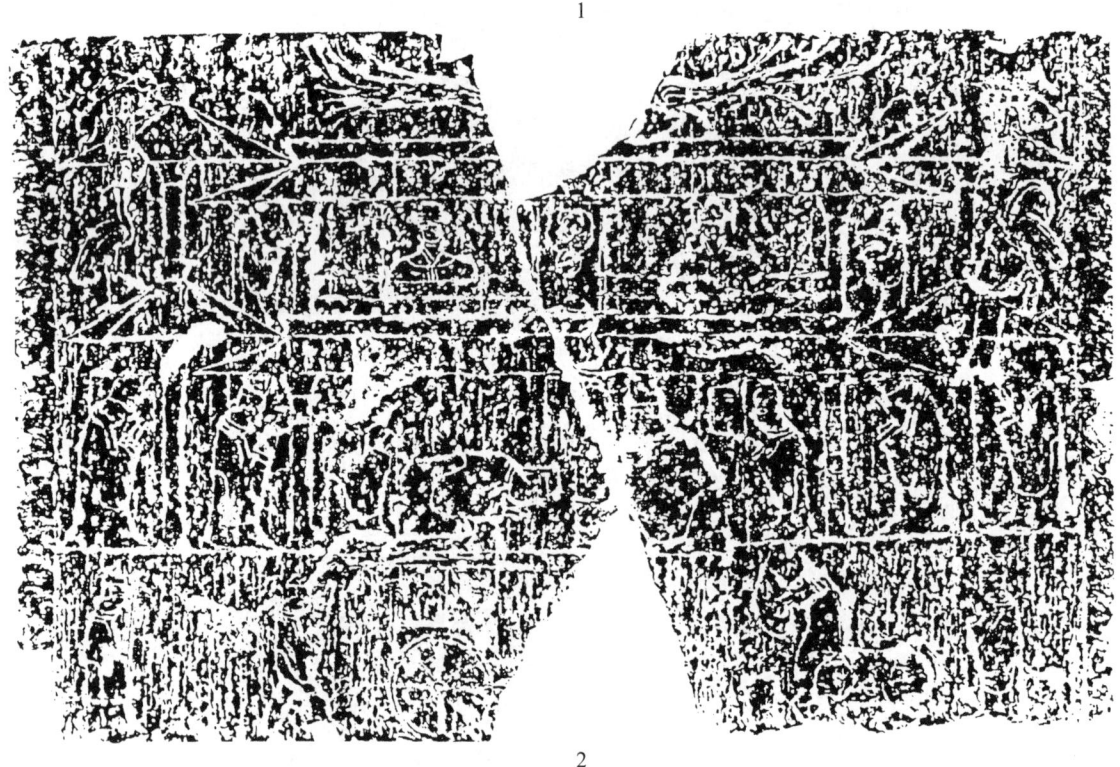

图四六　山东嘉祥焦城村出土祠堂后壁画像
1. 摹本　2. 拓本

96　汉代画像石综合研究

侍者，左侧一人向右拜伏在地，楼阁内外有六名执板恭立的侍者。在被谒拜者身后的楼柱上，刻有"此斋主也"四字题记，依照汉代习惯，第二个字"斋"写作"齐"。这四个字，自毕沅、阮元在《山左金石志》中以"斋""齐"通用为由释读为"此齐王也"之后，几乎成为定论，一直为《金石索》等金石学著作所引用蹈袭，并进而将图像中的被拜谒者认定是汉代的某位"齐王"。但仔细观察拓片题刻文字，第三个字很清楚是"主"字而不是"王"字，如果稍微细心一点，是不会发生这种失误的。按汉代文字假借通例，"斋""齐"二字可以假借通用，因此，这四个字的正确释读应为"此斋主也"。因汉代的墓上祠堂也被称作"斋祠"或"食斋祠"，"斋主"应该就是祠堂的主人公即祠主。山东嘉祥焦城村的这幅祠堂后壁画像，不仅进一步证明了当时的祠堂确实可称为"斋祠"，也证明了这种祠堂后壁的"楼阁拜谒图"的内容为祠主接受子孙祭祀的场面，因此，这种图像可称之为"祠主受祭图"。长广敏雄的"礼拜齐王图"说，袭用了《山左金石志》《金石索》和《汉代画像全集》等书对焦城村祠堂后壁画像石题刻铭文的误释，因此其结论也是错误的。有趣的是，1981年在山东嘉祥五老洼发现的汉画像石群的第三石，也是一块祠堂后壁石，画像内容与焦城村祠堂画像石相同，上层为"楼阁礼拜图"，下层为车马图[1]（图四七）。在上层的"楼阁拜谒图"中，楼阁下层左侧面右而坐的被拜谒者身上，刻有"故太守"三个字，字体是东汉时期流行的八分书，为汉代原刻无疑。"故太守"，即已故太守的意思，因题记直接刻在被拜祭者身上，这就无可辩驳地证明了图中受人拜谒者绝不是"齐王"之类令人不可捉摸的人物，而是生前曾担任太守职务的祠主。此石画像的雕刻技法和艺术风格与焦城村祠堂画像石相同，应同属东汉早期作品。看来，在祠堂后壁的"祠主受祭图"上，题刻出祠主的身份，有可能是东汉早期今山东嘉祥地区通行的做法。

通过以上考察和分析，可以看出，在关于祠堂后壁"楼阁拜谒图"图像学意义的四种意见中，只有"祠主受祭图"说是唯一正确的观点。祠堂是子孙祭祀祖先之处，墓祭时正对祭祀者的祠堂后壁，其上面所画图像的主人公只能是祠主，而祠主面前的跪拜者当然是其子孙后代了。

现在需要讨论的是"祠主受祭图"中坐在楼阁二层的妇女身份问题。笔者不能理解的是，图中的二层楼阁明明是一座建筑，楼阁一、二层的人物之间也应有着密切关系，但是很多研究者，例如长广敏雄，仍然认为"（楼阁二层的）正面偶像并坐图与（楼阁下层的）礼拜贵人图原本就是分别发生的（事情），属于不同的题材"[2]。目前，关于"祠

---

[1] 朱锡禄：《嘉祥五老洼发现一批汉画像石》，《文物》1982年5期。
[2] 长广敏雄：《武氏祠左石室第九石的画像について》，《东方学报》京都版第31册，112页。

图四七　有"故太守"题记的祠堂后壁画像

主受祭图"中楼阁二层正面端坐的妇女身份问题，除了"西王母说"之外，还有以下诸说。长广敏雄认为她们"宛如家庙中并列的神主，是按昭穆顺序"[1]排列的祖先偶像。土居淑子推断她们是"已经在另一世界（仙界）定居的人们即祖先们的灵魂"[2]。曾布川宽判定她们是"西王母的侍从，还有东王公的侍从"[3]。以下先分析长广敏雄的祖先偶像说。实际上，长广敏雄对楼阁二层人物的解释是非常矛盾而混乱的。他注意到，楼阁二层正面坐着的人物在有的画像中是一位，但在很多画像中是两位、三位，甚至更多。于是他将楼阁二层人物的身份分为两种：只有一位人物端坐中央的，其身份是西王母或东王公之类的神像；并坐多位人物的，其身份是祖先的偶像。西王母说已被证明站不住脚，毋庸再言。为了自圆其祖先偶像说，长广敏雄指出，"由于不懂远近法及鸟瞰法，建筑前面（或门）与建筑内部被上下相叠地表现出来"，因此，"如果第二层画像是后殿，第一层就是前殿，如果第二层是后室，则第一层就是前室"[4]。并进而推定，楼阁上下层的图

---

[1] 长广敏雄：《武氏祠左石室第九石の画像について》，《东方学报》京都版第 31 册，111～112 页。
[2] 土居淑子：《古代中国の画像石》，同朋舍出版，1986 年，114 页。
[3] 曾布川宽：《汉代画像石における昇仙図の系谱》（抽印本），《东方学报》京都版第 65 册，134 页。
[4] 长广敏雄：《武氏祠左石室第九石の画像について》，《东方学报》京都版第 31 册，112 页。

像属于不同题材,下层图像是"礼拜齐王图",上层图像是"祖先偶像图"。但即使按照长广敏雄自己对楼阁图的理解,也是不能自圆其说的。中国古代建筑的布局特点是"前朝后寝"或"前堂后室",前殿即"前朝"或"前堂",是主人处理公务和接待宾客的地方;后殿即"后室"或"后寝",是主人及其家属日常寝居之处。因而,如果下层图像的主人公是"齐王",那么楼阁上层正面并列而坐的人物就应该是齐王家属,而不应是祖先的偶像。而且,长广敏雄根本无法解释,为什么"齐王"和"祖先偶像"这两种毫不相干的事物被放在同一建筑群的前后殿中。显而易见,长广敏雄的这一观点是不能成立的。

表面上看,土居淑子和曾布川宽的观点不同,实则并无区别,二人都把祠堂后壁画像中的楼阁双阙看成是昆仑山的仙阁。曾布川宽虽表示同意笔者关于祠堂后壁"楼阁拜谒图"的主人公是祠主的考订[1],但笔者对曾布川宽将祠堂后壁的"楼阁拜谒图"解释为昆仑山仙界的观点却难以认同。笔者认为,这种图像与昆仑山仙界毫无关系,图中的楼阁和双阙表现的只不过是墓地祠庙等祭祀祖先的墓祭用建筑。土居淑子和曾布川宽提出上述观点的理由有二:一是在"楼阁拜谒图"中常常有凌空飞翔的有翼仙人以及形态各异的仙禽神兽;二是"楼阁拜谒图"特别是东汉晚期的"楼阁拜谒图"中,楼阁双阙的旁边都画有很大的树木。但在笔者看来,这两条理由,都不能成为支持二人观点的根据。从图四五武氏祠左石室龛室后壁的"楼阁拜谒图"看,确实在楼阁屋顶上和两侧双阙的上层有带翼的仙人以及神鸟、蟾蜍等西王母的昆仑山仙人世界常见的事物。但是,从这些物象的大小和所在位置看,与楼阁下层的拜谒图和楼阁上层的贵妇图相比,她们只不过是依附性的次要物象。土居淑子和曾布川宽用依附性的次要物象来解释和决定主要物象甚至整幅画像的性质,这种分析方法,无疑犯了图像学方法的大忌。另外,在考察图像时二人忽略了一点,即墓地祠堂不是普通的建筑,而是祭祀祖先的墓祭用建筑,是维系现实的人间世界与地下鬼魂世界关系的纽带。在汉代人的观念中,墓地和祠堂"祭祀是居,神明是处"[2],是"鬼神所在,祭祀之处"[3],在那里"皆有神灵"[4]。换言之,在当时人的观念中,住在墓地祠堂中的祖先灵魂是由各路神灵来护卫的。因此,在表现墓祭场面的祠堂后壁画像中,祠堂图像周围画上一些带翼仙人和仙禽神兽也就毫不足怪了。关于"楼阁拜谒图"中的树木图像,曾布川宽认为描绘的是"西王母世界的圣树",即《山海经》中记载的昆仑山上的沙棠、视肉珠树、文玉树、玗琪树和不死树等西王母世界的神树[5]。

---

[1] 曾布川宽:《汉代画像石における昇仙図の系譜》(抽印本),《东方学报》京都版第65册,134页。
[2] 张衡:《冢赋》。
[3] 王充:《论衡·四讳篇》。
[4] 《汉书·元后传》。
[5] 曾布川宽:《汉代画像石における昇仙図の系譜》(抽印本),《东方学报》京都版第65册,34页和135页;曾布川宽:《昆侖山への昇仙》,中央公论社,1982年,26~29页。

林巳奈夫也认为"画像石中所画的建筑物旁边的树木","属于神话世界",是"天上世界的树木"[1]。而土居淑子则认为,因为"汉代画像具有其他的象征性,汉画像石的一个场面仅用一种解释去说明是不可能的",这种楼阁旁的树木,既是《山海经》中记载的不死树——建木,又是象征再生的东方神树——扶桑树,还是象征丰收和不死的社树[2]。"楼阁拜谒图"中的树木图像竟会带来如此多的不同见解,证明它肯定是一个重要的表现题材。为了进一步弄清"楼阁拜谒图"的本来意义,必须对树木图像进行详细考察。

　　早期祠堂即东汉中期以前的祠堂,其后壁的"楼阁拜谒图"大多数与图四六的山东嘉祥焦城村祠堂后壁石画像、图四七的嘉祥五老洼第三石画像一样,仅有楼阁双阙而无树木。但个别祠堂后壁石画像中已出现了树木图像,如山东嘉祥五老洼出土画像石中的第二石[3](图四八)就是一例。在没有树木图像的"楼阁拜谒图"中,为了画面的左右均

图四八　山东嘉祥五老洼出土祠堂后壁(第二石)画像

---

[1] 林巳奈夫:《石に刻まれた世界》,东方书店,1982年,24页、130页、140页。
[2] 土居淑子:《古代中国の画像石》,同朋舍出版,1986年,88～92页、111～113页。
[3] 朱锡禄:《嘉祥五老洼发现一批汉画像石》,《文物》1982年5期。

衡，楼阁双阙毫无例外都是沿画面中轴线左右对称布局；而在有树木图像的"楼阁拜谒图"中，为了表现树木，布局上楼阁双阙都偏向一侧。如图四八的楼阁双阙就偏向画面右侧，配置在其左侧的树木，树冠斜着向右伸展出若干枝条，树干右侧伫立着一匹马，树干左侧停着一辆卸驾的马车。在早期即西汉末到东汉初的祠堂画像石中，这种树木和卸驾的车、马图像有时独立地配置在祠堂侧壁石的下部。例如，1980年山东嘉祥宋山第二次发掘出的汉画像石第一石[1]，应属第一种小祠堂的东侧壁石，其下部就配置着一幅树木车马图（图四九）。画面正中为一棵枝条缠绕的大树，长满扇形树叶的圆形树冠上停落着两只鸟，还有四只鸟正向大树飞来。大树下面，树干两侧分别停着卸驾的车和马。到了东汉中晚期，这种树木图像已经与祠堂后壁的楼阁双阙图像紧密地结合在一起，似乎成了"楼阁拜谒图"不可缺少的组成部分，其图像构成也更加复杂化，很多图像上增加了从树下或其他方位弯弓射树上之鸟的人物。在东汉晚期的祠堂后壁画像中，这种树木图像的位置并不确定，有时如图四五那样配置在楼阁双阙的左侧，有时则配置在楼阁双阙的右侧，如图三三。但作为独立的图像配置在祠堂侧壁还偶有所见，不过图像画得很大，占满整个画面。例如，图五〇的山东省微山县两城山出土祠堂侧壁石画像就是如此。该石宽0.92米，高0.9米，厚0.24米，画面正中画着一棵巨树，粗大的树干树瘤突起、苍劲多姿，半圆形的树冠上枝条交互缠绕，外侧环绕着穗状树叶。树梢上站着一个有翼仙人，仙人两侧各有一只巨大的神鸟，周围有很多小鸟。仙人左侧神鸟的上方和下方，分别刻有"蜚（飞）鸟""乌生"两则题记，右侧的人头神鸟右上方，刻有"山鹊"题记。树下，树干右侧，停着一匹马，其右站着一名妇女，旁有"女黄"题记；树干左侧，两名男子正在弯弓射鸟，其旁分别有"长卿""伯昌"两则题记。画面外框的右侧，刻有题记，文曰："永和二年，大（太）岁在卯，九月二日，第乡广里浃□昆弟男女四人，少□□□，复失慈母，父年（下缺）时□有，钱刀自足，思念父母，弟兄悲哀，乃治冢作小食堂传孙子。石工邢螨、□□□□，财弗直万（下缺）。"[2]该石左侧面的画像为双手高举太阳的日神羲和[3]，根据祠堂画像石的配置规律，羲和为东方之神，此石应为祠堂的东壁石。要搞清这种树木图的图像学意义，就必须首先将图中大树下停放的卸驾车马和人们弯弓射鸟场面的本来意义搞清。综合大量有关画像，可以清楚看出，这种停放在树下的卸驾车马，显然是表示，祠堂的主人乘车马已经到达了目的地；而这时，树木图像无疑已经成为祠主所到达之处的象征物。那么，祠主所到达之处究竟是什么地方呢？笔者认为，在对这个问题作出判断时，必须遵循以下三条原则。第一，必须考虑到汉代特别

---

[1] 济宁地区文物组、嘉祥县文管会：《山东嘉祥宋山1980年出土的汉画像石》，《文物》1982年5期。
[2] 山东省博物馆、山东省文物考古研究所：《山东汉画像石选集》图版一五之图32，齐鲁书社，1982年。
[3] 山东省博物馆、山东省文物考古研究所：《山东汉画像石选集》图版一五之图33，齐鲁书社，1982年。

图四九　山东嘉祥宋山出土祠堂侧壁（第二次发掘第一石）画像

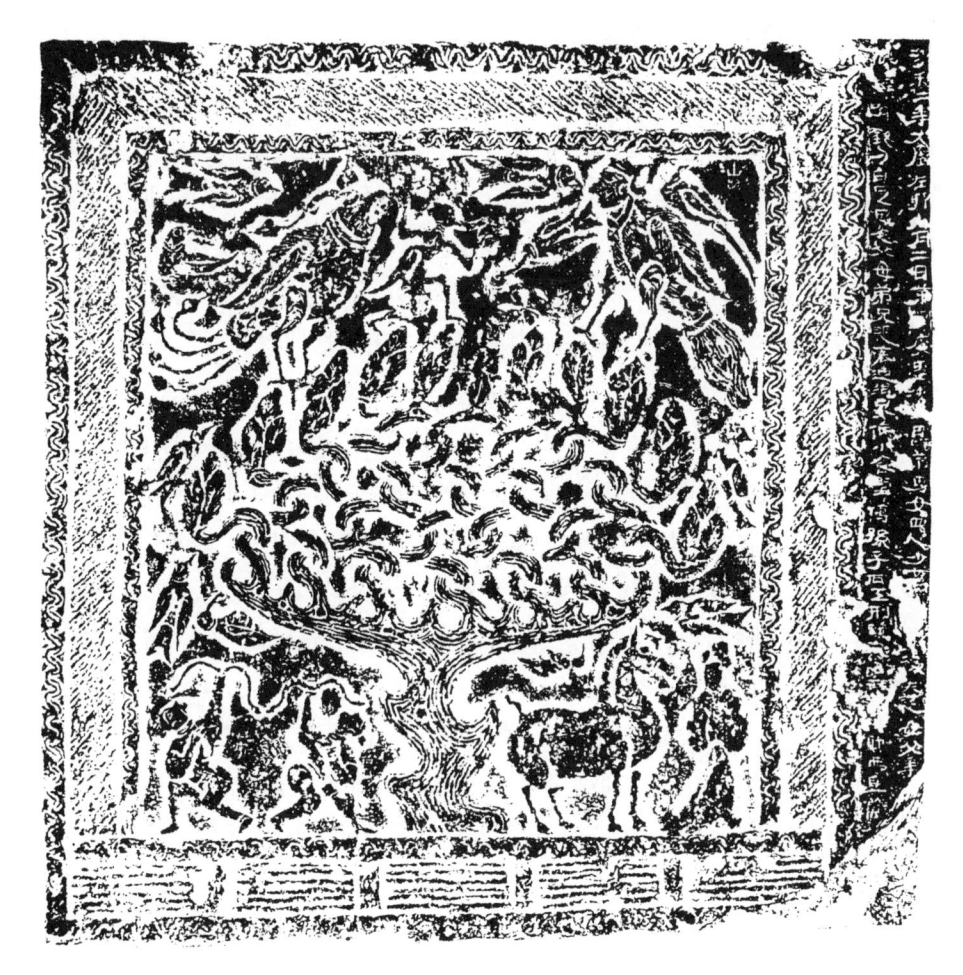

图五〇　山东微山两城山出土祠堂侧壁画像

是汉画像石流行的东汉时期占社会统治地位的思想观念是什么。汉代特别是东汉时期，尽管升仙思想已经广泛地影响到整个社会，但占统治地位的社会观念始终是儒家思想，尤其在丧葬礼制方面，与儒家的影响力相比，源于道家的升仙思想始终只居于附属地位。第二，必须了解汉代墓地的实际状况。第三，必须按照图像学的原则，从画像本身来分析和解释，避免主观的联想和演绎。另外，得出的分析和解释，必须与文献所记载的古代特别是汉代人的思想观念和认识方法相一致。下面，让我们根据这三条原则分析祠堂后壁"楼阁拜谒图"中的树木图像。

首先，图像中的树木以及树下停放的卸驾车马形象，与树木为建木或不死树的神木说非常矛盾。关于建木所在，文献中有"都广"和"弱水"二说。"都广"说出自《淮南子·墬形训》："建木在都广，众帝所自由上下，日中无景，呼之无响，盖天地之中也。"据此说，建木是"众帝所自由上下的"通天之路，肯定是一棵高可及天的神树。"弱水"

说出自《山海经·海内南经》："建木在弱水之上。""有木，青叶紫茎，玄华黄实，名曰建木。百仞无枝，九欘，下有九枸"。根据此说，建木也是一棵"高百仞"的神树。但从祠堂后壁"楼阁拜谒图"中的树木与车、马、楼阁及人物的大小比例来看，其大小高矮与普通树木无异，应该就是普通的树木。而《山海经》中的"弱水"，据《山海经·大荒西经》说"其（昆仑山）下，有弱水之渊环之"，是环绕着昆仑山的一条神河。郭璞注云："其水不胜鸿毛。"就是说，所有的东西落进弱水，都会沉没到河底，因此弱水亦名溺水。此外，《史记·大宛列传》司马贞《索隐》注引《括地志》说："昆仑之弱水，非乘龙不得至。"要想渡过险恶的弱水，到达昆仑山上的建木和不死树旁边，除了乘龙没有其他办法。但在祠堂后壁的"楼阁拜谒图"中，停在树下的只是普通的车和马。可以肯定，在汉代人的观念中，以这种普通的交通工具是绝对到达不了由弱水环绕着的昆仑山仙界的。如果按照土居淑子和曾布川宽的说法，将"楼阁拜谒图"中的树木解释成神树，图四二的小祠堂后壁的祭祀图就完全无法理解了。从图中可以看到，到达神树旁边的，不仅有祭祀者，还有他的马和马夫。在古代，升仙被认为是极其困难和幸运的事情，除了极少数幸运者外，就连秦始皇和汉武帝这些飞扬跋扈的最高统治者也与此无缘。正因为如此，迄今所发现的汉代"升仙图"中的主人公，都只有墓主夫妻二人。古语中虽有"一人得道，鸡犬飞升"的谚语，但那是讥讽专搞任人唯亲的官吏的讽刺性语言，暗示了"鸡犬飞升"违背常理。这一谚语从反面表明，像马夫那样身份低微的人物和马匹等贱畜，是不可能与主人一起飞升到神树所在的昆仑山仙界的。

　　同样，树下弯弓射鸟的场面也证明了树木并非神树。从图五〇看，尽管树梢上落有人头神鸟和有翼仙人，但从"蜚（飞）鸟""山鹊"等题记判断，树木周围大多数鸟是普通的飞鸟。从射鸟人的身形和衣着看，绝不会是地位显赫的高贵人物或什么神怪。林巳奈夫也注意到了这一点，发现这种"树木射鸟"场面的构图相当自由，"有时是一个人，有时是两个人。也有从停在近处马车上射的，也有从旁边建筑物的屋顶上射的，举止相当轻佻粗俗，似乎对怎么射鸟毫不在意"，"这种随意性，使人难以将其与某种神话，诸如著名的神射手后羿射落九日的神话传说联系在一起"。他指出，从射鸟者的"衣冠服饰判断，似乎不是什么有显赫身份的人物"[1]。笔者赞同林巳奈夫的上述推断，但对他关于射鸟者"不是访问祠堂对祖先尽孝的人，而是别的阶层的人们"的解释，却难以苟同。从图五〇树下三个人旁边所刻的人名题记看，"女黄"的"女"字是女儿的意思，称作"女黄"的妇女应是祠主的女儿。以此类推，图中站在树干左侧的两名射鸟者"长卿"和"伯昌"，就应当是祠主的儿子。根据画像旁的题记，祠主共有子女四人，站在树下的为

---

[1] 林巳奈夫：《石に刻まれた世界》，东方书店，1982年，134~136页。

其二子一女，笔者认为，剩下的一人应为祠主的长子，其图像应被画在祠堂后壁的"楼阁拜谒图"中。作为旁证，山东省梁山县后银山东汉早期壁画墓中的"树木射鸟图"，也证明树下射鸟者为祠主（即墓主）之子。该壁画墓平面呈长方形，船底形顶横前室之后，并列着三个券顶后室，说明此墓是男墓主与其两位妻子的合葬墓。壁画分布在前室，左壁画墓主车马出行图，右壁画"树木射鸟图"。报告称，前室右壁画有一株大树，树上有鸟，树下并立着题有"子元"等人名题记的人物九人[1]。"子元"的"子"是儿子的意思，说明站在树下的这些人包括射鸟者都是墓主的子女。

通过以上考察，可以清楚看出，祠堂后壁"楼阁拜谒图"中的树木就是普通的树，树木所在之处是祠主在世子女可以自由活动的地方。笔者认为，图中所表现的场景就是墓地，树木和楼阁双阙一样，都不过是墓地的象征物。将树木作为墓地的象征物而画进祠堂后壁画像中，这种做法与战国以来特别是两汉时期的墓地状况有着直接关系。至迟到战国中期，随着坟丘墓的出现和普及，在墓地植树作为标志也逐渐流行并严格制度化起来。约成书于战国中期的《周礼》在叙述当时王室和国君的"公墓"制度时说："先王之葬居中，以昭穆为左右，凡诸侯居左右以前，卿大夫居后，各以其族。……凡有功者居前。以爵等为丘封（坟丘）之度及其树数。"[2]战国中期，商鞅在秦国实行变法，规定"小夫死，以上至大夫，其官级一等，其墓树，级一树"[3]。就是说，用墓地中植树的多少来标志墓主生前的身份等级，身份越高，其墓地植树越多。《吕氏春秋·安死篇》云："世俗之为丘垄也，其高大若山，其树之若林。"《吕氏春秋》成书于秦始皇时期，说明当时在墓地植树成林已经在社会上蔚然成风。到两汉时期，这种在墓地植树的做法，已经突破制度的限制而变成墓地规划的最基本内容。《盐铁论·散不足》篇所说的"今富者积土成山，列树成林"、《潜夫论·浮侈篇》所说的"造起大冢，广种松柏"，以及张衡《冢赋》的"乃树灵木，灵木戎戎"，都证明了墓地植树已经相沿成俗。西汉时期的循吏龚胜为了矫正厚葬之弊，死前特地留下遗言，嘱咐家人"勿随俗动吾冢种柏作祠堂"[4]，可见西汉时期在墓地植树已风靡了整个社会。当时，"墓木拱矣"（墓地的树木已有一抱粗）已经成为形容一个人早已故去的习用谚语。由此可见，墓木即墓地的树木当时已经成为墓地或坟墓的代名词和象征物。因此，将树木作为墓地的象征物，与祠堂双阙一起画在祠堂后壁，构成画像主题内容的场景，在当时人看来，完全是理所当然的事情。至于祠主子孙在树下弯弓射鸟的场面，笔者认为这是与墓地祠堂中的祭祖活动有着密切关系的

---

[1] 关天相、冀刚：《梁山汉墓》，《文物参考资料》1955年5期。
[2] 《周礼·春官·冢人》。
[3] 《商君书·境内篇》。
[4] 《汉书·龚胜传》。

图像内容。中国古代，由于在宗庙、祠堂祭祀祖先时用牲，因而这种祭祀也被称为"血食"。如《汉书·高帝纪》记载，高祖五年（前202），高祖刘邦下诏说："故粤王亡诸世奉粤祀，秦侵夺其地，使其社稷不得血食。诸侯伐秦，亡诸身帅闽中兵以佐灭秦，项羽废而弗立。今以为闽粤王，王闽中地，勿使失职。"颜师古注曰："祭者尚血腥，故曰血食也。"就是说，古代在祭祀祖先时，须要宰杀各种动物甚至屠杀生人，将其供放在宗庙或祠堂中的祖先牌位之前。"不得血食"意味着亡国丧家或绝嗣，在古代人的观念中，无论对于生者还是死者，这都是最大的不幸。正因为如此，在祭祀已故先祖时，必须事先准备好祭祀用的牺牲。射猎、狩猎和渔猎都是获得祭祀用牺牲的手段。祠堂后壁的树木射鸟图像，实际上表现的就是孝子贤孙为了准备祭祀祖先用的牺牲而在墓地树林中进行的射猎场面。用树木双阙来表现墓地，不仅在画像石中，在画像砖中也经常可以看到。图五一是河南省禹县发现的一块画像砖的图像，四层阙顶的双阙中间，有一株桃形大树。图五二是河南省郑州市发现的一块画像砖的图像[1]，在双阙的外侧，各有一株树冠为桃形

图五一　河南禹县出土双阙树木画像砖

---

[1] 周到、张秀清、张松林：《郑州汉画像砖》，河南美术出版社，1988年，64页双阙图。

图五二　河南郑州出土双阙树木画像砖

的小树。图五三也是郑州出土的画像砖[1]，图像采用上远下近的等距离鸟瞰透视法表现了墓地的全貌，近处即图像下部是表示墓地大门的双阙，其上部的双室建筑应是墓上祠堂，最上部即最远处是三株排成一列的大树。最有意思的是郑州南关159号墓墓门空心砖[2]的画像（图五四），砖宽0.45米，高1.2米，图像内容是一处庭院建筑。整个图像采用上远下近的等距离鸟瞰透视法构图，庭院位于画面上部，近处是一堵曲折的围墙，围墙最左端是由高耸的双阙构成的庭院大门，大门后面的前院中有数骑正弯弓射猎，周围有鸟和成排的树木；前院之后是由另一堵墙围起的后院，前后院之间有小门相通，一门卒守卫着小门，后院右半部为散布的树木，左半部为一座独立的单室高台厅堂建筑，厅堂内的帷幕之下正面端坐二人。在庭院之外即画面的下部，紧靠围墙有一排树木，另有三株树木散布在近处，树木之间有尾翼很长的九只大鸟。由于树木和大鸟的形象都是相

---

[1] 周到、张秀清、张松林：《郑州汉画像砖》，河南美术出版社，1988年，74页双阙、门吏、长青树图。
[2] 河南省文化局文物工作队：《郑州南关159号汉墓的发掘》图19，《文物》1960年8、9期合刊。

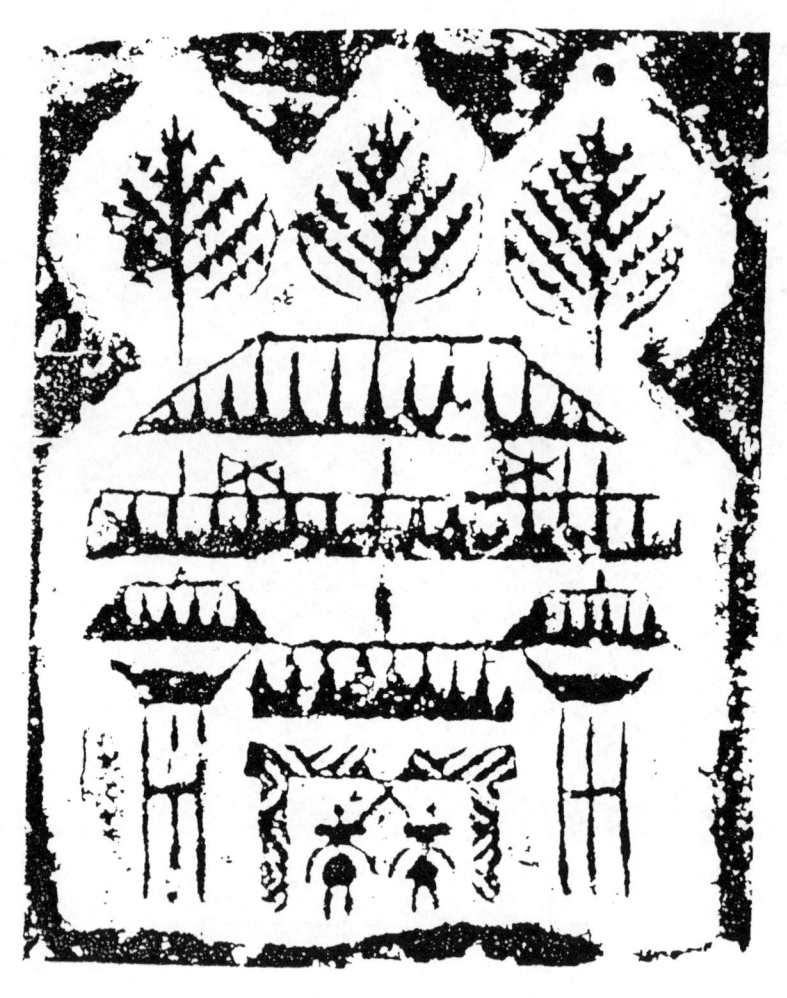

图五三 河南郑州出土双阙祠堂树木画像砖

同的印模戳印成像的,因此画像略显呆板,但可以清楚看出,画像的基本主题与祠堂后壁的"楼阁拜谒图"是相同的。曾布川宽认为,这幅空心砖图像表现的不是"贵人的住宅",而是昆仑山上以双阙为分界线的西王母仙界[1]。但是,图像中既找不到西王母,也找不到西王母身边的蟾蜍、玉兔、九尾狐和三足乌等昆仑山仙界的形象,曾布川宽的解释显然是毫无根据的。这块空心砖图像中的双阙、厅堂、树木和射猎等场景都与祠堂后壁"楼阁拜谒图"相同,所不同的只是具体表现上的差别。因此,其内容也应是表现孝子贤孙在墓地祠堂祭祀祖先的场面。笔者作出这一推断的另一重要依据,是四川省乐山市汉代崖墓石刻画像。在乐山市的嘉陵江两岸山丘地带,特别是嘉陵江东岸的砂岩山丘

---

[1] 曾布川宽:《汉代画像石における昇仙図の系谱》(抽印本),《东方学报》京都版第65册,66页。

中，散布着大量东汉时期的画像崖墓。规模较大的崖墓前部一般都有习惯上被称为"享堂"的高大祠堂，石刻画像几乎都配置在"享堂"的壁面上。其中，最常见的双阙图像，一般都刻在"享堂"入口两侧的左右壁上，表明这里是家族墓地的大门。著名的乐山麻浩一号崖墓是东汉晚期的大型崖墓[1]，雄伟壮观的"享堂"后部有南、中、北三穿，在中穿入口旁的"享堂"北壁上，配置着一幅"挽马图"（图五五）。马头朝向祠堂门口，奋蹄扬颈，似乎还欲向前奔驰，后面的马夫正身子后仰，双手紧紧拉住缰绳让马停下来。在马的前方，有一株长着树瘤的粗大树干，上面的树冠部分因剥落严重，画面已无法辨识，但闻宥通过与画像砖中同样主题的图像相比较，推定这是树木图像[2]。这幅画像，毫无疑问表现的是墓主从"享堂"之后的墓室出发、刚刚到达墓地的情景，马前的树木就是墓地的象征。同样，祠堂后壁"楼阁拜谒图"中的树木车马图像，表现的也应是祠主乘坐马车从地下墓室到达墓地后的情景。图四九虽然没有祠主形象，但祠堂后壁的"楼阁拜谒图"中，祠主已在楼阁的下层接受子孙祭

---

[1] 乐山市文化局：《四川乐山麻浩一号崖墓》，《考古》1990年2期。
[2] 闻宥：《四川汉代画像选集》，群联出版社，1955年。

图五四　河南郑州南关159号墓出土庭院画像砖

图五五　四川乐山麻浩一号崖墓中的"挽马图"

拜了，而且树下的车马也已卸驾，说明祠主已经到达了一段时间。

通过以上考察，可以看出，汉代墓地石结构祠堂后壁的"楼阁拜谒图"与升仙没有任何关系，纯粹是表现孝子贤孙在墓地祠堂祭祀祖先的墓祭图，组成墓祭图的各种图像因素，诸如双层楼阁、双阙、马和车、树木、射猎等，都是墓祭祖先这一中心主题的有机组成部分。其中，双阙表示茔地的大门，双层楼阁是墓地中祠堂一类的祭祀性建筑，楼阁下层的祭拜对象和祭拜者分别是祠主和他的在世子孙，楼阁二层正面端坐的妇女是祠主的妻妾，楼阁双阙旁的树木是墓地中种植的"灵木"，树下停放的车和马是祠主往来地下墓室和祠堂之间的交通工具，树木旁的射猎者是为墓祭准备牺牲的祠主子孙。各种图像因素都是围绕着墓祭祖先这一中心主题而设置和展开的。可以说，在这种祠堂后壁的"祠主受祭图"中，见不到任何与墓祭祖先无关的图像内容。这种画像配置在位置最为显著的祠堂后壁上，完全是由祠堂的建筑性质所决定的。

第三节　幽明两界的车马出行图

在汉代墓地石结构祠堂的后壁画像中，有图像学意义完全不同的两种车马出行图。其中，第一种属于祠堂画像的不变性内容，一般都配置在"祠主受祭图"之下即祠堂后壁的最下部，在第四种石结构祠堂中则配置在龛室后壁的最下部；第二种属于祠堂画像的可变性内容，一般配置在"祠堂受祭图"之上即祠堂后壁的上部，在第四种石结构祠堂中则配置在龛室之上的祠堂后壁上部。山东省长清县孝堂山祠堂的后壁画像就是表现上述两种车马出行图的典型画例（图五六）。整个画面从上到下分为两大部分。上面的部

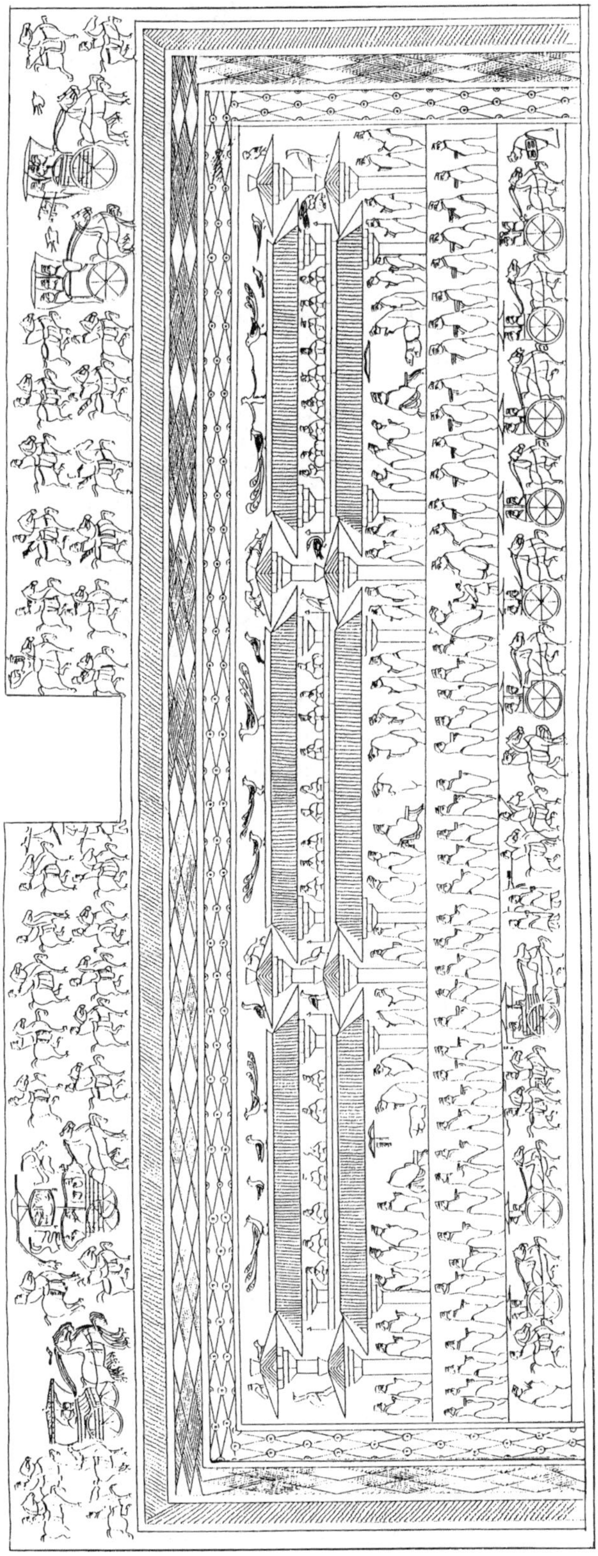

图五六 山东长清孝堂山祠堂后壁画像摹本

第四章 | 墓地祠堂画像石 111

分是没有图案花纹边框的车马出行图，因图中左数第一辆马车——驷马安车的伞盖后部刻有"大王车"三字题记，所以习惯上被称为"大王车马出行图"。下面的部分，左、右和上部由很宽的复合图案花纹带组成边框，使画面显得醒目而庄重，而且面积也占了后壁的四分之三，这些都暗示边框内的画像是祠堂后壁画像的主要内容。边框内的画像分为上、中、下三层。上层为"祠主受祭图"，大概由于双开间祠堂的后壁太宽，为了取得构图上的均衡，在横长的画面上左右并列三组构图基本相同的楼阁双阙祭拜图像。中层为"孔子见老子图"，孔子和老子相对而揖，身后都随有众多的弟子，两人中间站着问难孔子的智童项橐，孔子像旁有"孔子"二字题刻。下层配置着另一幅车马出行图。现在的问题是，为什么在同一座祠堂后壁上要配置两幅车马出行图，这两幅车马出行图各自的图像学意义是什么？为了搞清这一问题，下文逐一考察这两幅车马出行图。

先来看一下"大王车马出行图"。实际上，图五六上部的车马出行图不过是"大王车马出行图"的中间部分，与其相连接的前、后部分，分别配置在孝堂山祠堂左、右侧壁三角形山墙尖下的壁面上部（图五七）。整个"大王车马出行图"从祠堂东壁的南端开始，十个人排成两列正在迎接从左面络绎走来的出行行列，最前面的两位欢迎者是头戴进贤冠的官吏，其中位置靠上的官吏旁有"相"字题记，两人身后各有两名持戟步卒和两名持板小吏。大王出行车马行列以两名持弓伍佰为前导，其后分别为导骑两名、持弓伍佰一名、骑吏两名、持弓伍佰一名、载二人的骆驼和载三人的大象各一头、持戟步卒五名、骑吏四名、单驾轺车两辆、骑吏两名、持戟步卒两名，其后面部分转接祠堂后壁即图五六上部的画面。祠堂后壁上部的"大王车马出行图"中间部分，共有各式马车四辆、骑吏三十名。最前面为骑吏两名，其后为立乘三人的二马轺车两辆，其中前面的轺车后部斜插着两根棨戟，十二名骑吏成两列紧随在轺车之后，接着是两名持戟步卒和十名骑吏，之后是极为华丽的鼓乐车、两名骑吏和富丽堂皇的"大王车"，最后是四名骑吏。鼓乐车由二马牵驾，树立在车舆中央的高高伞柄上，顶端和半腰张着一大一小两重伞盖，从而将车舆分为上下两层，顶端小伞盖的前后两侧各垂有一件龙首状流苏，半腰的大伞盖下面有四维。鼓乐车的上层，两名鼓手正以优美的身姿、协调的动作，双手挥桴，节奏分明地奋力敲击着固定在伞柄上的建鼓；车的下层，四名乐手分为两组吹奏着笙笛。出行行列的主车——"大王车"是一辆驷马安车，车盖和车身装饰得极为奢华，车伞后部刻有"大王车"三字题记，端坐在车内的"大王"即诸侯王无疑就是这一车马出行行列的主人公。画在祠堂西壁的"大王车马出行图"后面部分，由四名持戟步卒开始，其后为十八名骑吏，接着是两辆单驾轺车，最后以两名骑吏结束了整个出行行列。在这幅"大王车马出行图"中，共绘有不同身份的人物一百一十七人，马七十四匹，各类马车八辆，骆驼和大象各一头。无论就构图的复杂精巧还是就场面的雄伟壮阔而言，

图五七　山东长清孝堂山祠堂"大王车马出行图"的东、西壁画像摹本
1. 东壁画像　2. 西壁画像

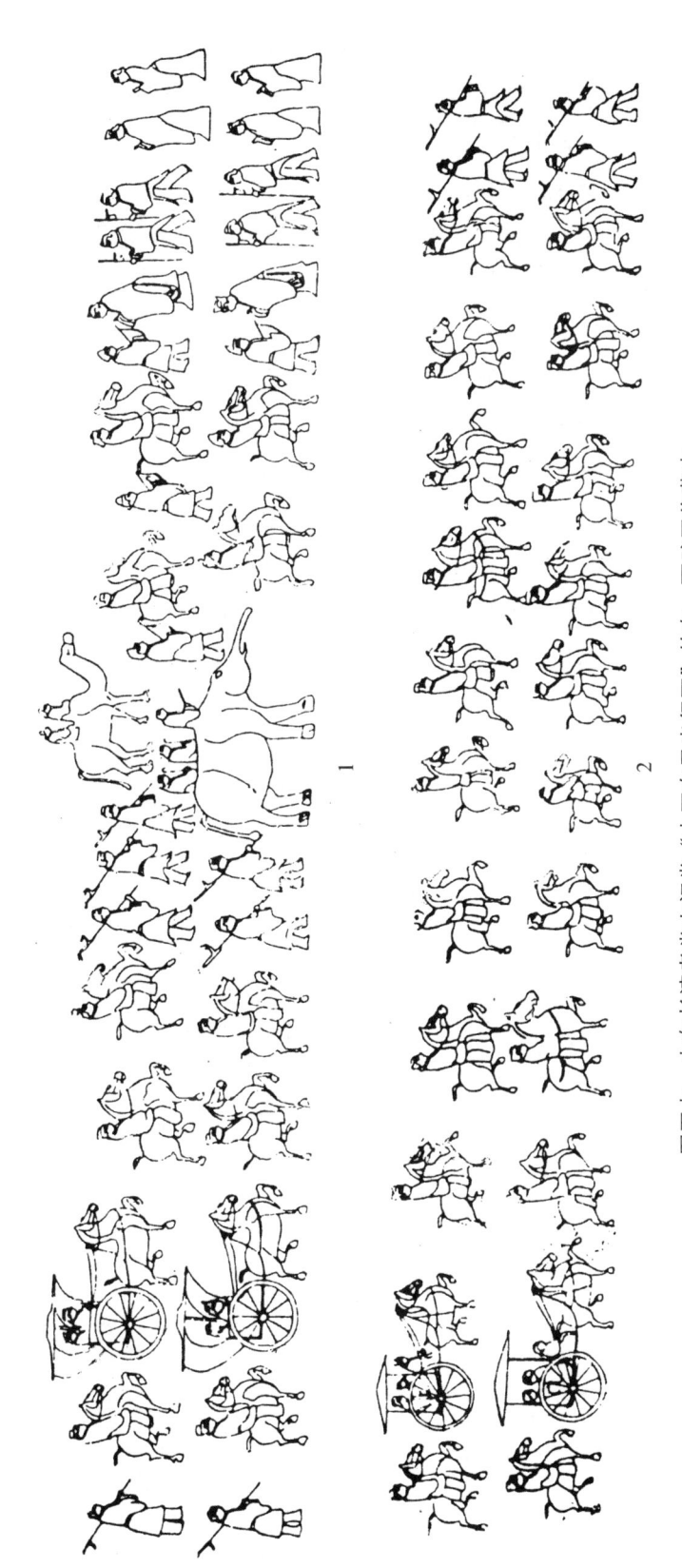

第四章 | 墓地祠堂画像石　113

在迄今所发现的、包括汉画像砖和汉墓壁画在内的所有车马出行图中，这幅"大王车马出行图"都称得上是无与伦比的杰作。正因为如此，这幅"大王车马出行图"自北宋以来一直为众多的金石学家所注目。在以往的研究中，大多数研究者都将出行图中的主要人物即端坐在"大王车"内的诸侯王看作是孝堂山祠堂的主人。本章第一节中已经谈到，近年李发林和夏超雄等人也沿袭了这种思考模式，分别将孝堂山祠堂的主人公考定为死于西汉武帝天汉四年（前97）的济北王刘胡和死于东汉安帝永宁元年（120）的济北王刘寿。李发林在考察时，除了随意摘引文献资料，还列举出孝堂山祠堂后面的坟丘规模作为论据。他说，"从墓的坟堆底边周长达八十米左右，高三米以上的事实看，此墓肯定不是一般人的墓"，并继续采用《金石录》和关野贞的旧说，将位于孝堂山祠堂前面的东汉早期石室墓看作是祠堂后古墓的"隧道"，认为"这样大的崖墓，只有王侯才能筑得起"[1]。关于两汉时期诸侯王陵墓封丘的规模和大小，史无明文，但大致情况可从有关记载和考古调查推知。汉代诸侯王的地位高于列侯而仅次于皇帝，因而其陵墓封丘的规模也应介于二者之间。据文献载，《汉律》规定："列侯坟高四丈，关内侯以下至庶人各有差。"[2]西汉诸帝"坟高十二丈，武帝坟高二十丈"[3]。东汉诸帝陵的规模和高度差别很大，据《续汉书·礼仪志》注引《古今注》的记载，冲帝陵高四丈六尺，殇帝和质帝陵高五丈五尺，其他帝陵高度均在六丈以上，最高的恭帝之陵高达十五丈。冲帝、殇帝和质帝都幼年夭死，在位日短，其陵高不应视为定制。就是说，列侯墓的封土高度为9～10米，西汉帝陵的封土高度为27～47米，东汉帝陵的封土高度应在14米以上。那么，诸侯王陵墓的封土高度肯定应超过10米。从考古发现看，这一推测大体无误。河北省石家庄市发现的汉初赵王张耳墓[4]，封土高15米，约合汉尺6.5丈；北京市丰台区大葆台发现的西汉广阳王墓[5]，封土高约10米，合汉尺4丈多；河北省定县北庄发现的东汉中山简王刘焉墓[6]的封土高达20米，约合汉尺8丈以上；河北省定县北陵头村发现的东汉中山穆王刘畅墓[7]，封土高12米，合汉尺5丈多。笔者20世纪70年代曾在河北省调查过数座两汉时期的诸侯王陵墓，它们的封土高度都在15米以上，占地面积1万平方米左右，其中

---

[1] 李发林：《山东汉画像石研究》第十节，齐鲁书社，1982年。
[2] 《周礼·春官·冢人》郑玄注引《汉律》。
[3] 《续汉书·礼仪志》。
[4] 石家庄市图书馆文物考古小组：《河北石家庄市北郊西汉墓发掘简报》，《考古》1980年1期。
[5] 北京市古墓发掘办公室：《大葆台西汉木椁墓发掘简报》，《文物》1977年6期；大葆台汉墓发掘组、中国社会科学院考古研究所：《北京大葆台汉墓》，文物出版社，1989年。简报将该墓定为死于昭帝年间的燕刺王刘旦之墓，报告改定为死于元帝初元四年（前45）的广阳顷王刘建之墓。按：刘旦因谋反罪自杀，似不应葬在规模如此巨大的陵墓中，根据墓中出土的日光镜看，该墓应为刘旦之子广阳顷王刘建之墓。
[6] 河北省文化局文物工作队：《河北定县北庄汉墓发掘报告》，《考古学报》1964年2期。
[7] 定县博物馆：《河北定县43号汉墓发掘简报》，《文物》1973年10期。

最大的一座西汉诸侯王陵墓，位于河北省定县陵北村南，封土高达 20 米以上，占地近 10 万平方米。与这些规模巨大的两汉诸侯王陵墓相比，孝堂山祠堂后面高仅 3 米的坟丘只能算是中小型汉墓。换言之，李发林和夏超雄将孝堂山祠堂后壁"大王车马出行图"中的主人公即坐在"大王车"中的诸侯王认定为祠堂主人的看法是不正确的。但这就产生了一个新的问题：到底"大王车马出行图"中有没有孝堂山祠堂主人的图像，祠主究竟与画像所表现的诸侯王车马出行活动有什么关系？为了解答这一问题，让我们再来考察一下山东省嘉祥县武氏祠前石室中的车马出行图。

如本章第一节所述，武氏祠的前石室属于第四种石结构祠堂，是一座后壁设有龛室的双开间祠堂。祠堂内虽然刻有多幅车马出行图，但从它们的配置位置看，却只有两种。第一种车马出行图配置在龛室后壁的最下部即"祠主受祭图"的下方和龛室东西侧壁的下方以及祠堂西后壁的下方；第二种车马出行图则配置在祠堂后壁上部，以及与之高度相同的祠堂东西侧壁、祠堂中部的三角形隔梁石的东西两侧和祠堂前部的檐枋石（横梁）内面（图五八）。如果以"祠主受祭图"作为分界线来看这两种车马出行图，则武氏祠前石室的配置规律与孝堂山祠堂基本相同。武氏祠前石室的第一种车马出行图相当于孝堂山祠堂后壁最下部的车马出行图，而其第二种车马出行图则相当于孝堂山祠堂后壁最上部的"大王车马出行图"。先来分析一下武氏祠前石室的第二种车马出行图。从武氏祠前石室的东西侧壁和后壁的画像配置来看，最上层是长贯三壁的"孔子见老子图"，第二种车马出行图就配置在其下层即后壁的第二层和东西侧壁的第三层。东壁的车马出行图自左向右展开，画面左端，一名执板的官吏正躬身而立，迎接自右驰来的车马出行行列。出行行列由三辆轺车、两名伍佰和四名骑吏组成，其先导为两名骑吏，接着是有"门下功曹"题记的一辆轺车和两名伍佰，其后是出行行列的主车——有"此丞卿车"题记的轺车，两名骑吏和一辆轺车紧随在主车之后，最后是一名执板面左躬身而立的送行官吏（图五九，1）。因图中出行行列的前后两端各有迎接者和送行者，说明这幅出行图应是一幅独立的画像。祠堂后壁第二层的车马出行图在构图上与东壁大体相同，出行行列的前后两端也各有迎接者和送行者，出行行列由五辆轺车、八名骑吏和两名伍佰组成，从左而右各辆轺车的题记分别为"门下贼曹""门下游徼""门下功曹""令车""主簿车"，其中有"令车"题记的四维轺车是主车（图六〇，1）。很明显，这幅车马出行图也是独立的画像。西壁第三层的车马出行图也是独立完整的画面，全图由题有"调间二人"四字的两名伍佰、题有"此骑吏"三字的两名骑吏、题有"此君车马"四字的主车——四维轺车、一名骑吏、有"主簿车"和"主记车"题记的两辆轺车和最后题有"此亭长"三字的送行者组成（图五九，2）。其他四幅车马出行图分别配置在三角形隔梁石东西两侧的第三层画面和祠堂前部檐枋石的内面，各图中人物的题记分别为"君为五官掾时""五

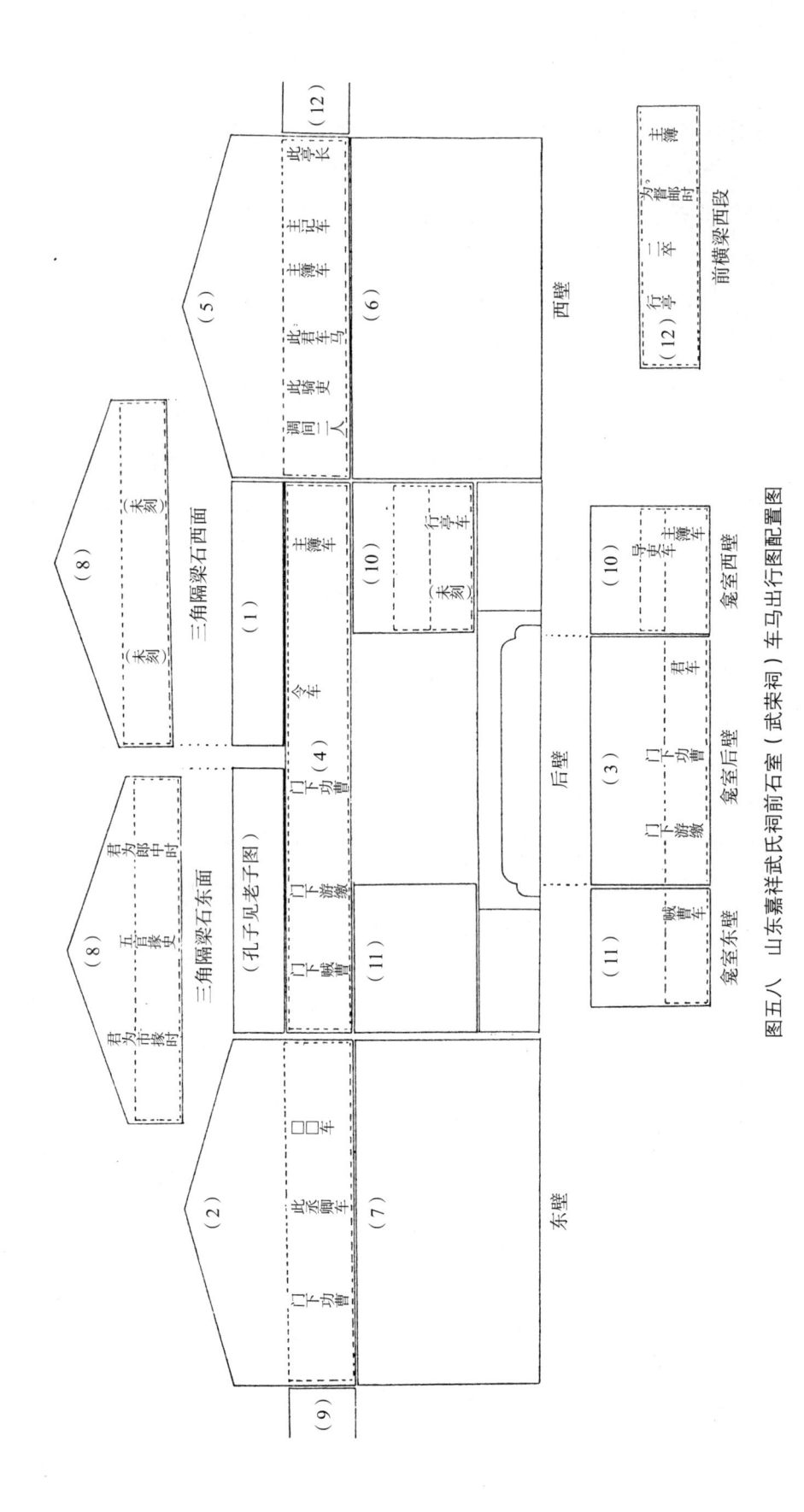

图五八 山东嘉祥武氏祠前石室（武荣祠）车马出行图配置图

116 汉代画像石综合研究

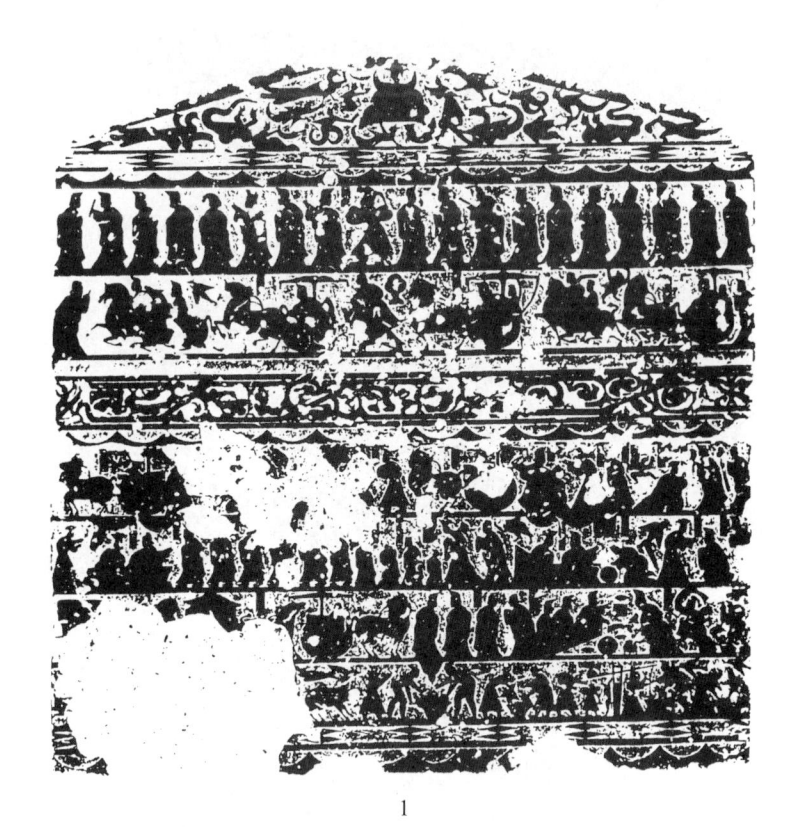

图五九 山东嘉祥武氏祠前石室（武荣祠）东、西壁画像
1. 东壁画像 2. 西壁画像

第四章｜墓地祠堂画像石　117

图六〇 山东嘉祥武氏祠前石室（武荣祠）后壁画像
1.龛室外后壁上层画像 2.龛室外后壁东段画像 3.龛室外后壁西段画像
4.龛室后壁画像 5.龛室东壁画像 6.龛室西壁画像

官掾史""君为郎中时""行亭""二卒""为督邮时"和"主簿"等。在全部第二种车马出行图中,主车都是等级较高、与属车有别的四维轺车。因这些主车旁有"此君车马""君为五官掾时""君为郎中时""为督邮时"等铭刻题记,说明这些车马出行行列的主人公就是祠主本人。题记中的"君"即武氏祠前石室的主人到底是武氏家族中的哪一位呢?在武氏家族墓地的四种碑文中,只有武荣碑文中记述的武荣生前所历官职与前石室第二种车马出行图中主要人物题记的官职大致相符。关于武荣生前所历官职,碑文记述如下:

> 君讳荣,字含和,治鲁诗经韦君章句,阙愤传讲,孝经、论语、汉书、史记、左氏、国语,广学甄彻,靡不贯综。久游太学,藐然高迈,鲜于双匹。学优则仕,为州书佐、郡曹史、主簿、督邮、五官掾、功曹、守从事。年三十六,汝南蔡府君察举孝廉,□□郎中,迁执金吾丞。遭孝桓大忧,屯守玄武,咸哀悲痛,加遇害气,遭疾陨灵。□□□□,君即吴郡府卿之中子,敦煌长史之次弟也[1]。

碑文中所记述的"主簿""督邮""五官掾""郎中"等武荣生前所历官职,在武氏祠前石室第二种车马出行图的主车题记中都可见到,因此,前石室的主人极有可能是东汉灵帝建宁元年(168)死于执金吾丞任上的武荣。通过与武荣碑文相对照,可以清楚看出,配置在武荣祠堂四壁较高位置上的第二种车马出行图,表现的是祠主武荣一生的官宦经历。在武荣祠堂中,这种车马出行图的主人公就是祠主武荣本人。但在其他祠堂的这种车马出行图中,出行的主人公即坐在主车上的主要人物并不是祠主,而是祠主的上司即比祠主身份更高的人物。据《隶续》卷十七和《山左金石志》等书记载,在山东省的鲁峻祠堂画像中,就有一幅题记为"祀南郊从大驾出时"的车马出行图。"祀南郊"是由皇帝在都城的南郊举行的祭天典礼,"大驾"指的是皇帝专用的出行车马。从题记可以知道,这幅车马出行图的主人公绝不会是祠主鲁峻,而应是皇帝,祠主鲁峻只不过是作为"大驾"即皇帝出行的随从人员,随着皇帝的车马行列参加了"祀南郊"的祭天典礼活动罢了。无疑,这一经历,无论对祠主鲁峻本人还是对其家族来说,都是极为荣耀的事情。大概这一点也是这一经历以画像的形式被刻在鲁峻祠堂中的真正原因。在利用祠堂中的第二种车马出行图来考察祠主的身份时,如果不考虑这一点,极易得出错误的推断,因此必须慎重对待。

现在,让我们重新回到孝堂山祠堂"大王车马出行图"与祠主身份的问题上来。如

---

[1] 《隶释》卷十二《故执金吾丞武荣碑》。

前所述，根据"大王车马出行图"将孝堂山祠堂的主人推定为汉代的某位诸侯王是完全站不住脚的。其原因大概与鲁峻祠堂中的"祀南郊从大驾出时"的车马出行图情况相同，就是说孝堂山祠堂的主人并不是"大王车马出行图"中的主要人物，而不过是以"大王"即诸侯王随从人员的身份参加了"大王"的出行行列罢了。大概这件事是孝堂山祠堂主人一生中最为辉煌的经历，所以死后才将其画在祠堂中。至于说到"大王车马出行图"中的哪位人物是祠主，图中迎接大王车马出行行列的队列中，领头的一位官吏旁虽然有"相"字题记，但因其位置偏在东壁的最南端，为祠主的可能性极小。笔者认为，图中祠主的形象应配置在"大王车马出行图"的中部即祠堂的后壁位置上。但在"大王车马出行图"的中部，除了"大王车"题记，其他车马人物再无题记，因此难以确定哪辆马车上的人物是祠主。最后需要指出的是，这种配置在祠堂壁面较高位置上的车马出行图，虽然都有祠主的形象，但是由于祠主的生前经历和地位不同，画像表现的具体场面有很大差异，而且这种图像并非每座祠堂都有，特别在规模较小的祠堂中，一般没有这种车马出行图。因此，它属于祠堂画像中的可变部分。

现在，我们再来考察一下孝堂山祠堂的另一幅车马出行图即后壁复合图案花纹边框内最下层的车马出行图。这幅车马出行图自右向左展开，右端是双手捧盾、面右躬身而立迎接车马出行行列的亭长。车马出行行列以六辆单驾轺车为前导，其后为四名骑吏和两名伍佰，第七辆车是张有四维、车后有"二千石"题记的主车，主车后相继为两名骑吏、两辆单驾轺车和一名骑吏，最后是执板躬身面右而立的送行者。因画面的两端分别有迎送者，无疑是独立成幅的画像。现在的问题是，图中端坐在主车里的"二千石"官吏究竟是不是祠主。如果仅从这幅车马出行图看，对这一问题很难作出明确的回答，但在图六〇的武荣祠后壁下部和龛室三壁下部的第一种车马出行图中，题记文字却将端坐在主车中的人物与祠主的关系明确地揭示出来。这幅车马出行图从龛室的东壁开始，经过龛室后壁和西壁，一直延续到龛室外祠堂后壁的西段，形成一幅连续的画面（图六〇，3~6）。车马出行行列的前方，是捧盾躬身迎接的亭长，出行行列以两名骑吏为先导，接着是"贼曹"车、"门下游徼"车、"门下功曹"车、两名骑吏和两名持便面的伍佰，其后是出行行列的主人公乘坐的主车——位于龛室后壁下部右端、刻有"君车"题记的四维轺车，主车之后为三名骑吏、一辆"行亭车"、一辆有篷的大车和"主簿车"，最后是执板躬身的送行者。此外，在这幅车马出行图的上一层画框中，还有一幅车马出行图。该图从龛室西侧壁第二层画面的左端开始，先导为两名骑吏，接着是"导吏车"一辆、妇女乘坐的辎车一辆、骑吏一名，最后是一辆有篷大车（图六〇，3、6）。从刻有"君车"题记的主车恰好位于龛室后壁"祠主受祭图"下方这一点看，"君"这个人无疑就是祠堂的主人。武荣祠堂后壁下部的这两幅车马出行图，表现的应分别是祠堂男、女主人公即祠主夫妇的车马出行场面。与武荣祠堂的情况相同，孝堂山祠堂后壁最下部的"二千石车马出行图"表现的也应是祠主的车马出行场面，主车中端坐的"二千石"高级官吏应就是祠主。实际上，这种配置在祠堂后壁下部的车马出行图作为祠堂画像中的不变内容，在最早的汉代祠堂中就可以看到。早期祠堂即西汉晚期至东汉早期的石结构祠堂，配置在后壁"祠主受祭图"下部的祠主车马出行图尽管每座祠堂都有，但就其具体表现来说，还处于相当不稳定的状态。其中，既有像图四七那样用卸驾的车和马来表现的，也有像图四八那样用侧面捕捉的车马进行场面来表现的。图六一是山东省嘉祥县吴家庄发现的一块早期祠堂后壁画像石[1]，配置在"祠主受祭图"之下的祠主车马出行图，由于采用了正面水平等距离散点透视法来构图，迎面而来的祠主车马行列在画面上变成了一横列，表示墓地大门的双阙之间为祠主乘坐的驷马安车，车两侧各有一名骑吏，双阙外侧亦各有一名骑吏。大概由于还不能娴熟地运用这种难度较大的透视法来构图，图中祠主乘坐的驷马安车图像出现了明显的构图矛盾，驾车的两匹骖马不是正面形象而是侧面透视，使人觉得它们似乎不是驾车的骖马而是从两侧跑向主车的马

图六一　山东嘉祥吴家庄出土祠堂后壁画像

---

[1] 朱锡禄：《嘉祥汉画像石》图31，山东美术出版社，1992年。

匹，在整个画像中显得极不协调。从目前的考古发现看，使用这种透视法描绘的正面祠主车马出行图，只流行于早期祠堂画像中。到了东汉中晚期，这种配置在祠堂后壁"祠主受祭图"之下的祠主车马出行图，其具体表现形式终于确定下来，像图六二山东嘉祥宋山4号小祠堂[1]中横贯后壁和左右侧壁最下部的祠主车马出行图那样，用侧面等距离散点透视法来描绘行进中的祠主车马出行行列，已经成为标准的表现方法。现在，出现了一个新的问题：为什么这种祠主车马出行图总是配置在祠堂后壁的"祠主受祭图"下方？换言之，这种祠主车马出行图与配置在其上方的"祠主受祭图"究竟有什么图像学意义上的联系？由于前面所列举的祠堂后壁石画像，下部的祠主车马出行图与其上部的"祠主受祭图"之间都有一条分界线，特别是孝堂山祠堂后壁的画像，在祠主车马出行图和"祠主受祭图"之间隔着一幅"孔子见老子图"，使两种画像之间的关系变得暧昧不明了。为了找出这一问题的答案，让我们再来分析一下山东嘉祥武氏祠中的武梁祠堂画像（图六三）。在武梁祠堂中，"祠主受祭图"配置在后壁下部的中央位置，其两侧和与之相连接的祠堂东、西侧壁下部都各有上下两层画面，上层画面描绘的是历史故事画像，下层画面中，"祠主受祭图"的左侧是车马停放图和庖厨图，右侧是祠主车马出行图。值得注意的是，在"祠主受祭图"和其两侧的祠主车马出行图及庖厨图之间没有任何分界线，这就清楚地表明，祠主车马出行的目的地就是楼阁双阙。"祠主受祭图"右侧的祠主车马出行图由八名骑吏、一辆张有四维的主车、一辆妇女乘坐的轿车组成，表现祠主夫妇的出行车马正自右向楼阁双阙行进；"祠主受祭图"左侧的庖厨图，表现的应是祠主的在世子孙准备祭祀用供品的场面，其左边的"车马停放图"中没有祠主的形象，表明祠主夫妇已经到达目的地。根据汉画像石的图像配置规律，这种车马出行图之所以配置在祠堂壁面的最下层，是为了表明祠主夫妇的车马出行行列是从位置较低的地下世界而来的。不容忽视的一点是，在上述几幅画像内容之间，存在着明显的时间差。祠主车马出行图表现的是祠主夫妇去往楼阁双阙途中的景象，"车马停放图"和"庖厨图"表现的是祠主夫妇到达楼阁双阙后的景象，而"祠主受祭图"则表现的是祠主夫妇接受子孙祭拜的场面。其中，"祠主受祭图"是最重要的核心内容画像，其他内容的画像都是围绕着这一核心来选择和配置的。从武梁祠堂的"祠主受祭图"和祠主车马出行图可以看出，早在汉代就已经出现了用具有时间差的几幅画像来表现同一事件发展过程的艺术表现手法。当然，像图四六的山东嘉祥焦城村祠堂后壁石画像那样，下层卸驾的车、马和马夫图与位于其上的"祠主受祭图"属于同一时限的祠堂后壁画像，在早期祠堂画像石中就已大量存在。在这种同时限的祠堂后壁画像中，下层卸驾的车、马和马夫

---

[1] 蒋英炬：《汉代的小祠堂——嘉祥宋山汉画像石的建筑复原》，《考古》1983年8期。

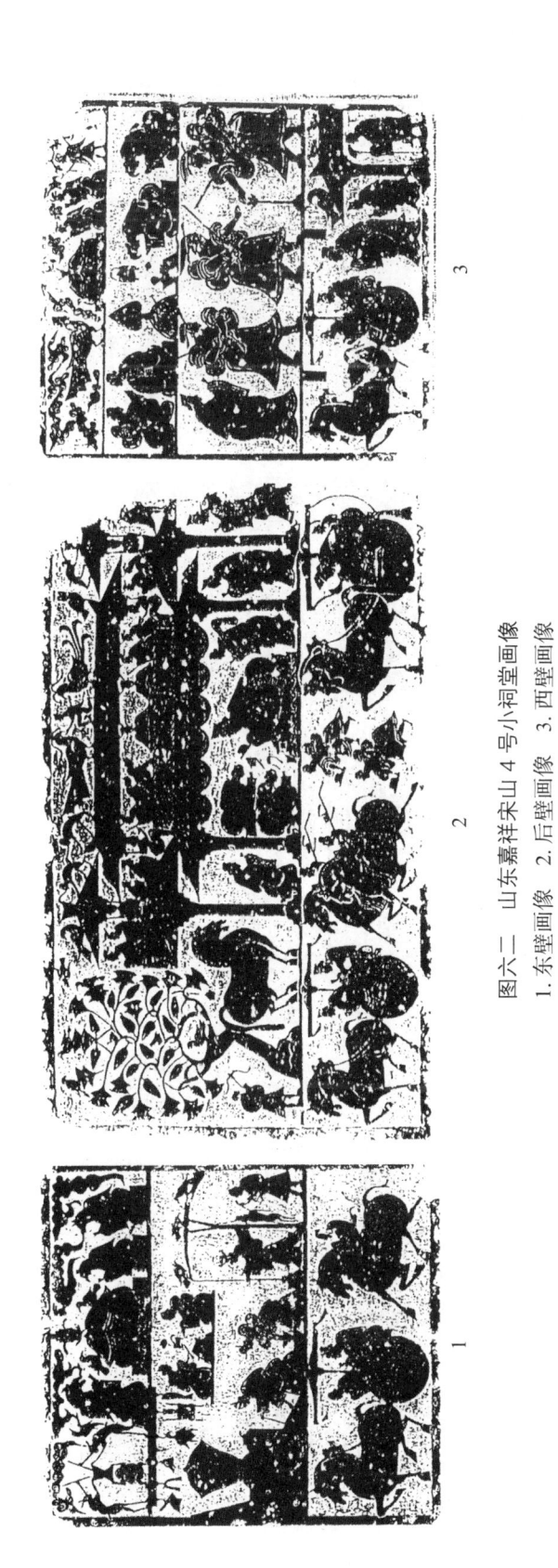

图六二 山东嘉祥宋山 4 号小祠堂画像
1. 东壁画像 2. 后壁画像 3. 西壁画像

第四章 | 墓地祠堂画像石 123

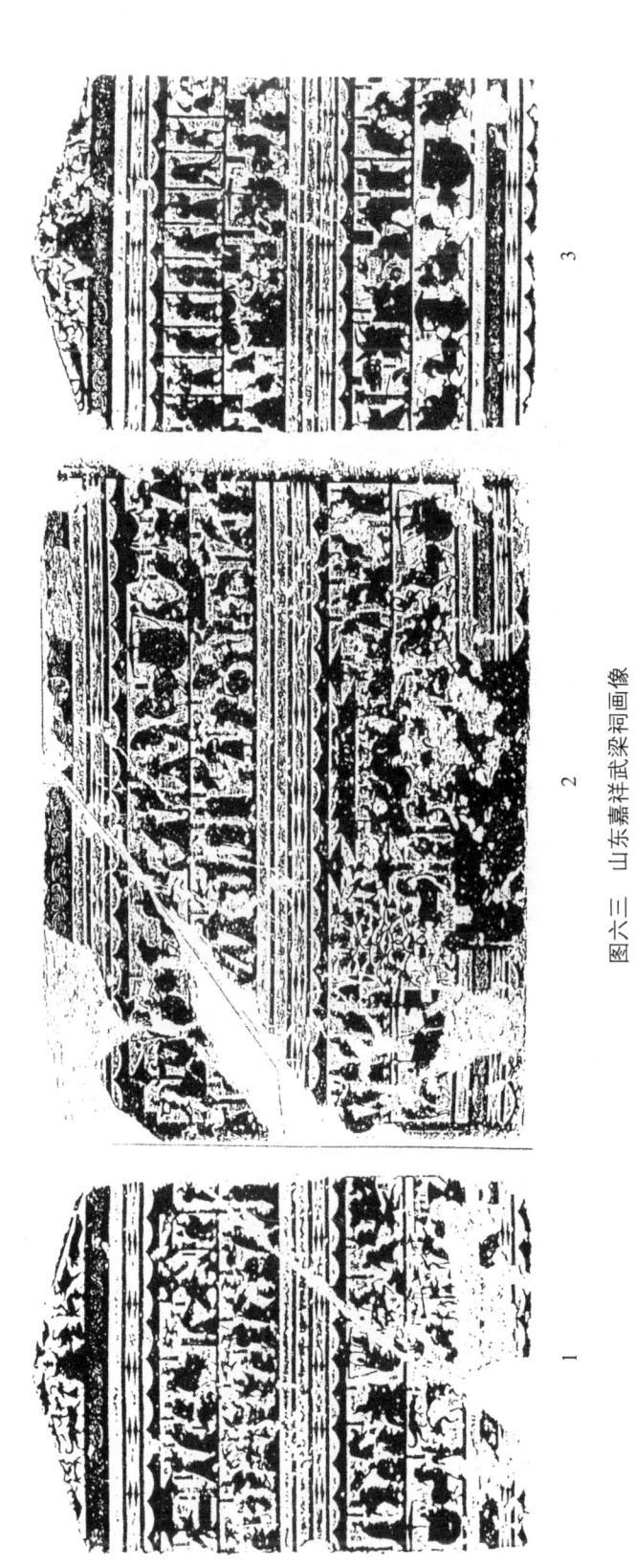

图六三 山东嘉祥武梁祠画像
1. 东壁画像 2. 后壁画像 3. 西壁画像

图像，表示祠主夫妇到达目的地后已经离开马车到其他地方去了，他们所去的地方就是"祠主受祭图"中由双阙夹峙的二层楼阁，祠主夫妇正在楼阁中接受子孙的祭祀和拜谒。尽管这些祠堂后壁的画像内容在时限表现上有差异，但其本质意义即图像学意义却始终如一，没有任何变化。

饶有兴趣的是，在祠堂后壁"祠主受祭图"的上部和下部都配置有车马出行图时，"祠主受祭图"与其上部的车马出行图之间往往隔着很宽的复合图案花纹带。例如，孝堂山祠堂后壁的"祠主受祭图"与其上部的"大王车马出行图"之间，就隔有由穿钱纹带、菱形纹带和平行凿纹带组成的很宽的复合图案花纹带。在武荣祠堂后壁，两种画像之间相隔的是由垂幛纹带、龙云纹带和平行凿纹带组成的复合图案花纹带。这种由复合图案花纹带构成的醒目的分界线，明显地将祠堂后壁的画面分为上下两大部分。也就是说，位于复合图案花纹带之上的车马出行图描绘的是现实人间世界的事情，位于复合图案花纹带之下的"祠主受祭图"和祠主车马出行图描绘的是地下鬼魂世界或幽明交界处的事情。在这种情况下，隔在两种画像之间的复合图案花纹带，与其说具有装饰意义，倒不如说具有宇宙世界分界线意义更为妥当。

综上所述，可以清楚看出，在汉代的祠堂画像中，存在着图像学意义截然不同的两种车马出行图。一种是配置在祠堂后壁"祠主受祭图"之上、表现祠主生前最荣耀经历的车马出行图，它与"祠主受祭图"在图像学意义上没有必然的联系，属于祠堂画像中的可变性内容。在这种车马出行图中，祠主由于生前的身份和社会地位不同，有时是出行队伍的主人公，有时不过是以出行主人公随从的身份参加了出行行列。另一种是配置在祠堂后壁"祠主受祭图"之下、表现祠主为了接受子孙和家人的祭祀，从地下世界赴墓地祠堂途中或刚刚到达目的地的车马出行图。由于这种祠主车马出行图与"祠主受祭图"在图像学意义上有着不可分割的联系，所以总是配置在"祠主受祭图"的下方，它与"祠主受祭图"一样，是祠堂画像不变性内容中最重要的题材。毫无疑问，这种祠主车马出行图与"祠主受祭图"一起构成的祭祀图，是祠堂画像中最重要的核心内容画像。两者之间这种固定不变的配置规律是由祠堂为祭祖之处这一建筑性质决定的。

第四节　表现人间现实世界的画像

以人间现实世界的事物为题材的画像是汉代祠堂画像中的一项重要内容。这类画像，其具体内容大体可分为两种。一种是历史故事画像，另一种是与古代宗庙祭祀活动有关的画像。

1. 历史故事画像

在考察之前，有一点必须要强调，汉代祠堂中所有的历史故事画像并不是雕造者或祠堂所有者自由选择和创造出来的，而是严格按照当时占统治地位的社会意识形态选择和配置在祠堂中的。换言之，祠堂中的历史故事画像都有着明确的目的性。其目的就是《鲁灵光殿赋》中所说的"恶以诫世，善以示后"。显然，这与当时流行的关于美术艺术社会作用的观念有着密切关系。

从汉高祖建国到汉武帝初年的七八十年间，表面上似乎是"黄老无为"的道家思想占据思想上的统治地位，实际上，对社会风俗特别是对丧葬礼俗影响最大的却是儒家学说。汉武帝以后，随着孔孟的儒家学说在社会意识形态领域统治地位的不断巩固，其强大的影响力也深入到社会生活的各个方面。就其影响来说，汉代的儒家学说不仅对社会的政治制度有深刻影响，也是社会的道德规范和伦理戒条。把按照儒家道德规范评价出的历史人物作为教科书，对社会各阶层进行道德教育，为封建统治服务，是儒家社会影响力的一个重要表现。在这种社会条件下，汉代的绘画艺术当然会深受儒家思想的影响，成为儒家"传道、授业、解惑"的宣传工具。正如长广敏雄所指出的，汉代的"绘画创作和绘画观赏"，也成了"借鉴的手段，成了工具。人物画、肖像画的意义就在于其重点放在这里"[1]。东汉晚期大臣阳球的一段话，集中表现了当时统治者对绘画艺术的看法。他在给灵帝的奏文中一再强调艺术的政治工具作用，指出："图像之设，以昭劝戒，欲令人君动鉴得失。未闻竖子小人，诈作文颂，而可妄窃天官垂像图素者也。"[2]这种观念，也正是汉代历史故事画像流行的重要原因。

从这种具有儒家劝戒主义味道的历史故事画像中，可以看出儒家用以评价历史人物的道德标准，就是儒家以"仁"为核心、以"忠、孝、节、义"为主要内容的道德观念。其中，"仁"首先是评价古代帝王的道德标准，然后才是对其他社会阶层的道德要求；"忠、孝、节、义"则是评价其他历史人物的道德标准。根据儒家的这种道德规范，历史人物被分为善、恶两大类，善类人物是行圣贤之道的正面人物，恶类人物是逆圣贤之道而行的反面人物。通过绘制和观赏历史人物画像，使正面历史人物受到景仰和赞赏，反面历史人物受到唾弃和痛恨，教育人们成为封建制度的工具和奴才。

在汉代的石结构祠堂内配置这种历史故事画像，显然是受到儒家劝戒主义美术观念的影响。由于历史故事画像的内容，都是发生在人间现实世界的事情，按照当时祠堂画像的

---

[1] 长广敏雄：《汉代画像の研究》，中央公论美术出版，1966年，118页。
[2] 《后汉书·酷吏传·阳球传》。

配置规律，应该配置在表现地下鬼魂世界内容的图像和表现仙人世界内容的画像之间，即配置在祠堂后壁最下层的祠主车马出行图之上和左、右侧壁最上层的东王公、西王母图像之下的壁面上。从现有资料看，除了武梁祠堂后壁配置有历史故事画像外，其他祠堂的历史故事画像一般都配置在左、右侧壁。大概由于"孔子见老子"这一题材的历史故事画像被当时的人们认为特别重要，所以往往长贯祠堂的后壁和左、右侧壁。在孝堂山祠堂中，"孔子见老子图"被配置在后壁复合图案花纹边框内的"祠主受祭图"和祠主车马出行图之间，则应是早期祠堂的画像配置规律还不成熟的表现，是一种例外的、偶然的配置。

在第一种石结构小祠堂中，由于"祠主受祭图"和祠主车马出行图已布满整个后壁，历史故事图像便毫无例外地位于祠堂左、右侧壁的中、下部。例如，图六二的山东嘉祥宋山4号小祠堂中，共有两幅历史故事画像，都配置在祠堂西壁。西壁画面从上到下共分四层，第一和第四层分别为西王母仙人世界图和祠主车马出行图，两幅历史故事画像配置在第二层和第三层。第二层画像描绘的是"季札赠剑"的故事。季札，春秋时期吴国的公子，是吴王寿梦最小的儿子。在吴王寿梦的四个儿子中，季札最为贤明，因此寿梦和吴国人都想立他为吴王的继承人。但季札极力推辞，不肯从命。吴王寿梦死后，季札将王位让给兄长，飘然引退，由此而名闻天下，成了列国中最著名的贤公子。当时季札经常作为吴国的使臣出访各国，"季札赠剑"的故事就发生在他访问徐国期间。据《史记·吴太伯世家》载："季札之初使，北过徐君。徐君好季札剑，口弗敢言。季札心知之，为使上国，未献。还至徐，徐君已死，于是乃解其宝剑，系之徐君冢树而去。从者曰：'徐君已死，尚谁予乎？'季子曰：'不然。始吾心已许之，岂以死倍吾心哉！'"在图六二中西壁画像第二层画面的中央，有一座馒头形的坟丘，应是徐君之墓，坟丘顶部有一棵树冠呈桃形的树，坟丘侧面插着一柄宝剑。坟丘右侧，地面上摆有祭祀的供品，两个人一前一后拜伏在地，应是季札在徐君之子的陪同下拜祭徐君之墓。坟丘左侧，站立的二人正指点议论着什么，应是季札的从者。这个故事，在赞扬了季札对朋友极为忠诚的崇高品质的同时，也宣扬了儒家"义"的道德观念。祠堂西壁第三层画的是"二桃杀三士"的故事。这个故事发生在春秋晚期的齐国。据《晏子春秋·谏》等书记载，当时齐国的国君养了公孙接、田开疆、古冶子三位著名勇士，三人意气相投，情同手足，互相标榜，藐视朝臣。以足智多谋而闻名的大臣晏婴，对三人的飞扬跋扈、目无法纪非常不满。一次，晏婴从他们旁边经过，三人躺在一边，傲不为礼。于是晏婴向国君进谏，指出厚养勇士家臣固然好，但他们不遵上下尊卑礼仪于国家有害无益，建议除掉三人。国君虽然赞同晏婴的看法，但认为三人都是力敌万夫的豪杰，很难加以捕杀。晏婴献计，让国君赐给三人两个桃，命令他们计功而食。接到赏赐后，三人决定自述功绩，按功劳大小顺序取食。公孙接抢先大声说："我一下子打死一头大野猪，接着又杀死一只带崽的母虎。像我这样大的功劳，应该先吃桃！"说完，取走一个桃。田开疆接着说："我手执兵器，两次吓退敌国三军之众。以我的功劳，也可以先吃桃了。"说完，又取走一个桃。古冶子说："我有一次跟随国君渡黄河，一只大鼋突然咬住国君的骖马潜入砥柱的急流中。我当时年轻，不会游泳，潜到河底，逆流百步，顺流九里，终于杀死大鼋。我左手牵着骖马，右手提着鼋头，飞跃登岸。河边的人都惊呼是河伯。仔细一看，原来是大鼋之头。像我这么大的功劳，也可以吃桃了。你们二人为什么还不把桃还回来！"说完，拔剑而起。两个人惭愧地说："我们不如你勇敢，功劳不如你大。取桃不让，是贪婪；如不自杀，是怯懦。"于是将桃放回原处，自杀而死。古冶子说："二友皆死，而我独生，不仁；用语言羞辱别人，大言不惭，不义；自惭其行，而不自杀，不勇。"说完，也自刎而死。画面上，右侧站立的三名持剑者就是公孙接、田开疆、古冶子，其中取桃的两个人应是公孙接和田开疆，画面左侧的执板者是国君派来送桃的官吏。以这个故事为题材的画像，在汉代的画像石、画像砖和墓室壁画中经常可以看到。这个故事，既赞美了晏婴的"智"，又歌颂了三位勇士的"义"。"二桃杀三士"这一历史故事画像在汉代的流行，说明晏婴和公孙接、田开疆、古冶子等人，是当时最受人景仰的历史人物，这也从一个侧面反映了儒家学说对当时社会的影响。

与第一种石结构小祠堂相比，其他三种石结构祠堂的壁面面积要大得多，因此，壁面上所配置的历史故事画像当然也会更多一些。著名的山东嘉祥武氏祠中的武梁祠堂就是典型的例子。自北宋以来，武梁祠堂的画像一直备受金石学家珍爱。武梁祠之所以著名，是因为它在汉画像石中不仅历史故事题材的图像数量最多，而且每幅画像上都有解释其内容的铭赞题刻，使人一看即知图像的具体内容。对武梁祠堂中的历史故事画像的内容，自清代以来，冯云鹏和冯云鹓的《金石索》、瞿中镕的《汉武梁祠堂石刻画像考》、容庚的《汉武梁祠堂画像考释》、长广敏雄的《汉代画像の研究》、贾庆超的《武氏祠汉画石刻考评》[1]等著作都曾作过详细考证。到目前为止，武梁祠中的历史故事图像，除了二三幅内容不明外，可以说其余的都已搞清。下面，笔者想通过对武梁祠历史故事画像的考证和认定，探讨祠堂历史故事图像内容的选择与祠主个人思想信仰之间的关系问题。如图六三所示，在武梁祠堂中，除了左右侧壁的三角形山墙尖和后壁下部的"祠主受祭图"以及祠主车马出行图所占的有限面积外，其余壁面配置的都是历史故事画像。如果将武梁祠堂的西壁、后壁和东壁展开成一个平面进行观察，就会发现，除了左右侧壁三角形山墙尖部分，其他壁面自上而下分为四个横长的画框。全部四十三幅历史故事图像，按照儒家的"仁"和"忠、孝、节、义"的道德准则，分古代帝王、节妇列女、孝子和

---

[1] 贾庆超：《武氏祠汉画石刻考评》，山东大学出版社，1993年。

义士侠客四类，从右而左配置在上部的三个画框之中，第三层画框的中间被后壁的"祠主受祭图"隔断。

古代帝王类图像中，有传说中的上古三皇伏羲、祝融、神农和五帝黄帝、颛顼、帝喾、尧、舜以及大禹、夏桀等十幅图像，都配置在西壁的第一层画框中。图六四是西壁第一层右端的伏羲图，画面上人首蛇身的伏羲和女娲长尾勾缠在一起，右侧的伏羲头戴长冠、左手持矩尺，两人之间一个双蛇尾的小人物正用一只手牵着伏羲的衣袍，颇有幼儿依恋双亲之态。图像旁，刻有"伏戏（羲）仓精，初造王业，画卦结绳，以理海内"的题记。在儒家的古史传说中，伏羲是最早的帝王。据《易传·系辞下》记载，"古者包牺（伏羲）氏之王天下也，仰则观象于天，俯则观法于地，观鸟兽之文与地之宜，近取诸身，远取诸物，于是始作八卦，以通神明之德，以类万物之情。作结绳而为网罟，以佃以渔，盖取诸离"。而女娲在传说中，是"古之神圣女，化万物者也"，又说她是"阴帝，佐宓戏（伏羲）治者也"[1]。汉魏时期，伏羲和女娲并称"二皇"[2]，可见在古代人心目中，伏羲和女娲是一对相辅相成的男女帝王，这也正是将他们画在一幅图像中的原因。两人长尾勾缠，暗示了两人是夫妻关系，中间的小人物应是他们的子女。实际上，在神话传说中女娲是一位开天辟地的创世女神，远比伏羲著名和伟大得多。女娲有两大功绩，一是补天济世，二是创造人类。关于补天济世神话，《淮南子·览冥训》记载说："往古之时，四极废，九州裂；天不兼覆，地不周载。火爁炎而不灭，水浩洋而不息；猛兽食颛民，鸷鸟攫老弱。于是女娲炼五色石以补苍天，断鳌足以立四极，杀黑龙以济冀州，积芦灰以止淫水。苍天补，四极正；淫水涸，冀州平；狡虫死，颛民生；背方州，抱圆天；和春阳夏，杀秋约冬。"并把这一伟大业绩与伏羲连在一起，认为是"宓戏之道也"。但《论衡·谈天篇》却认为此事与共工有关："共工与颛顼争为天子，不胜，怒而触不周之山，使天柱折，地维绝。女娲销炼五色石以补苍天，断鳌足以立四极。天不足西北，故日月移焉；地不足东南，故百川注焉。"

图六四　山东嘉祥武梁祠西壁的伏羲图

---

[1]《说文解字》卷十二。
[2]《淮南子·原道训》曰："泰古二皇得道之柄，立于中央。"高诱注："二皇，伏羲、神农也。"但《艺文类聚》卷一一所引曹植的《女娲赞》云"二皇人首蛇形"，可证"二皇"指的是伏羲、女娲，高诱注不确。

不管这些记载的细节如何歧异，但炼石补天这一奇伟瑰丽壮举的主角都是女娲。女娲创造人类的神话，《太平御览》卷七八引《风俗通义》是这样记述的："俗说天地开辟，未有人民，女娲抟黄土作人。务剧力不暇供，乃引绳于泥中，举以为人。故富贵者，黄土人；贫贱者，绠人也。"大概正因为女娲创造了人类，古人便把这位"神圣女"奉为人类的始祖和主管婚姻生殖的"高禖"之神。《路史·后记》记载，女娲"因置婚姻"，"是以后世有国，是祀为高禖之神"。关于伏羲和女娲的关系，既有兄妹说，也有夫妻说。《风俗通义》（《路史·后纪》引）云："女娲，伏希（羲）之妹。"到了唐代李冗的《独异志》中，兄妹说和夫妻说被合到了一起："昔宇宙初开之时，有女娲兄妹二人，在昆仑山，天下未有人民。议以为夫妻，又自羞耻。兄即与妹上昆仑山，咒曰：'天若遣我二人为夫妻，而烟悉合；若不，使烟散。'于烟即合。其妹即来就兄，乃结草为扇，以障其面。今时取（娶）妇执扇，象其事也。"武梁祠堂中的伏羲图中，伏羲和女娲明显是夫妻关系，可见兄妹而夫妻之说汉代就已存在。在武梁祠堂中，伏羲、女娲图像被放在历史故事画像的第一幅位置，显然是有深意的。这种配置，无疑含有崇敬始祖的意思，但更重要的

图六五　山东嘉祥武梁祠西壁的夏桀图

是，"伏羲以人事记，故托戏皇于人"[1]，在三皇中号为"人皇"，首创了为人之道，将伏羲图像放在首位，显然是激励后人履行圣贤之道，无愧于伏羲、女娲这对人类始祖。图六五是配置在西壁左端的夏桀图，桀右手执戈，坐在两名并排跪伏的女人背上，旁有"夏桀"二字题记。桀是夏王朝的最后一位帝王，也是中国历史上著名的暴君。史载桀在位期间，荒淫无度，凶狠残暴，嗜杀成性，狂妄地自比为太阳，致使愤怒已极的国人指着太阳诅咒说："时日曷丧？予及汝皆亡！"最后，夏王朝被商汤攻灭，这位暴君也客死南巢。东汉初期的名士井丹曾说过，"吾闻桀驾人车"[2]，武梁祠堂中的夏桀图应本于此。武梁祠堂的十幅古代帝王图中，从伏羲到大禹的九位人物都是圣贤之君，只有夏桀一人是暴君。这些图像内容的选择和配置，鲜明地反映了儒家尚古主义的历史观，同时也表达了儒家的强烈政治愿望，即希望当时的最高统

---

[1]《风俗通义》卷一。
[2]《后汉书·井丹传》。

130　汉代画像石综合研究

治者——皇帝以古代的圣贤之君为榜样,以夏桀残暴亡国为借鉴,实行儒家的仁政,达到天下大治。

接在十幅古代帝王图后面的,是从梁高行到京师节女七幅列女图,配置在祠堂后壁和东壁的第一层画框内。另一幅列女图像即钟离春图,配置在东壁第三层画框的左端,加上上述七幅,共八幅列女图像。这些女性人物的历史故事,几乎全部取材于西汉晚期刘向的《列女传》。其事迹大体可分为两类。一类是严守儒家"节"的道德规范,在危难中保持住自己贞洁的节妇;另一类是义无反顾地履行儒家"义"的道德规范的女豪杰。前者可以配置在后壁右端的梁高行图(图六六)为代表。画面右边的帷幔下,一妇人左向而坐,发绾三环高髻,右手援镜照面,左手持刀,旁刻"梁高行"三字题记。妇人身后,一婢女持便面侍立;身前,一人捧物右向而跪,题记"奉金者"。画面左边,一名峨冠博带的官吏持节右向躬立,旁有"使者"二字题记;使者身后,停着一辆两马驾的轺车,车上坐一御者。画像内容是梁高行割鼻拒聘的故事。据《列女传》卷四载:"高行者,梁之寡妇也。其为人荣于色而美于行,夫死早寡不嫁,梁贵人多争欲取(娶)之者,不能得。梁王闻之,使相聘焉。"梁高行向梁相表示一女绝不嫁二夫,认为保全贞洁和信义是妇人之道,忘掉死去的丈夫而再嫁是违背信义,厌贫逐富是丧失节操,这样做就失去了做人的资格。为了让梁王死心,她援镜挥刀割掉自己的鼻子,说:"'妾已刑矣,所以不死者,不忍幼弱之重孤也。王之求妾者,以其色也。今刑余之人,殆可释矣。'于是,相以报,王大其义,高其行,乃复其身,尊其号曰'高行'。"女豪杰的图像可以钟离春图(图六七)为代表。画面右边,一冠服整齐、身佩长剑的人物面左而立,双手前伸,右手托着绢帛类礼品,题记为"齐王"。画面左边,一妇女发绾高髻,拱手面右而立,左有"无盐丑女钟离春"的题记。这幅图像表现的是丑女钟离春的故事。据《列女传》卷六载:"钟离春者,齐无盐邑之女,宣王之正后也。其人极丑无双,臼头深目,卬鼻结喉,肥项少发,折腰出胸,皮肤若漆。"由于丑陋,到了四十岁上还嫁不出去,但她却胸有成竹。一天,她"拂拭短褐,自谒齐王",大言不惭地提出要嫁给齐宣王当王后,朝廷大臣无不笑破肚皮。但机敏的齐宣王认为事出有因,于是坦率地对钟离春说:你是个连平民百姓都不愿娶的女人,却想嫁我为后,你有什么本领?钟离春没有正面回答,答应回去想一想。第二天,齐宣王再次召见钟离春,一见面,钟离春就高呼"殆哉!殆哉!"质问齐宣王是否知道国家面临四大危险。钟离春指出:"今大王之君国也,西有衡秦之患,南有强楚之仇,外有二国之难;内聚奸臣,众人不附;春秋四十,壮男不立;不务众子,而务众妇;尊所好,急所恃;一旦山陵崩弛,社稷不定,此一殆也。渐台五重,黄金白玉,琅玕笼疏,翡翠珠玑,幕络连饰,万民罢极,此二殆也。贤者匿于山林,谄谀强于左右,邪伪立于本朝,谏者不得通入,此三殆也。酒饮沉湎,以夜继昼,

图六六　山东嘉祥武梁祠后壁的梁高行图

图六七　山东嘉祥武梁祠东壁的钟离春图

132　汉代画像石综合研究

女乐俳优,纵横大笑;外不修诸侯之礼,内不秉国家之治,此四殆也。故曰'殆哉!殆哉!'""于是宣王喟然而叹曰:'痛乎无盐君之言,乃今一闻。'于是拆渐台,罢女乐,退谄谀,去雕琢,选兵马,实府库,四辟公门,招进直言,延及侧陋。卜择吉日,立太子,进慈母,拜无盐君为后。而齐国大安者,丑女之力也。"从画像中齐王手上托有绢帛礼品这一点看,表现的应是齐宣王迎聘钟离春为王后的场面。这些列女图像,生动地反映了当时儒家礼制对妇女的道德要求。

武梁祠堂的西壁、后壁和东壁都配置有孝子故事图像,其中,西壁从曾子到丁兰有四幅,后壁从柏榆到金日磾有七幅,东壁从三州孝人到原谷有六幅,合计共有十七幅孝子图像,是历史故事画像中所占比例最大的一类图像。让我们以配置在西壁第三层画框左端的孝子丁兰图(图六八)为例来解剖一下儒家所提倡的"孝"的本质。画面左边是丁兰之父的木像,丁兰跪在木像前,右上方跪坐的妇人应为丁兰之妻,上刻题记云:"丁兰二亲终殁,立木为父,邻人假物,报乃借与。"据《太平御览》卷四一四引孙盛《逸人传》云:"丁兰者,河内人也。少丧考妣,不及供养,乃刻木为人,仿佛亲形,事之若生,朝夕定省。后邻人张叔妻从兰妻有所借,兰妻跪报木人,木人不悦,不以借之。叔醉疾来诋骂木人,杖敲其头。兰还,见木人色不怿,乃问其妻。具以告之,即奋剑杀张

图六八 山东嘉祥武梁祠西壁的孝子丁兰图

第四章 | 墓地祠堂画像石 133

叔。吏捕兰，兰辞木人去，木人见兰，为之垂泪。郡县嘉其至孝通于神明，图其形象于云台也。"云台是东汉时期皇宫内画有功臣图像的台阁，说明丁兰是东汉人。对其事迹，曹魏才子曹植曾赋诗赞颂曰："丁兰少失母，自伤早孤茕，刻木当严亲，朝夕致三牲。暴子见陵侮，犯罪以亡形，丈人为泣血，免戾全其名。"[1]从法律的角度看，丁兰不过是一个头脑偏执、凶狠残暴的杀人犯，这种与暴行联系在一起的"孝行"毫不值得同情和赞颂。但在汉代，这种残忍的犯罪行为却被看成最大的孝行，社会道德已经完全被儒家礼教扭曲了。"孝"一直被儒家视为"万事之本"，尤其在汉代，有无孝行不仅关乎一个人的名誉，也在很大程度上决定他一生的荣辱升黜。从武梁祠堂画像中的孝子故事之多可以清楚地看出当时对"孝行"已经重视到何种程度。

武梁祠堂的忠臣义士类历史故事画像，集中配置在西壁、后壁和东壁的第三层画框中，西壁有曹沫、专诸、荆轲等三幅，后壁有蔺相如和范且两幅，东壁有王庆忌、豫让、聂政等三幅，合计共八幅。其中，配置在西壁第三层画框左端的"荆轲刺秦王图"（图六九），是汉画像石和汉画像砖中最常见的历史故事题材。画面中间偏左有一立柱，上插匕首，立柱左边一人，作回首惊慌逃避状，其右刻"秦王"二字题记；立柱右边一人怒发冲冠，扬手跨步作奋力追赶状，另一人双手紧抱其腰，右上有题记"荆轲"二字；荆轲左上方，一人惊恐伏地，题记"秦武阳"；立柱右方地面上，一函开盖，内置人头，题记为"樊于期头"。"荆轲刺秦王"是战国晚期著名的历史事件，《战国策》卷九、《史

图六九　山东嘉祥武梁祠西壁的荆轲刺秦王图

---

[1]《宋书·乐志》引曹植《灵芝篇》。

记·刺客列传》和《燕丹子》等书均有记载。据《史记·刺客列传》载：荆轲，卫国人，其先乃齐国人，徙于卫。荆轲好击剑读书，后游历至燕国，燕太子丹尊之为上卿。秦兵略地至燕国南界时，太子丹恐惧，请荆轲劫秦王。荆轲请得秦国降将樊于期首级，带着督亢地图，身怀利刃，与燕国勇士秦武阳一起，以献地为名赴秦。易水送别时，荆轲慷慨悲歌，留下了"风萧萧兮易水寒，壮士一去兮不复还"的千古绝唱。献图时，荆轲将利刃藏于地图卷内，"秦王发图，图穷而匕首见。因左手把秦王之袖，而右手持匕首揕之。未至身，秦王惊，自引而起，袖绝。拔剑，剑长，操其室。时惶急，剑坚，故不可立拔。荆轲逐秦王，秦王环柱而走。群臣皆愕，卒起不意，尽失其度。而秦法，群臣侍殿上者不得持尺寸之兵，诸郎中执兵皆陈殿下，非有诏召不得上。方急时，不及召下兵，以故荆轲乃逐秦王。而卒惶急，无以击轲，而以手共搏之。是时，侍医夏无且以其所奉药囊提荆轲也。秦王方环柱走，卒惶急，不知所为，左右乃曰：'王负剑！'负剑，遂拔以击荆轲，断其左股。荆轲废，乃引其匕首以擿秦王，不中，中铜柱。秦王复击轲，轲被八创。轲自知事不就，倚柱而笑，箕踞以骂曰：'事所以不成者，以欲生劫之，必得约契以报太子也。'于是左右既前杀轲，秦王不怡者良久"。在事件发生时，作为副使的勇士秦武阳吓得浑身发抖，面无人色。武梁祠堂的这幅"荆轲刺秦王图"，形象地表现了这一惊心动魄的历史事件。荆轲对太子丹表现出的这种"忠""义"精神，被汉代的儒家看成是士人阶层最高尚的道德而备受推崇，这也是"荆轲刺秦王"图像流行于汉代的原因。

从以上论述可以看出，武梁祠堂的四十三幅历史故事画像，几乎完整地表现和赞颂了儒家以"仁"为核心、以"忠、孝、节、义"为主要内涵的道德准则，在汉代画像石建筑中，这是一个绝无仅有的孤例。笔者认为，这与祠堂主人公的政治思想倾向有着密切的关系。关于祠主武梁的政治思想倾向，《隶续》卷六全文收录的《从事武梁碑》云：

　　□故从事武掾，掾讳梁，字绥宗。掾体德忠孝，歧嶷有异。治韩诗经，阙帻传讲，兼通河洛、诸子传记。广学甄彻，穷综典□，靡不□览。州郡请召，辞疾不就。安衡门之陋，乐朝闻之义。诲人以道，临川不倦。耻世雷同，不窥权门。年逾从心，执节抱分。始终不贰，弥弥益固。大位不济，为众所伤。年七十四，元嘉元年，季夏三日，遭疾陨灵。

从碑文所述武梁的一生经历可以看出，祠主武梁是个性格耿介，不随流俗的儒生。他早年虽曾担任过郡县从事之类的普通官吏，但由于性格耿介不群，"大位不济，为众所伤"，仕途遭受挫折。不久，即辞职归家，"耻世雷同，不窥权门"，终身过着隐居生活。但是，仕途上的失意，并没有泯灭武梁对国家、政治和社会的关心，从配置在其祠堂中的大量历史故事画像，可以清楚地看出武梁对国家和社会所抱的远大政治理想。他的远大政治理想，就是希望皇帝以三皇五帝为榜样，成为一个力行儒家"仁政"的"圣贤之君"，天下臣民都成为严守儒家"忠、孝、节、义"道德准则的忠臣孝子和节妇列女，实现儒家理想的太平盛世。

两汉时期，像武梁祠堂这样用历史故事画像来表达自己志向、抱负和理想的绝不只武梁一个人。据《后汉书·赵岐传》载：东汉晚期的著名儒臣赵岐，"建安六年卒，先自为寿藏，图季札、子产、晏婴、叔向四像居宾位，又自画其像居主位，皆为赞颂"。很清楚，赵岐这样做的目的，是为了表明自己的道德人格可以和古代季札、子产、晏婴、叔向这些"圣贤之士"媲美。因此，汉代墓地祠堂中历史故事画像的选择和配置，除了风俗习惯上的原因，还应与祠主的性格、理想和政治倾向有着直接的关系，甚至有可能其具体的题材内容是祠主生前就选定好的。由于祠主的个人性格和志向不同，每座祠堂内历史故事画像的有无、多寡和具体内容也会有所不同，因而这类画像属于汉代墓地祠堂画像中的可变内容。

2. 战争、狩猎及庖厨画像

描绘战争、狩猎和庖厨场面的画像是汉代石结构祠堂中最常见的内容。这些画像，在配置上有着很强的规律性，战争图和狩猎图一般配置在西壁，庖厨图一般配置在东壁。

对这些图像，日本的土居淑子曾从配置规律方面进行过考察，认为其配置与汉代人阴阳五行的方位观念有关，但对于这些图像的由来和图像学意义，土居淑子却语焉不明。据笔者所知，很多汉画像石的研究者，都曾试图找出这些图像与祠主的关系，但直至今日毫无所得。大多数研究者认为，祠主是这些画像所展现场面的参与者或主要角色。为了搞清这一问题，下面让我们逐一分析一下这些图像。

先来看一下战争图。从现有资料看，汉代的石结构祠堂的画像中，有两种战争图。一种是表现汉民族与北方少数民族战争场面的"胡汉战争图"，在东汉中期以前的早期祠堂画像中经常可以看到；另一种是只见于晚期祠堂的"水陆交战图"，交战双方都是汉民族装束的军队，战场也不是"胡汉战争图"中的荒野，而是河桥之上，故被称为"水陆交战图"。由于"水陆交战图"与墓室画像关系更为密切，对其由来和图像学意义，笔者将在"墓室画像和祠堂画像的关系"一章中详加讨论，这里只对"胡汉战争图"进行剖析。

在汉画像石中，交战场面最雄浑壮阔的"胡汉战争图"，是山东长清孝堂山祠堂西壁的"胡汉战争图"（图七〇）。孝堂山祠堂西壁的画面自上而下分为六层，"胡汉战争图"配置在第四层。交战双方，右边一方是头戴尖顶风帽、弯弓骑射的北方胡人，左边一方

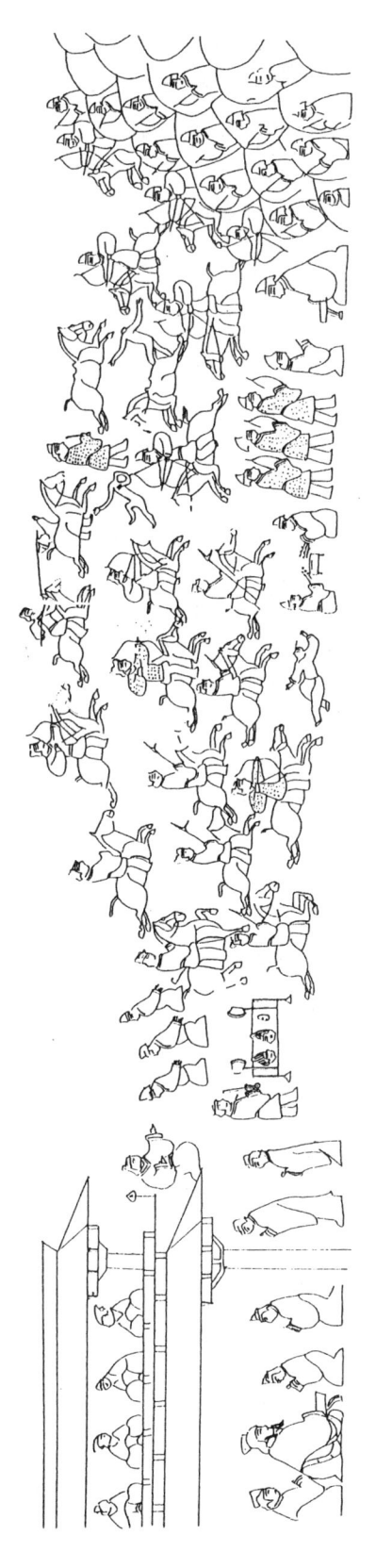

图七〇　山东长清孝堂山祠堂西壁的胡汉战争图摹本

第四章｜墓地祠堂画像石

是步骑结合的汉民族军队。画面右边的胡人阵地上，有很多圆弧形的帐篷，每座帐篷中都有一名执弓面左的胡人士兵，正待命出击。五名胡人骑兵正弯弓搭箭从帐篷阵地中冲向左方的敌军，帐篷前两名胡人放箭掩护。胡人帐篷阵地的左下方，是胡王督战的场面。一名头戴尖顶风帽的大个子胡人面左拥几而坐，旁有"胡王"二字题记。胡王之前，一名胡人执板跪在地上，似正向胡王报告战况，身后，站着三名执弓胡人。其左侧，两名胡人正围着一个带脚的四角形烤炉，炙烤着肉串。上方，是交战的场面。右方的胡人军阵中已呈现出败相。两匹失去主人的战马在阵中乱驰，地上躺着两具无头而且被剥去衣服的尸体。左侧尸体的右上方，一名持刀行走的汉军士兵似在寻找待割取的首级。在这名汉军士兵身后，一名汉军骑兵正追赶着一名胡骑，用长戟将胡骑刺落马下。其下方和左方，十名挽弓持戟的汉军骑兵正向右方的胡军展开猛烈进攻。下方，横陈着一具汉军士兵的尸体，但没像胡人尸体那样被割去首级和剥掉衣服。战场左边，三名胡人双手被缚于身后，排成一列面左而跪，其前方，一名面右而坐的汉人官吏，正手指胡人询问着什么。很明显，这是汉军将领审问胡人战俘的场面。其下方，立着一个首级架，上悬两颗人头，架两边各树一把大斧。首级架上悬挂的人头无疑是胡人的首级。首级架左侧，立着一名举刀的汉军士兵，应是战场上执行军法的刽子手。画面左端，是一座仅画出一半的二层楼阁。楼阁下层，一名身材高大的官吏面右凭几而坐，后面坐一持板属吏；另两名头戴进贤冠的属吏持板跪在其身前，似正报告着战况；楼阁外，两名持板属吏似在等待谒见。楼阁二层，端坐着四名妇女。

对这幅"胡汉战争图"的图像学意义，林巳奈夫认为，"恐怕这不是纪念被葬者军人经历的画像，而是作为对当时人的一种吉祥喜庆场面而画上去的"，并推测这种表现战胜匈奴等少数民族的画像题材，"反映了当时大多数人的愿望"[1]。土居淑子认为，因为"在古代社会中，通常人身供养是祭祀的主要因素"，这种"战争场面，只能理解成与古代的（祭祀）供牺密切相关的图像"，并推断图像中的战俘是"奉献给神的牺牲"，接受这种奉献的神就是"天帝使者"[2]。笔者认为，要搞清这种"胡汉战争图"的图像学意义，必须注意以下三点。第一点，在汉代祠堂中，几乎所有的"胡汉战争图"都配置在侧壁，而不是配置在后壁这一祠堂最重要的位置上，这就暗示了祠主并不是"胡汉战争"的参加者或主角。第二点，这种"胡汉战争图"只出现在东汉中期以前即早期的祠堂画像中，晚期祠堂则不见这种图像；祠堂越早，其画像中的"胡汉战争图"所占面积就越大，在祠堂中的位置也越不固定。例如，图七一的山东省汶上县先农坛出土画像石[3]、图七二

---

[1] 林巳奈夫：《石に刻まれた世界》，东方书店，1982年，84页。
[2] 土居淑子：《古代中国の画像石》，同朋舍出版，1986年，47～48页、110页。
[3] 山东省博物馆、山东省文物考古研究所：《山东汉画像石选集》图版八八之图205，齐鲁书社，1982年。

图七一　山东汶上先农坛出土祠堂东壁画像

图七二 山东嘉祥五老洼出土祠堂东壁（第八石）画像

的山东省嘉祥县五老洼出土画像石第八石[1]和图七三的五老洼出土画像石第十二石[2]，都画有"胡汉战争图"。三石画像的雕刻技法均为早期的凿纹地凹面刻，第一层图像也都是表现东方之神的风伯图，这些都证明三石是比孝堂山祠堂时代更早的祠堂东壁石。图七一画面从上而下分为四层，"胡汉战争图"配置在第四层，所占面积比其上面的三层图像都大得多。这幅"胡汉战争图"中的众多人物，分为上、中、下三列。最上一列，表现的是"献俘"场面，最右端一名冠服人物面左凭几而坐，一人跪其身前似在报告着什么，其后跪着两名双手缚于背后的胡人战俘，另一名胡人战俘已被砍去首级横尸地上，首级悬于上方，战俘身后立着四名持刀的汉军士兵。中、下两层人物表现的是胡、汉双方军队激烈交战的场面，右面六名为汉军士兵，左面十二人为戴风帽的胡人士兵。图七三下层的"胡汉战争图"与孝堂山祠堂西壁第四层的图像一样，将胡汉交战、胡王、献俘三个场面集中到一幅画面上，但两者的构图却截然不同，孝堂山祠堂西壁的"胡汉战争图"是左右横向展开，而图七三的"胡汉战争图"是上下纵向展开。图七二整个画面从上到下分为四层，"胡汉战争图"被分割为胡汉交战、胡王、献俘三幅独立的图像，分别配置在第二、第三、第四层，每层图像之间有横线相隔。笔者认为，图七二的这种构图配置，证明了胡汉交战、胡王、献俘这三个场面虽然本来就有着密切关系，但却不是同一时间、同一地点发生的事件。而且，祠堂时代越早，其画像中"胡汉战争图"所占的壁面面积就越大。在图七二和图七三中，"胡汉战争图"占到了全部壁面面积的一半以上甚至四分之三。图七四是山东省嘉祥县宋山祠堂侧壁石画像[3]，尽管我们无法判断它是东壁石还是西壁石，但从其上部没有配置西王母或风伯图像这一点看，显然比图七一、图七二和图七三所代表的祠堂时代更早。这块祠堂侧壁石的画像分为上下四层，中间没有横线相隔，第一、第二和第三层画像表现的都是胡汉战争的场面。第一和第二层画面左半部表现的是胡、汉两军激烈交战的场面，两名汉军骑兵正在追杀两名胡骑，阵前倒卧着死去的马匹和胡人的尸体；画面右下角是胡王形象，胡王面左而坐，另一胡人跪其面前。在交战图与胡王图之间，隔有斜向的双曲线，表明两边分属不同的画面。第三层画面为献俘图，一名身材高大的冠服人物面右而坐，其前所跪官吏，牵着二名用绳索捆缚的胡人。"胡汉战争图"在祠堂侧壁所占面积和位置表明这一内容是早期祠堂非常重要的表现题材，其来源与汉代墓地祠堂本身及其画像的由来有着直接关系。第三点，必须搞清画像中的献俘地点究竟是何处。在大多数"胡汉战争图"中，献俘场面只有人物而无外景，使人无法了解事件发生的具体场所。但在孝堂山祠堂

---

[1] 朱锡禄：《嘉祥汉画像石》图92，山东美术出版社，1992年。
[2] 朱锡禄：《嘉祥汉画像石》图96，山东美术出版社，1992年。
[3] 朱锡禄：《嘉祥汉画像石》图52，山东美术出版社，1992年。

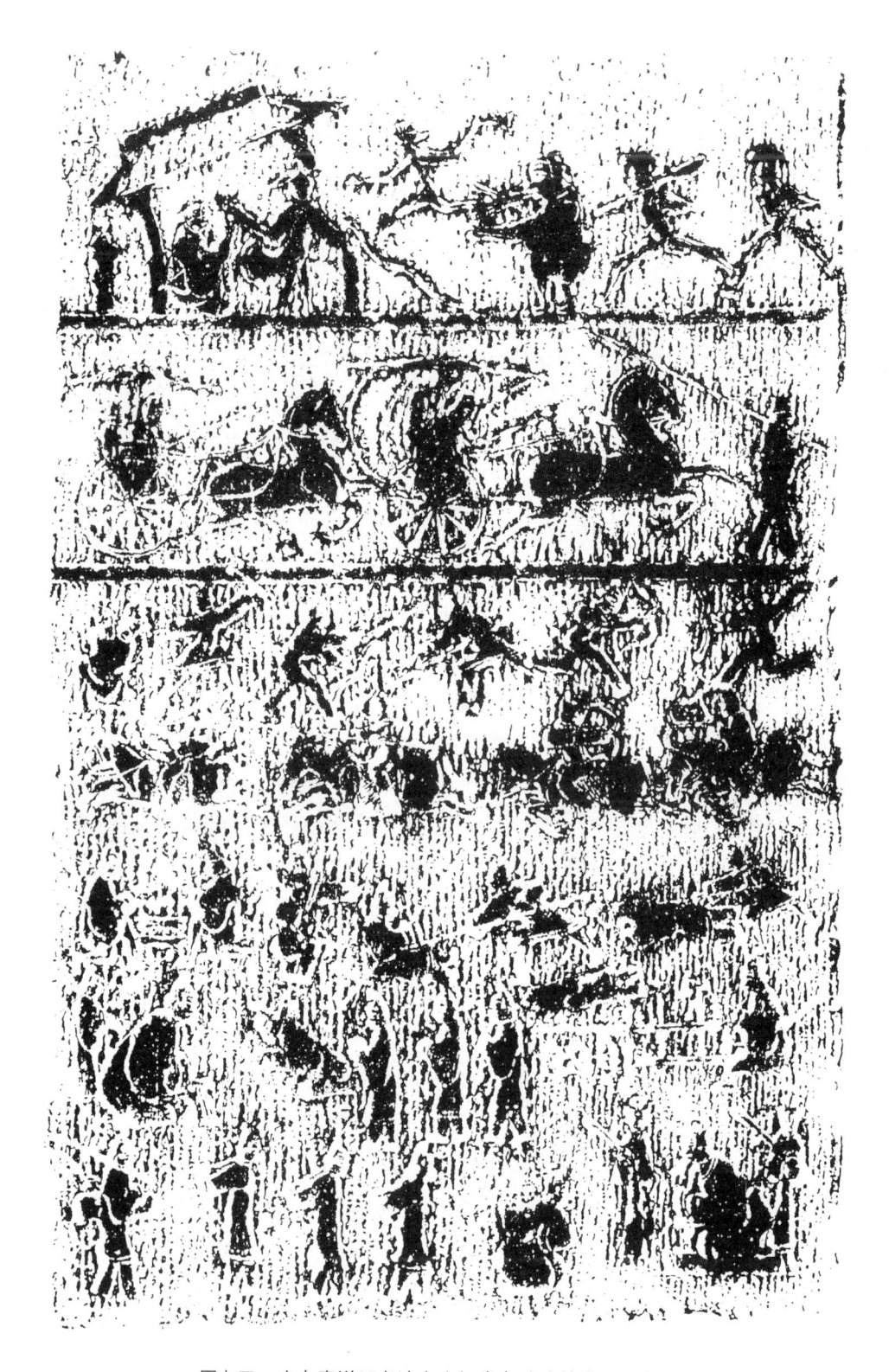

图七三　山东嘉祥五老洼出土祠堂东壁（第十二石）画像

图七四　山东嘉祥宋山出土祠堂侧壁（第二次发掘的第二石）画像

西壁的"胡汉战争图"中,这一场所却表现得非常清楚,献俘是在一座二层楼阁中进行的。如果稍加注意就会发现,这座只画出一半的楼阁,不仅建筑结构与祠堂后壁"祠主受祭图"中的二层楼阁完全相同,而且楼阁上、下层中的场面、人物及其姿态也大致相同,由此可以断定,孝堂山祠堂西壁"胡汉战争图"中的二层楼阁与祠堂后壁"祠主受祭图"中的二层楼阁一样,也是祭祖时使用的祭祀性建筑。前面已经论证过,在祠堂后壁"祠主受祭图"中,端坐在楼阁下层受人祭拜的人物就是祠主;而孝堂山祠堂西壁"胡汉战争图"中楼阁下层的受人谒拜者,却肯定不是祠主本人。这是因为,汉代的献俘被看作国家的一种最重大的政治活动,毫无例外地都在当时最高统治者即皇帝的宗庙中举行。因此,孝堂山祠堂西壁"胡汉战争图"中的二层楼阁,无疑是皇家的宗庙,端坐在楼阁下层的受人谒拜者也应是死去的先帝而非祠主。笔者认为,祠堂侧壁"胡汉战争图"中的胡汉交战、胡王、献俘等各个场景也都与祠主生前经历没有任何关系。这种题材的画像之所以配置在祠堂侧壁,是因为在祠堂的早期发展阶段,祠堂本身独立的画像题材组合还没有形成,不得不照搬祠堂前身即宗庙的画像题材组合,模仿皇家宗庙侧壁的"胡汉战争图"配置在祠堂侧壁。

综上所述,可以知道,"胡汉战争图"本来是宗庙中的画像,早期汉代墓地祠堂中的"胡汉战争图"只是宗庙画像在墓地祠堂中的习惯性延续,它与祠主的生前经历没有直接的、必然的联系。先秦时期,献俘即向祖先奉献战俘,将他们作为牺牲加以屠杀以祭祀祖先是一种重要的政治性祭祀活动,这种祭祀仪式都在宗庙中举行。因此,宗庙中有献俘场面的"胡汉战争图"无疑是与宗庙祭祀有着密切关系的画像,图中的受祭者应就是宗庙的主人公即祭祀者的祖先。但这种情况到两汉时期发生了变化,献俘已经不是高官显贵们家族的行为,而是国家最重要的政治活动之一。皇家宗庙"胡汉战争图"中的接受献俘者和受祭者虽然仍是庙主即先帝,但墓地祠堂侧壁的"胡汉战争图"却只是宗庙同类画像的因袭,图中的接受献俘者与祠主往往没有任何关系,变成了一种纯粹装饰意义的画像。正因为如此,在两汉墓地祠堂画像中,"胡汉战争图"也日益失去其本身的存在价值。这一点,从"胡汉战争图"在祠堂画像中的前后变化可以清楚地看出。在西汉晚期至东汉初期的早期祠堂中,"胡汉战争图"都分为胡汉交战、胡王、献俘三个场景配置在祠堂侧壁,其画面面积一般占所在祠堂侧壁的一半以上。到东汉中期前后,"胡汉战争图"所占面积明显减少,例如在属于这一时期的孝堂山祠堂中,西壁第四层的"胡汉战争图"虽然胡汉交战、胡王、献俘三个场景俱全,但已经合并成一幅画像,画像面积只占了祠堂西壁的六分之一左右。到了东汉晚期,祠堂画像中已经见不到"胡汉战争图",这种失去意义的画像题材已经与祠主车马出行图结合在一起,变为与原来的"胡汉战争图"图像学意义完全不同的另一种画像。关于这一点,后面还要详加论证。

与"胡汉战争图"一样,狩猎图、庖厨图、乐舞图等祠堂常见画像也都是与先秦时期的宗庙祭祀活动有关的画像。先让我们来考察一下狩猎图。

在早期祠堂中,狩猎图一般配置在西侧壁的最下层。例如,山东省嘉祥县纸坊镇敬老院出土的第七石[1](图七五)和同县嘉祥村出土第一石(图七),都是祠堂西侧壁石,两石的狩猎图都配置在最下层。从画面看,狩猎的对象有兔、鹿、鸟等,狩猎者使用猎

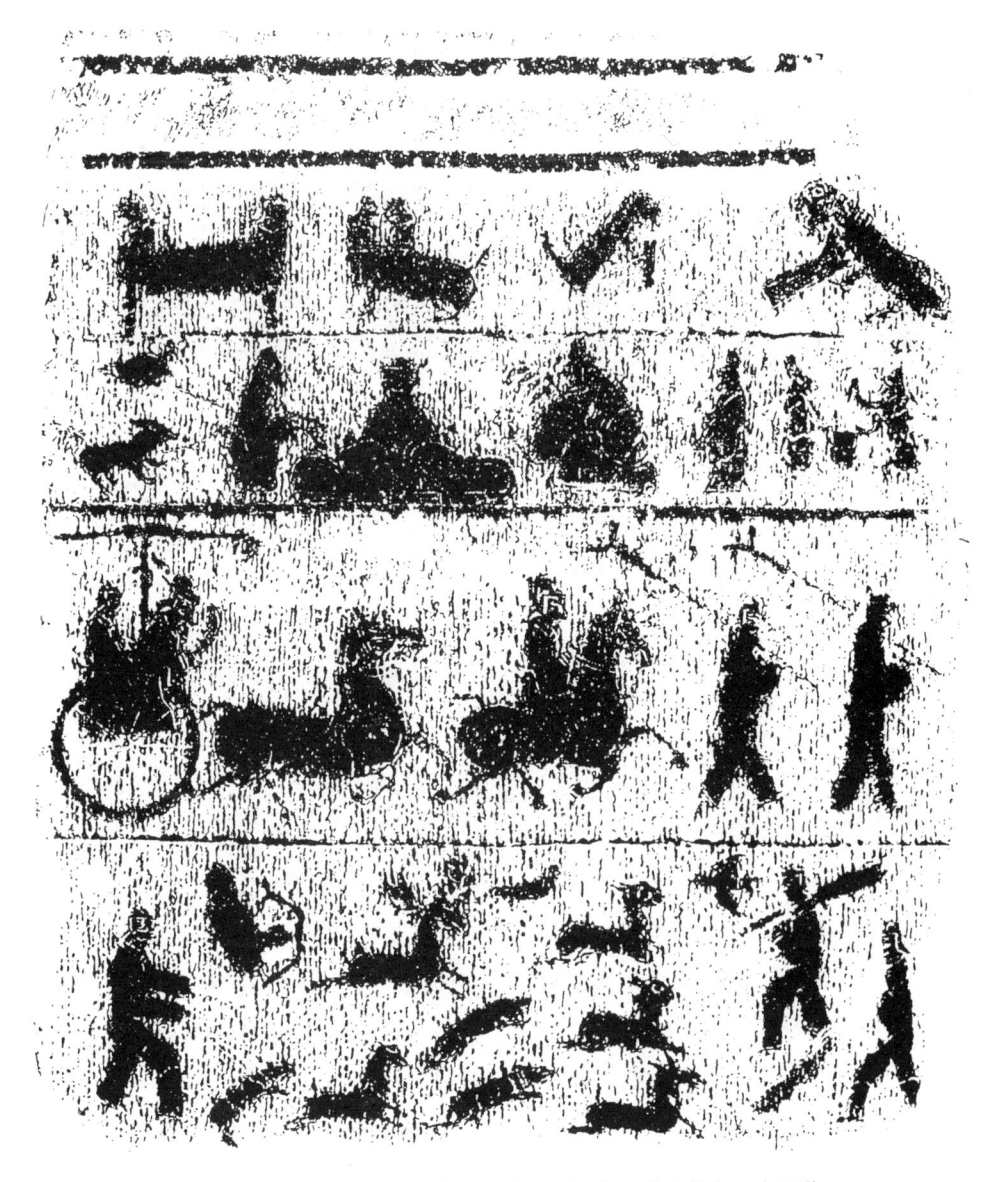

图七五 山东嘉祥纸坊镇敬老院出土祠堂西壁(第七石)画像

---

[1] 朱锡禄:《嘉祥汉画像石》图132,山东美术出版社,1992年。

犬、弩、毕等捕杀这些鸟兽。对这种狩猎图的图像学意义，土居淑子认为，由于这种图像常常与西王母图组合在一块画像石上，因此这些被捕猎的鸟兽，应"看成奉献给西王母的牺牲兽，同时也是奉献给死者的供馔"[1]。对这种将祠主与西王母都当作祭祀对象的看法，笔者很难赞同。试想，如果在祭祀祖先用的墓地祠堂中，将西王母奉为祭祀对象，祠堂岂不成了西王母神庙？很显然，这种意见与祠堂的建筑性质不合。先秦时期，狩猎活动，特别是国君和贵族的狩猎活动，并不是一种悠闲的游乐消遣，而是一种与军事和祭祀有关的重要礼制活动，即通过狩猎活动进行军事训练，同时为祭祀祖先准备必要的牺牲。关于狩猎活动的意义和作用，《左传·隐公五年》云：

> 春，公将如棠观渔者。臧僖伯谏曰："凡物不足以讲大事，其材不足以备器用，则君不举焉。君将纳民于轨物者也，故讲事以度轨。量谓之轨，取材以章物。采谓之物。不轨不物，谓之乱政。乱政亟行，所以败也。故春蒐、夏苗、秋狝、冬狩，皆于农隙，以讲事也。三年而治兵，入而振旅，归而饮至，以数军实，昭文章，明贵贱，辨等列，顺少长，习威仪也。鸟兽之肉，不登于俎，皮革齿牙骨角毛羽，不登于器，则公不射，古之制也。"

臧僖伯所说的"大事"，指的就是《左传·成公十三年》提到的"国之大事，在祀与戎"；"器用"就是祭祀用品。也就是说，祭祀活动和军事活动是当时最重要的国家大事，统治阶层按季节举行的狩猎活动都与这两件大事联系在一起。先秦时期，祭祖等最重要的祭祀典礼和宣战、告捷、献俘等重要军事典礼都必须在宗庙中举行。从臧僖伯的谏言可以看出，当时统治者按季节举行的狩猎并不是一种随意的、悠闲的娱乐，而首先是一种军事训练，是一种与祭祀和军事密切相关的礼制活动。因此，每次狩猎活动后，特别是每三年一度举行的以检阅军事力量为目的的狩猎活动后，狩猎者都必须回到宗庙，将猎取的鸟兽作为牺牲，举行隆重的祭祖典礼。正因为狩猎是与宗庙祭祖典礼密切相关的礼制活动，可以想象，在宗庙内的装饰性壁画中，当然应该有表现这种狩猎活动的图像。汉代的墓地祠堂既然来源于宗庙，在早期石结构祠堂中，蹈袭宗庙中的狩猎题材图像，将其配置在祠堂西侧壁上，也就毫不足怪了。根据先秦时期的礼制，蒐、苗、狝、狩等狩猎活动，都必须以不误农事为原则，在农闲时进行，其狩猎方法和猎取对象也不尽相同。蒐在春天进行，而春季是万物萌生繁育的季节，为防止竭泽而渔、一网打尽，保持生态平衡，猎取的对象都是那些没有怀孕的鸟兽。蒐字本身就有搜寻、挑选的意思，因

---

[1] 土居淑子：《古代中国の画像石》，同朋舍出版，1986年，103～111页。

此春蒐是一种有选择的慎重狩猎活动。苗在夏季进行，夏季是作物生长的季节，为了保护青苗，只猎取那些损害农作物的鸟兽。狝在秋季进行，秋季是万物成熟收获的季节，果实累累，鸟兽肥美，霜天万里，可以尽情捕猎。狩在冬季进行，时当农闲，鸟兽皮毛绵密厚软，草木枯萎，便于围猎尽捕鸟兽。在四种狩猎活动中，秋狝和冬狩最为重要。在图七五和图七的狩猎图中，惊恐奔逃的鸟兽群的前后方，分别有纵犬执弓的逐猎者和操弩挥毕的捕猎人，说明这两幅图表现的都是冬狩的围猎场面。但在汉代，对普通民众，特别是对农业发达的平原地区的普通民众来说，恐怕按季节举行这种大规模的狩猎活动是不大可能的。因此，与前述"胡汉战争图"一样，祠堂中的这种"狩猎图"，随着祠堂本身的发展，也逐渐失去了原来的图像学意义和自身的存在价值。在东汉晚期的祠堂画像中，已经看不到独立成幅的"狩猎图"，这一画像题材已与灵木图像结合在一起，以树木射鸟图的形式，作为一个场景保存在祠堂后壁的"祠主受祭图"中。

下面让我们再来分析一下乐舞图和庖厨图。作为祠堂画像中的不变内容，这两种图像在早期祠堂和晚期祠堂画像中都可经常看到，而且都配置在祠堂东侧壁，一般是庖厨图配置在最下层，乐舞图配置在其上面的一层。在早期祠堂中，东侧壁往往只配置这两种图像。其典型例子有山东嘉祥县五老洼出土画像石的第四石[1]（图七六）和同县纸坊镇敬老院出土画像石的第十石[2]（图七七）。前者纵高63厘米，横宽59厘米，从其大小和画像的雕刻技法及艺术风格看，与同出第五石[3]（纵高62厘米，横宽58厘米）、前述图四七有"故太守"题刻的同出第三石（纵高62厘米，横宽93厘米），应分别为同一座石结构小祠堂的东壁、西壁和后壁。图七六的画面分为上、中、下三层。上层为奏乐图，五人组成的乐队坐成一横列，左边两人摇动着鼗鼓，右边三人分别吹奏着笙和笛。中层是乐舞图，左边为敲击建鼓的场面，一面很大的建鼓固定在高耸的伞柄上，伞盖上长长的流苏向左右披分，伞柄插在一虎形座上，两边各有一人双手挥桴，以对称而优美的身姿敲击着建鼓；右边，二人似正随着建鼓的节拍表演双手倒立等杂技，其上坐着一名观赏者，身前摆放着酒樽。下层为庖厨图，左边一灶台，上置釜甑，一人在灶前添柴烧火，灶上方悬挂着两条鱼；中间二人围着一个很大的盆钵，似正赶做炊食；右边一人正操刀杀猪。图七七的图像内容及其配置与图七六大体相同，不同的是画面分为上、下两层，上层的乐舞图将奏乐场面和建鼓杂技表演场面合到了一起，使情节更加紧凑。在早期祠堂中，乐舞图和庖厨图在配置上如此整齐划一，表明这两种画像题材与祠堂本身一样，也是仿效宗庙画像而来。关于乐舞图的图像学意义，土居淑子认为这种乐舞场面

---

[1] 朱锡禄：《嘉祥汉画像石》图88，山东美术出版社，1992年。
[2] 朱锡禄：《嘉祥汉画像石》图135，山东美术出版社，1992年。
[3] 朱锡禄：《嘉祥汉画像石》图89，山东美术出版社，1992年。

图七六　山东嘉祥五老洼出土祠堂东壁（第四石）画像

与巫觋有关，她说："巫觋是鬼神世界与现实世界联系的媒介。（乐舞图）说明巫觋在表演巫术时需要唱歌跳舞。在坟墓等祭祀死者的空间配置歌舞，我认为其基本意图，是作为面向鬼神世界和现实世界的双向行为而描绘的"[1]。不可否认，汉代有借丧祭之机歌舞娱乐的陋习，《盐铁论·散不足》载贤良文学所云"今俗因人之丧以求酒肉，幸与小坐，而责办歌舞俳倡，连笑技戏"和崔寔《政论》所抨击的"送终之家，亦无法度，烹牛作倡"，都证明了这一点。但宗庙祭祀用歌舞的本来目的却是取悦于祖先灵魂，这种庙堂歌舞与巫觋歌舞无关。实际上，土居淑子的看法混淆了中国古代的民间淫祀与宗庙祭祀的界限。殷商时期的宗庙祭祀礼仪我们虽然至今不甚了了，但至迟到西周时期，宗庙祭祀

---

[1]　土居淑子：《古代中国の画像石》，同朋舍出版，1986年，48页。

图七七　山东嘉祥纸坊镇敬老院出土祠堂东壁（第十石）画像

的礼仪已经严格制度化，祭祀的主持者不是巫觋，而是作为最高统治者的天子、国君或其他贵族中的宗子，祭祀乐舞的演出者也不是巫女，而是经过严格训练的专业伎乐人员。先秦时期，宗庙祭祀用的歌舞称作"雅乐"，宗庙被称为"大雅之堂"；巫觋施行巫术时所用的歌舞称为"淫乐"或"俗乐"，是不能登宗庙这种"大雅之堂"的。《诗经》中的雅、颂之诗就是流传至今的先秦时期宗庙祭祀用的"雅乐"歌词，文辞典雅庄重，富丽堂皇，缺乏跌宕起伏的感情波澜，推测其音乐也应与"淫乐"或"俗乐"的靡靡之音不同，是一种拘泥古板、令人昏昏欲睡的乐曲。据文献记载，当时巫觋的歌舞多用于民间祭祀，《楚辞·九歌》可能就是先秦时期楚国民间祭祀中巫觋歌舞的歌词，文辞优美，热情奔放。宋代朱熹在《楚辞集注》中推测说："九歌者，屈原之所作也。昔楚南郢之邑，

第四章｜墓地祠堂画像石　149

沅、湘之间，其俗信鬼而好祀，其祀必使巫觋作乐，歌舞以娱神。蛮荆陋俗，词既鄙俚，而其阴阳人鬼之间，又或不能无亵慢荒淫之杂。屈原放逐，见而感之，故颇为更定其词，去其泰甚，而又因彼事神之心，以寄吾忠君爱国眷恋不忘之意。""屈原所作"云云，是朱熹的臆断，但这些歌词无疑经过了文人的进一步加工。从《九歌》的歌名看，应是祭祀天地山川神灵和战死不归者时巫觋歌舞的唱词。推测先秦时期中原各国的民间祭祀应与楚国大同小异，使用的都是巫觋歌舞。在宗庙中举行祭祖典礼时，因主祭者的社会地位和身份不同，"雅乐"的使用有着严格的制度限制。《左传·隐公五年》对当时的宗庙"雅乐"制度有明确的论述：

九月，考仲子之宫将万焉。公问羽数于众仲，对曰："天子用八（佾），诸侯用六（佾），大夫四（佾），士二（佾）。夫舞，所以节八音而行八风，故自八（佾）以下。"公从之。

这段文字大意是：鲁隐公五年九月，隐公母亲考子之庙竣工，将用"万舞"举行庙祭。隐公向大臣众仲询问这种持雉羽而舞的"万舞"乐伎的人数。众仲说："舞蹈人员每队八人，天子庙祭舞蹈用八队，诸侯用六队，大夫用四队，士用两队。"春秋晚期，鲁国的权臣季孙氏使用天子礼乐制度，"八佾舞于庭"，孔子认为这是僭越，愤怒地说："是可忍也，孰不可忍也！"[1]这些记载，证明了先秦时期存在着严格的宗庙礼乐制度。自汉初"陵旁立庙"的陵寝制度确立以后，两汉皇帝陵园的庙、寝中都置有大量的钟鼓等乐器，以供墓祭时使用。可以想象，当时帝陵旁的陵庙中和社会上层的墓地祠堂中，肯定绘有表现祭祖歌舞场面的乐舞图。石结构祠堂中的乐舞图，应是模仿和沿袭皇帝陵庙中同类题材的图像而来，其目的是代替实际的乐舞以取悦于来祠堂接受祭祀的祖先灵魂。

庖厨图和乐舞图一样，也来源于宗庙和陵庙中的同类题材画像。众所周知，在宗庙祭祀中，向祖先灵魂（一般附在木主上）供奉牺牲和祭食，是祭祀典礼不可或缺的最重要的仪式。先秦时期，国君和高级贵族的宗庙中都设有专门掌管祭祀用供品的官员。战国以后，寝、庙移建到国君和皇帝的陵墓近旁，但这种专门掌管祭祀用供品的官员设置却没有丝毫变化。1972年以来，在秦始皇陵园西侧，发现了很多有铭文的陶器和陶片。其中，两件陶壶盖上分别刻有"丽山飤官左"和"丽山飤官右"的铭文[2]。"飤"字的读音和释义与"饲"同，"丽山飤官"就是秦始皇陵园寝庙中掌管祭祀用牺牲供品的官

---

[1]《论语·八佾》。
[2] 赵康民：《秦始皇帝陵原名丽山》，《考古与文物》1980年3期。

吏。由此可知，当时在秦始皇陵园中，是设有叫做"飤官"的专司祭祀用牺牲供品的官吏的。此外，罗福颐的《汉印文字徵》卷五收录了一枚"杜陵飤官□丞"汉印印文。杜陵是西汉宣帝的陵墓，这枚汉印证明了宣帝的杜陵乃至两汉时期所有皇帝陵园，沿袭了秦始皇陵园的官员设置，由"飤官"专司陵寝祭祀用的牺牲供品。从现有资料看，两汉时期，高级贵族和官吏的墓地除个别经皇帝特许设置管理官员和守冢户外，一般不设管理墓祭用牺牲供品的专职人员，但都置有制作祭祀用供食的庖厨和守冢人。本章第一节曾谈到成帝外家王林卿"归长陵上冢，因留饮连日"，说明王林卿的家族墓地中建有庖厨类建筑。《后汉书·李善传》记述了李善到原主人李元墓地举行墓祭的经过，云："善本同县李元苍头也。……善再迁日南太守，从京师之官，道经沛阳，过李元冢，未至一里，乃脱朝服，持锄去草。及拜墓，哭泣甚悲，身自炊爨，执鼎俎以修祭祀。垂泣曰：'君夫人，善在此。'尽哀，数日乃去。"既然李善在墓地"身自炊爨"，并且"数日乃去"，证明李元墓地中肯定建有庖厨和住人的墓庐。祠堂中的庖厨图，实际上表现的就是在这种墓地庖厨中准备和制作奉献给祖先灵魂的祭食的场面。汉代的墓地祠堂之所以被称为"食堂"，就是因为墓祭祖先时要在祠堂前摆放奉献给祖先灵魂的祭食。墓地祠堂仿效宗庙画像，在东侧壁配置庖厨图，是完全符合墓祭礼仪的。

最后需要指出的是，在汉代墓地石结构祠堂的发展中，随着其画像题材内容的整齐化和不断增加，乐舞图和庖厨图的画面面积却在不断缩小。在东汉晚期的祠堂中，乐舞图和庖厨图一般都配置在东侧壁的中下部。例如，图三八的山东嘉祥宋山1号小祠堂中，乐舞图和庖厨图分别配置在东侧壁的第二层和第三层；而在武荣祠堂中，如图六〇所示，两种图像则配置在东侧壁最下面的两层画框中。尽管如此，乐舞图和庖厨图作为祠堂画像的不变内容却始终没有改变。

第五节　表现仙人世界和祠主升仙的图像

如第三章第四节所述，中国古代的宇宙观念自战国中期至两汉发生了第二次重大变化，通过这一次变化，一个新的宇宙构成部分——仙人世界终于被人们创造出来。这个仙人世界，最后被定格于以昆仑山为代表的仙山。伴随着宇宙观念的这一重大变化，从西汉晚期到东汉中期，一场轰轰烈烈、声势浩大的群众性造仙运动波及社会各个角落。其结果，在人们的观念中，一些原始传说中的神祇失去了其原有的冷酷性格，变成具有长生不老的神性和人的身体的仙人。最有代表性的仙人就是西王母和东王公。从考古学资料可以清晰看出这些神祇向仙人转化的变化轨迹。

图七八是西汉武帝时期山东临沂金雀山9号汉墓[1]出土的帛画图像。帛画的最上部是内有三足乌的日轮和内有蟾蜍的月轮图像，用以表示天上世界。紧靠日月图像之下的是三座通体画有曲线斑纹的山峰，据曾布川宽的研究结果，图上的山峰是昆仑山[2]。三座山峰脚下，是一所屋顶很大的房屋，屋内女性墓主面左而坐，正受四名妇女拜谒。房屋下部，是乐舞图和男墓主接受拜谒图。帛画最下部，是由龙、虎、怪兽所表现的地下世界。综观帛画的全部图像，可以清楚看出，其重点是表现宇宙世界各组成部分即天上世界、仙人世界、人间世界、地下世界之间的关系，其中代表仙人世界的是昆仑山。图七九和图八〇分别是西汉前期湖南长沙砂子塘1号汉墓[3]和湖南长沙马王堆1号汉墓[4]的漆棺画图像。两幅漆棺画的画面正中央，都有一座耸入云霄的高山，山峰周围云气缭绕，两侧有仙鹿、仙豹等异兽。曾布川宽根据图中山的特征，结合文献记载，考定其山就是昆仑山[5]。这种没有仙人的昆仑山图像的出现和流行，从一个侧面证明了在西汉早中期，尽管昆仑山已经成为社会公认的仙境，但与昆仑山联系在一起的女神西王母却还没有登上仙人信仰的舞台。究其原因，是由于在当时人们的观念中，西王母并不是温柔可爱的美丽女仙，而是一位令人毛骨悚然的可怕凶神。关于西王母的形象，《山海经·西山经》记载说：

> 又西三百五十里，曰玉山，是西王母所居也。西王母其状如人，豹尾，虎齿而善啸，蓬发戴胜。是司

图七八　山东临沂金雀山9号墓出土帛画摹本

---

[1] 临沂金雀山汉墓发掘组：《山东临沂金雀山九号汉墓发掘简报》，《文物》1977年11期。
[2] 曾布川宽：《昆仑山への昇仙》，中央公论社，1988年，130~139页。
[3] 湖南省博物馆：《长沙砂子塘西汉墓发掘简报》，《文物》1963年2期；湖南省博物馆：《湖南省文物图录》图版72，1964年。
[4] 湖南省博物馆、中国科学院考古研究所：《长沙马王堆一号汉墓》，文物出版社，1973年。
[5] 曾布川宽：《昆仑山への昇仙》，中央公论社，1988年，19~61页。

天之疠及五残。

《山海经·大荒西经》记述略同：

> 西海之南，流沙之滨，赤水之后，黑水之前有大山，名曰昆仑之丘。……有人，戴胜，虎齿，有豹尾，穴处，名曰西王母。此山万物尽有。

《山海经·海内北经》云：

> 西王母梯几而戴胜杖，其南有三青鸟，为西王母取食。

记载中的"疠"字有两种解释。一种解释为恶性传染病，另一种解释认为"疠"即"枥"，监狱的意思。五残，为中国古代的五种残酷肉刑。从这段记载可以知道，在汉代以前人们的心目中，西王母是一位掌管天罚、半人半兽的可怕刑罚之神。正因为如此，西汉早中期的人们虽然都想升仙到长有不死之树的昆仑山去，但谁都不想在那里长住，永远与西王母这位凶神恶煞厮守在一起。

图七九　湖南长沙砂子塘墓出土木棺漆画摹本

图八〇　湖南长沙马王堆 1 号墓出土木棺漆画摹本

可以想象，人们对盘踞在那里的西王母，避之惟恐不及，遑论其他。这一点，也正是当时表现仙人世界的画像中，只有昆仑山而不见西王母形象的真正原因。有关昆仑山的早期传说，主要保存在《山海经》和《淮南子》两部书中。其内容如下：

第四章｜墓地祠堂画像石

1. 海内昆仑之墟，在西北，帝之下都。昆仑之虚，方八百里，高万仞。上有木禾，长五寻，大五围。面有九井，以玉为槛。面有九门，门有开明兽守之，百神之所在。在八隅之岩，赤水之际，非仁羿莫能上冈之岩。……昆仑南渊深三百仞。开明兽身大类虎而九首，皆人面，东向立昆仑上。开明西有凤凰、鸾鸟，皆戴蛇践蛇，膺有赤蛇。开明北有视肉、珠树、文玉树、玗琪树、不死树。凤凰、鸾鸟皆戴瞂。又有离朱、木禾、柏树、甘水、圣木曼兑，一曰挺木牙交。开明东有巫彭、巫抵、巫阳、巫履、巫凡、巫相，夹窫窳之尸，皆操不死之药以拒之。窫窳者，蛇身人面，贰负臣所杀也。服常树，其上有三头人，伺琅玕树。开明南有树鸟，六首；蛟、蝮蛇、蜼、豹鸟、秩树，于表池树木，诵鸟、鶽、视肉（《山海经·海内西经》）。

2. 西南四百里，曰昆仑之丘，是实惟帝之下都，神陆吾司之。其神状虎身而九尾，人面而虎爪；是神也，司天之九部及帝之囿时。有兽焉，其状如羊而四角，名曰土蝼，是食人。有鸟焉，其状如蠭，大如鸳鸯，名曰钦原，蠚鸟兽则死，蠚木则枯。有鸟焉，其名曰鹑鸟，是司帝之百服。有木焉，其状如棠，华黄赤实，其味如李而无核，名曰沙棠，可以御水，食之使人不溺。有草焉，名曰薲草，其状如葵，其味如葱，食之已劳（《山海经·西山经》）。

3. 禹乃以息土填洪水，以为名山，掘昆仑虚以下地，中有增城九重，其高万一千里百一十四步二尺六寸，上有木禾，其修五寻，珠树、玉树、璇树、不死树在其西，沙棠、琅玕在其东，绛树在其南，碧树、瑶树在其北。旁有四百四十门，门间四里，里间九纯，纯丈五尺。旁有九井，玉横维其西北之隅，北门开以内不周之风，倾宫、旋室、县圃、凉风、樊桐在昆仑阊阖之中，是其疏圃。疏圃之池，浸之黄水，黄水三周，复其原，是谓丹水，饮之不死。河水出昆仑东北隅，贯渤海，入禹所导积石山。赤水出其东南陬，西南注南海丹泽之东。赤水之东弱水，出自穷石，至于合黎，余波入于流沙，绝流沙，南至南海。洋水出其西北隅，入于南海羽民之南。凡四水者，帝之神泉，以和百药，以润万物。昆仑之丘，或上倍之，是谓凉风之山，登之而不死；或上倍之，是谓县圃，登之乃灵，能使风雨；或上倍之，乃维上天，登之乃神，是谓太帝之居（《淮南子·地形训》）。

从这些关于昆仑山的记载可以归纳出三点：第一，在远古传说中，昆仑山是与天上世界的诸神特别是天帝有着密切关系的神山，是天帝的"下都""疏圃"和"百神之所在"的圣地。第二，昆仑山"万物尽有"，充满神奇，其中"不死树""不死之药"和"饮之不死"的丹水，使昆仑山和长生不老的神性联系在一起。第三，昆仑山有三重境界，第一重是昆仑之丘；第二重为"凉风之山，登之而不死"；第三重为"县圃，登之乃灵，能使风雨"；县圃之上就是诸神和天帝的上天了，"登之乃神，是谓太帝之居"。其中的第二点应是昆仑山在战国至两汉的造仙运动中从神山变为仙山的最重要的原因。

关于西王母与昆仑山的关系，《山海经》有西王母居昆仑之虚和居玉山两说，六朝小说《穆天子传》中，还有西王母居崦兹山之说，但两汉时期人们普遍相信西王母居住在昆仑山。汉代人将西王母定居在昆仑山，大概与射神后羿曾到昆仑山并从西王母那里求得不死之药的传说有关。《山海经·海内西经》在谈到昆仑之虚时，提到"非仁羿莫能上冈之岩"，证明先秦时期就有后羿登昆仑的传说。到西汉时期，这一传说已经演化为优美的神话故事。据《淮南子·览冥训》载："羿请不死之药于西王母，姮娥窃以奔月，怅然有丧，无以续之。"《初学记》卷一引古本《淮南子》曰："（姮娥）讬身于月，是为蟾蜍，而为月精。"高诱注云："姮娥，羿妻；羿请不死之药于西王母，未及服之，姮娥盗食之，得仙，奔入月中为月精也。"笔者推测，大概正是因为传说中西王母掌管着昆仑山的不死之药，在汉代的造仙运动中，这位可怕的女凶神恶煞才被改造成为美丽温柔的幸福女仙。

这一造仙过程约开始于西汉中期。妄想长生不老的汉武帝是一个至死不悟的狂热升仙追求者，晚年曾演出了多场借助方术升仙的荒唐闹剧，在他的支持和影响下，由诈变百端的方士集团在以皇帝宫廷和高级贵族为代表的社会上层中掀起了一场颇具声势的造仙运动。其结果，西王母这位可怕的刑罚女神终于蜕去了半人半兽的怪异外形，开始变为人形象的幸福女仙。这一变化可从当时著名的宫廷文学家司马相如的作品中窥见端倪。对西王母，司马相如在《大人赋》中赞美说：

> 吾乃今日睹西王母，暠然白首，戴胜而穴处兮，亦幸有三足乌为之使。必长生若此而不死兮，虽济万世不足以喜。

赋名中的"大人"，正如第三章所述，是仙人的别名。值得注意的是，西王母不是作为可怕的刑罚之神，而是作为可爱的仙人出现在作品中。这是西王母作为仙人的最早记载。这一变化绝非偶然，它是以关于西王母的古老传承为根据而产生的。首先，如上所述，自古以来就有西王母居住在昆仑山的传承故事。既然自战国中期以来，本来在传说中为诸神领地的昆仑山已经成为人们心目中最负盛名的仙山，那么居住在那里的西王母从人人避之惟恐不及的凶神恶煞转变为可爱的仙人也应是顺理成章的事。此外，传说中的西王母不仅具有刑罚之神的凶残神性，还有完全相反的另一种神性。她握有不死之药,可以赐给人们使其获得永恒不死的生命。夏代的射日英雄后羿到昆仑山从西王母那里求得不死之药的传说,使西王母具备了从刑神转变为仙人的资格。实际上,当时还有嫦(姮)娥从西王母那里窃得不死之药奔月成为月精的传说。例如,《归藏》云:"昔嫦娥以西王母不死之药服之,遂奔月为月精。"[1]东汉的张衡《灵宪》云:"嫦娥,羿妻也,窃西王母不死之药,服之奔月。……遂托身于月,是为蟾蜍。"大概后羿和嫦(姮)娥从西王母那里获得不死之药的故事,最初本来是两则互不相干的独立传说,到西汉初期才合并成为一个神话传说故事。正因为西王母有永恒生命的授予权,才在当时的造仙运动中最先由神被改造成为仙人。但是,西王母成为全社会所公认的仙人,却是西汉末的事情。

现实的苦难是宗教和信仰的温床。西汉晚期,随着土地的高度集中和社会矛盾的日益激化,整个社会越来越沉溺于宗教信仰的追求之中,无望的穷苦大众希图从宗教幻想中摆脱现实苦难,获得永久的解脱。在这种山雨欲来风满楼的社会动荡中,汉哀帝建平四年(前3),终于爆发了一场以西王母信仰为内容的轰轰烈烈的群众性造仙运动。据《汉书·哀帝纪》记载,建平四年(前3)春,"关东民传行西王母筹,经历郡国,西入关至京师。民又会聚祠西王母,或夜持火上屋,击鼓号呼相惊恐"。另据《汉书·五行志》记载:"哀帝建平四年正月,民惊走,持蒿或秆一枚,传相付与,曰行诏筹。道中相过逢多至千数。或被发徒践,或夜折关,或踰墙入,或乘车骑奔驰,以置驿传行,经历郡国二十六,至京师。其夏,京师郡国民聚会里巷仟佰,设张博具,歌舞祠西王母。又传书曰:'母告百姓,佩此书者不死。不信我言,视门枢下,当有白发。'至秋止。"通过这场狂热的群众性造仙运动,西王母彻底蜕去了半人半兽的恐怖外形和刑罚之神的可怕神性,变为昆仑山仙人世界的主人公而受到全社会的憧憬和崇拜。据日本学者冈村秀典研究,大约就从此时起,在铜镜纹饰、器物花纹和画像砖中,西王母的图像开始大量出现[2]。在冈村秀典所选取立论的早期西王母图像即西汉末至东汉初的西王母图像中,有方格规矩镜图像九种(图八一)、画像砖五种(图八二)、陶尊和铜尊装饰花纹各一种(图八三)。其中,图八一的9是中国历史博物馆收藏的纪年铭方格规矩兽带镜,纪年为王莽"始建国二年",即公元10年。这些有西王母图像的文物,其准确的出土地点,画像砖全部出自河南,陶尊出自内蒙古包头,铜镜一面出自朝鲜平壤,一面出自江苏扬州,其余出土地点不明,但因许多铜镜有"铜出丹阳"的铭文,表明是江苏南京附近铸造的。有西王母图像的文物分布如此之广,说明在西汉末期的群众性造仙运动开始后不久,西王母信

---

[1] 《文选》载《祭颜光禄文》所引《归藏》。
[2] 冈村秀典:《西王母の初期の图像》,载《高井悌三郎先生喜寿纪念论集》,1988年。

图八一 西汉末东汉初方格规矩镜中的西王母图像摹本
1. 出土地点不明，现藏日本宁乐美术馆 2. 安徽寿县出土 3. 朝鲜平壤石岩里 257 号墓出土
4. 江苏扬州蜀岗 5 号墓出土 5. 安徽寿县出土 6. 出土地点不明，日本松本清张氏所藏
7. 出土地点不明，现藏瑞典王室 8. 出土地点不明，原陈介祺氏收藏
9. 出土地点不明，现藏中国历史博物馆

第四章 | 墓地祠堂画像石

图八二　西汉末东汉初画像砖中的西王母图像
1、2.河南郑州新通桥空心砖墓画像　3.河南郑州出土空心砖画像　4、5.河南密县出土空心砖画像

仰已经迅速蔓延到全国,甚至远达朝鲜半岛。这些早期西王母图像中,戴胜的西王母周围都有九尾狐、三足乌、拥臼捣药的玉兔等仙禽神兽,少数图像还在西王母周围画出绵延的昆仑山,表明西王母图像的构图格局已经初步形成。值得注意的是,在这些图像中,还找不到与西王母相对应的男性仙人的形象,这在男尊女卑的两汉社会中,显然是不合

图八三　西汉末酒尊上的西王母图像摹本
1. 内蒙古包头召湾 47 号墓出土黄釉陶尊图像　2. 出土地不明的鎏金铜尊图像

时宜的。信仰上的缺陷当然只能由信仰运动本身去补充，创造一个男性主仙的任务历史地落到了当时虽已表面消沉、但实际上更为深入发展的群众性造仙运动上。这一造仙活动持续了相当长的时间，直到东汉中期以后，与西王母相对应的男性主仙东王公才被造仙运动创造出来并出现在各类画像中。这一造仙过程，在汉画像石特别是汉代祠堂画像石中得到形象而鲜明的反映。

第四章｜墓地祠堂画像石　159

作为汉代祠堂画像中的不变内容，表现仙人世界的图像一般都配置在祠堂东、西侧壁的最上部。也就是说，在第一种石结构小祠堂中，仙人图像配置在东、西侧壁的最上层；在第二、三、四种石结构祠堂中，则配置在东、西侧壁最上方的三角形山墙尖部。石结构祠堂约出现于西汉晚期，当时在人们的信仰中，西王母正处于从可怕的刑罚之神到可爱的幸福女仙的转变期。山东省嘉祥县花林村出土的祠堂西侧壁石图像[1]（图八四），可以作为这一时期祠堂仙界图像的代表。该石高74厘米，宽80厘米，从画像凿纹地凹面刻雕刻技法和表现手法的稚拙看，应是西汉晚期的画像石。画面虽然剥落严重，但图像内容大体可辨。整个画面分为上下两层，下层为祠主车马出行图，上层为仙界图。与

图八四　山东嘉祥花林村出土祠堂西壁画像

[1] 朱锡禄：《嘉祥汉画像石》图105，山东美术出版社，1992年；山东省博物馆、山东省文物考古研究所：《山东汉画像石选集》图版八五之图192，齐鲁书社，1982年。

160　汉代画像石综合研究

绝大多数祠堂的仙人世界图像不同的是，这幅仙界图中，既没有昆仑山的形象，也没有西王母的形象。画面的正中，蹲踞着虎身九首皆人面的开明兽；开明兽左边，上方是长有两个人首的神兽，下方蹲踞着分别长有一个人首和两个人首的两头神兽；开明兽右边，是头戴山形冠、双手抱着人首蛇身的伏羲和女娲的怪神。尽管画面左边的三匹人首神兽的名称和职掌我们不得而知，但开明兽和其右边怪神的身份却十分明确。从前面所引《山海经·西山经》有关昆仑山的记述可以清楚知道，开明兽是昆仑山的守护神。关于开明兽右边怪神的身份，由于汉代习惯上将伏羲和女娲看作人类的始祖，而怪神却将这两位人类始祖抱在一起促使他们结合，因此怪神应是执掌婚姻和继嗣的高禖之神。早在先秦时期，中原各国就有春季祭祀高禖之神的风俗。关于高禖之祭，《礼记·月令》云："是月（仲春之月）也，玄鸟至。至之日，以大牢祠于高禖，天子亲往，后妃帅九嫔御。乃礼天子所御，带以弓韣，授以弓矢，于高禖之前。"郑玄注曰："高辛氏之世，玄鸟遗卵，娀简吞之而生契。后王以为媒官嘉祥而立其祠焉。变媒言禖者，神之也。"王引之《经义述闻·礼记上》认为，高禖的"高"是"郊"的假借字，两字古音相同，故以"高"为"郊"，古本《月令》本为"郊禖"。有意思的是，高禖之祭选在玄鸟即燕子飞来的那天举行，显然与商代祭俗有关。《诗经·玄鸟》云："天命玄鸟，降而生商。"记述了商族始祖契的降生与玄鸟遗卵有关的神话传说。《诗经·大雅·生民》记述郊祀祈嗣的目的时说："以弗无子。"毛传注云："弗，去也；去无子求有子，古者必立郊禖焉；玄鸟至之日，以大牢祠于郊禖。"可见高禖之祭由来已久。在祠堂侧壁石上配置高禖之神的图像，无疑是为了祈求上天保佑祠主的子孙后代不断繁育增加，以保证其家族永远繁荣昌盛。值得注意的是，图八四的仙界图将开明兽置于画面的正中，显然有祈求祠主升仙到昆仑山的意思，但图像中却没有仙人西王母的形象。从这点看，这块祠堂侧壁石，应是西王母在人们信仰中从刑罚之神转变为仙人以前的作品，如果以哀帝建平四年（前3）为分界线，该石应制作于这一年稍前。其后不久，随着西王母在群众性造仙运动中完成从神到仙的转变，西王母不仅作为昆仑山仙人世界的主人公形象开始出现在祠堂画像中，并且从一出现就成为祠堂画像的不变内容而配置在祠堂西侧壁的最上部。这一变化在图七五的仙人世界图像中清楚地表现出来。在该石的四层画像中，上数第一层不是西王母图而是神兽图，画面左边是与图八四中的神兽相同的两匹长有两个人首的神兽，右边两只虎形神兽分别在抚琴和吹笙。西王母图像配置在上数第二层，画面中央偏左处戴胜的西王母正襟危坐，左边跪侍着一位人身鸟首的怪神，怪神身后为三足乌和九尾狐；西王母右边，一名仙人正向西王母跪献仙草，另一名仙人侍立在后；画面右边，两只玉兔操杵拥臼捣制着不死之药。可以看出，第一层的神兽图和第二层的西王母图描绘的都是昆仑山仙界的场景，神兽应与开明兽一样是昆仑山的守护神,而西王母则以昆仑山主仙的身份成为仙人世界图像中的主角。如果将图八四和图七五中的仙人世界图像加以对比,就会发现,图七五的两幅仙人世界图像是一种晚出的形式,其祖型是图八四的仙界图,新出现的西王母图像表明该祠堂侧壁石是哀帝建平四年(前 3)稍后一段时期的作品。其后,神兽图和西王母图分层配置、共同表现昆仑山仙人世界的构图配置方式迅速消失,以西王母为中心、以仙禽神兽为眷属的昆仑山仙界图成为祠堂西侧壁最上层图像的标准构图模式而固定下来。图七的山东省嘉祥县嘉祥村出土祠堂西侧壁石和图八五的同县洪山村出土祠堂西侧壁石[1]最上层的仙人图像,可以作为汉画像石中早期西王母图像的代表。二石画像的雕刻技法一为凿纹地凹面刻,一为阴线刻,虽已远较西汉晚期作品为佳,但与东汉中晚期画像石相比,还有一定差距,因此,二石都应为东汉早期作品。在这两块祠堂西侧壁石的仙人图像中,戴胜的西王母已经成为中心人物,其他有翼仙人和三足乌、九尾狐、操杵拥臼捣制不死之药的玉兔、长有两个人首的神兽和演奏节板的蟾蜍等仙禽神兽都作为西王母的眷属和侍从配置在她的周围。这些仙人世界图像表明,东汉早期,用西王母图像来表现昆仑山仙界的艺术

图八五　山东嘉祥洪山村出土祠堂西壁画像

〔1〕　朱锡禄:《嘉祥汉画像石》图 101,山东美术出版社,1992 年;山东省博物馆、山东省文物考古研究所:《山东汉画像石选集》图版七九之图 181,齐鲁书社,1982 年。

构图模式已经最终确定下来。但是，在东汉中期以前的早期祠堂中，由于与女性主仙西王母相对应的男性主仙还没有被群众性造仙运动创造出来，东侧壁最上层的图像内容仍然处于不稳定的状态。例如，前面所列举的图七六和图七七，都是早期祠堂东侧壁的画像，它们最上层的图像不是仙人图，而是表现祭祀时歌舞场面的乐舞图。与这二石同时或年代稍晚一点的图七一、图七二和图七三，也是祠堂东侧壁石的画像，它们最上层的图像既不是乐舞图，也不是仙人图，而是风伯图。很显然，这三幅图中的风伯形象，是作为与西王母形象相对应的男性神灵而描绘上去的。这种用风伯来与西王母相对应的祠堂东、西侧壁最上层图像，以山东长清孝堂山祠堂东、西侧壁三角形山墙顶部的图像（图八六）最为典型。西侧壁顶部的仙人图画面分为三层，第一层是手持圆规、人首蛇身的女娲图像，图中女娲面左凌空而立，身后云气中有一披发仙人，身前有三人二犬；第二层画两组人物，每组各有二人用棒抬着一位冠服贵人自右向左行进，棒从冠服贵人的胸部穿过，二组人物前后分别有跪地接送的人，此层画像表现的应是《山海经》所记载的"贯胸国"中人物；第三层画像以正襟危坐的西王母为中心，两边跪侍着许多仙人和兽首、鸟首的怪神，另有两位执戟武士恭立在西王母右侧，画面外侧，配置着三足乌、捣药的玉兔、九尾狐和其他仙禽异兽。东侧壁三角形顶部的画面也分为三层，第一层为伏羲图，手持矩尺、人首蛇身的伏羲浮在云气之中，后面跟着一个赤身的小人，当为伏羲和女娲创造的人类象征，右边的云气之下，有一结跏趺坐的人物，疑为佛陀；第二层图像被第三层图像中的庑殿屋顶建筑分隔为左右两部分，右边为一组手持楔状物的天罚之神，左边为一组手持枝状物的闪电之神；第三层图像的正中为一座很大的殿堂建筑，内有一位冠服人物抱弓而坐，旁立一侍者，殿堂左侧，风伯蹲踞在地，正用笛状物向殿堂方向吹出阵阵狂风，殿顶已被狂风掀起，风伯身后，雷公乘坐的连鼓雷车由四位神人牵引自左向右驶来，雷车后跟着两位头顶钵状物的雨师，殿堂右侧，八位执板冠服人物似正准备进谒殿堂主人。但是，在当时人的观念中，风伯并不是居住在仙山上的仙人，而是天上世界掌管风的自然神。将风伯图像配置在祠堂东壁，是因为在古代信仰中，风伯亦称风师是东方之神。《周礼·大宗伯》云："以槱燎祀司中、司命、风师、雨师。"郑玄注曰："风师，箕也。"《风俗通义·祀典篇》云："风师者，箕星也。箕主簸扬，能致风气。"蔡邕《独断》曰："风伯神，箕星也。其象在天，能兴风。"《史记·天官书·东宫》云："箕为敖客，曰口舌。"《正义》解释说："箕主八风。"《索隐》注引《诗纬》云："箕为天口，主出气。"这些记载，指明风伯就是箕星的人格神，而箕星是属于东方苍龙星座的星辰，风伯自然也就成了司风的东方之神。但是，将风伯与西王母相对应，把二者分别配置在祠堂东西侧壁的

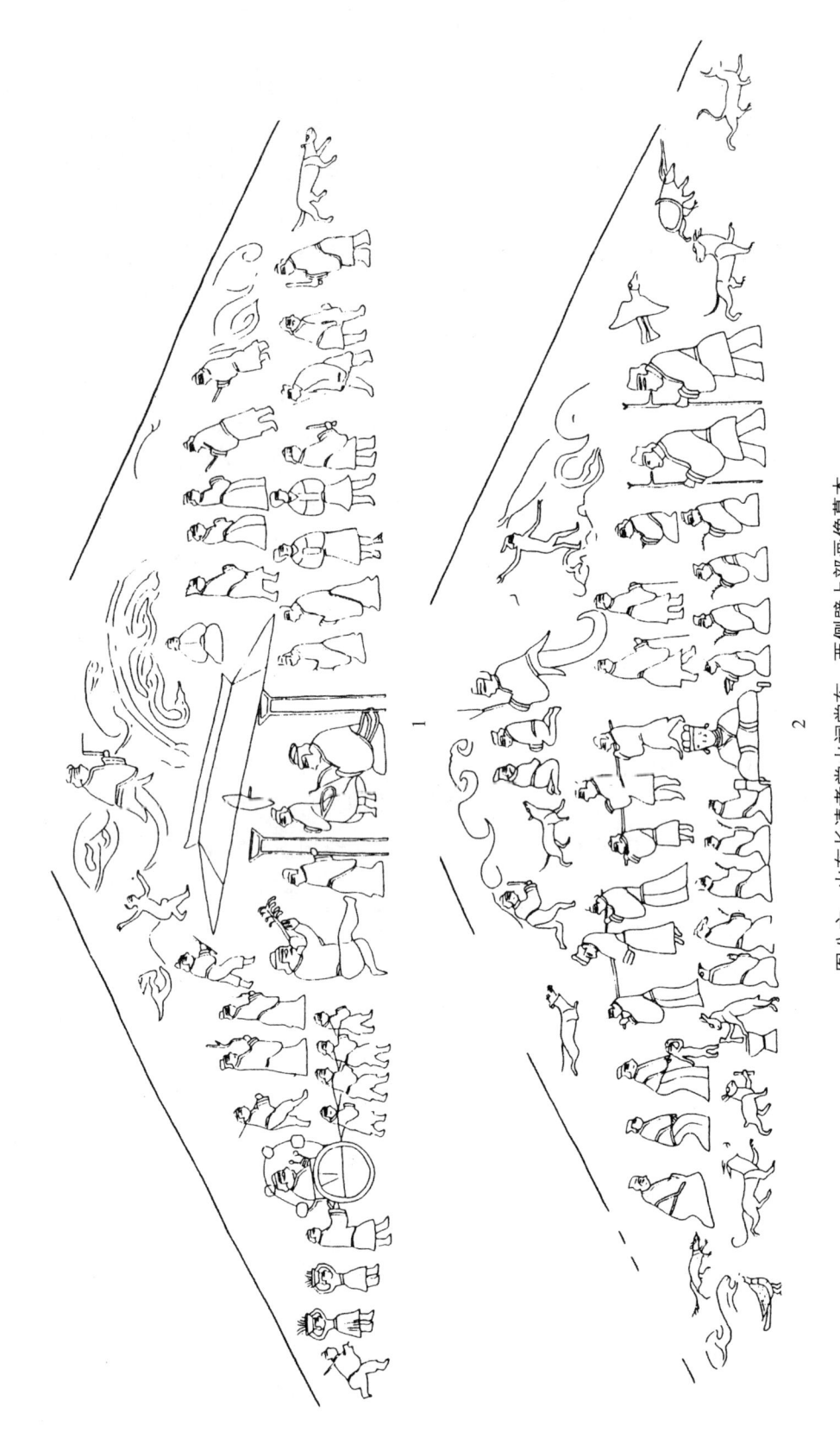

图八六 山东长清孝堂山祠堂东、西侧壁上部画像摹本
1. 东壁的风伯图 2. 西壁的西王母图

最上方，从配置方位上说虽无错误，但从二者的神格来说并不正确。在当时的信仰中，西王母是居住在昆仑山上的女仙，而风伯是天上世界的自然神，二者是品格截然不同的存在。将神与仙相对应，显然与信仰相悖。但由于与西王母相对应的男性仙人还没有被创造出来，早期祠堂画像中用风伯与西王母相对应，可以说是一种权宜之计，是不得已而为之的办法，这也正是风伯与西王母的对应配置在早期祠堂画像中流行的原因。东汉中期以后，作为与西王母相对应的男性仙人，东王父（亦称东王公）终于在群众性造仙运动中被人们创造出来，并在祠堂东侧壁最上层的仙人图中得到表现。关于东王公的由来，在汉代文献中寻找不到任何线索，笔者推测很有可能是从先秦信仰中的东皇太一发展嬗变而来的。据笔者所知，将东王公和西王母图像对应配置的时代最早的纪年祠堂，是建于东汉桓帝元嘉元年（151）的山东嘉祥武氏祠中的武梁祠堂。图八七是武梁祠堂东、西侧壁最上部的仙人图像，东壁为东王公图，西壁为西王母图，两位主仙双肩生翼，作为中心人物在画面中央正襟危坐，其他有翼仙人侍奉在左右，九尾狐、开明兽、三足乌、蟾蜍和捣制不死之药的玉兔等昆仑山上众多可爱的仙禽神兽配置在画面两侧，伏羲、女娲、风伯以及贯胸国等与仙人世界无关的图像内容已看不到。这种构图和配置上的变化，意味着从西汉晚期开始的群众性造仙运动已经完成自己的历史任务而宣告终结。到东汉晚期，以武梁祠堂为代表的这种构图和配置方式，已经成为祠堂仙人图像的标准模式。例如，图三八的山东嘉祥宋山1号小祠堂和图六二的同地4号小祠堂、图六〇的武氏祠前石室即武荣祠堂东西侧壁最上部的仙人图像，都采用的是这种构图和配置方式。

　　将西王母和东王公等仙人图像配置在祠堂中，绝不仅仅是为了装饰祠堂，它表达了祠堂建造者希望祠主死后升仙到昆仑山的强烈愿望。但更直接表现这种强烈愿望的，不是西王母图和东王公图，而是祠主升仙图。这种祠主升仙图，在东汉中期以前的早期祠堂画像中就已出现，图七的山东省嘉祥县嘉祥村出土小祠堂西壁画像第二层的升仙图就是其代表。该石的第一层画像为西王母图，图中西王母所坐的斗柱状台座的下部越过第一、二层画像之间的分界线而垂到第二层画面中，从而将两层画像的内容有机地联系起来。第二层画像的中央即西王母所坐台座的正下方，两只伶俐可爱的玉兔正操杵拥臼捣制着不死之药，画面右侧配置着背上乘有仙人的双人首神兽、有翼仙人以及九尾狐、三足乌等仙禽神兽，这些形象无疑都是作为西王母昆仑山仙界的象征而描绘上去的。第二层画面左侧即捣药玉兔左边的图像，形象地表现了祠主向昆仑山升仙的景象，祠主乘坐的云车由一位仙人驾驭、三只仙鸟牵引，正风驰电掣般自左向右驶来，云车前方是骑在神兽上的持幡导引仙人。在这幅图中，持幡导引仙人的前方就是西王母身下的台座和捣药的玉兔，祠主云车升仙的目的地表现得非常清楚，一看即知是向昆仑山西王母仙界飞

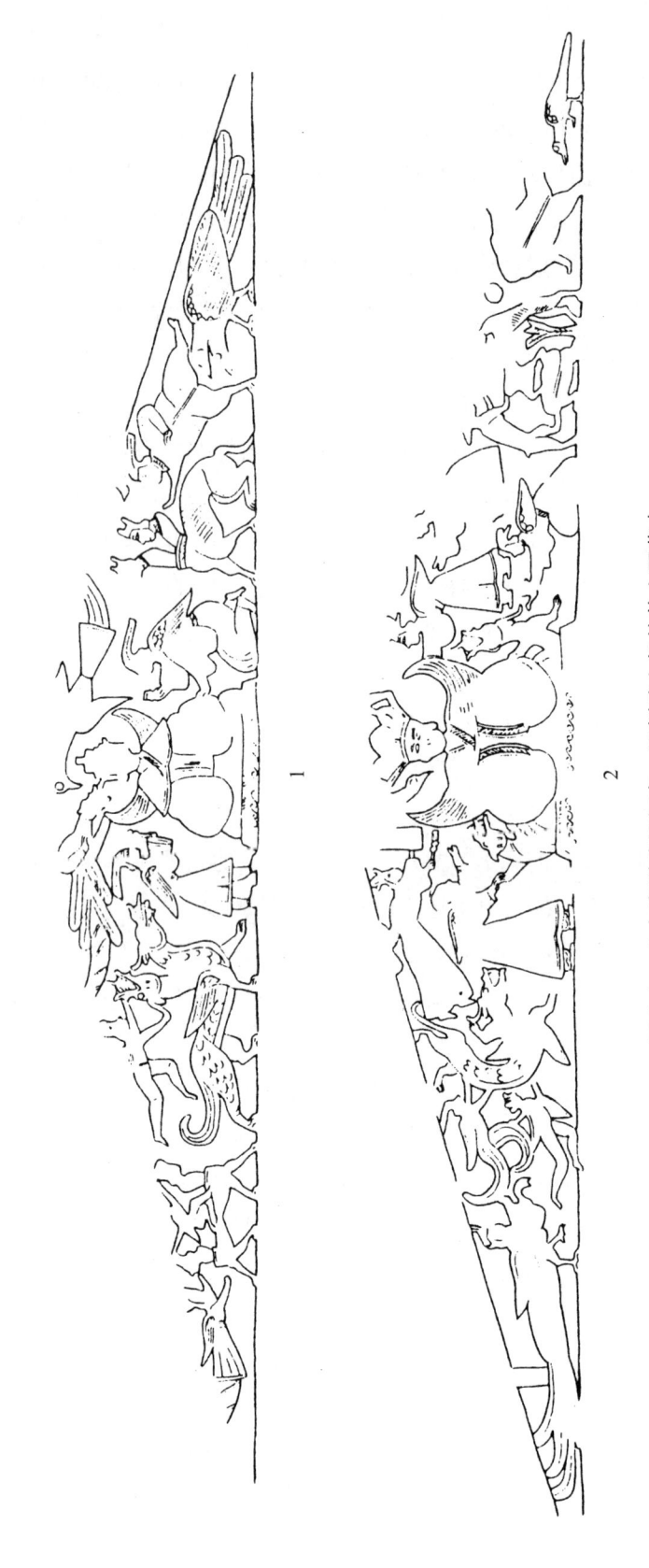

图八七 山东嘉祥武梁祠东、西侧壁上部的仙人图摹本
1. 东壁的东王公图 2. 西壁的西王母图

166 汉代画像石综合研究

升的祠主升仙图。图八八是山东省嘉祥县纸坊镇敬老院出土第九石[1]画像,从该石的形状、图像内容以及雕刻技法看,为东汉早期祠堂西侧壁石无疑。整个画面自上而下分为五层,第一层为西王母图,第二层为祠主升仙图,与图七稍有不同的是,两层画像之间

图八八　山东嘉祥纸坊镇敬老院出土祠堂西壁(第九石)画像

─────────
[1] 朱锡禄:《嘉祥汉画像石》图134,山东美术出版社,1992年。

第四章　墓地祠堂画像石　167

有明显的分界线，第二层图像全部是表现祠主升仙的行进场面。祠主升仙行列在空中自左向右飞行，最前端一位乘龙的有翼仙人持幡为先导，其后为一辆由巨大仙鸟牵引的、上坐有翼仙人的导引云车，祠主乘坐的升仙云车由有翼仙人驾驭、五只仙鸟牵引，飞驰在升仙行列的最后。如果仅从这幅升仙图本身看，祠主升仙行列的目的地是不明确的，但由于其上部第一层的图像题材是西王母仙界内容，升仙行列的目的地只能解释为西王母居住的西王母仙界。这里需要强调指出的是，图中祠主升仙时乘坐的车有舆而无轮，代替车轮的是几朵云气，驾车的也不是牛马等牲畜，而是神奇的仙鸟，说明这是升仙专用的云车。在汉代人的观念中，西王母所居住的昆仑山极远、极高、极险，那里不仅环绕着"不胜鸿毛"的弱水，而且有陆吾之神和开明兽等神怪严加守卫，古来就有"非仁羿莫能上冈之岩"的传说，人们坐普通的车马是绝对无法登上昆仑山的。对普通人来说，要想登上昆仑山到达西王母身边，只能由西王母派遣的仙人和三足乌等使者来迎接和导引，乘坐升仙专用的云车才可实现。图七和图八八中的升仙图，表现的都是祠主在西王母所派遣的仙人的导引下，乘坐云车向昆仑山升仙途中的景象。

在东汉晚期祠堂中，出现了气氛更加欢快、热烈、情趣盎然的祠主升仙图，东王公和西王母这一对人们无限憧憬的男女主仙，双双驾临祠主墓地上空，亲自迎接祠主夫妇升仙。其最著名的画例，是山东嘉祥武氏祠左石室屋顶前坡东段所刻的祠主升仙图（图八九）。画面下方的左侧，伫立着两匹没有乘者的鞍马和一辆华丽的三驾轺车，轺车右边站立的三个人显然就是乘坐这些车马来的。三个人之中，一位头戴通天冠、身份较高的人物显然是轺车的乘者，另二人为头戴武冠的持戟武士，应是刚刚下马的轺车导骑。最左边的持戟武士手指左上方的云气举头张望，另二人也手指左方正在议论着什么。三人的右边，地面上有三座馒头状的坟丘，坟丘右边为阙屋等墓地建筑，一男一女正从阙屋向坟丘跑来。从一座最高大坟丘的顶部，一股浓浓的云气正冉冉升起，盘曲成涡纹状向左侧地上的车马、人物的头上蔓延开去，布满了整个天空。一名手持盾和剑的有翼仙人和其他几位仙人站立在坟丘旁，似正护卫着升起的云气。在漫天的云气中，云头都幻化成鸟头状，众多肩生双翼的男女仙人隐现在云气之中。云气上方的左边，端坐着头戴花冠、双肩生翼的西王母，四名女仙人拱身侍立在西王母两侧；云气上方的正中央，端坐着胡须外撇、双肩生翼的东王公，两边侍立着三名男仙人。滚滚云气中，两辆轺车正分头驰向西王母和东王公。驰向西王母的轺车已来到西王母乘坐的云朵下方，驭手是头戴巾帼的女仙，一名披发的有翼仙人正用双手阻控驾车之马，表明已经到达目的地。驰向东王公的轺车已来到东王公的左边云头之上，驭手是一名有翼的男仙，车舆之后另一名男仙正推车前进，一名蛇尾状双足的有翼仙人飞翔在车前似正驱赶着驾马。在两辆轺车后面的云气中，都有身着冠服、执板恭送的有翼仙人。画面上虽然看不到祠主的形象，

图八九 山东嘉祥武氏祠左石室天井石的祠主升仙图摹本

第四章 | 墓地祠堂画像石 169

但由于升仙的云气都是从坟丘中冒出的，说明坐在两辆轺车中乘云气升仙的只能是墓主夫妇即武氏祠左石室祠主夫妇。两辆轺车从表面看，似乎与汉代妇女专用的普通轺车没有什么区别，但车舆的后部和驾马的肩部都有羽翼，说明这绝不是普通的轺车，而是升仙专用的仙车。这幅祠主升仙图，整个画面充满欢乐而神秘的气氛，这里没有死亡的痛苦，只有对未来幸福的热烈渴望，人们对自己所创造的幸福之仙的憧憬和不懈追求在艺术幻想中得到完美实现。

对这幅画像的内容，林巳奈夫曾作过详细的考证。林巳奈夫认为，图中端坐在云气上方的男女主仙分别是黄帝和西王母，乘坐两辆有翼轺车升仙的不是祠主夫妇而是住在画面右下方房屋里的人，画像表现的是人升天到黄帝身边的景象[1]。林巳奈夫考证的主要文献依据是《淮南子·览冥训》所说的"西老折胜，黄神啸吟"这句话，其图像学依据是男神位于云气上方的正中央，而女神位于偏右位置，因此判定男神是比西王母身份更高的黄帝。但笔者认为，这两点都不能成为林巳奈夫之说成立的根据。首先，"西老折胜，黄神啸吟"这句话，只是形容夏桀的倒行逆施已激起天怒人怨，致使西王母折断玉胜，黄帝怒啸不已，文句中并没有将黄帝作为男神的代表去与女神西王母相对应的意思。而林巳奈夫之说的图像学依据更加站不住脚，武氏祠左石室属于东汉晚期祠堂，当时以东王公和西王母为主人公的昆仑山仙人世界观念早已确立并已深入人心，用天上风神来与西王母对应的图像配置法也已经成为艺术史上的陈迹，因此这幅画像中与西王母相对应的男性仙人只能是东王公。大量的考古发现也证明了这一点，在迄今所发现的数以百计的东汉晚期仙人图像中，与西王母相对应的男性仙人都是东王公，没有一例是黄帝。最后要指出的是，在考察这幅祠主升仙图时绝不能忘记，图像表现的重点并不是端坐云端的男女仙人，而是升仙的祠主夫妇。在"男尊女卑"的东汉时代，绘制升仙图时，升仙的男性主人公以及他要拜访的男性主仙东王公理所当然地要配置在最重要的中心位置，升仙的女主人公因自身地位较低，连她要拜访的女性主仙西王母也受到牵连，不得不屈尊被配置在较次要的位置。此外，如前所述，对汉代普通民众来说，是没有死后升天观念的。因此，林巳奈夫对武氏祠左石室升仙图的解释是不能成立的。笔者认为，这幅图像表现的是东王公和西王母这一对男女主仙亲自来到武氏墓地上空，迎接武氏祠左石室祠主夫妇升仙的情景。这幅画像之所以配置在祠堂的顶石上，并非表示祠主升天，而只是表明升仙到西王母的昆仑山仙界必须凌空飞过天际。在迄今所发现的汉代升仙图中，这是场面最为壮观、最富情趣、最具人情味的作品。

---

[1] 林巳奈夫：《漢代の鬼神世界》中"羽化升天到黄帝身边"一节，载《漢代の神神》，临川书店，1989年，157～160页。

第六节　表现诸神天上世界内容的画像

在汉代的祠堂画像石中，以诸神天上世界为题材内容的画像，按照当时人们的宇宙方位观念，大多配置在祠堂屋顶内面即天井部位。这些画像，怪诞诡异，荒乎不经，形象而生动地表现了当时人与天上世界诸神的关系。

笔者在第三章第四节已经指出，在佛教传入以前的古代社会，在人们的观念中，上帝和诸神的天上世界是最恐怖可怕的地方，因此不可能有升天的思想。正因为如此，商周以来就形成了"敬天""畏天""畏天之威"的传统观念。这种敬畏上天的观念，经过战国以来儒家的理论化和体系化，特别是经过汉武帝时期儒家代表人物董仲舒的改造，变为一种极其神秘的"天人感应"学说，并在汉武帝的支持下成为占统治地位的社会思想。这种"天人感应"说认为，上天即天上世界的上帝和诸神不仅是整个宇宙最高的终极存在，而且是自然秩序和现实人间社会秩序的最高管理者和裁判者。它像一个性格古怪的严厉老人，永远以一副冰冷严酷的面孔审视着一切。它从不对凡世明确表态，而只用灾异给以暗示；它能降祥瑞于人间，而更多的是将灾祸刑杀无情地加给下民。它高高在上，无所不知，无所不能。当它对人间的秩序感到满意时，会从天上世界给人间降生各种表示祥瑞的神奇动物和植物；而它不满时，就会将各种怪异事物降至人间以示警告，如果还没有效果，就会降下各种灾祸，让人间发生地震、洪水、大火等人类无法抗拒的天灾；当它爆发雷霆之怒时，就会对人间的罪大恶极者施行可怕的天罚。在上天面前，人永远是可怜的被动者，只有毕恭毕敬地奉献牺牲和五体投地、诚惶诚恐地祈求恩赐福泽的义务，而没有任何反抗甚至表示些微不满的权利。西汉中期以后，随着儒家影响力的不断加强，这种"天人感应"或"天人合一"的思想逐步影响到社会各个角落，到东汉时期，已经成为决定人们思维和行动的不可动摇的社会观念。这一社会观念的发展变化过程，在汉代祠堂画像石中得到真实而形象的表现。

在汉代祠堂画像石中，上帝和诸神的天上世界有三种表现方式，即用天象图、祥瑞图和上帝诸神图来表现天上世界。按照当时人们的宇宙方位观念，这类内容的画像一般都配置在祠堂顶石上，少数早期祠堂如前一节提到的山东长清孝堂山祠堂东西侧壁最上部也配置有天上诸神内容的图像。

在东汉中期以前的早期祠堂中，用天象图来表现天上世界是最流行的表现方法。图九〇是山东省长清县孝堂山祠堂三角形隔梁石底面所刻的天象图。因孝堂山祠堂是坐北朝南的建筑，三角形隔梁石也沿南北方向纵置于祠堂中轴线的上部以起支撑天井石和分

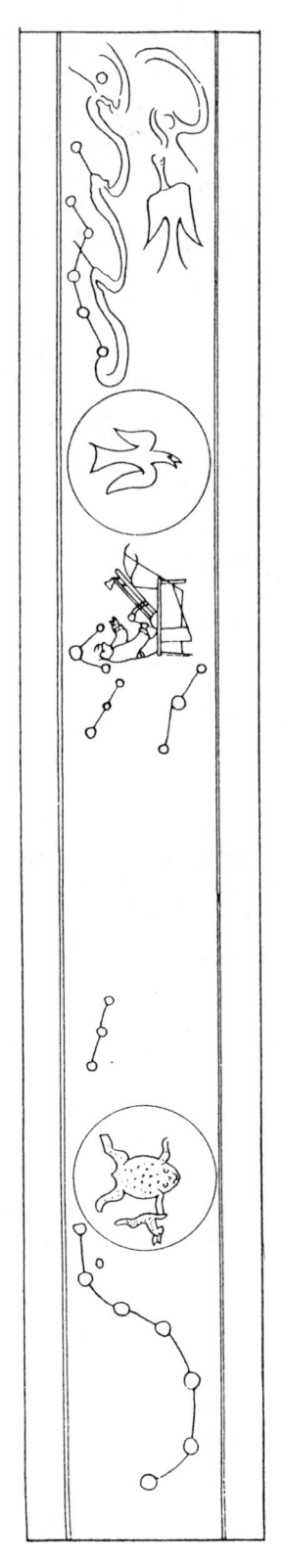

图九〇 山东长清孝堂山祠堂隔梁石底面的天象图摹本

172 汉代画像石综合研究

隔左右开间的作用。因此，图九〇画面的右方为南，左方为北，南北长191厘米，东西宽30厘米，图像分为南北两组。南组图像的南端，配置着由直线贯连的五颗星辰组成的星座和两颗独立的星辰，周围飘浮着带状流动云气，一只神鸟在云气中向南飞翔。据《史记·天官书》记载："南宫朱鸟，权、衡。衡，太微，三光之廷。匡卫十二星，藩臣：西，将；东，相；南四星，执法；中，端门；门左右，掖门。门内六星，诸侯。其内五星，五帝坐。"图像中的两颗独立的星辰，应即为南宫中的主星权、衡二星。《集解》引孟康注曰："轩辕为权，太微为衡。"五星所组成的星座应为五帝坐。《正义》注曰："黄帝坐一星，在太微宫中，含枢纽之神。四星夹黄帝坐：苍帝东方灵威仰之神；赤帝南方赤熛怒之神；白帝西方白昭矩之神；黑帝北方叶光纪之神。五帝并设，神灵集谋者也。"可见五帝坐实际表现的是天帝。关于神鸟图像，《集解》引文耀钩曰："南宫为赤帝，其精为朱鸟。"南组图像南端的这组星象，都属于天象中南宫的星辰，因此可称为南宫星象图。其北即南组图像的中段，是日轮图，日轮内有一只展翼飞翔的踆乌。日轮图之北即南组图像的北端为织女图，画面上织女正坐在织机上织作。织女头顶之上有三颗用直线连成斗笠状的星座，当为织女星座，其顶端的大星就是织女星。织女图之北有两组用直线串联三颗星组成的星座，应分别是牵牛星和河鼓星。据《史记·天官书》记载，织女、牵牛和河鼓三个星座均在南斗北，"南斗为庙，其北建星。建星者，旗也。牵牛为牺牲。其北河鼓。河鼓大星，上将；左右，左右将。婺女，其北织女。织女，天女孙也"。《正义》注曰："南斗六星，在南也。"从上述可以看出，孝堂山祠堂三角形隔梁石南组图像中的星座都是天象中位于南方的星辰，而南方主火属阳，日轮为阳之精，故亦配置在南方星辰之中。隔梁石北组图像的北端为北斗七星图，中部为内有玉兔和蟾蜍的月轮图。北斗七星为天象中位于北方的星辰，北方主水属阴，月为阴之精，故亦配置于隔梁石北组图像。在月轮图之南即北组图像的南端，另有一组由直线串联三颗星辰组成的星座。《史记·天官书》云："中宫天极星，其一明者，太一常居也；旁三星三公，或曰子属。"《正义》注曰"三公三星在北斗杓东，又三公三星在北斗魁西"，可知这组星座为三公三星。在隔梁石底面的两组图像中，最引人注目的是织女星图像，它以人的形象被刻绘在显著的位置。之所以如此配置和构图，不仅因为牛郎织女的优美人神恋爱故事为当时的人民大众所熟知和喜爱，还应与当时盛行的每年七夕妇女祈愿祭俗有关。《四民月令》载：七月七日，"设酒脯时果，散香粉于筵上，祈请于河鼓、织女"。注曰："言此二星神当会，守夜者咸怀私愿。或云，见天汉中有奕奕正白云，如地河之波，辉辉有光曜五色，以此为徵应，见者便拜乞愿，三年乃得。"到南北朝时期，这种妇女七夕祈愿祭俗嬗变为妇女的七夕乞巧风俗。据《荆楚岁时记》载："七月七日为牵牛织女聚会之夜。是夕，人家妇女结彩缕，穿七孔针，或以金银鍮石为针，陈瓜果于庭中以乞巧。"这种乞巧风俗一直流行到近代。在汉代的天象图中，出现织女机织的形象，应与后代的乞巧风俗无关，表达的应是祠堂建造者祈求幸福的愿望。从这两组天象图中，可以看出以下两点。第一点，以内有踆乌的日轮、内有蟾蜍和玉兔的月轮、朱鸟为象征的南宫诸星以及北斗七星等天体图像分别代表天上世界的东、南、西、北四方，并用这些图像共同来表现整个天上世界，是东汉中期以前天上世界内容画像的典型表现方法。换言之，用天象图来表现天上世界是当时最流行的艺术方法。在这种天象图中，为了增加图像的艺术魅力，多采用将神话传说形象化的艺术手法，用踆乌、朱鸟和织女等艺术形象来表现相关的天象。第二点，在这种早期祠堂的天象图中，还看不到描绘天上世界诸神的令人毛骨悚然的恐怖图像。

东汉中期以后，这种状况为之一变，祥瑞图和阴森恐怖的上帝诸神图取代了天象图，成为表现天上世界的主要方法。在晚期祠堂中，用祥瑞图来表现天上世界，以山东嘉祥武氏祠中的武梁祠天井石图像最为著名。因武梁祠早已倾圮，又长期掩埋地下，漫长岁月的风雨侵蚀已使天井石图像大半漫漶不清。根据文献记载和宋元旧拓，武梁祠的两块天井石上刻有40多幅祥瑞图[1]，目前尚能辨识的不及二分之一。这两块天井石习惯上被称为祥瑞图第一石、第二石，据蒋英炬和吴文祺二人的复原图，原来分别为武梁祠的前、后天井石。因第一石剥落损坏殊甚，几乎无法辨识，这里仅以第二石为例，同时参照《金石索》等书关于该石图像铭文的记载，对其图像内容略加分析。该石画面共分三层，第三层为车马图，第一、二层为祥瑞图像（图九一）。在两层祥瑞图中，因第一层图像的保存状况稍好，下面笔者主要分析这些图像。

第一层共刻绘十幅祥瑞图，自左而右各幅图像及其铭文如下。

第一幅为银瓮图，银瓮侈口鼓腹，下有高圈足。铭文曰：银瓮，刑法得中则至。就是说，只要统治者刑法得当，上天就会降示银瓮。

第二幅为白鱼和比目鱼图。画面上方为白鱼图，鱼形如鲤。铭文曰：白鱼，武王渡孟津，入于王舟。据《史记·周本纪》载，周武王即位第九年，"武王上祭（文王）于毕。东观兵，至于盟津（即孟津，在今陕西省泾水县）。为文王木主，载以车，中军。武王自称太子发，言奉文王以伐，不敢自专。乃告司马、司徒、司空、诸节：'齐栗，信哉！予无知，以先祖有德臣，小子受先功，毕立赏罚，以定其功。'遂兴师。……武王渡河，中流，白鱼跃入王舟中，武王俯取以祭。既渡，有火自上复于下，至于王屋，流为乌，其色赤，其声魄云。是时，诸侯不期而会盟津者八百诸侯。诸侯皆曰：'纣可伐矣。'

---

[1] 俞伟超、信立祥：《武氏石祠》，载《中国大百科全书·考古学》，中国大百科全书出版社，1986年；林巳奈夫：《漢代の鬼神世界》中"羽化升天到黄帝身边"一节，载《漢代の神神》，临川书店，1989年，198～201页。

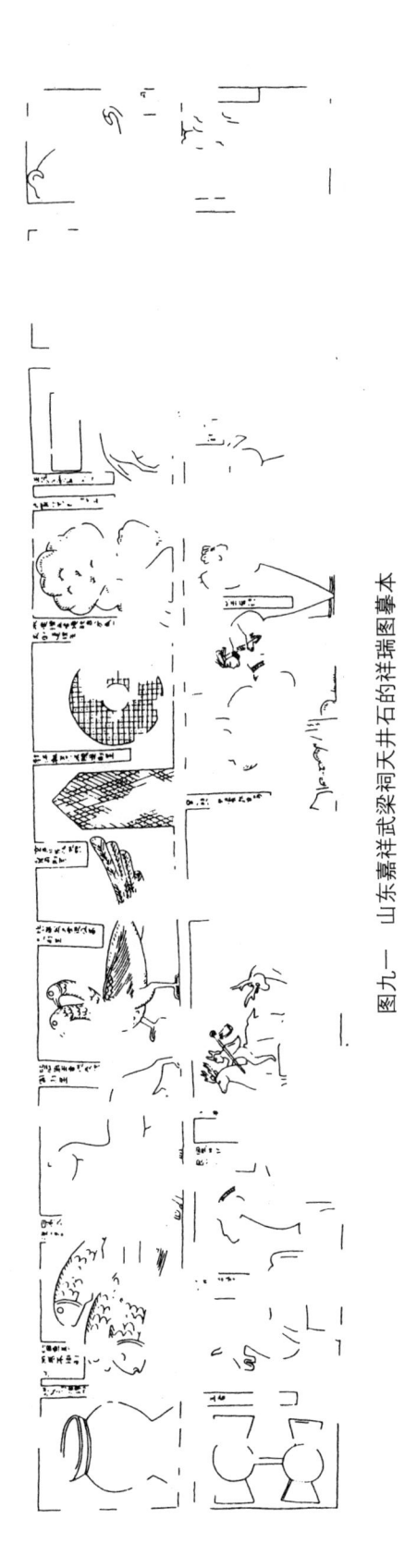

图九一　山东嘉祥武梁祠天井石的祥瑞图摹本

第四章｜墓地祠堂画像石　175

武王曰：'女未知天命，未可也。'乃还师归"。周武王伐纣，历来被儒家视为正义之举，故白鱼跃入王舟也被说成是天降祥瑞。

白鱼图下方画一条宽腹双头的怪鱼。铭文曰：比目鱼，王者幽明无不衙（禦）则至。就是说，只有最高统治者英明睿智，洞察一切，上天才会降赐比目鱼这种祥瑞。

第三幅为比肩兽图，图中绘一只双头鹿形异兽。铭文曰：比肩兽，王者德及鳏寡则至。

第四幅为比翼鸟图，绘的是一只双头颈的大鸟。铭文曰：比翼鸟，王者德及高远则至。就是说，最高统治者恩惠及于偏远之处才会出现比翼鸟这种祥瑞之物。

第五幅画的是一枚表面有细密斜向方格纹的玉圭。铭文曰：玄圭，水泉流通，四海会同则至。就是说，玄圭这种祥瑞，只有在江河通达、天下安乐之时才会出现。

第六幅画的是一枚表面有细密方格纹的玉璧。铭文曰：璧流离（琉璃），王者不隐过则至。即琉璃璧，这种祥瑞只有最高统治者不隐瞒自己的过失时才会出现。

第七幅画的是两株树干上部结为一体的连理木。铭文曰：木连理，王者德纯洽，八方为一家则连理生。这种祥瑞，只有最高统治者道德高尚精纯、天下和睦如一家时才能出现。

第八幅图像的上方为一横长的框栏。铭文曰：玉英，五常并修则至。即只有达到父义、母慈、兄友、弟恭、子孝等五种儒家基本伦理道德要求时，玉英这种祥瑞才会出现。

下方图像的右半部已经漫漶不清，左半部只能辨认出一只动物的臀尾和后足。从《金石索》卷四所载的图像看，原图画的是一只似熊的动物。铭文曰：赤罴，仁奸明则至。赤罴这种祥瑞动物，只有最高统治者明辨贤仁和奸恶时才会出现。

第九幅祥瑞图及其铭文因石面漫漶剥落过甚，已无从辨认。

第十幅祥瑞图已大半漫漶不清，仅能辨认出一个长有山羊一样弯曲角的动物头的上部。铭文曰：玉马，王者清明尊贤者则至。就是说，只有最高统治者无比英明，尊重贤者时，玉马这种祥瑞才会出现。

此石第二层的图像内容与上述十幅图像基本相同，从铭文看，都是象征祥瑞的事物。在祠堂的天井石上，刻绘这些充满神秘主义色彩的祥瑞图，显然是为了表达祠堂建造者特别是祠主武梁的政治理想，但同时也从一个侧面证明了在当时人们的观念中，上天即天上的上帝和诸神具有至高无上的权威。换言之，作为宇宙最高存在的天帝和诸神，只有对人间社会的现状感到满意时，才会将这些祥瑞事物从天上世界赐降到人间世界，而天帝和诸神衡量人间社会的标准则是儒家的政治信条和伦理道德规范。

在东汉晚期祠堂画像中，最流行的天上世界的表现方法并不是祥瑞图，而是充满恐怖气氛的、人格化的天帝和诸神图像。

1956年，江苏省文物管理委员会的考古人员在发掘徐州市铜山县洪楼村1号汉画像石墓时，在坟丘前的地面上发现了一组零散的东汉晚期祠堂画像石[1]。尽管该祠堂至今尚未复原，但根据笔者对这些画像石形态的观察，其建筑形式应与山东长清的孝堂山祠堂相同，是一座双开间祠堂。图九二[2]、图九三[3]和图九四[4]分别为该祠堂中部支撑天井石的三角形隔梁石和两块天井石的画像。让我们先来看一下图九二的两幅图像。这两幅图像分别刻在三角形隔梁石的左、右侧面，其中右侧面画像内容是前面已经介绍过的祠主升仙图。画面的正中央，东王公在矮榻上凭几而坐，左侧侍立着一位手持仙草的有翼仙人，右侧上方一条双角巨龙用嘴为东王公撑着一把曲柄华盖，巨龙下方是一只欢快舞蹈的蟾蜍。东王公左边的画面，云气中隐现着几位仙人和仙禽神兽，无疑，它们是作为东王公仙境的场景而出现在图像中的。东王公右边的画面上，头戴三山冠的祠主坐在一辆由一位有翼仙人驾驭、三只神鹿牵拉的云车上，在云气中正风驰电掣般自右而左向东王公驰来，一名有翼仙人骑着神兽紧随在云车之后。因这幅祠主升仙图与天上世界的画像主题无关，可姑置不论，让我们再来考察一下隔梁石左侧面的图像内容。在画面的中央偏左位置，一个身躯伟岸的巨人正用双手奋力拔着一棵大树，树干在巨人的神力下已近倒折。右侧，另一位头戴羽冠的巨人背着一只已被击毙的巨兽，左手紧握搭在肩上的兽尾，正大步向拔树巨人走来，两张棱角分明的大脸左右相对，似在互相交谈。其身后，跟着三位巨人，最前面的巨人双手举着一个大釜直过头顶，第二个巨人双手抱着一只似鹿的动物，最后面的巨人双手抱壶。拔树巨人的左侧，一位巨人骑在一只猛虎背上，另一身躯稍小的神人右手挥刀、左手拥盾拦在猛虎身前，二人似正倾尽全力与猛虎拼搏。同样的内容在图九五[5]的第四层图像中也可以看到。这块画像石清代乾隆年间由黄易发掘出土后，被编为武氏祠后石室第三石，根据近年蒋英炬和吴文祺对武氏祠所作的复原，证明后石室是不存在的，该石原是武氏祠左石室顶部前坡西段的天井石。该石图像共有上下四层，其中第四层图像的内容与图九二, 1大致相同，但构图却更为复杂。画面的中央，一个头戴武冠的巨人正用双手拔起一棵大树；其右，一位肩扛死虎的巨人和一位肩扛死牛的巨人正一前一后大步向拔树巨人走来，扛虎巨人回首用右手抓住虎头，扛牛巨人用左手抓住虎的一只后腿，共同抬着另一只巨大的死虎；两位巨人脚下，奔跑着两只猎犬；他们的上方，另一巨人正躬身向左奔跑；两位巨人身后，跟着一位骑马的

---

[1] 王德庆：《江苏铜山东汉墓清理简报》，《考古通讯》1957年4期。
[2] 徐州市博物馆：《徐州汉画像石》图80和图82，江苏美术出版社，1985年。
[3] 徐州市博物馆：《徐州汉画像石》图85，江苏美术出版社，1985年。
[4] 徐州市博物馆：《徐州汉画像石》图84，江苏美术出版社，1985年。
[5] 林巳奈夫：《漢代の鬼神世界》中"羽化升天到黄帝身边"一节，载《漢代の神神》，临川书店，1989年，第五章附图17。

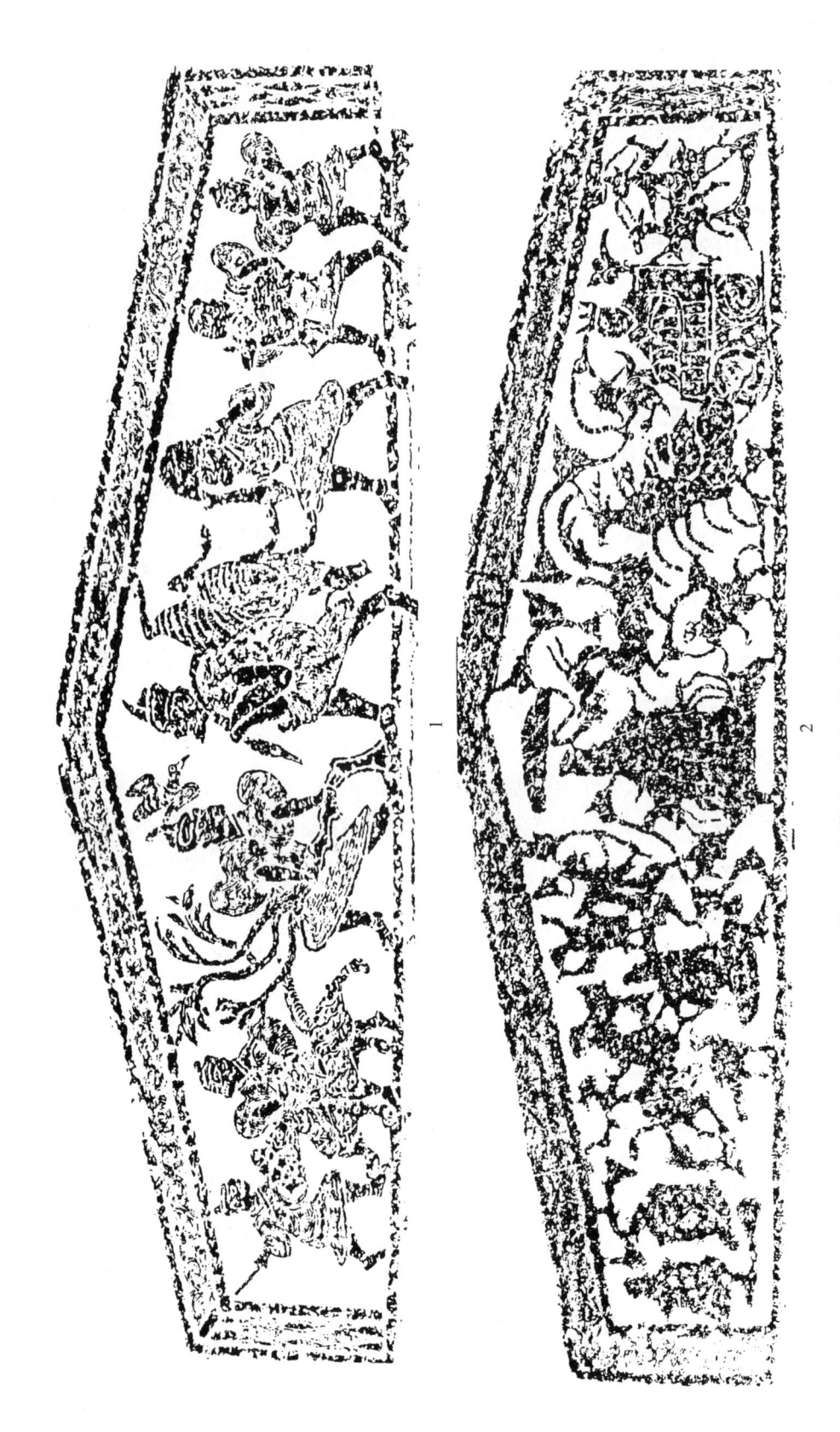

图九二 江苏徐州洪楼村出土祠堂隔梁石画像
1. 左侧面画像 2. 右侧面画像

图九三 江苏徐州洪楼村出土祠堂天井石画像

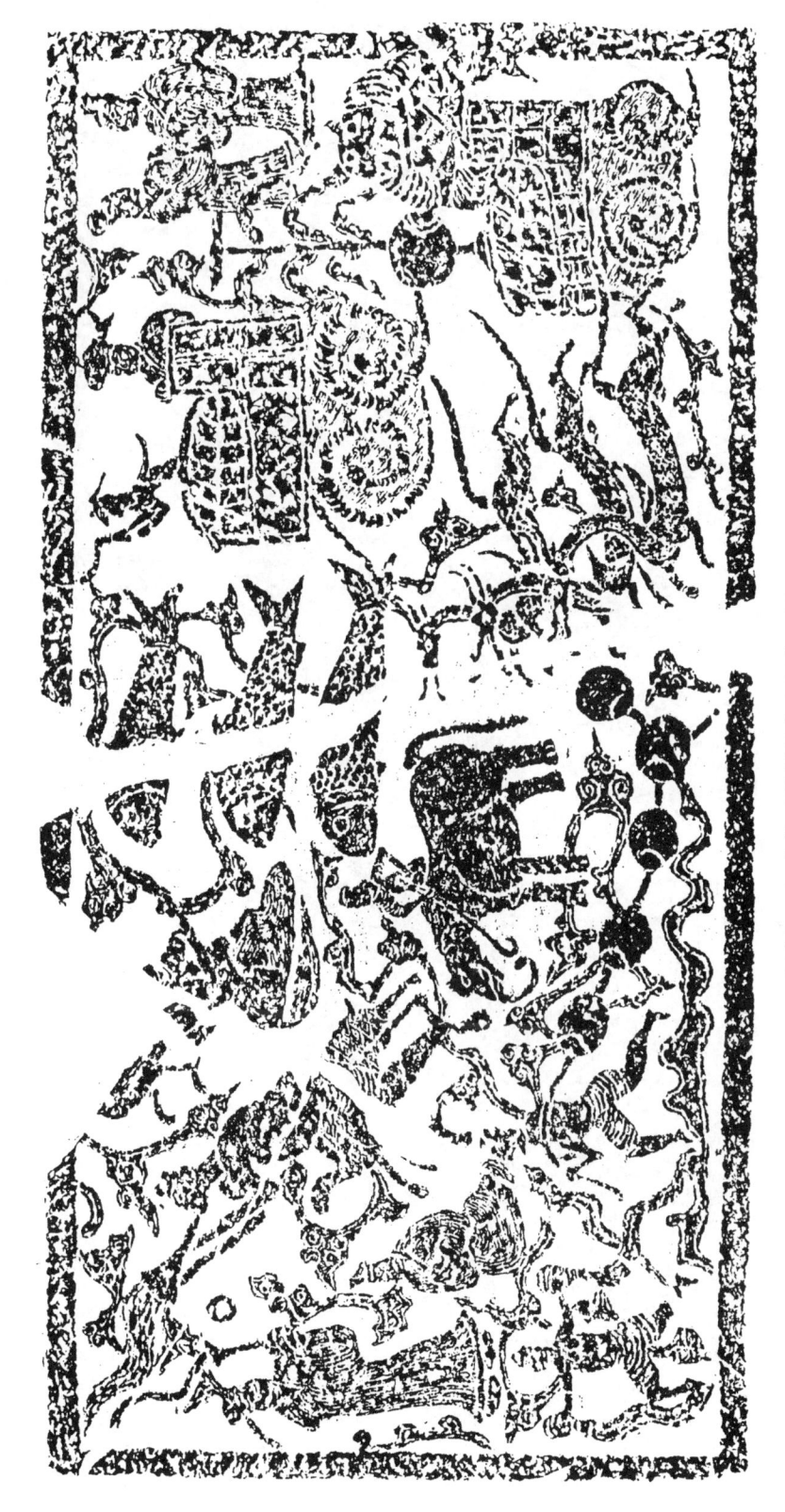

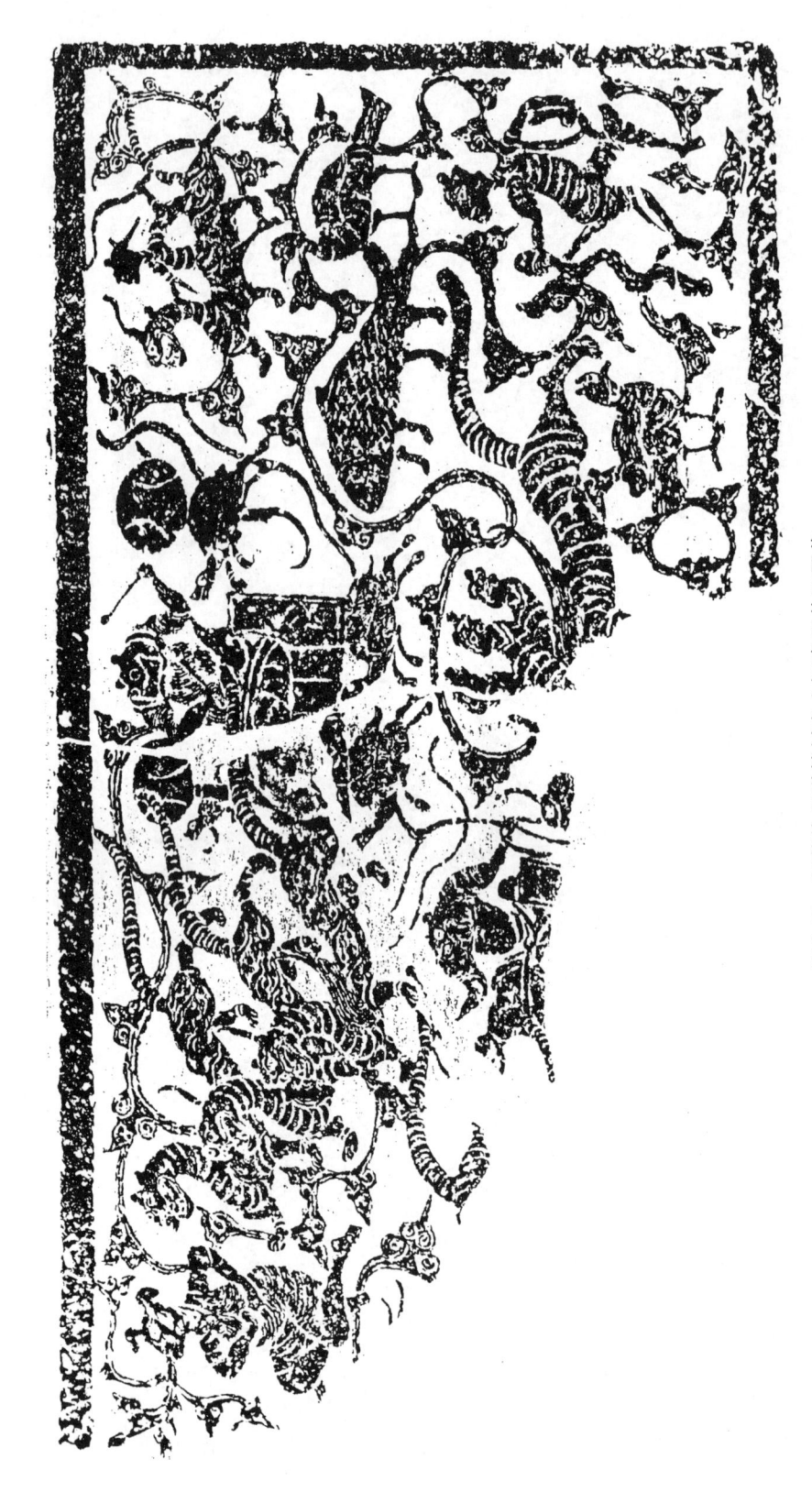

图九四 江苏徐州洪楼村出土祠堂天井石画像

180 汉代画像石综合研究

人物。拔树巨人的左边，两位巨人分别用左手抓住牛尾和牛角，共同抬着一头巨大的死牛；其下方，另两位巨人正追赶一头似熊的怪兽，前面的巨人已抓住怪兽的一只后腿将怪兽提起。画面的左端，一头巨虎只画出硕大的虎头，气势汹汹地扑向右边的巨人，巨人作回首趋避搏斗状；巨人脚下，一头雄牛正向左奔逃。对这两幅画像的图像学意义，林巳奈夫曾进行过考证，尽管他最后无可奈何地认为"现在的问题是，没有与（图像中）一群力士相关的任何线索。这一图像故事主人公们的固有名词现在尚无法找到"，但因看到山东沂南汉画像石墓中室八角形擎天柱北面的画像中有拔树力士的形象，于是仍然牵强附会地认为图像表现的是北方豪杰[1]。笔者认为，这两幅图像，实际上表现的都是可怕的诸神守卫天门的景象。《楚辞·招魂》中"魂兮归来！君无上天些。虎豹九关，啄害下人些。一夫九首，拔木九千些。豺狼从目，往来侁侁些。悬人以嬉，投之深渊些。致命于帝，然后得瞑些。归来归来，往恐危身些"的诗句，可以看成是对这两幅图像的文字解释。当然，由于时间和地域不同，诗句和图像所描绘的诸神的形象也有所不同。例如，《楚辞·招魂》中所描绘的拔术之神是个九首怪神，而图九二，1和图九五第四层图像中的拔木之神却是一位形象像人的巨神。尽管如此，两者所表达的意义却并无区别，都是描绘和渲染天上世界阴森恐怖的。除了这两幅图像，图九五第三层画像也表现了相同的主题。画面的右端，一位身躯雄伟的纵目巨神昂然面左而立，巨神头戴上立两耳的软冠，身着短裤，正张开巨口吞食右手抓着的一个小人，小人的一条腿已被吞入口中。巨神左边，一个形象极为可怕的熊形怪神头戴双耳冠，头上顶着弩机，两只前足一持剑，一握手戟，两只后足分别抓着钩镶和短矛，几乎武装到了牙齿。怪神脚下，一只熊形神兽正用一只前爪拉着怪神的右腿。熊形神兽的左边，是一个与画面右端的巨神形状相同的人形神，头戴之冠、突起的纵目、身着的短裤等也几乎完全相同，但身材更为高大。所不同的是，这位向右奔走的巨神不是徒手，而是一手持钩镶，一手挥剑。在这位巨神的身后，跟着三位人形神。第一位头戴武冠，身着袍服，左手举魁，右手提着一个长颈壶。第二位和第三位神人身着短裤、披发瞋目，二神均一手举魁和钵，一手挥动着长柄罩网，作张口大叫状，似乎在驱赶追捕着什么。在两位狰狞的披发神人之间，跳动着两只像泥鳅一样的怪异动物。两位披发神人身后，跟着四头熊形神兽，其中一头身形奇小，两只前爪分别拉着第三位披发神人的腿和一头熊形神兽的后足，大概是熊形神兽的幼子。在四头熊形神兽的左面即画面的左端，三个头上戴帻、身着短裤的神人，一人右手托一大口罐，另二人右手持剑，似正驱赶着熊形神兽右行。关于这幅图像的内容，日本的小林

---

[1] 林巳奈夫：《漢代の鬼神世界》中"羽化升天到黄帝身边"一节，载《漢代の神神》，临川书店，1989年，182～183页。

图九五　山东嘉祥武氏祠左石室天井前坡西段画像摹本

182　汉代画像石综合研究

太市郎认为是傩神图[1]，林巳奈夫则认为是"'天帝使者'放逐三苗图"[2]。笔者认为，要正确解释这幅图像，关键是搞清画面右起第二个神怪即武装到牙齿的熊形怪神的身份和职掌。林巳奈夫研究认为，这位动物形怪神是天帝使者，其右侧正在吞食小人的巨神是三苗，整个图像表现的是天帝使者根据帝尧的命令正率领部属放逐三苗的场面。林巳奈夫立论的根据是图九六，1的带钩正面图案[3]。带钩出土地点不明，图案以钩体中央的怪神为中心，上下左右分别配置朱雀、玄武、青龙、白虎形象。带钩的钩部为朱雀之头，钩体上部可看出朱雀的双翼、胴体、尾翼和双足。朱雀之下的兽面怪神面目狰狞，全身裸露，两只圆睁的兽眼和头顶上的两个圆环极为醒目，两手分别持握着剑和盾，双脚抓着刀和斧，形象极为凶猛恐怖。带钩的背面，偏上位置刻有"大吉"二字，另外，在连接革带的钩钮上刻有"天帝使者"四字铭文。很明显，铭文中的"天帝使者"，绝不是泛无所指的常见吉祥语，而是某类人的特有称呼。林巳奈夫认为，"天帝使者"指的既不是带钩的制作者，也不是带钩的所有者和使用者，而是带钩正面图案上的怪神。换言之，林巳奈夫认为带钩图案中那位手足均持兵器的兽面怪神就是"天帝使者"[4]。对林巳奈夫的这一推断，笔者难以苟同，其理由有三。首先，按照汉代使用铭文的惯例，解释或说明图像内容的铭文一般都应该配置在图像之旁，但"天帝使者"四字铭文却不是刻在带钩正面的怪神图像旁，而是配置在带钩的背面。因此，林巳奈夫用带钩背面的铭文来解释带钩正面的图像，这种研究方法显然是不正确的。第二，本章第二节已经指出，在东汉时期，"天帝使者"并不是天上世界的诸神，而是当时的太平教的道士。笔者认为，带钩背面铭文中的"天帝使者"指的正是带钩的所有者或使用者，而这个人应是太平教的道士。1965年，从河北省石家庄市东岗头村的一座东汉晚期墓[5]中出土了一件带钩，其正面的图案（图九六，2）与图九六，1的带钩图案相同。东汉晚期，现在石家庄市所在的河北省中部地区是张角为教主的太平教的发源地和最流行的地区，东汉灵帝中平元年（184）由太平教发动的全国规模的农民大起义——"黄巾起义"就首先爆发在这一地区。因此，在这一地区的东汉晚期墓葬中发现太平教道士佩带使用的带钩是毫不足怪的。这件带钩的佩带使用者即石家庄市东岗头村东汉晚期墓的墓主，很有可能就是当时太平

---

[1] 小林市太郎：《汉唐古俗と明器泥像》119～120页，1947年。
[2] 林巳奈夫：《漢代の鬼神世界》中"羽化升天到黄帝身边"一节，载《漢代の神神》，临川书店，1989年，168～170页。
[3] 林巳奈夫：《漢代の鬼神世界》中"羽化升天到黄帝身边"一节，载《漢代の神神》，临川书店，1989年，第五章图1。
[4] 林巳奈夫：《漢代の鬼神世界》中"羽化升天到黄帝身边"一节，载《漢代の神神》，临川书店，1989年，129～132页。
[5] 王海航：《石家庄市东岗头村发现汉墓》，《考古》1965年12期。

教的上层成员。最后一点是，在古代文献中，根本找不到帝尧派遣"天帝使者"放逐三苗的记载。从这三点看，林巳奈夫的推断是不能成立的。那么，这两件汉代带钩正面图案上的兽面怪神和图九五第三层画面中的熊身怪神究竟是何方神圣呢？图像中的怪神形象为解答这个问题提供了重要线索。从图像中，可以看出这位怪神有三个特征：一是裸露的身体似熊；二是手、足和头部都有刀、剑、盾、戟、弩机等兵器；三是怪神面颊两侧或上部都生有一对圆圆的大眼，与额下的双目合为四目。在汉代皇宫每年腊月举行的被称为大傩的驱鬼仪式中，可以看到与这个熊身怪神相同的形象。关于大傩仪式，《续汉书·礼仪志》记载云：

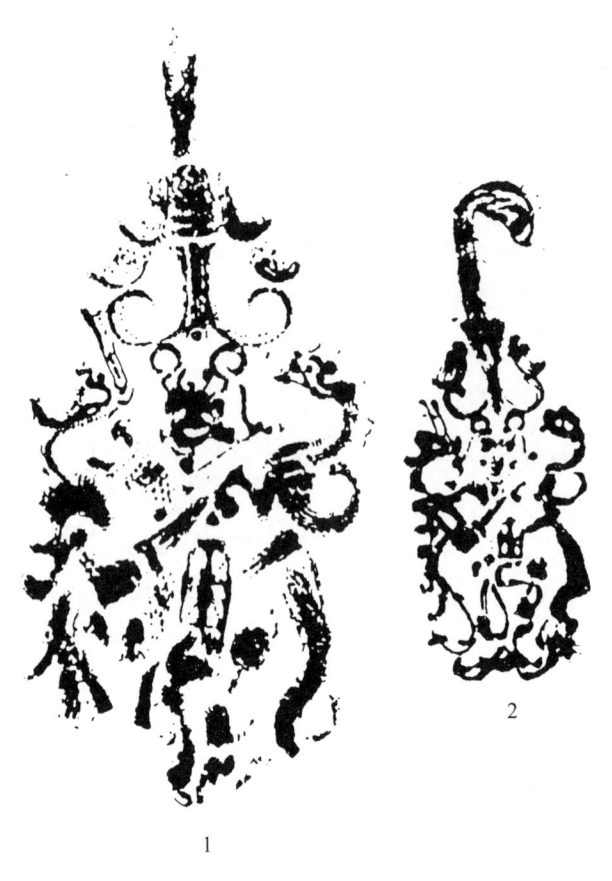

图九六　汉代傩神图像带钩
1.出土地不明带钩　2.河北石家庄东岗头村墓出土带钩

　　先腊一日，大傩，谓之逐疫。其仪：选中黄门子弟年十岁以上，十二岁以下，百二十人为侲子。皆赤帻皂衣，执大鼗。方相氏黄金四目，蒙熊皮，玄衣朱裳，执戈扬盾。十二兽有衣毛角。中黄门行之，冗从仆射将之，以逐恶鬼于禁中。

　　文中所述大傩仪式的主角方相氏头上"黄金四目"，身披熊皮，手持戈盾等兵器，其形象与上述两件带钩图案上的怪神以及图九五第三层画像中的熊身怪神几乎完全相合。更有意思的是，大傩仪式中有十二兽，而在图九五第三层画像中也有五只熊形神兽。这些，都证明了图九五第三层画像描绘的是傩神方相氏驱鬼的场面，画像中的手足和头顶都有兵器的可怕熊形怪神以及与之形象相同的带钩图案上的怪神就是傩神。从《续汉书·礼仪志》的记载可以知道，在当时人们的观念中，傩神方相氏是一个令恶鬼恐惧、具有驱鬼避疫能力的凶神。而这一点正是这位面目狰狞的怪神形象出现在宫廷大傩仪式中和被刻绘在充当"天帝使者"的太平教道士所佩带使用的带钩上的原因。从文献记载看,傩神信仰的起源很早,先秦时期就已有了用人假扮其形象举行驱鬼仪式的风俗,这种驱鬼仪式习惯上被称为傩。据《周礼·夏官》记载:"方相氏掌蒙熊皮,黄金四目,玄衣朱裳,执戈扬盾,帅百隶而时难(傩),以索室驱疫。大丧,先柩;及墓,入圹,以戈击四隅,驱方良。"郑玄注曰:"时难(傩),四时作方相氏以难(傩),却凶恶也。"而在先秦文献中,只见春傩、秋傩和冬傩,其中冬傩规模最盛,故宫廷中的冬傩又称大傩。方良,即魍魉,传说中的山泽鬼怪名,好入墓食死人脑。熊皮和黄金四目,是方相氏在傩事活动中假扮傩神时使用的服装道具。孙诒让注曰:"云'黄金四目'者,铸黄金为目者四,缀之面间,若后世假面具也。"这种熊皮和假面具,当时被称为"皮倛",皮即熊皮,倛即黄金四目的假面具。《慎子》曰:"毛嫱、西施,天下之至姣也,衣之以皮倛,则见之者皆走也。"由此可知,方相氏是先秦时期时傩中假扮傩神的人,所扮的傩神狰狞丑恶,令人避之惟恐不及。《论语·乡党》云:"乡人傩,朝服而立于阼阶。"《吕氏春秋·季冬纪》云:"季冬之月,……天子居玄堂右个,……命有司大傩旁磔,出土牛以送寒气。"《礼记·月令》的记载与此相同。所谓"旁磔",就是用兵器旁击四方,可见先秦时期的大傩与汉代大体相同。从这些记载可以看出,先秦时期的时傩有大傩、乡傩和丧傩三种形式。大傩,是天子和国君宫室中每年岁末举行的驱逐疫鬼的仪式,秦汉以后仍在皇宫中流行,《后汉书·礼仪志》记载的大傩就是先秦大傩的遗绪,唐以后传入日本,至江户时期仍每年岁末在天皇宫室中举行。乡傩,是先秦时期民间举行的驱逐疫鬼活动,后世演变为傩戏并一直流传至今。至于《周礼·夏官》所记载的丧傩,后世已逐渐不行,但民间大丧时,流行用纸竹扎制形象高大狰狞的神怪模型,出殡时高举在送葬队列之前以开路,名之为方相。这种风俗,一直流行到近代,当即是古代丧傩的遗制。这里需要特别指出的是,从《周礼·夏官》关于方相氏的记述可以看出,方相氏并不是傩神的名字,而是在大傩仪式中假扮傩神的宫廷专职官员的官名或其姓氏。大概在漫长的历史岁月中,由于举行各类傩的仪式时,傩神一直由方相氏扮演,方相氏或方相逐渐成为傩神的代称,而傩神的本来名称反而被人遗忘了。从《周礼·夏官》和《续汉书·礼仪志》的记载以及上述汉画像石和带钩图案中的怪神形象看,傩神应是一个生有四目、手足尽握兵器的熊形凶神恶煞。图九五第三层画像为我们探讨傩神的神性和职掌提供了重要线索。按照汉代祠堂的图像配置规律,只有表现上帝和诸神的天上世界内容的图像才配置在天井石上。傩神图像出现在这块祠堂天井石的第三层画像中,意味着在当时的信仰中,傩神是天上世界的神祇。从这幅画像所表现的情节场景看,傩神的职掌是把守天门,驱逐那些妄图升天的恶鬼。画像中的五只熊形神兽,当即是傩神的子孙后代,其他巨神应是傩神的部属。需要解释的是,为什么有些巨神的手中拿着壶、魁、罐、钵等容器

第四章 | 墓地祠堂画像石 185

和长柄罩网。《续汉书·礼仪志》注引《旧汉仪》云："颛顼氏有三子，生而亡去为疫鬼，一居江水，是为虐鬼；一居若水，是为罔两蜮鬼；一居人宫室区隅，善惊人小儿。方相帅百隶及童子，以桃弧、棘矢、土鼓，鼓且射之，以赤丸五谷播洒之。"由这段记载可以推知，当时人们肯定相信赤丸、五谷与兵器一样也具有辟邪驱鬼的功能，因此方相氏才在大傩活动中播洒之。很明显，画像中巨神手持的壶、魁、罐、钵等容器里肯定装有赤丸、五谷等辟邪驱鬼物，巨神们正用这些东西和长柄罩网去驱逐捉拿妄图升天的恶鬼。傩神右边即画面最右端的巨神正在生吞活剥的小人，应该就是妄图升天的恶鬼。在《楚辞·招魂》中，把守天门、吞食恶鬼即人死后灵魂的不是傩神，而是守卫天门的虎豹豺狼。看来，古代的傩神信仰，很可能是从神兽守卫天门的远古神话传承发展演变而来的。大概在远古神话中，傩神就是守卫天门的神兽首领。如果笔者以上的解释和考证无误，图九五第三层画像就不是"天帝使者"放逐三苗图，而是傩神天门逐鬼图。总之，图九二，1和图九五的第三层、第四层画像，表现的都是以傩神为首的天上世界守护神，为了防止下界的鬼魂即人死后的灵魂升天，森严防卫天门的景象。这些画像，有力地证明了汉代普通民众确实没有死后升天的观念。

在东汉晚期的祠堂天井画像中，表现雷公、雨师、风伯、闪电之神等天上世界诸神的图像也是最常见的内容。图九三和图九四都是以这些天界自然神为表现题材的祠堂天井石画像。先让我们来分析一下图九三的画像内容。在长方形画面的左下方，一位上身裸露、下着短裤的神祇正将一根串联着五个大鼓的绳索搭在肩上，拖动着在云气中向左狂奔。东汉的著名学者王充在《论衡·雷虚篇》中记述当时的画工描绘天界诸神图像时说：

> 图画之工，图雷之状，累累如连鼓之形。又图一人若力士之容，谓之雷公。使之左手引连鼓，右手推椎，若击之状。其意以为雷声隆隆者，连鼓相扣击之声也；其魄然若蔽裂者，椎所击之声也；其杀人也，引连鼓相椎并击之也。世又信之，莫谓不然。如复原之，虚妄之像也。

画像中拖着五连鼓在云气中狂奔的神祇，与王充所记述的雷公形象几乎完全相同，可以断言就是雷神。雷神之前即画面的左下角，另一位与雷神装束相同的神祇，在云气中双臂平伸，两手各握着一件口下底上的长颈瓶，两股水柱正从瓶口源源倾泻而下，并在画面下方形成一条波涛汹涌的水流。无疑，这是天界掌管降雨的神祇——雨师的形象。雨师的右上方，一位头戴高冠、身着袍服的神祇，双手揖于胸前，端然静坐在云气之中。其右方，一位神祇手握长钩骑在一头乘云左行的六牙巨

图九七　内蒙古和林格尔壁画墓中的仙人骑象图

象之上。与此相近的图像在内蒙古和林格尔壁画墓[1]中也可以看到。该墓是一座有前、中、后三重主室，并且前室附有左、右耳室，中室附有右耳室的东汉晚期大型砖室墓，各室壁面上满绘壁画。在前室天井的西南角上，绘有一幅仙人骑象图（图九七），其旁有墨书题记"仙人骑白象"。据俞伟超先生考证，这是一幅表现佛陀降生的图像[2]。乍一看，两幅图像似乎相同，但仔细观察却发现两个骑在象背上的人物无论在穿着上还是在身姿上都有很大的差异。"仙人骑白象"图中的仙人，身着圆领长衫，双手揖于胸前，旁若无人地在象背上正襟危坐，颇有一股"天上地下，惟我独尊"的气势，其身份之尊贵非佛陀莫属。而图九三中的骑象神祇却身着窄袖上衣，一副下人装束，其手中所握的长钩也是当时驯象人所用的驯象工具。在江苏省连云港市西南的孔望山南麓，有一处东汉晚期的佛道教摩崖造像群。造像群东南约 50 米的山脚下，有一保存完好、长约 5 米的同时期的圆雕石像[3]。石象的颈部用浅浮雕技法刻一持钩象奴，象奴椎髻短裤，脚戴镣铐（图九八）。两图相较，可以断定图九三中的持钩骑象者绝不会是身份很高的主神，而只是一个普通的驯象神人。相反，端坐在六牙白象左方云气中的冠服神祇，无论其装束和身姿都与和林格尔壁画墓"仙人骑象图"中的佛陀极为相近，

---

[1]　内蒙古自治区博物馆文物工作队：《和林格尔汉墓壁画》，文物出版社，1978 年，68 页彩图。
[2]　俞伟超：《东汉佛教图像考》，载俞伟超：《先秦两汉考古学论集》，文物出版社，1987 年。
[3]　俞伟超、信立祥：《孔望山摩崖造像的年代考察》，《文物》1981 年 7 期；连云港市博物馆：《连云港市孔望山摩崖造像调查报告》，《文物》1981 年 7 期。

故也应是佛陀图像。也就是说,与和林格尔壁画墓中"仙人骑象图"一样,图九三中的佛陀图像和其右侧的六牙白象图像,表现的也是佛陀降生的佛本生故事。顺便指出,孔望山的圆雕石像,显然不是一个孤立的艺术作品,而是一组与摩崖造像群的主题内容紧密相关的石刻艺术造像,其意无疑也是隐喻佛陀降生。将表现佛陀降生内容的图像配置在祠堂天井石上,显然有天降神圣的含义。佛陀图像的右上方,长吻兽头的风伯,上身裸露,下着短裤,骑坐在巨龟之上,正腾云向左电驰而来,两手举扶着口中的长颈喇叭,胸腹鼓得浑圆,从喇叭中吹出阵阵狂风。风伯左边,一位身着袍服

图九八　江苏连云港孔望山圆雕石像颈部的象奴图像

的神祇面右端立在云气之上,双手举着一个长颈喇叭,一股微风正从喇叭口缓缓向上飘出,其状似在迎接风伯,当为风伯的部属。风伯的右上方,因原石残损,图像已不完整,但仍可分辨出左边为一只鸟,右边是一个坐在云气上的神祇。画面右侧上方,三条巨鱼拉着一辆云车正自左向右飞驰,云车由一位有翼神人挥鞭驾驭,车舆中乘坐着一位头戴鱼形冠的神祇。云车之后,两位身着袍服的神人似在交谈着什么。据林巳奈夫考证,云车中乘坐的头戴鱼形冠的神祇,是海神南海君[1]。林巳奈夫的依据,是《太平御览》卷八八二引魏文帝《列异传》对度索君庙中南海君图像的记述,谓南海君"着白布单衣高冠,冠似鱼头"。在中国古代,确实有海神掌管人间降雨的信仰。不管画像中戴鱼形冠的神祇是不是南海君,从整个画像看,其为掌管人间降雨的神祇是无可怀疑的。画面右侧的下方,三条头上长有双角、鳞甲分明的巨龙,拉着一辆云车向左飞驰,云车前部立一建鼓,鼓上方的立柱上羽葆飘扬,车舆中一个巨口獠牙的兽面怪神双手执桴,似正敲击建鼓。这位兽面怪神的身份显然比云车前拖着连鼓奔跑的雷神要高得多,当为司雷的主神雷公无疑,拖着连鼓奔跑的雷神应是其部属。林巳奈夫根据《淮南子·览冥训》中"虙戏氏……乘雷车,服驾应龙,骖青虬,援绝瑞,席

---

[1] 林巳奈夫:《漢代の鬼神世界》中"羽化升天到黄帝身边"一节,载《漢代の神神》,临川书店,1989年,165页。

罗图，黄云络，前白螭，后奔蛇，浮游逍遥，道鬼神，登九天，朝帝于灵门"的记述，考订图中雷公乘坐的云车为雷车[1]。从整个画面看，云车和雷车上乘坐的神祇无疑是神通广大的主神。将如此众多的可怕神祇刻绘在祠堂天井石上，表现出了当时人们内心深处对上天即天上世界诸神的深深恐惧。在人们心目中，正是这些形体怪异、丑恶狰狞的天界诸神，掌管着风雷雨电，决定着宇宙的自然秩序，操纵着人类的命运，在上天和诸神面前，除了虔诚的祈愿和哀告之外，人们别无选择。

图九四因原石残缺，画面左下部已不存，从残存的图像看，其题材内容与图九三大体相同。画面的左上角，面左跪坐在云气中的兽头风伯，两手扶着鼓得浑圆的肚子，从口中源源不断地喷吐出滚滚风云，四散的风云布满了整个画面。风伯身后，三只有翼神虎牵拉着一辆雷车向左方风驰电掣般驶来，两只神龟作为车轮驮载着雷车，御车的神龟在雷车前部探出半个身子，车舆前部立一很大的建鼓，雷车之后跟着由龟蛇组成的玄武，玄武的龟背上驮载着一面同样的大鼓，坐在车舆中的熊形雷公双手挥桴，正奋力敲击着前后两面大鼓。玄武后面，跟着一位骑独角神兽的神祇，当为雷公的骑从。其下方，是一条四足神鱼和一只巨大的神鸟。雷公所乘雷车之下的画面因残失过多，只能约略看出是一辆同样由神虎牵拉的云车，残存的车舆前部是御车的神龟，后面是一位左手持树枝状三股叉的熊形怪神，怪神持叉的手中似还握有一鞭状物。树枝状三股叉和长鞭的形状都与闪电相似，因此这位熊形怪神当为闪电之神。闪电之神的右侧，一头巨大的、长有三个人头的虎身神兽正腾云向左驰来，三个人头的四周飘绕着一圈云气。其后即画面的右下角，长着兽头的雨师一手正握水罐，一手倒提水罐，一股水流正从雨师倒提的水罐中滚滚倾泻而下。雨师左侧的神兽后足之下，立着一只神鸟。林巳奈夫在考察图九三和图九四的图像学意义时，对为什么将这么多的可怕神祇集中描绘在一块祠堂画像石上感到难以理解。实际上，在祠堂天井石上刻画出这些人格化的天界自然神，其意无非是为了说明天上世界的上帝和诸神是现实人间世界自然秩序的管理者和主宰者。

东汉晚期的祠堂天井石上，还出现了天上世界的上帝和诸神以凡世社会秩序最高管理者和主宰者的身份处理人间事务内容的画像。图九五第一层和第二层画像表现的就是这类内容。我们先来看一下第二层画像的内容。横长画面的最左端，面右蹲坐在团团云气中的披发风伯，从口中吹出一股扇形风气，似正以这股强劲风气推送前面的雷车行进。风伯的身前和头上各有一位有翼的披发小神人，身前的小神人面对风伯跪坐在云气中，用双手扶着风伯的膝盖；头上的小神人一手扶着风伯吹出的风气，一手抓住雷车后部的

---

[1] 林巳奈夫：《漢代の鬼神世界》中"羽化升天到黄帝身边"一节，载《漢代の神神》，临川书店，1989年，173～174页。

第四章 | 墓地祠堂画像石 189

建鼓上后飘的羽葆。风伯的右方，是雷公乘坐的雷车，六名脚踏云气的神人排成上下两列，用两条绳索牵拉着雷车向右飞驰。在上列牵绳拉车神人的后面，一位有翼小神人一边用双手推着身前的神人，一边回头望着雷公。雷车车舆前后各立一面建鼓，怒目倒竖的雷公右手挥动着槌状鼓枹，猛敲建鼓。雷车前方，站立在云头上的披发雨师用双手倾斜着水罐，似正向人间降雨。雨师右方，一条双头巨龙双头垂地，龙体弯曲成拱形，当为彩虹之神。拱形的彩虹之内，一人恐惧万分地跪伏在地，一位披发神人一脚踏在此人撅起的臀部，身体前倾，一手挥槌，一手握一楔状物，正向其头部砸击。彩虹之上，趴伏着右手握罐、左手提鞭的闪电女神，其左右的云气上各有一个双手持槌握楔状物的神人。彩虹的右方，一个披发人跪在地上，两手上扬，似正为彩虹内的受击者呼天抢地地哀告求饶，其前后各有一披发小神人。此人上部云气缭绕，云气中露出两个小神人的头部；云气上方，隐约露出一个双手捧钵的有翼小神人。从整个画面所展现的情节和场景看，表现的无疑是以雷公为首的天界诸神用雷电击杀人间罪大恶极者的天罚场面。王充在《论衡·雷虚篇》中述当时画工所描绘的雷公天罚图像时说，"其（雷公）杀人也，引连鼓相椎并击之也"。王充所看到的雷公天罚图像是东汉早期作品，而图九五所属的武氏祠左石室是东汉晚期祠堂，二者相距已近百年，图像的表现细节当然也会发生很大变化。图九五第二层的雷公天罚图，显然比王充看到的同类画像在细节表现上要复杂得多，动手击杀罪人的已经不是雷公，而是其属下即手持槌和楔状物的神人和闪电之神等身份较低的神祇了。施行天罚的主神雷公则在众多部下神祇的拥簇下，威严无比地坐在雷车之上，一副指挥一切、凌驾一切的森严气势。这种图像细节表现上的复杂化，反映了东汉时期随着儒家影响的不断加强，人们的畏天观念也在不断加深，到东汉晚期，人们内心深处对天界诸神的恐惧已经达到了无以复加的地步。

几乎同样内容的天罚图像在图九九中也可以看到。这块画像石在清代被编号为武氏祠后石室第四石，近年蒋英炬和吴文祺对武氏祠的复原研究，证明该石是武氏祠前石室即武荣祠前坡西段的天井石。这块天井石的画面分为上下四层，其中第一层、第三层、第四层图像分别为诸神出行图、风伯图和天帝图，天罚图配置在第二层。天罚图的画面左侧，是坐在雷车上的雷公形象。六名脚踏云气的披发神人分为上下两列，用两条绳索牵拉着雷车向右飞驰；雷车后面，两名披发神人在云气中一前一后推着雷车前行，前面的神人双手推着雷车后部的建鼓，后面的神人双手推着其后背。雷车的车舆前后各立一面建鼓，坐在车舆中的雷公正挥动鼓枹敲击着建鼓。车舆之前，御车的披发神人站立在一朵云头之上，身体前倾，两手紧握着上列牵车神人拖拉的绳索。作为雷车的先导，牵车的两列神人之前，云气中奔行着三位头戴花冠、身着袍服的女神，其中两位是双手挥动长鞭的闪电之神，一位是右手拥抱怀中的长颈壶、左手举钵的司雨之神雨。三位自

图九九 山东嘉祥武氏祠前石室（武荣祠）天井前坡西段画像摹本

然神的右方，一股两端成龙首状的云气从左侧的地面上向右缓缓升起，云气下面，一人披头散发地跪伏在地，两名神人站在云气上，正右手挥动着大槌，俯身用左手紧握的楔状物向云气下的跪伏者打去。龙首状云气的右边即画面的最右端，因原石剥落过甚，图像大半已无法辨识，只能约略看出地面上似乎还有一人跪伏在地，其上的云气中还有两位只露出头部的神人。无疑，这也是一幅描绘雷公率领属下神祇用雷电击杀下界罪人的天罚图。在祠堂的天井上配置如此令人心惊胆战、毛骨悚然的天罚图，显然意在表明天上世界的诸神才是人类命运的主宰者。但是，在当时人们的信仰中，雷公、风伯、雨师和闪电之神等天界的自然神尽管狰狞可怕，却还不是全部宇宙秩序的最高和终极统治者，他们只不过是宇宙秩序最高和终极统治者——天帝的一群唯命是从的僚属。图九九第四层画像中的主要人物，就是这位全知全能、法力无边、对现实人间世界的一切握有生杀予夺绝对大权的天帝。画面的中央偏左位置，是由北斗七星组成的云车，星与星之间有棒相连，左面的四星组成斗状的车舆，右面的三星构成弧状的车辕。车辕右起第二颗星的旁边附有一颗小星，一名肩生羽翼的披发小神人站在右面的辕头第一颗星上，向左俯身用双手扶着小星。《史记·天官书》"辅星"下《集解》注引孟康曰"在北斗第六星旁"，可知这颗小星就是辅星。北斗云车的车舆中，一位头戴前后有穗的进贤冠、怒目圆睁、咬牙切齿的尊神面右而坐，两手前伸，似在愤怒地询问着什么。根据《史记·天官书》中"斗为帝车"的记述，图中的北斗云车就是天帝专用的"帝车"，端坐在车舆中的尊神就是天帝。帝车之后，三名神人双手持板在云气中面右而立，当为天帝的属从。帝车车舆前的弧形车辕下，一位神人双手持板跪在地上，正向天帝报告着什么。其身前的地面上，扔着一颗头发散乱的人头，身后的两位神人躬身揖手而立，另一名神人面左跪在其后。其右方，一骑一车正自右向左行来，车骑上方云气缭绕，一名肩生羽翼的小神人一手扶在辎车的车顶上，一手托着一朵云气。辎车后面，是一位躬身揖手送行的神人。

关于这幅画像的内容，林巳奈夫在考证中，一方面认为端坐在帝车中的神祇可能是具有刑神太一品格的天帝，一方面又同意福永光司的见解，认为应以南朝道教思想家陶弘景在《真诰》中排列的诸神序列为依据，将这位尊神解释为鬼官北斗君更为妥当[1]。笔者认为，要正确解释这幅汉代画像，首先应尽可能地以汉代的信仰和观念为立论的根据。南北朝时期是我国古代的信仰观念发生重大转变的时期，在蓬勃发展的佛教学说的影响下，原有的宇宙观念正发生第三次重大变化，佛陀世界成了天上世界、仙人世界、现实

---

[1] 林巳奈夫：《漢代の鬼神世界》中"羽化升天到黄帝身边"一节，载《漢代の神神》，临川书店，1989年，161～162页。

人间世界和地下鬼魂世界之外的第五个宇宙组成部分，佛陀也代替了天帝和诸神，成了全部宇宙世界的最高主宰。为了与严密的佛教学说相抗衡，当时的道教思想家们不得不对原来漏洞百出的道教学说进行系统化改造，重新杜撰编排自己的诸神信仰体系。作为道教经典的《真诰》一书，就是当时对旧有的道教观念和诸神信仰体系进行系统化改造的集大成著作。因此，用《真诰》中的诸神信仰说教去解释汉代的画像显然有欠稳妥。《淮南子·本经训》云："帝者体太一。"高诱注曰："体，法也。太一，天之刑神。"高诱是三国时代人。林巳奈夫正确指出，《淮南子·本经训》中所说的"太一"不是人格化的神祇，而是哲学实体，但有一点是不可否认的，高诱的注释证明，在三国时期人们的观念中，太一是天界的刑罚之神。实际上，直到南北朝时期以后，这种信仰观念并没有发生变化。《史记·天官书》《正义》注曰："泰一，天帝之别名也。刘伯庄云：泰一，天神之最尊贵者也。"可见直到唐代，人们仍然认为，太一是"天帝之别名"。因此，笔者认为图中端坐在帝车中的神祇只能是天帝太一，而不是北斗君。按照林巳奈夫的解释，跪在帝车车辕下的人物是人间罪犯的灵魂，其身前地面上的人头是他在人间所犯杀人罪的证据，其身后的三个人都是雷公的属从，他们已将遭天罚处死者的灵魂抓到北斗君面前接受审讯，画面右侧的车马就是他们押解罪犯灵魂的运载工具。但这一解释有两点与画面情节不符。首先，从这四个人物头上的冠饰看，与第二层天罚图中推拉雷车的神人完全相同，特别是跪在最左边的人物，衣冠完整，态度从容，丝毫不像一个被审判的罪犯，因此他们都应是天罚之神雷公的下属。另外，图中的軿车装饰华丽，遭受天罚的罪犯灵魂肯定是没有资格乘坐这种华贵车辆的。笔者认为，图中端坐在帝车中的天帝太一正在听取雷公下属关于人间罪恶的报告，地上的人头就是人间被冤杀者的头颅，令人发指的人间罪行使天帝怒不可遏，似乎已下定了对罪犯实行天罚的决心，画面右侧的华丽軿车应是雷公下属的车辆。实际上，图九九的四层画像是一组情节内容互相关联的图像。其中，第四层画像表现的是天帝太一了解到人间罪恶，下决心对人间的罪大恶极者实行天罚的场面；第三层画像表现的是风伯催动风云，为天罚做准备的场面；第二层画像是雷公按照天帝的命令，带领属下，用雷电击杀人间罪大恶极者的天罚图；第一层画像表现的是风伯用风云将已经完成天罚任务的诸神送回天上世界的场面。因此，可以说图九九的四层画像合起来就是一组完整的天罚图。

　　风、雨、雷、电，本来是常见的自然现象，但古代人由于缺乏自然科学知识，对这些有时会带来巨大灾变的现象充满深深的恐惧。恐惧产生信仰，人们很自然地将造成灾变的异常自然现象看作是上天的震怒。而儒家则将这种异常自然现象造成的灾变解释成天帝和诸神对人类罪孽的惩罚，从而进一步加深了人们对上天和诸神的恐惧。《礼记·玉藻》云："若有疾风迅雷甚雨，则必变。虽夜必兴，衣服冠而坐。"注曰："敬天之怒。"

雷电击杀人的不幸事件，被儒家解释为天罚，这种天罚，是无法逃匿的。《淮南子·览冥训》云："上天之诛也，虽在旷虚幽间，辽远隐匿，重袭石室，界障险阻，其无所逃之亦明矣。"在汉代人的观念中，负责执行天帝天罚命令的就是可怕的雷公。这一点，山东省苍山县东汉元嘉元年（151）画像石墓中发现的长篇铭文就是最好的证明。铭文对墓室内的画像逐幅作了描述，其中，对前室顶部的画像内容记述如下：

　　室上䄐，五子舆，僮女随后驾鲤鱼，前有白虎青龙车，后即被轮雷公君，从者推车，平理冤狱。

　　铭文大意是，墓室顶部画有由五位神人牵拉的雷车，雷车前有白虎青龙车为先导，后有骑鲤鱼的僮女殿后，从行的神人在后面推着雷车，坐在雷车上的雷公前来洗雪人间的冤狱。从这段铭文看，该墓前室顶部原来是配置着雷公天罚图的。遗憾的是，发掘时在前室顶部没有发现任何画像。估计原画像不是石刻而是壁画，由于石质墓顶对矿物质颜料附着性极小，经过墓室中水汽漫长岁月的浸刷，壁画色彩早已荡然无存，造成了今天墓中画像内容与铭文描述不符的现象。但徐州洪楼汉墓前的祠堂和武氏祠前石室及左石室等祠堂天井石上的上帝诸神图像，却为我们了解该墓前室顶部的雷公天罚图提供了珍贵而可靠的参考资料。

小　　结

　　以上各节分别对汉代石结构墓上祠堂的各类主要内容画像进行了考察。通过考察可以看出，汉代石结构祠堂画像内容的选择和配置，是严格地按照当时人们的宇宙观念进行的。在汉代人的观念中，建在墓地的祠堂不仅是子孙后代祭祖之处，而且被想象成一个完整无缺的宇宙世界。祠堂的天井和左右侧壁的最上部分别是天上世界的天帝、诸神的领地和西王母、东王公的昆仑山仙境，祠堂后壁是祠主灵魂接受孝子贤孙祭祀时所在之处，后壁的最下部是祠主灵魂往来于地下世界和祠堂之间的通路，其他祠堂壁面才是现实世界人们的活动之处。按照这一宇宙方位观念，表现不同宇宙空间景象的各类画像分别被配置在与其内容相应的位置上。全部祠堂画像形象而生动地表现了现实人间世界与其他信仰世界的关系。在画像中，死亡已不是令人恐惧的生命终结，死后住在地下世界的祠主灵魂，依然向往和怀恋着人间的一切，可以回到修建在尘世间的祠庙中来，享用子孙家人精神和物质的献祭，人鬼之间思想上的交流、伦理感情上的融会，通过祭祀得到实现。祠主虽然绝对不想也绝对不敢升天与可怕的天帝和诸神为伍，却可以通过死摆脱尘世的一切烦恼困惑，在幻想中飞升到西王母的昆仑山仙界，但在感情上他并没有远离尘世，仍然要时时到祠庙中重温和延续人间的天伦之乐。这种幻想和感情的冲突，构成了祠堂画像艺术的思想基础。创作这些作品的民间艺术家们不仅没有回避这种矛盾，反而在作品中极力加以渲染。这些充满冲突和矛盾的作品，将人与鬼、神、仙的奇妙关系艺术化地展现出来。从祠堂画像的思想内容来看，人世与鬼神杂糅，精华与糟粕参半。既然是大小统治者的祠堂装饰画，其中一定带有统治阶级的思想糟粕；但由于是劳动人民所创造，其中也一定凝聚着反抗和不平。那高高在上、严酷无情的天帝和雷公，不正是人间帝王及其爪牙的形象吗？那东王公和西王母所代表的极乐仙界，不正是哀苦无告的劳动人民力图解脱现实苦难的渴望吗？而这个幻想中的极乐仙界，就在天帝和诸神的鼻子底下。这是一种思想上的背叛和反抗，是对统治阶级的嘲讽和戏弄。这无异于大声宣告：人们已经摒弃了对现实和信仰中的统治者的信赖和追求，热情而大胆地投身到自己所创造的幸福世界去了。就这一点来说，祠堂画像石确实是一部人民所创造的、体现时代精神的艺术史诗。

第五章

地下墓室画像石

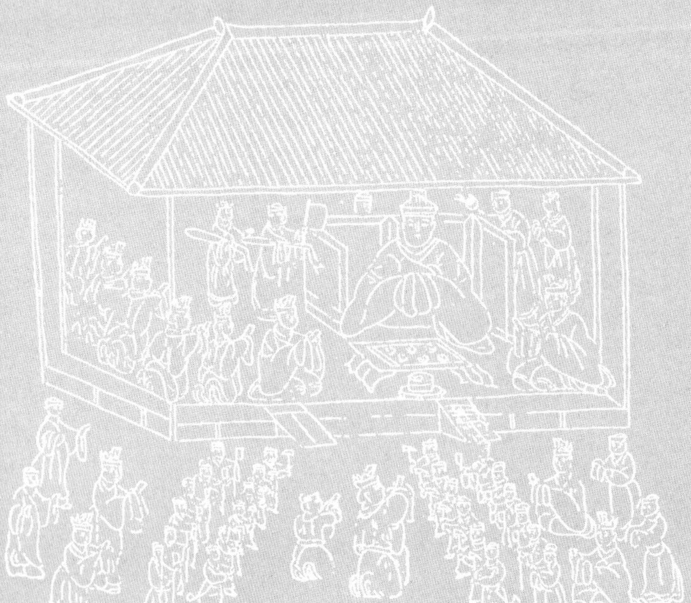

第一节　地下墓室画像石的由来

关于汉代地下墓室画像石的由来，土居淑子认为，由于汉画像砖墓早在汉画像石墓之前就已经在中原地区流行，汉画像石墓的图像内容及其表现形式应是模仿画像砖墓发展而来[1]。但实际情况并非如此。当然，由于汉画像石墓、汉画像砖墓和汉壁画墓都属于几乎同时流行的汉代装饰墓，三者之间无疑存在着互相影响的关系。尽管如此，它们中间并不存在一种装饰墓从另一种装饰墓发展而来的承袭关系。20世纪70年代以前，学界对这一问题尚不十分清楚。其后，湖南长沙马王堆1号汉墓[2]、3号汉墓[3]和山东临沂金雀山9号汉墓[4]的T字形非衣帛画、挂于木棺内壁的帛画、漆棺画以及河南洛阳卜千秋墓[5]墓室壁画的发现，为这一问题的解决提供了重要线索。下面，笔者就以这些汉代的考古发现为依据，考察汉画像石墓即汉代地下墓室中的石刻画像的由来。

在考察此问题之前，需特别强调的一点是，既然汉画像石墓、汉画像砖墓和汉壁画墓都属于汉代的装饰墓，它们的画像内容和艺术表现形式就应该有着共同的来源。尤其是汉画像石墓和汉壁画墓，无论在流行的时间上，还是在画像内容及其配置规律上都非常一致。因此，如果找出汉壁画墓的源流，就等于发现了汉画像石墓的由来。

图一〇〇的A、B分别是湖南长沙马王堆1号汉墓和3号汉墓出土的T字形非衣帛画。1号汉墓的非衣帛画上下全长205厘米，上宽92厘米，下宽48厘米；3号汉墓的非衣帛画全长233厘米，上宽141厘米，下宽48厘米。这两件非衣帛画，从外形看，与挂在衣架上的衣袍非常相似。实际上，这种非衣帛画正是从人的衣服发展嬗变而来的。战国时期，民间存在着用死者生前上衣为死者招魂的风俗。朱熹在《楚辞集注·招魂》中说："古者人死，则使人以其上服升屋，履危北面而号曰：'皋！某复。'遂以其衣三招之，乃下以覆尸，此礼所谓复。而说者以为招魂复魄，又以为尽爱之道而有祷祠之心者，盖犹冀其复生也。如是而不生，则不生矣，于是乃行死事。"在当时人们的观念中，认为人之所以死亡，是由于魂魄离开了肉体。因为死者生前所着衣物

---

[1] 土居淑子：《中国古代の画像石》第一章，同朋舍出版，1986年。
[2] 湖南省博物馆、中国科学院考古研究所：《长沙马王堆一号汉墓》，文物出版社，1973年；湖南省博物馆、中国科学院考古研究所：《长沙马王堆一号汉墓发掘简报》，文物出版社，1972年。
[3] 湖南省博物馆、中国科学院考古研究所：《长沙马王堆二、三号汉墓发掘简报》，《文物》1974年7期；中国科学院考古研究所、湖南省博物馆写作小组：《马王堆二、三号汉墓发掘的主要收获》，《考古》1975年1期。
[4] 临沂金雀山汉墓发掘组：《山东临沂金雀山九号汉墓发掘简报》，《文物》1977年11期。
[5] 洛阳博物馆：《洛阳西汉卜千秋壁画墓发掘简报》，《文物》1977年6期。

图一〇〇（A） 湖南长沙马王堆 1 号墓出土的非衣帛画摹本

图一〇〇（B） 湖南长沙马王堆 3 号墓出土的非衣帛画

有招附魂魄的功能，为了不使魂魄远离死者的肉体，在为死者送葬时，由死者之子举着死者生前所着上衣，与死者棺柩一起送入墓室，并将上衣放置在棺盖之上。长沙马王堆1号汉墓和3号汉墓分别是西汉吕后和文帝时期的墓葬，从两墓所出的帛画可以知道，至西汉初期，战国时期那种随葬到墓室中的死者生前上衣，已经演变为仅具上衣外形的非衣帛画。迄今为止，通过许多学者对两件非衣帛画所进行的多方面的大量研究，帛画的内容已被基本搞清。两件非衣帛画的画面都从上至下分为四个层次，每个层次的图像内容也大体相同。幅面最宽的非衣帛画最上层，是画有日月星辰和诸神的天上世界；其下的第二层是死者已经到达的昆仑山仙界；第三层是画有祭祀死者场面的现实人间世界；第四层是画有一位脚踏巨鱼、双手托撑大地神怪的地下世界[1]。在马王堆3号墓中，还发现了两件分别张挂于内棺东西壁的长方形帛画。内棺西壁张挂的帛画长212厘米，高94厘米，画像内容为车马仪仗图，共画有各类人物百余人，马数百匹，马车数十辆。内棺东壁张挂的帛画破损严重，仅剩下两块残片，其图像内容与东壁帛画大体相似，画有房屋、车马和妇女乘船等场景[2]。此外，在马王堆1号汉墓中，还发现了内外套合的四重漆棺，其中第二重和第三重漆棺上绘有色彩艳丽、精美绝伦的漆画。第二重漆棺的黑色底漆上，绘有极富流动感的仙禽神兽云气纹图像。特别是第三重漆棺，在盖板和四壁板的外侧，满绘各类内容的优美画像，可以毫不夸张地说，这是汉代画像中的杰作（图一〇一）。被称为朱地彩绘漆棺的第三重漆棺画像中，盖板上左右对称地画着两组龙虎相戏图，头部挡板画着一幅由两只奔腾在云气中的神鹿所挟持的尖顶仙山，足部挡板画着一幅双龙穿壁图，两幅图像都布满缭绕飞动的云气。漆棺的右侧壁板上，整幅绘勾连云气纹；左侧壁板上，正中央是一座在云气中露出山顶的仙山，仙山左右两侧各有一条蟠曲飞舞的巨龙，右侧的巨龙身上乘坐着

---

[1]《考古》编辑部：《关于长沙马王堆一号汉墓的座谈纪要》，《考古》1972年5期；湖南省博物馆、中国科学院考古研究所：《长沙马王堆一号汉墓》，文物出版社，1973年；湖南省博物馆、中国科学院考古研究所：《长沙马王堆一号汉墓发掘简报》，文物出版社，1972年；湖南省博物馆、中国科学院考古研究所：《长沙马王堆二、三号汉墓发掘简报》，《文物》1974年7期；中国科学院考古研究所、湖南省博物馆写作小组：《马王堆二、三号汉墓发掘的主要收获》，《考古》1975年1期；《座谈马王堆一号汉墓》，《文物》1972年9期；罗琨：《关于长沙马王堆汉墓帛画的商讨》，《文物》1972年9期；《西汉帛画》，文物出版社，1972年；安志敏：《长沙新发现的西汉帛画试探》，《考古》1973年1期；孙作云：《长沙马王堆一号汉墓出土画幡考释》，《考古》1973年1期；马雍：《论长沙马王堆一号汉墓出土帛画的名称和作用》，《考古》1973年2期；俞伟超：《马王堆一号汉墓帛画内容考》，载俞伟超编《先秦两汉考古学论集》，文物出版社，1985年；林巳奈夫：《长沙马王堆一号漢墓出土の帛画》，MUSEUM NO.267，1973年，东京；林巳奈夫：《佩玉と绶——序说——附论：長沙馬王堆一号漢墓の非衣（所谓"幡"の性格）》，《东方学报》京都45册，1973年；曾布川宽：《昆侖山への昇仙》，中央公論社，1982年，东京，78～130页。
[2] 湖南省博物馆、中国科学院考古研究所：《长沙马王堆二、三号汉墓发掘简报》，《文物》1974年7期；中国科学院考古研究所、湖南省博物馆写作小组：《马王堆二、三号汉墓发掘的主要收获》，《考古》1975年1期。

图一〇一　湖南长沙马王堆 1 号墓第三重木棺的漆画摹本
1.盖板画像　2.头部挡板画像　3.足部挡板画像　4.左侧壁板画像　5.右侧壁板画像

一个裸身的怪神和一只形似孔雀的仙鸟，左侧的巨龙身上乘坐着一头似马、一头似虎的神兽。据曾布川宽研究，第三重漆棺头挡和左侧壁板上的漆画图像，描绘的都是昆仑山仙人世界，画面正中的尖顶仙山就是当时人们憧憬的昆仑山[1]。不言而喻，上述这些帛画和漆棺画的内容集中表现了当时人们的生死观念。像所有宗教性艺术和祭祀性艺术在内容和表现形式上都有极强的稳定性和继承性一样，这些作为丧葬艺术的帛画和漆棺画，当然会对以后的墓葬装饰艺术产生巨大影响。河南洛阳西汉晚期卜千秋墓墓室壁画的发现，有力地证明了这一点。

1976年在河南省洛阳市发掘的卜千秋墓[2]，是迄今发现的最重要的早期汉代壁画墓。该墓由前室、后（主）室和左、右耳室构成，左、右耳室一侧各附有一长方形侧室。后室用空心砖构筑，平面呈长方形，顶部由左右两排斜坡砖支撑着一列脊顶砖，构成断面成梯形的天井。壁画配置在后室天井的脊顶、室门上部与脊顶砖宽度相同的门额砖以及后室后壁上部的梯形壁面上（图一〇二）。方形的门额砖上，画的是人首鸟身的句芒形象。在古代神话传说中，句芒是掌管人间寿命和祸福的东方之神[3]。天井的脊顶上，绘着人首蛇身的伏羲和女娲、内有踆乌的日轮、内有蟾蜍的月轮以及青龙、白虎等许多神兽，其中心图像是画在脊顶右侧的墓主夫妇升仙场面（图一〇三）。在画面右端的日轮和伏羲左边，上边的女墓主乘立在一只三头神鸟的背上，下边的男墓主乘立在一条巨蛇身上，正在云气间向左飞驰，旁有蟾蜍和九尾狐伴行，前有持巨大仙草的玉兔为先导。男女墓主升仙行列的前方，头上戴胜的西王母在云气中正襟危坐。梯形的后室后壁上部，画着熊形的傩神图像[4]。如果将卜千秋墓后室的三处壁画连起来展开，并将后壁上部的梯形画面置于上部的话，则整个画面的形状略呈T字形，与图一〇〇马王堆1号汉墓、3号汉墓的非衣帛画的形状非常接近。它们与墓室即椁室的位置关系也基本相同，都是位于椁室盖板（即墓顶）之下、棺的盖板之上。从三者的图像内容看，也都是将表现天上世界和墓主升仙的题材作为主要内容。笔者认为，三者之间的这种惊人的相似绝非偶然，它有力地证明了汉壁画墓乃至汉画像石墓和汉画像砖墓的画像题材及其艺术表现形式，是继承了早期的非衣帛画发展而来的。

---

[1] 曾布川宽：《昆侖山への昇仙》，中央公论社，1982年，78～130页。
[2] 孙作云：《洛阳西汉卜千秋墓壁画考释》，《文物》1977年6期。
[3] 《墨子·明鬼篇》云："昔者郑穆公，当昼日中处乎庙，有神入门而左，鸟身，面状正方。郑穆公见之，乃恐惧犇。神曰：'无惧，帝享女明德，使予赐女寿十年有九，使若国家蕃昌，子孙茂，毋失郑。'穆公再拜稽首，曰：'敢问神名？'曰：'予为句芒。'"郭璞及王充《论衡》引《墨子》这段文字"郑穆公"均作"秦穆公"，当以"秦穆公"为是。《尚书大传》云："东方之极，自碣石东至日出榑木之野，帝太皞神句芒司之。"《吕氏春秋·孟春纪》高诱注曰："句芒，太皞氏之裔子曰重，佐木帝之德，死为木官之神。"
[4] 孙作云：《洛阳西汉卜千秋墓壁画考释》，《文物》1977年6期。

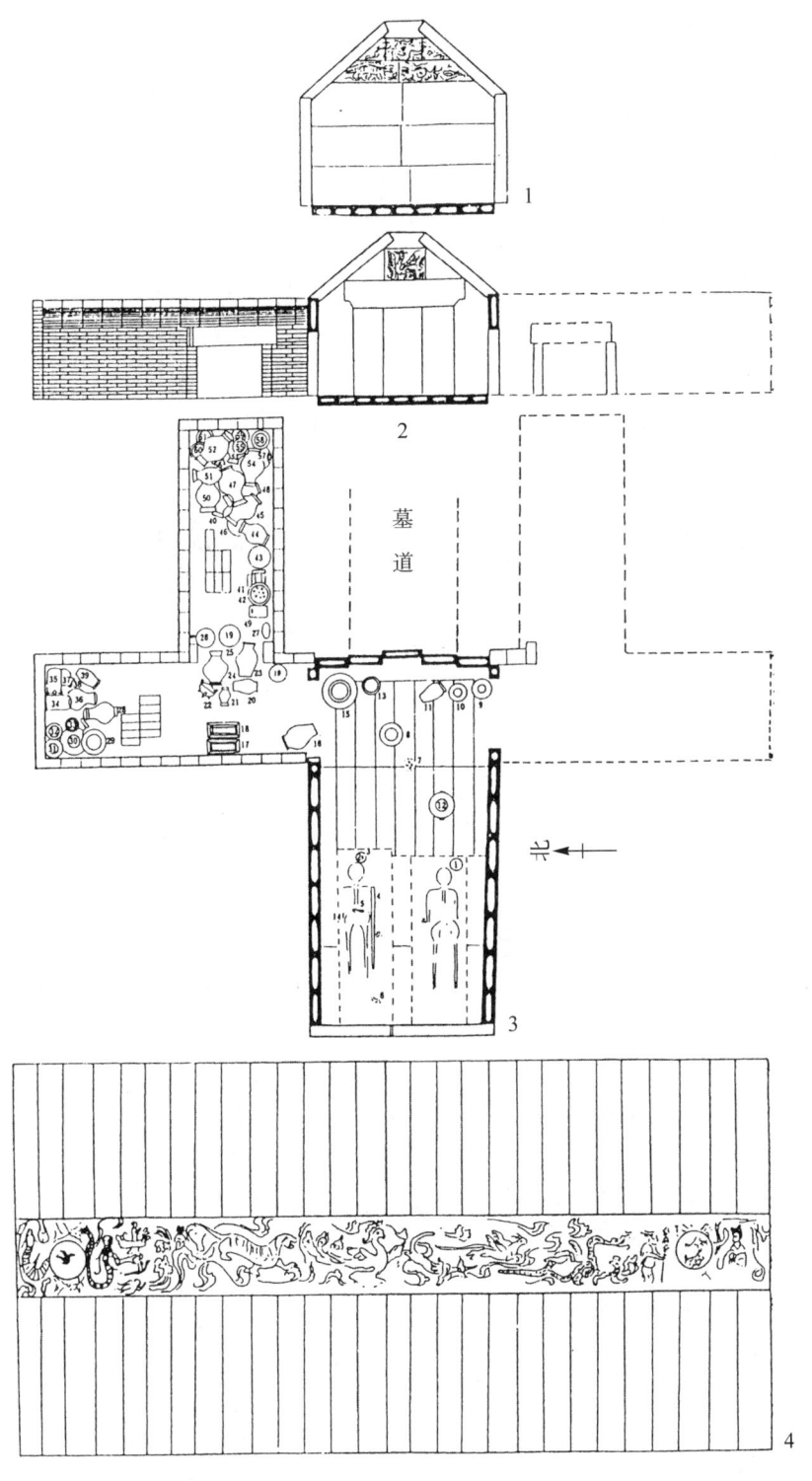

图一〇二　河南洛阳卜千秋墓的墓室图和壁画位置图
1. 主室后壁画像　2. 墓门背面画像　3. 墓室平面图　4. 主室墓顶画像

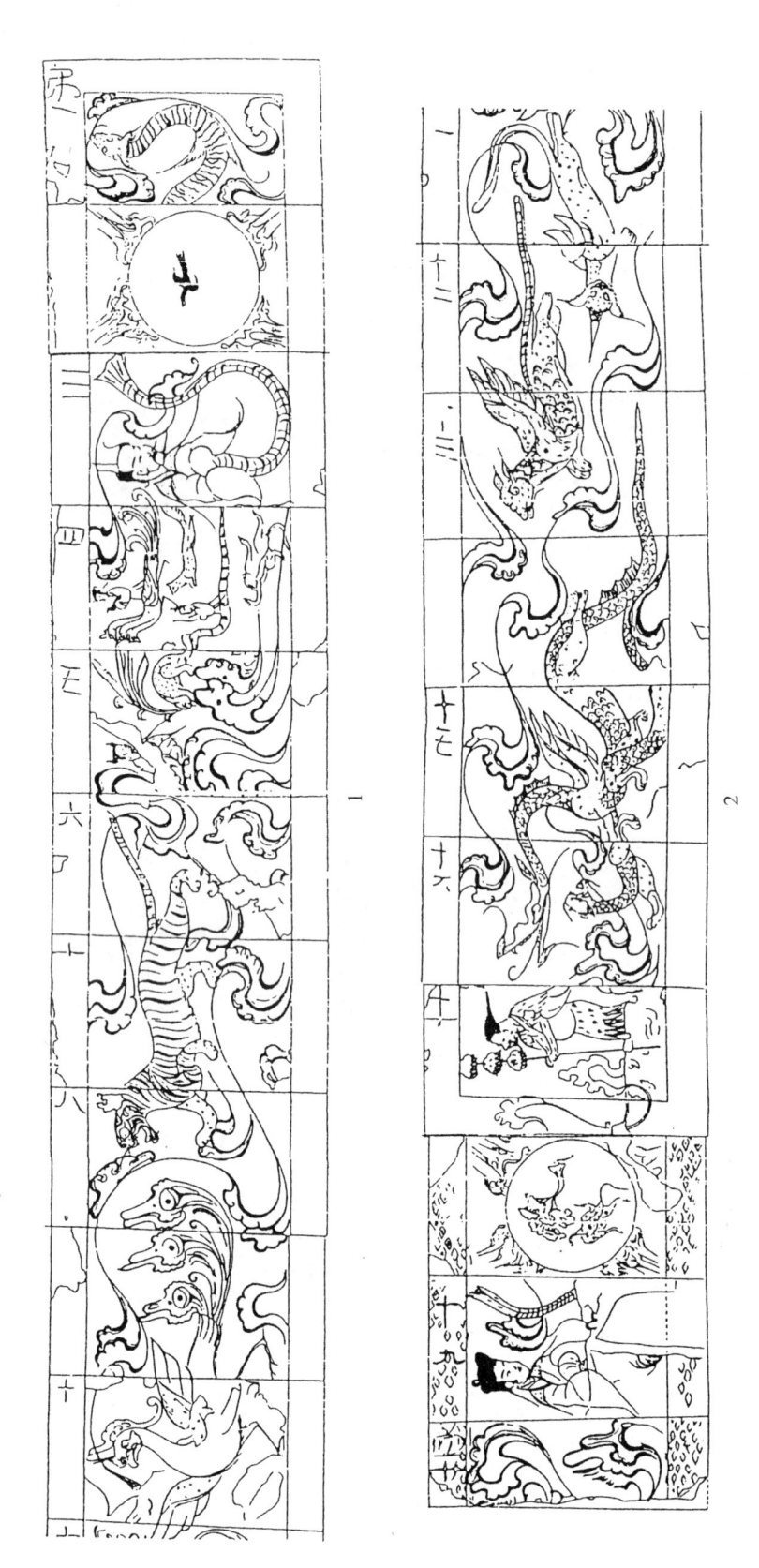

图一〇三 河南洛阳卜千秋墓主室顶部壁画摹本
1. 顶部西段壁画 2. 顶部东段壁画

206 汉代画像石综合研究

西汉晚期到东汉末的近三百年中，画像石墓从出现到消亡，存在着画像内容不断增加、画像面积不断扩大、雕造技术逐步成熟的发展趋势。正因为如此，早期和晚期的墓室画像石无论在图像的配置上，还是在艺术造诣上都有天渊之别。不言而喻，随着汉画像石墓的发展，其墓室内的石刻画像与西汉早期非衣帛画和漆棺画的差异也越来越大。但是，如果从它们的主要画像题材看，可以说画像石墓和西汉早期的帛画及漆棺画之间并没有太大的变化。换言之，汉画像石墓中的主要画像题材，几乎都可以在马王堆1号墓、3号墓的帛画和漆棺画以及图七八山东临沂9号墓的非衣帛画中找到其原初的表现形式。迄今所发现的汉画像石墓，其画像的题材内容与汉代石结构祠堂基本相同，大体可分为表现天帝和诸神的天上世界的画像、表现昆仑山仙界和墓主升仙的画像、描绘祭祀墓主活动场面的墓主车马出行图、庖厨图以及历史故事画像等四大类。在西汉早期的帛画和漆棺画中，可以一一找出汉画像石墓前三类画像题材内容的原初表现形式。汉画像石墓中表现天上世界的画像题材，其原初表现形式就是长沙马王堆1号汉墓、3号汉墓和金雀山9号汉墓出土非衣帛画最上层的天界图；画像石墓中常见的气势磅礴的墓主车马出行图，可以从马王堆3号汉墓内棺东西侧壁帛画上的墓主车马仪仗图中看到自己的原初表现；画像石墓中的子孙家人祭祀墓主类图像，其原初表现，分别见于马王堆1号汉墓、3号汉墓出土非衣帛画的第三层图像以及临沂金雀山9号墓出土非衣帛画的第二、第三、第四、第五和第六层图像。从目前所见的考古资料看，汉画像石墓中的历史故事类画像内容，似与西汉前期木椁墓中的帛画和漆棺画没有直接的承袭关系。笔者推测，恐怕这是在当时皇家宗庙和官民墓地祠堂画像的影响下，西汉晚期以后新出现的墓室画像题材。

从以上的考察可以看出，与汉壁画墓一样，汉画像石墓的石刻画像渊源有自，无论在形式上还是在题材内容上，都继承了西汉前期木椁墓中随葬帛画和漆棺画的优良传统，汉代墓室石刻画像的祖形和前身就是西汉早期木椁墓中的帛画和漆棺画。

第二节　滥觞期的画像石墓及其画像

第二章已经叙述过，汉画像石的第一分布区和第二分布区，即由山东省、江苏省北部、安徽省北部、河南省东部、河北省东南部构成的广阔地区和以南阳市为中心的河南省西南部到湖北省北部地区，是汉画像石的发源地和最主要的分布区。近年来，在这两个地区先后发现的多座早期汉画像石墓，将初期汉代墓室画像石的面貌和特征清晰地展现在我们面前。

1. 山东南部和江苏北部地区的早期画像石墓

第一分布区的初期汉画像石墓集中发现于山东省南部和江苏省北部,河南省东部也有少量发现。迄今为止,在这一区域发现的最早的汉画像石墓是山东省临沂市庆云山的画像石椁墓。

1984年在山东省临沂市庆云山发现的画像石椁墓是东西并列的土坑竖穴夫妻合葬墓。东侧2号墓的石椁长250厘米,宽100厘米,高96厘米,由盖板、底板和四块侧板共六块石板拼组而成,除盖板之外,其他五块椁板内面均刻有画像[1](图一〇四)。头部挡板的内面,外侧是由三角纹和菱形纹组成的方框,方框内的正中央,一面刻得很大的玉璧由四根细线牵拉着固定在方框的四角。足部挡板的内面,刻画着两个腰佩长剑、相揖而立的冠服人物。石椁的右侧板内面,外侧是由三角纹和菱形纹组成的长方形边框,边框内刻画三组图像。中间一组图像是室内击刺比武场面,在一间张有垂幕的庑殿顶厅堂内,两个冠服人物,一人手握长矛,一人挥剑拥盾,正在互相搏击,厅堂两侧,各有一棵桃形树冠的大树;左右两组图像均为悬璧图。石椁左侧板的画像构图与右侧板大体相同,只有中间一组图像的内容略有不同,厅堂内不是比武击刺场面,而是两位冠服人物左右相揖而坐。石椁底板的正中央,刻有六博局盘纹。在考察这些石椁画像的图像学意义之前,必须先搞清庆云山2号墓的年代,因为这是一个关系到汉画像石墓究竟出现于何时的大问题。发掘报告将该墓年代定为西汉早期,曾布川宽进一步将其年代前推到西汉初[2],因该墓未发现西汉早期的半两钱,其推定该墓年代的根据是墓中的陶器组合。发掘报告称,在临沂金雀山和银雀山发掘的50余座西汉墓中,早期墓是鼎、盒、壶为组合的陶器与半两钱伴出,晚期墓是鼎、壶为组合的陶器与五铢钱伴出。实际上,中国北方的西汉墓,随葬品中鼎、盒、壶的陶器组合一直延续到西汉晚期。例如,在山西省朔县发掘的1 000余座秦汉墓中,以鼎、盒、壶为组合的陶器与西汉中晚期的五铢钱共出的墓例相当多[3]。临沂庆云山2号墓出土鼎、盒、壶等陶器的外部形态特别是其彩绘纹饰,与山西朔县秦汉墓中第三期晚段和第四期早段的同类随葬陶器非常接近,根据发掘报告的墓葬编年,第三期晚段和第四期早段的墓葬约属于西汉晚期之初即宣帝(前73~前49)至元帝(前48~前32)时期。因此,笔者认为将临沂庆云山2号墓的年代定为西汉宣帝、元帝时期比较妥当。尽管如此,从石椁画像的简单和阴线刻雕刻技法的稚拙来看,该墓仍然是最早的汉画像石墓。如果以上年代推定无误,我们就可以从墓室石刻画像与西汉前期木椁墓帛画、漆棺画之间承袭关系的角度来探讨庆云山2号墓石椁的画像内容了。

---

[1] 临沂博物馆:《临沂的西汉瓮棺、砖棺、石棺墓》,《文物》1988年10期。
[2] 曾布川宽:《漢代画像石における昇仙図の系譜》,《东方学报》京都版第65册,1993年,51~59页。
[3] 平朔考古队:《山西朔县秦汉墓发掘简报》,《文物》1987年6期。

图一〇四　山东临沂庆云山 2 号墓石椁画像

1. 右侧板内壁画像摹本　2. 左侧板内壁画像摹本　3. 头部挡板内壁画像　4. 足部挡板内壁画像

先来分析头部挡板和足部挡板的画像。足部挡板上所刻画的两个佩剑冠服人物，在西汉早期的帛画和漆棺画中找不到相同的图像，但如后所述，在其他早期石椁墓的头部和足部挡板上，经常刻画铺首衔环和双阙图像，证明石椁的头部和足部挡板相当于墓室之门，站在门旁的佩剑冠服人物当然是守门的门亭长。这里需要详加解释的是头部挡板

第五章｜地下墓室画像石　209

图一〇五　湖南长沙砂子塘 1 号墓出土外棺的头、足部挡板漆画
1. 头部挡板漆画　2. 足部挡板漆画

的悬璧图。这种以玉璧作为构图要素的图像，在长沙马王堆 1 号汉墓第三重漆棺的头部挡板（图一〇一）和长沙砂子塘 1 号汉墓[1]漆绘外棺的头部挡板上（图一〇五，1）都可看到。前者画面的正中央为一面用绶带悬挂的玉璧，结扎在玉璧下部的流苏斜着向两侧飘垂，两条巨龙从前面穿过璧孔，龙头从玉璧之后高高抬起，隔着绶带左右相对。后者的画面正中央同样画有一面用绶带悬挂的玉璧，玉璧下部垂着流苏，两只形似孔雀的巨鸟从后面将长颈穿过璧孔，隔着绶带互相对望，美丽的长尾从两侧向内卷曲成两个对称的弧形，两只巨鸟口中各含着一颗圆圆的玉珠，还衔挂着一对用线串起、下垂流苏的玉磬，巨鸟头上戴着前后垂有玉旒的冕。根据发掘报告，长沙砂子塘 1 号汉墓有可能是死于西汉文帝后元七年（前 157）的长沙靖王吴著之墓，略晚于文帝十二年（前 168）的马王堆 3 号汉墓。曾布川宽根据其墓葬形制和所出器物的特点，认为砂子塘 1 号汉墓的年代应早于马王堆 3 号汉墓[2]。不论两说哪个正确，砂子塘 1 号汉墓与马王堆 1 号汉墓、3 号汉墓都是西汉早期墓葬是没有任何疑义的。从西汉早期的木椁墓到西汉晚期之初的石椁墓，一直把玉璧作为构图要素描绘在棺椁的头、足部挡板上，这一情况本身就意味着玉璧图像在丧葬装饰艺术中具有特殊的意义。对中国古代玉器的种类、用途、作用及其礼制意义，林巳奈夫曾作过深入研究。根据他的研究，在中国古代，玉器是"德"的象

---

[1] 湖南省博物馆：《长沙砂子塘西汉墓发掘简报》，《文物》1963 年 2 期；湖南省博物馆：《湖南省文物图录》图版二七，湖南人民出版社，1964 年。
[2] 曾布川宽：《昆侖山への昇仙》，中央公论社，1982 年，59～61 页。

征，作为最重要礼器的玉璧，不仅具有使生命再生的作用，而且还有使天界诸神和已故祖先的灵魂依附在其上面的功能。因此，古代人确信，如果将佩玉戴在身上，将使佩戴者的生命力更加旺盛，寿命更长；如果将玉璧等玉器放置在棺椁内的尸体旁边，可以防止尸体腐败，聚拢灵魂不使远去，促使死者重新复活[1]。对林巳奈夫的这一研究成果，笔者完全赞同。但曾布川宽却根据林巳奈夫的研究结果，认为上述图像中的玉璧，特别是砂子塘1号汉墓足部挡板图像（图一〇五，2）中的玡仅是降神的依凭物[2]。笔者认为，将玉璧等玉器图像刻画在棺椁的头、足部挡板上，不是为了降神，而是为了使死者灵魂有所依凭而不致远去，同时也起着防止尸体腐败、保护尸体的作用。这种墓室装饰图像的产生和流行，应与古代的复生意识和汉代的升仙观念有着密切关系。在佛教传入以前的西汉时期，人们对轮回转世说一无所知，对他们来说，死后只有两种选择：如果他不能升仙到昆仑山仙界，并在那里获得永恒的生命，永远过着无忧无虑幸福生活的话，就只能被幽闭在阴暗的地下鬼魂世界而永无出头之日。正因为如此，在当时的社会上，升仙到昆仑山仙界是人们至死不渝的追求目标。与世界其他民族追求和重视来世的、彼岸的、死后灵魂幸福的信仰观念不同，重视实际的古代中国人所追求的，是此岸的、今生的、世俗的肉体幸福。从秦始皇派遣方士渡海寻求不死之药，汉武帝甘愿受术士愚弄而在宫廷中大肆装神弄鬼，直到后世的道教徒至死不悟地讲求"炼丹术"和服食五石散，都是为了这个目的。升仙到昆仑山也是为了同样的目的。这里必须强调一点，在中国古代人的观念中，"仙"是不死不老、有血有肉的人，而不是虚无缥缈的幽灵，因此坚信，只有同时具有灵魂和肉体的活生生的人才能得道升仙，脱离了血肉之躯的死者灵魂和无所依凭、到处飘荡的孤魂野鬼是不能升仙到昆仑山成为长生不老的仙人的。人死后要想顺利升仙，必须具备两个条件。一个条件是，必须有保存完好的肉体。如果尸体腐败，灵魂就无法与肉体重新结合，其结果必然是死者无法复生，升仙愿望化为泡影。另一个条件是，必须做到让死者灵魂不远离死者尸体，随时停留在尸体近旁，以便时机成熟之时灵魂重新附合到肉体上使死者复生。汉代人认为，死亡并不是一个人生命的终结，而是生命在另一个层次上的延续，如果能够升仙，则是生命在现世直接延长线上更高层次上的无限延续。因此，当时的人们把人的死亡叫做"形解销化"[3]或"尸解"[4]，将死亡看作是升仙必须经历的一个过程。就是说，通过被称为"形解销化"或"尸解"的假死，人

---

[1] 林巳奈夫：《中国古代の祭玉、瑞玉》，《东方学报》京都版第40册，1969年，297～306页；林巳奈夫：《佩玉と绶——序说——附论：长沙马王堆一号汉墓の非衣（所谓"幡"的性格）》，《东方学报》京都版第45册，1973年。
[2] 曾布川宽：《昆仑山への升仙》，中央公论社，1982年，49～52页。
[3] 《史记·封禅书》。
[4] 《论衡·道虚篇》。

才能摆脱充满苦难的现实世俗世界，达到灵魂和肉体的净化，并由此而取得升仙的资格。之所以将玉璧图像描绘在棺椁头、足部挡板上，就是因为当时的人们相信，玉璧等玉器有附着死者灵魂、防止尸体腐败的神效，可以使人死而复生，顺利实现升仙的目的。汉代的王侯等高级贵族死后用金、银缕玉衣包裹尸体，并在玉衣内外放置大量玉璧和玉饰，也出于同样的目的。对当时的人们来说，天帝和诸神的天上世界是个极其可怕的去处，他们生前不敢问津，死后更不敢游历，试想，他们怎么可能用画在棺椁上的玉璧图像去招致天界的凶神恶煞呢？曾布川宽对玉璧图像的解释显然是不合乎汉代人的观念的。从以上考察可以看出，悬璧图像是一个很古老的墓葬装饰艺术题材，庆云山2号墓石椁头部挡板上的悬璧图，其原初表现和祖型，就是西汉前期墓葬中漆棺前后挡板上同类题材的漆画。

　　我们再接着分析庆云山2号墓石椁左右侧板的图像。配置在石椁左右侧板内面两端的都是悬璧图，其图像学意义应与石椁头部挡板内面所画的悬璧图相同，都是为了附着墓主灵魂和防止墓主尸体腐烂。配置在两石中央的厅堂双树图，曾布川宽认为表现的是昆仑山仙界，特别是石椁左侧板的厅堂双树图，厅堂内左右对坐的两个人物是已经升仙到昆仑山仙境的人。实际上，从图像中看不到昆仑山仙境的任何特征。图像中的许多构图要素在墓上祠堂画像中反复出现，给人一种似曾相识的感觉。例如，厅堂两侧的桃形树冠大树，就是祠堂画像中象征墓地的"灵木"；单层顶的厅堂建筑其实就是祠堂后壁"祠主受祭图"中的楼阁厅堂，是宗庙祠堂类祭祀性建筑。因此，图中厅堂内的人物，应是从地下世界来到宗庙或祠堂，并在那里接受子孙家人祭祀的墓主。长沙马王堆3号汉墓内棺东壁帛画中的房屋建筑图像和山东临沂金雀山9号墓出土帛画（图七八）第二层画像中的厅堂图，应该就是临沂庆云山2号墓石椁侧壁"厅堂双树图"的原初表现形式。

　　关于石椁底板上所刻六博局盘图像的含义，目前只有曾布川宽作过解释。他认为，这也是一幅表现墓主升仙题材的图像，意在祝愿墓主的灵魂升仙[1]。但是，图像本身只是一幅普通的六博局盘纹，从中根本看不到对墓主升仙的祝愿。诚然，在四川出土的石棺画像中确实常见仙人六博图像，但六博在汉代并不是仙人的专用品，而是极为流行的大众性娱乐用具，用六博棋具随葬的汉墓在考古发掘中屡见不鲜。笔者参加发掘的一座山西朔县的西汉晚期墓中就曾出土漆制的六博局盘。因此，一见六博局盘图像，马上认定与升仙题材有关，这种推论方法过于轻率。笔者认为，与墓中随葬六博棋具一样，在石椁内刻画六博局盘图像，是为了表明墓主的灵魂在地下世界也同生前一样，继续过着安乐生活。

---

[1] 曾布川宽：《漢代画像石における昇仙図の系譜》，《東方学報》京都版第65册，1993年，58～59页。

从以上分析可以看出，在时代最早的汉画像石墓中，最主要的画像题材是悬璧图和厅堂双树图，这两种图像题材都可以在西汉早期的随葬帛画和漆棺画中找到其原初表现，证明汉画像石墓的题材内容和表现形式，是从西汉早期的墓葬装饰艺术发展而来的。这两种画像题材，在初期汉画像石墓中反复被表现。

例如，近年来在河南省夏邑县吴庄[1]、江苏省徐州市铜山县范山[2]和徐州市万寨[3]等地点发现的西汉晚期小型画像石椁墓，都以悬璧图和厅堂树木图作为主要图像。1988年在河南省东部的夏邑县吴庄发现了六座西汉晚期石椁墓，其中三座为画像石椁墓，画像题材均为玉璧图像和树木图像。以2号墓为例，石椁长240厘米，宽106厘米，高88厘米，四壁板均刻有画像。头部挡板刻左右两组构图完全相同的悬璧图，用细丝悬挂的玉璧上下方均饰以流苏；足部挡板刻画两株桃形树冠的大树，两树上方有三只飞鸟；两块侧壁板刻相同的图像，中央为玉璧图，左侧为上落一只鸟的树木图，右侧是一组与头部挡板相同的悬璧图（图一〇六）。26号墓和38号墓的石椁只在头、足部挡板上刻有画像，画像内容与2号墓石椁基本相同，都是悬璧图和落着鸟的树木图。在这些石椁画像中，没有刻画任何人物，但图像含义一望可知。树木图像是墓地的象征，悬璧图表示实在的玉璧，有保护墓主尸体、附着墓主灵魂、帮助墓主复生和升仙的功能。就是说，其图像学意义与临沂庆云山2号墓石椁画像完全相同。1979年在徐州铜山发掘的范山汉墓为同样的小型画像石椁墓，四面的侧壁板均刻有画像。图一〇七是范山汉墓一块侧壁板的画像，该石长310厘米，高90厘米，画面外侧是由菱形纹和三角纹构成的图案花纹带组成的长方形画框，画框内共有五组图像，每组图像之间有图案花纹带相隔。正中央的一组图像为一双层屋顶的楼阁建筑，楼阁的两根立柱外侧各画一幅悬璧图，屋脊两侧各有一圆环，可能是日轮和月轮。厅堂建筑图的两侧，各配置一幅悬璧图。悬璧图外侧，为树木图像。1980年发掘的徐州万寨画像石椁墓中，只发现了四块石椁侧壁板，其中三块侧壁板内面刻有画像（图一〇八）。石椁头部挡板高74厘米，宽156厘米，画面正中为一座单层屋顶的厅堂建筑，建筑立柱的外侧各有一小圆圈，屋顶两侧各有一大圆圈，与图一〇七画面中央的楼阁图相对照，可知两个小圆圈为玉璧图像，两个大圆圈为日月图像。大小与头部挡板相若的足部挡板，横长的画面上左右对称各画一幅十字穿璧纹。右侧壁板长274厘米，高74厘米，横长的画面上画三组十字穿璧图像。同样的画像内容，在江苏省连云港市锦屏山桃花涧的一座汉代石椁墓[4]画像中也可以看到。该墓

---

[1] 商丘地区文化局：《河南夏邑吴庄石椁墓》，《中原文物》1990年1期。
[2] 徐州市博物馆：《徐州汉画像石》图版四，江苏美术出版社，1985年。
[3] 徐州市博物馆：《徐州汉画像石》6页附图，江苏美术出版社，1985年。
[4] 李洪甫：《连云港市锦屏山汉画像石墓》，《考古》1983年10期。

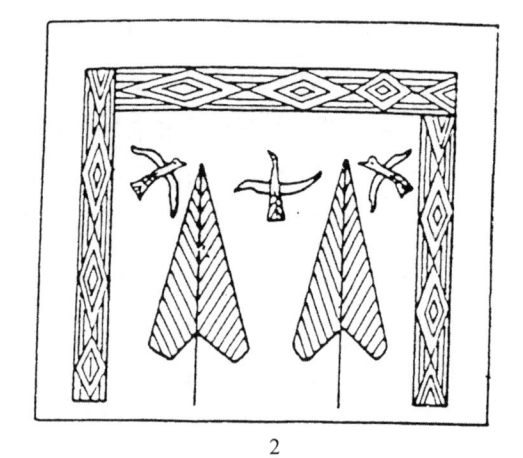

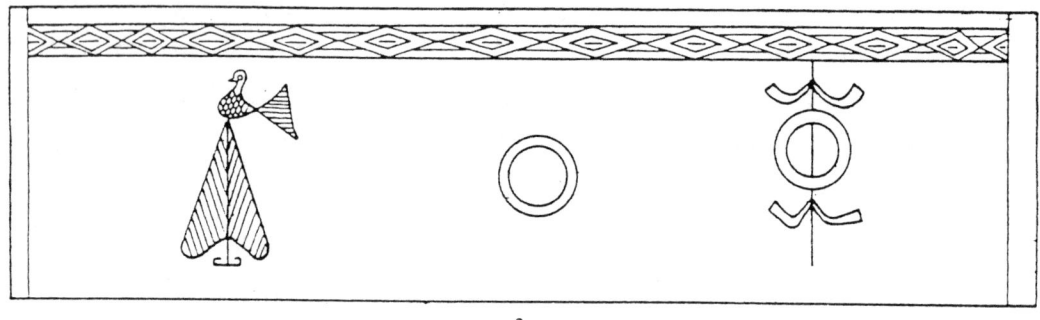

图一〇六　河南夏邑吴庄 2 号墓出土石椁画像摹本
1.头部挡板画像　2.足部挡板画像　3.侧壁板画像

图一〇七　江苏徐州铜山范山墓石椁侧壁板画像摹本

发现时已遭破坏，椁板石已残缺不全，从残存的椁板石大小看，应为夫妻合葬墓。石椁的四块侧壁板内面均刻有画像（图三）。头部挡板的左部虽然已经残失，但仍可看出上面是三组铺首衔环图像。足部挡板右端虽稍有残缺，但图像完整无损，画面正中为上落一只鸟的树木图，两侧为十字穿璧图，中央和四角的五面玉璧由两条十字交叉的细线

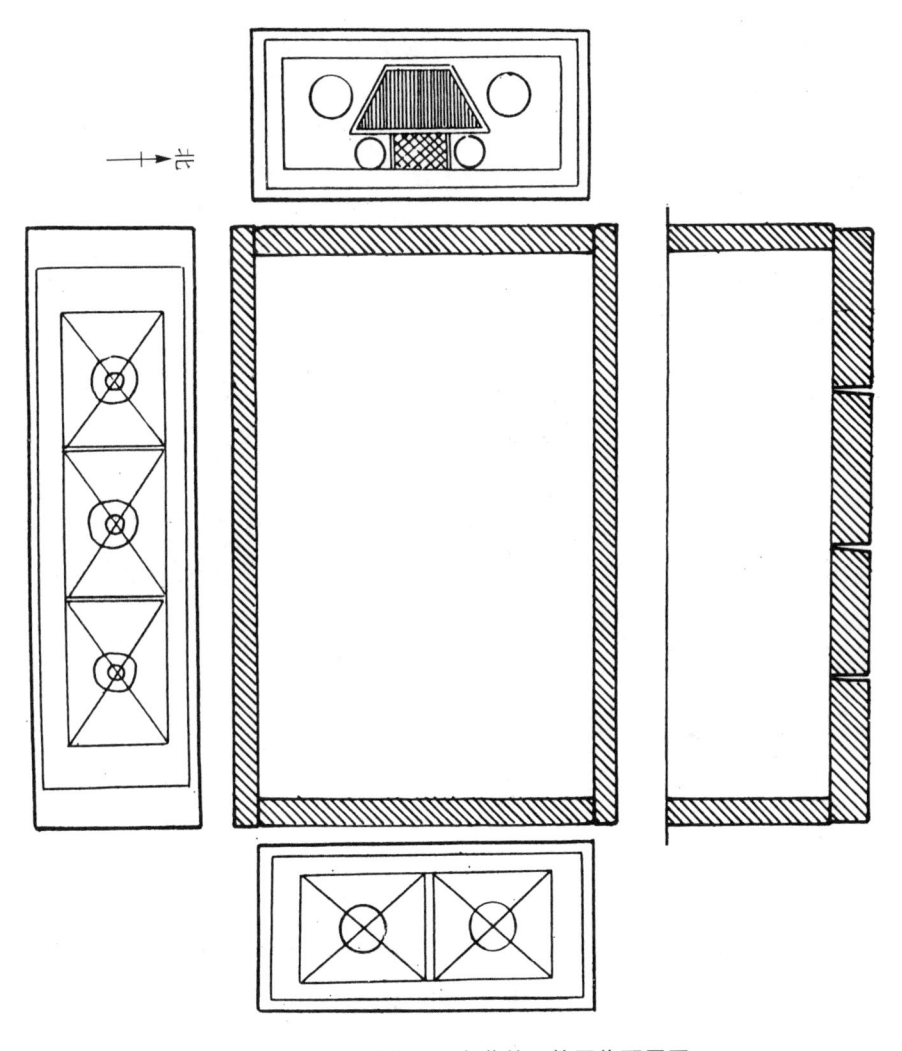

图一〇八　江苏徐州万寨墓的石椁画像配置图

穿连在一起。石椁左侧板未刻图像，右侧板上端是一条由菱形纹和三角纹组成的图案花纹带，下部的横长画面上，左、右两侧为对峙的双阙，中央稍稍偏上位置另有一座与门阙结构相同的建筑，但脊顶停一展翅欲飞的鸟，说明该建筑应是双阙之内的楼阁，其右侧一位佩剑长须冠服老者正拄杖向楼阁走去。曾布川宽认为，石椁右侧板画像中的双阙表现的是昆仑山西王母仙界的大门，画像内容是墓主升仙图[1]。但是，我们在画像中看不到任何与昆仑山西王母仙界相关的事物。实际上，这幅画像的内容与第四章介绍的祠堂后壁的"祠主受祭图"完全相同，对峙的左右双阙是

[1]　曾布川宽:《漢代画像石における昇仙図の系譜》,《东方学报》京都版第65册, 1993年, 52页。

象征墓地大门的墓阙，画面中央的楼阁是建在墓地中的祠庙等祭祀性建筑，楼阁右侧的拄杖老人是墓主形象，画像内容表现的是墓主灵魂从地下世界来到墓地祠庙接受子孙家人祭祀的场面。图中既没有墓主连车累骑的出行场面，也没有子孙家人祭拜墓主的场面，是目前所看到的汉画像石同类画像题材中构图最简单的图像。笔者认为，这种现象，一方面与墓主身份低微有关，另一方面也表明了这类题材图像的构图模式还未定型。关于这些画像石椁墓的年代，从墓葬形制和出土遗物看，河南夏邑吴庄2号、26号、38号墓和徐州铜山县的范山墓均为西汉晚期墓，徐州万寨墓和连云港锦屏山桃花涧墓因出土有"大泉五十""货泉"等铜币，当为王莽时期的墓葬。从这些墓的石椁画像可以看出，从西汉宣帝到王莽时期，画像石的题材内容基本没有变化，始终以玉璧、双阙厅堂或双阙楼阁、灵木等图像为主要题材。正如曾布川宽所指出的，这种双阙厅堂图像在山东临沂金雀山14号墓的漆棺画像中就已出现。1978年在山东临沂金雀山发掘的周氏墓群14号墓[1]为西汉中期的竖穴土坑木椁墓，墓中出土了一具装饰华丽的漆棺。遍涂黑漆的棺盖板上，整齐斜向排列的三十三颗鎏金柿蒂花铜钉组成方棋纹；四周的侧板贴红绢为衬底，左右侧板以斜向排列的铜钉加固，铜钉之间用黑线相连组成菱形图案。头、足部挡板的红绢上绘有墨色图像，图像上加饰鎏金铜钉。头部挡板的图像为双阙厅堂，阙为双层顶，双阙夹峙的厅堂为单层屋顶，屋脊上停有一只展翅欲飞的大鸟。足部挡板的图像为一座单层屋顶的厅堂建筑（图一〇九）。从画像构成可以看出，这两幅漆棺画与连云港锦屏山桃花涧墓石椁右

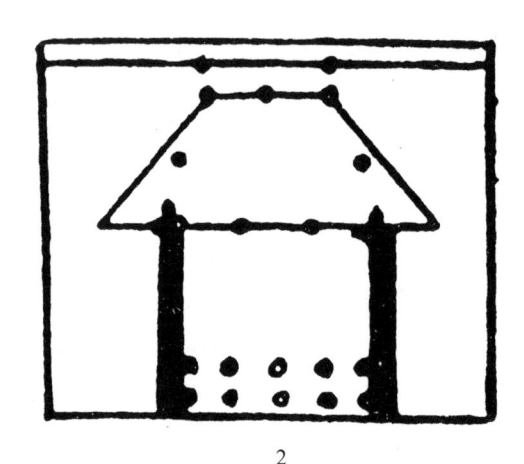

图一〇九　山东临沂金雀山14号墓木棺头、足挡板的漆画摹本
1. 头部挡板漆画　2. 足部挡板漆画

---

[1] 临沂市博物馆：《山东临沂金雀山周氏墓群发掘简报》，《文物》1984年11期；曾布川宽：《漢代画像石における昇仙図の系譜》，《東方学報》京都版第65册，1993年，54页。

侧板上的双阙楼阁图的图像学意义应该是一致的。从两者的递承关系上说，后者显然是继承前者而来的。

大约从王莽时期开始，这种早期汉画像石墓的画像内容出现了明显增加的倾向。这一倾向，可以从山东省平阴县新屯 2 号墓[1]和江苏省徐州市沛县栖山 1 号墓[2]的石椁画像中清楚看出。1986 年发掘的山东省平阴县新屯 2 号墓是一座两次构筑的双石椁夫妻合葬墓，两具石椁中，只有收葬男墓主遗体的西侧石椁四壁板刻有画像（图一一〇）。西侧石椁的左、右侧壁板均长 260 厘米，高 82 厘米，各画有两幅图像。左（东）侧板左面的图像为穿璧纹，右面图像较为复杂，画面左侧为一座厅堂建筑，厅堂深处一人凭几而坐，由于还不能熟练运用透视法，凭几而坐的人物被配置在屋檐之上的屋顶前坡瓦垄位置，使画面显得极不协调，厅堂右侧，上部一匹马拴在一根立柱上，下部一辆轺车正向右行进，轺车之前一人屈身拱手相迎。石椁右（西）侧板的图像内容与左侧板大体相同，画面右边的穿璧纹图像左上部，一条巨龙正凌空向右飞行，巨龙的尾部延伸到左侧图像中；左侧图像的中央偏右位置为一座单层屋顶的厅堂建筑，厅堂深处即屋檐之上的屋顶前坡位置一人凭几而坐，厅堂内外共有五个双手端物的妇女，厅堂左边为一辆向左行进的轺车。石椁的头、足部挡板均长 88 厘米，高 82 厘米，头部挡板画一座双层屋顶的厅堂，足部挡板画对峙的双阙，双阙外侧各立一名妇女。与前述各墓的石椁画像相比，临沂新屯 2 号墓的石椁画像中不仅增加了各种人物形象，而且新增加了车马出行场面。从该墓所出陶器看，与山西朔县王莽前后墓葬出土的同类器物[3]基本相同，因此将其定为王莽时期的墓葬当大致无误。

在江苏省徐州市沛县栖山 1 号墓中，画像内容已经大量增加。这座墓是 1977 年当地群众采石时发现的两座石椁墓之一，墓穴南北长 3.5 米，东西宽 3.6 米，深 2 米，墓穴内东西并置三具石椁。中椁长 263 厘米，宽 110 厘米，椁内发现一具人骨、两件随葬铁剑和少量五铢钱。西边椁长 266 厘米，宽 103 厘米，内有一具人骨和铁锸、五铢钱等随葬品。东边椁长 250 厘米，宽 90 厘米，因椁中只发现一枚五铢钱，简报作者推断其为边箱，但从其结构和大小看，同样应为石椁，大概椁内的尸骨和其他有机质随葬品都已腐朽净尽，所以只发现了一枚铜币。从墓中出土的随葬品种类和徐州地区的汉墓形制分析，中椁内的人骨为男墓主，葬在东、西边椁内的应为两位女墓主即男墓主的两位妻子。发掘简报将该墓年代定为王莽时期，笔者认为有可能晚到东汉初年。三具石椁中，只有中

---

[1] 济南市文化局文物处、平阴县博物馆筹建处：《山东平阴新屯汉画像石墓》，《考古》1988 年 11 期。
[2] 徐州市博物馆、沛县文化馆：《江苏沛县栖山汉画像石墓清理简报》，《考古学集刊》第二集，1982 年；徐州市博物馆：《徐州汉画像石》图版五～十四，江苏美术出版社，1985 年。
[3] 平朔考古队：《山西朔县秦汉墓发掘简报》，《文物》1987 年 6 期。

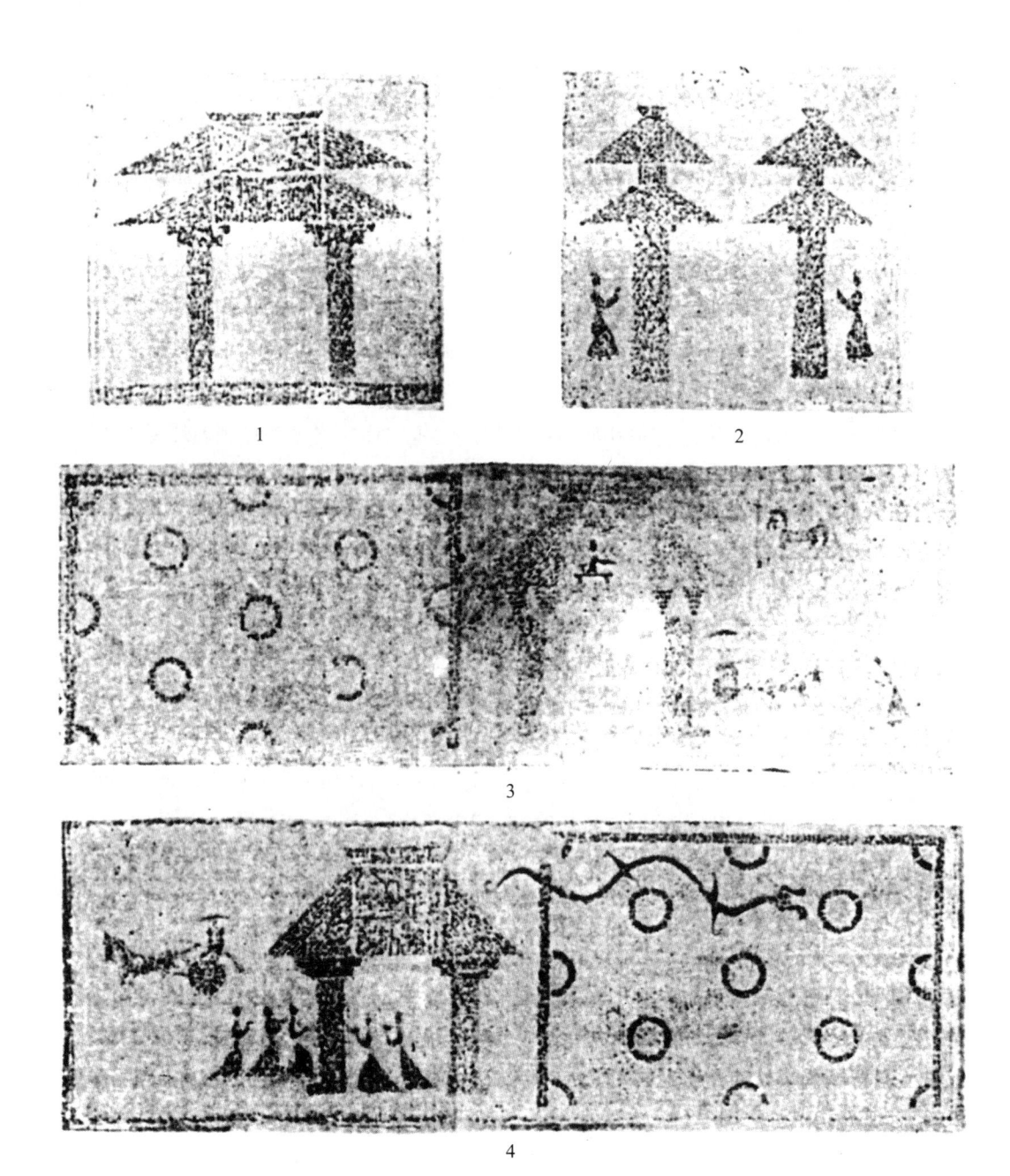

图一一〇 山东平阴新屯 2 号墓西侧石椁画像
1. 头部挡板画像 2. 足部挡板画像 3. 东侧壁板画像 4. 西侧壁板画像

椁和西边椁刻有画像。中椁四块侧壁板内、外面均刻画像，计有画像八幅（图一一一）；西边椁只在头、足部挡板内面刻有画像（图一一二）。

以下先分析中椁画像。在头部挡板的外面，外侧大方格内的画面被纵横两条宽带分隔为四个面积相等的方形小画面，两条宽带相交的画面正中心刻玉璧图像，上部的两个

图——— 江苏徐州沛县栖山 1 号墓中椁画像

1. 头部挡板外壁画像摹本　2. 足部挡板外壁画像摹本　3. 头部挡板内壁画像摹本
4. 足部挡板内壁画像摹本　5. 东侧壁板外壁画像摹本　6. 东侧壁板内壁画像摹本
7. 西侧壁板外壁画像　8. 西侧壁板内壁画像摹本

图一一二　江苏徐州沛县栖山 1 号墓西椁画像摹本
1. 头部挡板画像　2. 足部挡板画像

方形小画面内各画铺首衔环，下部的两个方形小画面中右边的画一匹马，左边的画两个对揖的佩剑冠服人物。足部挡板的外面，大方格内的画面被一条纵向宽带分隔为左右两个相等的纵长小画面，每个小画面内各画一株上停一鸟的桃形树冠树木。关于中椁左右侧壁板外面的画像构图特点，正如第三章第三节所指出的，多种内容不同的图像既无界限又无距离地互相连刻在一起，以至使人很难加以分辨。其中，左（东）侧板外面的画像尽管没有分界，但大体可以分为五组图像。画面左半部分为西王母仙界图，图中，头上戴胜的西王母凭几端坐在二层仙阁的楼上，仙阁楼下，一只口中衔物的巨大仙鸟正举足向左边的楼梯走去。仙阁右方，从上而下分别配置着为西王母取食的三足乌、九尾狐和两个拥臼操杵捣制不死之药的仙人，其右方为面向仙阁排成一列的四名神怪，站在最前面的神怪人身蛇尾，其身后的三名神怪一位马首人身，另一位鸟首人身，最后一位为人的形象，四名神怪均身佩长剑。在迄今发现的大量汉代西王母图像中，坐在仙阁上的西王母图像这是仅见的一幅，特别是仙阁外的半动物形神怪为晚期西王母图像所不见，说明这是最早的西王母图像之一。西王母仙界图右边的画面共有四组图像。配置在最左边的是"树木射鸟图"，一棵分有五个枝杈的大树梢头停落四只鸟，其中一只身形似鹤的鸟口中衔着一条鱼，树干左边，一名佩剑男子正弯弓搭箭欲射树上之鸟，另一名佩剑男子站在树干右边观看。如第四章所述，同样的"树木射鸟图"是东汉中晚期祠堂画像中最常见的表现题材，特别在东汉晚期祠堂中，这种图像总是配置在祠堂后壁的"楼阁祠主受祭图"旁边，两者共同表现祠主接受子孙家人祭祀的场面。"树木射鸟图"右边为建鼓图，高大的建鼓支架顶端装饰着伞状华盖，斜插在鼓身上的两根流苏饰竿顶部各饰一鸟，两名鼓手分立在鼓架两侧，正挥桴敲击着建鼓，鼓手身边置有壶、樽等酒器，一名佩剑男子站在鼓架右侧正观看表演。同样的建鼓图经常配置在祠堂的东侧壁。第三、四组图像分别配置在画面右端的上、下方。上方的第三组图像似为墓祭图，画面中央立着一根附有屋顶的墓表，两侧地面上有两个坟丘，其旁置有酒樽和耳杯，墓表右侧两名守墓人荷戟面左而立，墓表左侧一名佩剑男子面右而立，墓表下方为两只扬颈相斗的鸟。下方的第四组图像为击刺图，两个冠服人物一人手持长矛，一人手持剑和盾，正互相搏击，但画面上没有丝毫杀气，表现的显然不是性命相搏的厮杀，而是友好的竞技。中椁右（西）侧板的外面共有四组图像。画面左半部为"楼阁双阙图"，最左端是一座与左侧板"西王母仙界图"中仙阁相同的二层楼阁，楼上，两名男子正左右相对围着陆博局盘博戏，图中的陆博局盘宛如挂在后壁上；楼下，右侧一人正踏着楼梯登楼，左侧站着两个左右相对的人物。楼阁右边，一名佩剑男子面楼而立，其右侧对峙耸立着两层顶檐的双阙，阙旁，站立着两名佩剑门吏，外侧的门吏俯首躬身面右而立，似在迎接迎面而来的车骑行列。如果将这幅"楼阁双阙图"与祠堂后壁的楼阁双阙图像相比较，就会发现，无论双阙的位置还是楼阁中主要人物的活动，二者都有很大区别，但基本构图要素诸如二层楼阁和双阙等却与祠堂后壁的楼阁双阙图完全相同，因此笔者认为二者的图像学意义也应是相同的。即图中的二层楼阁是祭祀墓主的祠庙类建筑，双阙是象征墓地的墓阙。如果将这幅"楼阁双阙图"与其右侧下方的墓主车马出行图综合进行考察，其图像学意义会更加明确。图中墓主的车马出行行列由两辆轺车、一名骑吏和两名荷戟的步卒组成，正自右向左方的楼阁双阙行进。双阙前俯首躬身迎接的门吏将两幅图像有机地联系在一起，表明墓主车马行列出行的目的地就是楼阁双阙。这幅墓主车马出行图，从其在画面上的位置和图中墓主车马行列出行的目的地来看，与配置在祠堂后壁最下方的祠主车马出行图含义相同，表现的是墓主从地下世界奔赴祠庙去接受子孙家人祭祀的场面。墓主车马出行图的上方，即画面右半部上方，左边配置乐舞图，右边配置庖厨图。乐舞图的正中，两名舞女长袖当风，正随着乐曲节奏翩翩起舞，两侧共有六名乐工伴奏，左侧的四名乐工中两人吹奏排箫，一人弹瑟，另一人轻摇云板，右侧是两名吹奏排箫的乐工。画面右上为庖厨图，正中一人正用桔槔从井中汲水，右边的桔槔柱上拴着一头待屠的牛，牛上方悬挂着三块肉，桔槔的左边和下方，四名厨师在紧张地炊作，周围放置着壶、樽等酒食用具。在第四章笔者已经指出，相同的乐舞图和庖厨图经常配置在祠堂的东侧壁，分别表现的是祭祀祖先时取悦祖先灵魂的乐舞场面和为祖先准备祭祀食品的场面。这里，不能不对曾布川宽的见解稍加分析。根据曾布川宽对中椁四壁板外侧画像的解释，既然左侧板外面配置有西王母坐在二层仙阁内的图像，那么右侧板外面左端图像中的二层楼阁也应是西王母仙界的建筑，楼阁二层的两个人物正在西王母仙界欢快地进行陆博游戏，他认为"陆博局盘上画有表示天地宇宙构造的图案化棋盘纹，很明显，这是一种按掷出的骰子在盘上行棋的神圣游戏。另外，与后述四川郫县出土的东汉石棺西王母图像中也能看到的那样，陆博在西王母世界是神仙羽人们玩的玩具，可以说这幅图像表现的也是同样的场面。当然，位于这座楼阁右侧的双阙也就可以叫做西王母世界入口的大门了。两名门卫正在面右值勤，由两辆马车为先导的出行行列恰好从右方向双阙走来。双阙是划分西王母世界与外面世界的大门，自外而来的出行行列正要进入西王母世界。这幅出行图上方所画的乐舞、庖厨场面，也属于西王母世界。在乐舞和美食中悠闲度日的生活，与作为一种乐园的西王母世界完全相符，出于画面处理上的考虑，才将双阙内的活动场景画在出行图的上方。可以说，与描绘西王母自身世界的左侧板不同，右侧板的画像，描绘的是人们即将到达这一世界时的场面和到达那里后的生活场面"[1]。不仅如此，中椁头、足部挡板外面的画像，也被曾布川宽理解为表现西王母仙界的内容，头部挡板上画的铺首衔环和两个人物是西王母仙界的门扉铺首和门卫，足部挡板所画的树木是西王母仙界的神树。由于栖山墓中椁四壁板外侧的画像内容几乎包括了汉画像石墓的所有画像题材，对这些画像的解释正确与否，无疑会对全部汉画像石墓的图像内容甚至全部汉代画像内容的解释和理解产生巨大影响，因此必须对曾布川宽上述解释的正确与否详加讨论。

　　笔者认为，在曾布川宽的上述解释中，除了对左侧板西王母仙界图的见解，他对其他图像的解释意见都有重新探讨的余地。先来分析曾布川宽对右侧板左端"楼阁双阙图"的解释。曾布川宽立论的根据有两个，一是图中的二层楼阁与左侧板"西王母仙界图"中的仙阁一样，屋脊的两端也各有一株树木；二是楼阁上层两个人物所玩的陆博是仙人们玩的神圣玩具。但是，画像中楼阁屋脊上的树木不仅极为低矮，而且位置也极不醒目，看不出有任何神圣性。关于陆博，笔者前面已经指出，在两汉时期这是一种流行的大众性玩具，其普及程度几乎达到社会各个阶层。因此，如果不与仙人图像联系在一起，陆博本身就没有丝毫神圣性。正因为如此，四川郫县出土石棺上的仙人陆博图像，不能成为中椁右侧板外面的"楼阁双阙图"是西王母仙界内容图像的证据。之所以这样说，是因为从楼阁中进行陆博游戏的两个人物形象上看，他们并不是披发有翼的仙人，而只是普通的人。曾布川宽所强调的"陆博局盘上画有表示天地宇宙构造的图案化棋盘纹"，在笔者看来，只是陆博棋盘纹本身的构图思想原则问题，与陆博有无神圣性特别是与"楼阁双阙图"的解释等问题毫不相干。不仅如此，在

---

[1] 曾布川宽：《漢代画像石における昇仙図の系譜》，《東方学報》京都版第65册，1993年，34～35页。

"楼阁双阙图"中，看不到任何与西王母仙界图中相同的仙人、神怪和仙禽神兽形象。从这几点看，曾布川宽对中椁右侧板"楼阁双阙图"的解释显然过于牵强附会。笔者认为，图像中的双阙并不是西王母昆仑山仙界的入口，而是墓阙即墓地的入口；二层楼阁也不是西王母世界的仙阁，而是建在墓地中的祠庙；楼阁二层进行陆博游戏的两位人物中的一位应为墓主，画像的图像学意义与祠堂后壁的楼阁双阙图相同，表现的是墓主从地下世界来到祠庙后，在那里尽情享乐的景象。笔者此说最有力的证据，是配置在楼阁双阙图右下方的墓主车马出行图。这是因为，如果楼阁双阙图表现的是西王母仙界，墓主乘坐的普通车马是无论如何也到达不了那里的。因此，这幅车马出行图，描绘的是墓主从地下世界去往祠堂途中的车马行列行进场面，其出行的目的地肯定是墓地祠堂。对这一问题，后面还要详加论述。从这两幅画像所占面积之大来看，无疑是中椁四壁外侧画像中最重要的表现题材，可以说除了西王母仙界图之外，其他所有图像都是围绕着这两幅图像而配置的。其中，建鼓、乐舞和比武击刺场面，是祠堂中举行祭祖仪式时，子孙家人为取悦祖先灵魂而准备的"文体节目演出"；庖厨图表现的是为祭祀祖先而紧张制作祭祀供品的场面；树木射鸟图描绘的是子孙家人通过射鸟在为祭祀祖先准备血食牺牲；同样，墓表图因图中坟丘旁摆放有壶、樽等祭祀用具，也应是一幅表现墓祭场面的画像。头部挡板上所画的铺首是墓室门扉的象征，其下的两个人物当为墓室的门卫，马匹是墓主的坐骑，画面正中心的玉璧图像，应与上述其他石椁的玉璧图的作用相同，既能附着墓主灵魂，又能防止墓主尸体腐败。足部挡板上所画的桃形树木，第四章已经做过考察，并非神木，而是象征墓地的普通树木。总之，在中椁四壁外侧的十六幅画像中，表现墓主升仙愿望的只有西王母仙界图一幅画像，描绘墓主地下生活景象的图像有头部挡板的两幅铺首图、门卫图及马匹图共四幅，其余的画像都与祭祀墓主的内容有关，共有十一幅之多。由此可以看出，至迟到东汉初年，与祭祀墓主有关的题材已经成为画像石墓最重要的表现内容。

以下再来分析徐州沛县栖山1号墓中椁四壁内面的画像内容。头部挡板内面的画像内容及其构图与挡板外面大体相同，上部的两个方形小画框内各画一铺首衔环，下部的两个方形小画框左画两名门卫，右画一匹马和一个马夫，不过画面中心没有配置玉璧图像。足部挡板画的是一头虎形神兽，由于神兽身躯画得过大，两只前足已经突破画框的限制而伸到画框外面。左（东）侧板上，由宽带构成的长方形画框内，分为左右对称的七个小画面，中央的小画面内刻画一只与足部挡板相同的虎形神兽，其两侧纵长的小画面内，各画一株梢头落有小鸟的桃形树木，最外侧的两个小画面内各画一面玉璧。右（西）侧板内面同样划分为七个小画面，中央的小画面内绘狩猎图，六名步卒和一名骑者分别手执毕网和弓、矛，追猎着四处奔逃的鸟兽，狩猎活动的主人公乘坐的轺车正跟着狩猎者向左行进，其他小画面的图像内容及配置与左侧板内面基本相同。曾布川宽认为，中椁内面的石刻画像，描绘的都是与西王母仙界有关的内容。按照他的解释，头、足部挡板上的铺首和人物图像表现的是西王母仙界的门扉和门卫，左右侧壁板上的树木图像是象征西王母昆仑山仙界的神树，在这里表示昆仑山仙界的大门，虎形神兽是守卫昆仑山大门的神兽，狩猎图表现的是昆仑山仙界内的狩猎场面[1]。但是，从画像本身看，曾布川宽的解释没有任何根据。笔者认为，狩猎图同中椁外侧的树木射鸟图一样，表现的是子孙家人为祭祀墓主准备血食牺牲的狩猎场面，树木图象征着墓地。其他图像都是与墓主的地下世界有关的内容，头部挡板的铺首、人物和马匹图像，与挡板外面的同类图像意义相同，是墓室的门扉、门卫和墓主坐骑；玉璧图像起着附着墓主灵魂、保护墓主尸体的作用。现在的问题是，足部挡板和左侧板上所画的虎形神兽图究竟有何图像学意义。我国古代，民间有在住宅门扉上画虎的风俗，这一风俗来源于古代度朔山的神话传说。据王充《论衡·订鬼篇》载："《山海经》又曰：'沧海之中，有度朔之山，上有大桃木，其屈蟠三千里，其枝间东北曰鬼门，万鬼所出入也。上有二神人，一曰神荼，一曰郁垒，主阅领万鬼。恶害之鬼，执以苇索而以食虎。于是黄帝乃作礼以时驱之，门户画神荼、郁垒与虎，悬苇索以御凶魅。'"《后汉书·礼仪志》"大傩"条注引《山海经》的记载大致相同，韦昭注曰："虎者阳物，百兽之长，能击鸷牲食魑魅者也。"在墓室中的石椁上画虎，同样也是出自驱逐恶鬼的目的。《太平御览》卷九百五十四引《风俗通》曰："墓上树柏，路头石虎。《周礼》方相氏入圹驱魍象，魍象好食亡者肝脑，人家不能常令方相立于墓侧以禁御之，而魍象畏虎与柏。"由此可知，在石椁上画虎，是为了驱逐魍象之类的恶鬼，不让这些恶鬼侵害墓主的尸体，其作用与玉璧图像相同。这种神虎图像，与其他石椁图像内容一样，也来源于西汉早期木椁墓中的画像。例如，在前述长沙砂子塘西汉早期木椁墓的外棺足部挡板上就画有神虎图像（图一〇五，2）。画面正中是用绶带悬挂着的大型玉磬，玉磬下方用绶带系挂着一件铙钟，其两侧的玉磬角上各垂挂着两条玉珠串饰，玉磬上部左右对称各卧一只神虎，神虎背上各坐一位有翼神人。笔者认为，神虎背上的两位有翼神人就是度朔山上统领万鬼的神荼和郁垒，这幅漆棺画的作用与徐州沛县栖山1号墓石椁内面所画的虎形神兽图相同，都是为了驱逐魍象等恶鬼，保护墓主的尸体。从以上考察可以看出，栖山1号墓石椁内面画像表现的重点，是驱逐恶鬼，保护墓主尸体。同样主题的石刻图像，在蒋英炬复原的"东安汉里"石椁[2]上也可以看到。"东安汉里"石椁画像石现保存在山东曲

---

[1] 曾布川宽：《漢代画像石における昇仙図の系譜》，《東方学報》京都版第65册，1993年，35页。
[2] 蒋英炬：《略论曲阜"东安汉里画象"石》，《考古》1985年12期。

阜孔庙内，据传1937年出土于曲阜市城东的韩家铺，除椁底板缺失，其他构石一应俱在，是王莽至东汉初的早期画像石椁。根据蒋英炬的复原图，现存的七块构石恰好构成一具双室石椁，其中第一石是双室之间的隔板；第二石和第三石分别为石椁的左右侧壁板，两石长286～287厘米，高84厘米；第七石和第六石分别为石椁的头、足部挡板，两石均长212厘米，高84厘米；第四石和第五石为石椁的两块盖板，各石都刻有拼装用的榫卯。拼装后的石椁内部长226厘米，宽206厘米，高84厘米，左右椁室各宽90厘米（图一一三，1）。石椁的左右侧壁板和盖板只有内面刻有画像，头、足部挡板和隔板两面均刻画像（图一一三）。画像的雕刻技法颇为独特，物象的轮廓线和细部用阴线刻出，轮廓线内加刻细密凹点。石椁内壁，西侧板画神虎和穿璧纹（图一一三，4），东侧板画青龙和穿璧纹，两幅画像的穿璧纹间配置着羽人和嬉戏的仙禽神兽；东西两椁室之间的隔板东面，右刻二人六博图，左刻建鼓乐舞图（图一一三，5），隔板西面刻五人宴饮图；头、足部挡板各刻两幅朱雀和玄武图像；两块盖板内面各刻神兽和穿璧纹图像，穿璧纹空隙间配置着嬉戏的仙禽神兽。石椁外壁的画像集中配置在头、足部挡板上，每石左右各画一人。头部挡板上的人物像一人手握绳索（图一一三，3），另一人双手执板；足部挡板上画两名手执刀和桃枝的长须神人（图一一三，2）。对"东安汉里"石椁的画像内容，蒋英炬[1]和曾布川宽[2]都曾作过考释，他们正确指出，将青龙、白虎、朱雀、玄武等四神形象刻画在石椁内的四壁上，是为了让它们守卫墓室，驱逐恶鬼，保护墓主的尸体；而头、足部挡板上画的手执绳索、桃枝和刀的神人应该就是度朔山上统领万鬼的神荼和郁垒二神，他们的作用也是驱逐恶鬼，守卫墓室。但是，曾布川宽对石椁其他图像的解释，笔者却难以苟同。他认为，石椁隔板上所画的六博、建鼓、乐舞和宴饮等内容的画像，"表现了（墓主）升仙后在西王母世界的生活景象，就是说这里既暗示了石棺（实际是石椁）内部是昆仑山的西王母仙界，也隐含着葬在棺内的墓主对升仙的渴望"[3]。这一解释，完全违背了汉代人对仙人的理解和认识。在汉代人的观念中，仙人虽然与凡人一样具有肉身躯体，但起居饮食却与凡人大异其趣，他们不会像凡夫俗子那样饕餮成性，大吃大喝，只需吃上少许一点，就能长时间不饥不馁，精力充沛。不仅如此，仙人的餐饮之物，绝不是由人制作出来的美味佳肴，而是清洁鲜美的自然物。大约与这具石椁同时，从王莽到东汉初，流行一种铸造精美的规矩四神镜，镜背的外区多配置仙人图像，镜铭内容也多与仙人有关。其中一些镜铭明确提到了仙人的饮食，如：

---

[1] 蒋英炬：《略论曲阜"东安汉里画象"石》，《考古》1985年12期。
[2] 曾布川宽：《漢代画像石における昇仙図の系譜》，《东方学报》京都版第65册，1993年，45页。
[3] 曾布川宽：《漢代画像石における昇仙図の系譜》，《东方学报》京都版第65册，1993年，45～46页。

图一一三　山东曲阜"东安汉里"石椁画像

1.椁室复原图　2.足部挡板外壁画像　3.头部挡板外壁画像　4.西侧壁板外壁画像　5.隔板画像

尚方作镜真大好，上有仙人不知老，渴饮玉泉饥食枣，浮游天下敖四海，寿如金石为国保；

此有佳镜成独好，上有仙人不知老，渴饮礼（醴）泉饥食枣，游天下敖四海，寿如金石为国保；

作佳镜成真大好，上有仙人不知老，渴饮玉泉饥食枣，寿如金石[1]。

从这些铭文可以知道，在汉代人的观念中，仙人不食人间烟火，"渴饮玉泉饥食枣"，绝不会像凡夫俗子那样，动辄举办盛大宴会，呼朋唤友，大吃大喝。因此，完全可以判断，在汉代表现仙人世界的画像中，是不会出现杯觥交错的大规模宴饮场面的。笔者认为，石椁隔板上所画的宴饮、乐舞和六博场面，表现的并不是墓主升仙到西王母昆仑山仙界后的生活景象，而是墓主在地下世界或祠庙中的欢乐生活。石椁左右侧壁板和盖板上的穿壁纹，其图像学意义应与其他石椁上刻画的玉璧图像相同。

让我们再回顾考察徐州沛县栖山1号墓西边椁的画像。西边椁只有两幅画像，分别配置在头、足部挡板的内面。头部挡板画的是铺首人物图像，铺首兽面口中所衔的圆环显然是玉璧，玉璧之下结扎着绶带，左右两侧各有一佩剑人物用手拉着玉璧两边的绶带（图一一二，1）。很明显，图像中的铺首象征着墓室之门，两名佩剑人物为墓室门卫，铺首兽面口中所衔玉璧与其他玉璧图像一样起着驱逐恶鬼、保护墓主尸体的作用。足部挡板画的是双阙图和狩猎图（图一一二，2），画面下部的双阙图中，左右对峙的两重屋顶双阙两侧，各有一名门吏俯首挂剑面阙而立，双阙之前，立着双手捧盾的门亭长。画面上部的狩猎图中，两名手执毕网的猎手正分从左右两边围捕猎物，两人之间，两条猎犬在追逐着一只奔逃的野兔。图像中的双阙应是象征墓地的墓阙，双阙旁的门吏和门亭长似正等待墓主的到来，狩猎场面表现子孙家人正为祭祀墓主准备血食牺牲供品，可以说整个画像描绘的都是与祭祀墓主相关的内容。

值得注意的是，徐州沛县栖山1号墓中椁左侧板外面的西王母图像，是迄今发现的汉画像石中时代最早的西王母图像。由此可知，至迟到东汉初，西王母仙界图已经成为墓室画像的重要表现题材。

在比徐州沛县栖山1号墓时代稍晚的东汉早期的画像石椁中，不仅画像内容，画像配置也出现了新的变化。这一变化，在山东省微山县微山岛发现的画像石椁上体现得最为明显。微山岛是微山湖中最大的岛屿，西与栖山1号墓所在的江苏沛县隔湖相望，两地直线距离只有10公里，而且两汉时期都隶属于治所在彭城（今徐州）的楚国。因此，

---

[1] 孔祥星、刘一曼：《中国古代铜镜史》，中国书店，1991年，79～81页。

第五章 | 地下墓室画像石　227

可以将两地的汉画像石墓作为同一文化圈内的一种文化现象来进行比较研究。近年来，在微山岛的沟南村陆续发现了一批东汉早期画像石椁墓的构石[1]。在图像配置和布局上，这些石椁画像石与徐州沛县栖山1号墓石椁存在着明显的差异。栖山墓石椁最主要的画像即左右侧壁板外面的画像，多种不同题材的图像没有界限、没有距离地配置在一个画面上。相反，微山岛沟南村发现的石椁画像石，则采用一个石面分割为数个画框，每个画框内只配置一种题材图像的方法。两者不同的图像配置方式表明，微山岛沟南村的石椁画像，要比徐州栖山墓更加成熟和进步。遗憾的是，微山岛沟南村的石椁墓由于早期遭到破坏，出土时就已残缺不全，但对于研究这一地区的晚期汉画像石椁墓来说，仍是一批不可多得的珍贵资料。其中，画像内容最新奇有趣的是1987年发现的第三石和第四石（图一一四），据调查报告称，这两块画像石本来是同一具双室石椁的构件，其中第三石是侧壁板，第四石是左右椁室之间的隔板。先来看第三石的画像内容（图一一四，1、2）。该石发现时已经断裂为左右两段，左段画像收载于《山东汉画像石选集》图51，其后不久又发现了右段。左右段拼合后的石板长252厘米，高81厘米，只有一面刻有画像。整个画面分为左、中、右三个画框，每个画框各配置一幅画像。左画框内画的是历史故事"孔子见老子"，九位人物在画面上分为上下两列，上列五位佩剑男子躬身面右而立，当为孔子的弟子，下列共有四位人物，左起第二位的孔子双手捧帛为贽礼面右躬身而立，身后跟着一名佩剑弟子，孔子身前，智童项橐面左而立，其后是面向孔子的老子。据《史记·老子列传》记载，孔子曾问礼于老子，而智童项橐七岁就成为孔子的老师[2]，可知这是一幅表现孔子拜师场面的画像。中央画框内画的是送葬图，画面中右部，一辆四轮有篷大车由排成两列的十个人用绳索牵拉着向右行进，车篷前的车舆中立有一柄很高的伞盖，伞盖柄上系着一面玉璧，舆中立乘两名御者，车篷顶部前后各立一面建鼓。在十个牵车人的上方即稍远处，最右面一人披发向左跪拜在地，似在迎接迎面走来的四个人。大车之后，十二个人排成三列随车右行。图中的四轮大车车篷形如龟甲，装饰奇特，车体巨大而沉重，与汉代画像中常见的载人轺车、辇车以及载物的大车截然不同，显然是一种有特殊用途的车辆。《释名·释丧制》云："舆棺之车曰辒。辒，耳也，悬于左右前后铜鱼摇绞之属耳耳然也。其盖曰柳，柳聚也，众饰所聚亦其形偻也。亦曰鳖甲，似鳖甲亦然也。"《说文》云："辒，丧车也。"这种辒车，汉代又称广柳车或广辙车。《汉书·季布传》载："乃髡钳（季）布，衣褐，置广柳车中。"颜师古注"服虔曰：东郡谓广辙车为广柳车。李奇曰：广柳，大隆穹也。"图中的大车篷似鳖甲，与《释名·释丧

---

[1] 王思礼、赖非、丁冲、万良：《山东微山县汉代画像石调查报告》，《考古》1989年8期。
[2] 《战国策·秦策五》："甘罗曰：'盖项橐七岁为孔子师。'"

图一一四 山东微山沟南村出土第三石、第四石画像
1.第三石画像 2.第三石中、右画框的画像摹本 3.第四石正面画像 4.第四石背面画像

第五章 | 地下墓室画像石 229

制》的记载相同，无疑就是当时送葬用的辒车，篷顶后部的建鼓柄上挂的饰件应就是铜鱼摇绞。整个画像形象地再现了汉代民间的殡葬场面，送葬行列以装载棺柩的辒车为中心，辒车右上方的左向伏地跪拜者应为丧主即孝子，辒车之后的人众为丧者的子孙家人，由助丧者牵拉的辒车正在众人的拥簇下向墓地走去，将死者送到另一个世界。右面画框中画的是墓地图，画面上方左右并排耸立着三座高大的坟丘，坟丘后面隐映露出六株桃形树冠的高大树木；坟丘前的画面正中，是一个刚刚掘好的长方形墓穴，墓穴右边二人相对而坐，二人中间放置一个酒樽；墓穴下方，地上放置着壶、樽，五个人面左而坐，似在对左方来的三个人物施礼；墓穴左侧，三个人物似刚刚到达墓地，正躬身向坐在墓穴旁的人表示感谢。从画面中人物的动作表情看，坐在墓穴旁的七个人应是刚刚掘好墓穴的民工，左面的三个冠服人物当为死者家人，画面上虽然没有出现辒车，但可以推想三个死者家人后面就是以辒车为中心的殡葬行列。在汉画像石中，把当时的殡葬礼仪活动描绘得如此逼真和细腻的作品，可以说这是仅见的两幅。

　　再让我们来考察第四石的画像内容。该石长239厘米，高82厘米，厚13厘米，正反两面和前后端面均刻有画像，原石虽然已经从中间断裂成为两段，但只有中部画像略受损伤，内容完全可以辨识。石板正面有左、中、右三个画框，每个画框内各配置一幅画像（图一一四，3）。左画框内画的是庖厨图，画面上共有七人，多为头梳双髻的妇女，右上方的水井旁，一名妇女正用辘轳汲水，其旁设有盛水的大瓮；左上方，两名妇女操刀切割着悬挂在肉架上的兽肉，割下来的肉置放在架下的案上；右下方，两名头上戴冠的男子在一大鼎的左右添柴烧火；左下方的屋顶下，一人蹲在灶前炊食，另一人在盆前洗着什么。中画框内画楼阁六博图，画面右段已残失，但图像主要内容却很清楚：正面是一座很大的二层楼阁，设在左侧的楼梯之下站立一人，另有二人抬一大壶向楼梯走去，似欲登楼，其右侧伫立一马；楼上二人正相对六博，左侧的人在扬手掷骰，身后侍立一个肩荷短棒的人物，右侧一人面左而坐似在观棋静思，人物间置有壶、樽；楼外左侧停放着一辆卸驾的辎车，其右一佩剑人物面楼而立，辎车伞顶和楼顶上落有鸟雀。这幅画像与徐州栖山墓中椁右侧板左端的楼阁六博图一样，表现的是墓主在祠堂中接受祭祀、尽情享乐的场面，二层楼阁是建在墓地中的祠庙，楼上六博者中的一位应该就是墓主。如前所述，同样题材的画像，在祠堂中几乎毫无例外地配置在后壁。实际上，这幅楼阁六博图与左画框的庖厨图是两幅在图像学意义上互相关联的画像，前者表现的是祠堂祭祀墓主场面，后者表现的是为祭祀墓主制作供品的场面。右画框内，画的是捞鼎图，画面下方是有很多游鱼的泗水河，立在河中央的两根很高的木柱形成一个深井，木柱外侧各有支撑的斜木，每根斜木上各有三个人正拼命拉着由木柱上方垂到河里的绳索，绳索下拴一鼎已被拖出水面，鼎中伸出一个龙头正欲咬断绳索，鼎下一人在水中双手托鼎；画面上部，左、右各坐一冠服人物，身前摆放着壶、樽，似在监督指挥众人捞鼎，另一人趴在深井边向下张望。画像描绘的是秦始皇泗水捞鼎的故事，这是汉画像石中最常见的历史故事题材。故事的根据是由真实历史事件演变而来的口头传承[1]。商周时期，铜鼎作为最重要的礼器，是贵族身份和权力的象征。特别是由周王室掌有的"九鼎"，是周天子宗主国君主地位和最高权力的体现，被天下视为至宝。东周时期，周王室衰微，一些野心勃勃的霸主开始觊觎九鼎。据《左传·宣公三年》记载，公元前 607 年，楚庄王率领大军，陈兵于周王室的都城洛邑，公然向周天子的使者问九鼎之轻重。战国晚期，周王室名存实亡，九鼎归秦已成定局。《史记·秦本纪》记载，周赧王三十四年（前 281），秦昭王逼迫周王室交出九鼎，运往秦都咸阳，途经泗水时，"其一飞入泗水，余八入秦中"。另据《史记·秦始皇本纪》记载，二十八年（前 219），"始皇帝还过彭城，斋戒祷祠，欲出周鼎于泗水，使千人没水求之，不得"。但《史记》所记疑点颇多，九鼎从洛邑运往咸阳，不会经过彭城，秦始皇在彭城捞鼎纯属子虚乌有之说，可见西汉早期对此事已有诸多讹传。《水经注·泗水》对此事记载说："周显王四十二年，九鼎沦没泗渊。秦始皇时，而鼎见于斯水。始皇自以德合三代，大喜。使数千人没水求之，不得。所谓鼎伏也。亦云系而行之未出，龙齿啮断其系，故语曰：称乐大早，绝鼎系，当是孟浪之传耳。"画像中一龙正张口咬住系结鼎耳的绳索，与《水经注》的记载相合，看来《水经注》记载的秦始皇泗水捞鼎故事起源甚早，汉代就已广泛流传民间。第四石的背面也有左、中、右三个画框，每个画框内各配置一幅画像（图一一四，4）。左画框内画仙人图，一座单层屋顶的厅堂内，一位头戴花冠的仙人正襟危坐，两旁各跪侍一个小仙人，厅堂两侧各有一树；厅堂前，一字排列着五名神怪，左面的二神怪面右而立，左首的神怪鸟首人身，身后一犬正将前肢搭在其腰间与之嬉戏，左起第二名神怪马首人身；右面的三名神怪均面左而立，其中前二者为人首蛇身。图中描绘的景象特别是厅堂前的神怪形象，与徐州栖山墓中椁左侧板外面的西王母图大体相同，因此可以推知，厅堂内端坐的仙人是西王母，画像表现的是西王母昆仑山仙界。中画框内的图像左侧稍残，内容为墓主车马出行图，上部为两辆左行的轺车，下部为左行的两名骑吏和两名步卒，后面是捧盾躬身送行的门亭长。如果仅从这幅画像本身看，墓主的车马出行究竟去向何方是不明确的，但是如果将之与栖山墓中椁右侧板外面的墓主车马出行图相对照，就可知道二者的图像学意义应是相同的，表现的都是墓主为接受子孙家

---

[1] 鹤间和幸：《秦始皇帝諸伝説の成立と史實——泗水周鼎引き上げ失败传说と荆轲秦王暗殺未遂传说》，《茨城大学教養部纪要》第 26 号。

人祭祀而赶赴祠庙途中的景象。右画框内为狩猎图，画面左边的四名猎手，有的张弓欲射，有的手持长戟，有的手持钩镶，正与右边蹲踞的一头巨兽搏斗，周围奔逃着其他鸟兽。这幅画像应与汉画像石中所有狩猎图一样，表现的都是为准备祭祀祖先用的血食牺牲而进行的狩猎场面。石椁前后的两个纵长的端面，一面刻一执戟门吏，另一面刻一手执斧钺的神怪，当为度朔山的神荼、郁垒二神之一，意在驱鬼护尸。

从上述微山岛沟南村的石椁画像可以看出，到东汉早期，王莽前后石椁画像中常见的玉璧图像和桃形树冠的树木图像等只有象征意义的简单图像，已经从石椁画像中消失或退居次要地位，而表现丧葬场面特别是祭祀墓主活动的画像内容开始增加并已成为石椁画像最重要的题材内容；表现西王母仙界的图像，虽然仍是石椁画像的固定题材，但与前者相比，已经退居到第二位。尽管如此，在这一时期的石椁画像中，仍然看不出合理而明确的图像配置规律。换言之，画像石墓要形成自己特有的图像配置规律，就必须改变自身的结构和形制，打破石椁墓简单箱式结构的限制。

实际上，大约从东汉早期起，这一地区的小型石椁墓就已开始了向房屋式墓室的演变。作为这一地区汉代石椁墓最晚的一个墓例，1984年在江苏省泗洪县重岗发现的一座东汉画像石墓[1]，其形制和结构特点清晰地反映了这一演变。该墓北向，有东西两个并列的墓室，虽然墓室外形仍然保留着石椁的平顶箱式特征，但头部挡板已经变成可以自外自由开合的门扉，画像的雕刻技法也已不是早期石椁画像常用的阴线刻，而是浅浮雕了。这些特点，有力地证明了该墓是一座介于画像石椁墓和房屋式多室画像石墓之间的过渡型画像石墓。除了墓顶石，墓门和两室壁面都刻有画像，合计共十幅。两门扉正面刻朱雀图像，背面刻铺首衔环，有趣的是，西门扉的铺首衔环下方左右各刻一只看门犬。两室南壁即后壁均刻穿璧纹。主要图像配置在两室的东西侧壁，侧壁石均长248厘米，高80厘米。西墓室西壁石上部为穿璧纹，下部的横长画面自左而右依次为楼阁图、庖厨图、乐舞图和宴饮图；东壁即墓室隔板西侧的画像自左而右依次为厅堂图、田猎图、傩神图、技击图和日轮图（图一一五，1）。东室东壁石上部为穿璧纹，下部的横长画面自左而右依次画建鼓图、阙堂图和迎接墓主图，墓主头戴武冠，腰佩长剑，手拄鸠杖，正自右面向阙堂走来，无疑图像中的阙堂就是墓地的祠堂，墓主正准备到那里接受子孙家人的祭祀；西壁即隔板东侧面的画像，自左而右依次为月轮图、车马出行图和农耕图（图一一五，2）。该墓因早年被盗，随葬器物已被劫掠一空，报告作者根据墓中所出的西汉五铢和王莽货币，推定其年代为王莽时期，但其形制和画像雕刻技法明显比同地区王莽时期的石椁墓进步，故笔者认为其年代当在东汉

---

[1] 南京博物院、泗洪县图书馆：《江苏泗洪重岗汉画像石墓》，《考古》1986年7期。

图一一五　江苏泗洪重岗石椁墓隔板画像
1. 西室东壁画像　2. 东室西壁画像

早期。从这座墓的画像内容可以看出，尽管艺术表现形式不同，但西汉早期木椁墓中帛画和漆棺画的所有题材都在墓室画像中得到表现；新增加的历史故事内容画像，表明墓室画像已经受到了祠堂画像的影响。

通过以上考察，可以看出汉画像石第一分布区的早期画像石墓具有以下四个特点。一是墓室形制仍然保留着西汉早中期小型木椁墓的简单平顶箱式结构特点，证明这一地区的汉画像石墓是从西汉早中期的小型木椁墓发展而来。二是这些石椁墓的画像内容只有三类，一类是具有驱逐恶鬼、保护墓主尸体作用的玉璧、四神、虎和神荼、郁垒等图像；一类是与祭祀墓主活动有关的双阙厅堂、狩猎、乐舞、六博以及墓主车马出行等图像；另一类是描绘西王母昆仑山仙界的图像，这三类画像题材都继承了西汉中期以前木椁墓中的帛画和漆棺画的题材内容。第三点是画像的雕刻技法都是阴线刻。第四点是画像的配置还没有形成汉画像石墓本身特有的规律，但随着从王莽时期开始的画像内容的大量增加，打破石椁墓的简单箱式结构限制，使画像配置更加合理化已经成为必然趋势。

第五章｜地下墓室画像石　233

2. 河南南阳和湖北北部地区的早期汉画像石墓

迄今为止，在这一分布区发现的汉画像石全部是地下墓室构石。与山东、江苏北部、河南东部地区的汉画像石墓一样，这一地区的汉画像石墓也是从西汉中期以前的木椁墓发展演变而来的。当然，墓室画像的题材内容也继承沿袭了西汉中期以前木椁墓中的帛画和漆棺画。所不同的是，这一地区的画像石墓不是从小型木椁墓，而是从附有边箱的大、中型木椁墓发展演变而来。这一点，从这一地区早期画像石墓的墓室结构特点可以清晰地表现出来。

目前，这一地区发现的时代最早的汉画像石墓，是河南省唐河县石灰窑村墓和河南省南阳市赵寨砖瓦厂墓。

1980年发掘的河南省唐河县石灰窑村墓[1]墓向西南，墓室用未经打磨的粗糙石板构筑，宽3.34米，长3.97米，中间由隔墙分为东西二室，两室之间有过洞相通，两室后壁不用石材，而是直接在土圹上开出一个放置随葬品的不规则形龛室（图一一六，1）。值得注意的是，墓室顶部是用石板平铺的平顶结构，这一点有力地证明了这一地区的汉画像石墓是从木椁墓发展而来的。画像集中配置在墓门石上，共计有五幅，其中东室的左右门扉石、门额石正面各刻一幅画像，东门柱刻两幅画像。门额石图像为菱形穿壁纹和垂幛纹（图一一六，2），东门柱正面刻三角纹，侧面刻一执戟门吏（图一一六，3、4）。两块门扉石的图像内容相同，都是下部配置铺首衔环图，上部配置双阙厅堂图（图一一六，5、6）。从全部画像内容看，双阙厅堂图无疑是最主要的图像，高耸的两层屋顶双阙之间，是一座庑殿顶厅堂，厅堂内一冠服人物正襟危坐，旁有站立的侍者，双阙外侧各有一株桃形树冠的树木。

同样内容的画像，在1976年发掘的河南省南阳市赵寨砖瓦厂画像石墓[2]中也可以看到。该墓墓门东向，宽5.3米，长5.86米，平面近正方形，为砖石混筑结构，内部分为前室、后（主）室和南北侧室。前室（包括墓门和前室的南北侧壁）和南北两个侧室的天井是由石板平铺的平顶构造，后室、两个侧室的墙体为砖结构，后室天井为砖券顶（图一一七）。画像完全集中配置在墓门石的正面，墓门共有四个门道，由五块门柱石和八扇门扉石组成。门扉石均高170厘米，中间两个门道的四块门扉石宽45厘米，外侧两个门道的门扉石宽52厘米。五块门柱石刻相同的图像，都是下部刻菱形图案，上部刻一座三层屋顶的门阙（图六，1）。五块门扉石也刻相同的图像，即下部刻穿壁纹，上部刻双阙厅堂图，庑殿顶的厅堂正面有一个很大的铺首衔环，屋脊两侧为仅露出屋顶的双阙，

---

[1] 赵成甫、张逢酉、平春照：《河南唐河县石灰窑村画像石墓》，《文物》1982年5期。
[2] 南阳市博物馆：《南阳县赵寨砖瓦厂汉画像石墓》，《中原文物》1982年1期。

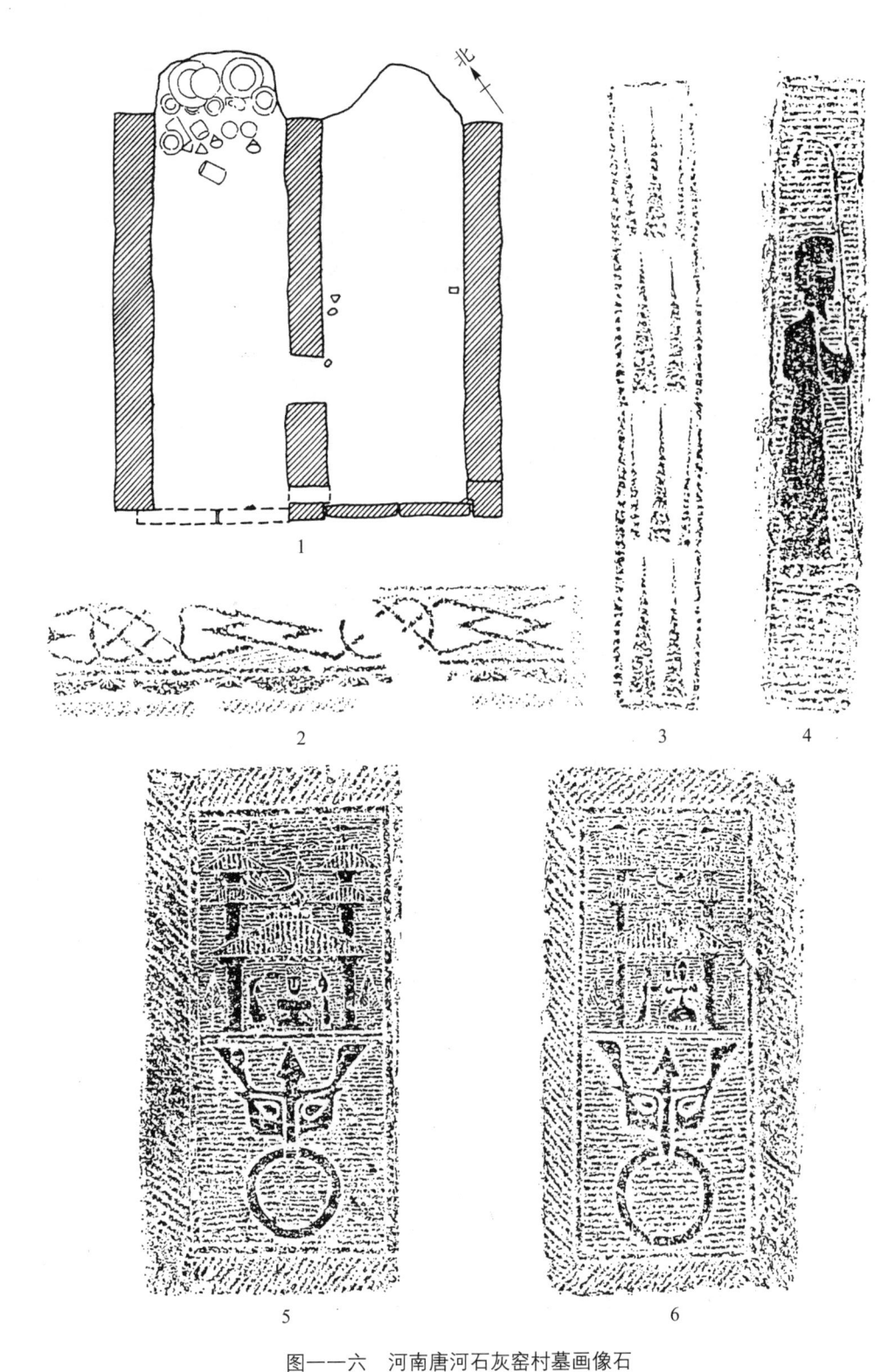

图一一六 河南唐河石灰窑村墓画像石
1. 墓室平面图 2. 墓门门额画像 3. 东门柱正面画像 4. 东门柱侧面画像
5. 西门扉画像 6. 东门扉画像

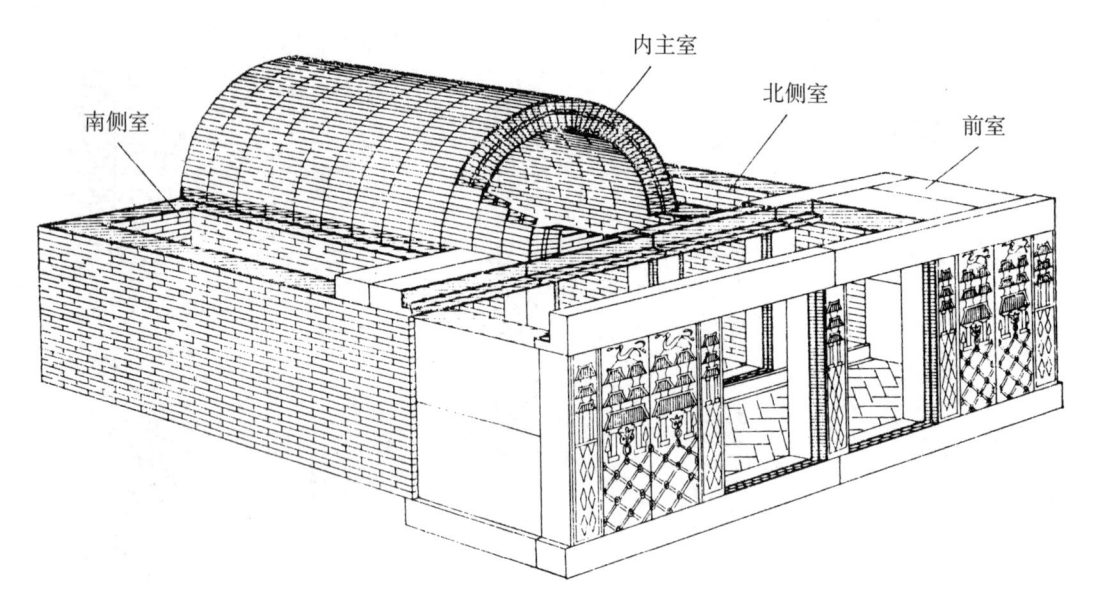

图一一七　河南南阳赵寨砖瓦厂画像石墓透视图

双阙上方停立着一只展翅欲飞的凤凰，厅堂两侧各有一株桃形树冠的树木（图六，2）。

对这两座汉画像石墓的图像内容，曾布川宽曾作过考释，他认为两座画像石墓所有的图像都是表现昆仑山仙界的内容，即厅堂、桃形树冠的树木和穿壁纹都是昆仑山仙界的象征[1]。实际上并非如此。笔者前面已多次指出，作为汉画像石最重要的题材内容，双阙厅堂或双阙楼阁图像表现的是墓地中的祠庙，树木是墓地的象征，穿壁纹与玉璧图像一样，起着防止墓主尸体腐败、附着墓主灵魂的作用。这些图像内容与昆仑山仙界没有任何关系。简报作者根据两墓出土器物和墓葬形制特点，推断唐河县石灰窑村墓为西汉宣帝时期的墓葬，南阳赵寨墓时代稍晚，当为西汉晚期墓葬。从这两座墓的画像石可以看出，这一地区的汉画像石在西汉晚期刚刚出现时，画像内容与汉画像石第一分布区的早期石椁画像大同小异，将具有保护墓主尸体、附着墓主灵魂作用的穿壁纹和表现祭祀墓主场景的双阙厅堂图、树木图作为自己的艺术主题，但在雕刻技法上却表现出了强烈的地方特色。与汉画像石第一分布区石椁画像的阴线刻技法不同，这两座墓石刻画像的主体物象用凿纹地凹面刻技法刻成，物象轮廓线外留有减地的粗深平行凿痕，使画像别有一种粗犷雄浑的气势，造成了这一地区汉画像石的独特艺术风格。

1962年发掘的河南省南阳市杨官寺汉墓[2]，是比唐河县石灰窑村墓和南阳市赵寨砖瓦厂墓时代略晚的一座重要的早期汉画像石墓。该墓为纯石结构，墓门东向，宽5.6米，

---

[1] 曾布川宽：《漢代画像石における昇仙図の系譜》，《東方学報》京都版第65册，1993年，71~72页。
[2] 河南省文化局文物工作队：《河南南阳杨官寺汉画像石墓发掘报告》，《考古学报》1963年1期。

长 6.47 米，由前室、主室、南侧室、北侧室、后室组成，主室又由隔墙分为南主室和北主室。实际上，南侧室、北侧室和后室共同组成围绕主室的回廊。这种以主室为中心、左右和后部围以回廊的墓葬，西汉时期是诸侯王等级的高级贵族专用木椁墓形式。例如，北京市丰台区大葆台的西汉广阳王墓，就是一座有回廊的大型黄肠题凑木椁墓。很显然，杨官寺汉墓就是模仿这种大型木椁墓而建造的。该墓各室均为平顶，这一点表明该墓在结构上仍然存在着木椁墓的一些特征。画像石集中配置在墓室大门和主室门部位，此外，南侧室通往后室的一根门柱石侧面也刻有一幅画像（图一一八，1）。先来分析墓室大门的画像。墓室大门由左、中、右三根门柱和两块门额石组成，门扉石已在早年盗扰中残失，画像刻在两块门额石、中门柱石的正面和左、右门柱石的侧面。两块门额石上均刻由菱形纹、玉璧纹和穿璧纹组成的图案花纹带。中门柱的正面共有上下四幅画像，上部为双阙厅堂图，双阙外侧各有一株桃形树冠的树木，双阙夹峙的单层屋顶厅堂内，站立着一位高大的人物，由于身材过高，人物的头部被厅堂的檐枋遮住。双阙厅堂图之下为"伯乐相马图"，图中一匹骏马左向而立，马的两根缰绳分别系在上图双阙外侧的两棵树上，骏马左边，立着一位执戟佩剑的高大人物，其上方刻有"柏（伯）乐"二字题记。据《庄子·马蹄》《列子·说符》《淮南子·道应》以及《通志·氏族略四》等书记载，伯乐是春秋时期著名的相马师，姓孙名阳，又称孙阳伯乐，曾推荐方九堙为秦穆公相马，认为相千里马必须"得其精而忘其粗，在其内而忘其外"。这幅画像表现的是伯乐相千里马的场面。"伯乐相马图"之下，画一位身着短绔、右手挥动毕网、左手举钵的神人。同样的形象，在前述武氏祠左石室天井前坡西段顶石的第三层画像中，是作为傩神的部属而出现的，因此笔者推测图中的神人亦应是傩神属下，将其画在墓门上是为了驱逐恶鬼。最下部是狩猎图，一组不规则的双曲线表示起伏的山峦，山腰和山顶各有一"山"字题记，四只野兽在山峦间奔逃，右侧山脚下，一人正瞄准一只野兽弯弓欲射。这幅画像，应与其他画像石中的狩猎图一样，表现的都是墓主子孙家人为准备祭祀墓主用的血食牺牲而进行的狩猎场面。右（南）门柱石北侧画像的构图十分奇特，上下两部分图像的方向截然相反。上部画像为正方向，共有上下两组图像，上面一组为连璧双鸟图，黑白两枚玉璧连环相套，其下为对舞的双鸟；下面一组图像为神怪图，神怪头戴上有三个球状缨饰的冠，手执斧钺，作正面蹲踞状。笔者推测，这位怪神当为度朔山上统领万鬼的神荼、郁垒二神之一。门柱下部画像的方向均向下，必须将门柱石倒置才能看清所画内容，上边为连璧图，下边为双阙厅堂图，厅堂之下即厅堂之前左右各有一株桃形树冠的树木。这种违背常情的奇特构图，大概是工匠在雕刻过程中发现搞错了图像内容，不得已在石料另一侧重新刻上所要的图像。这一推断可从与其位置相对应的左（北）门柱石南侧画像得到证实。左（北）门柱石南侧仅刻一组双阙厅堂

1

中柱正面　南柱北面　北柱南面

2

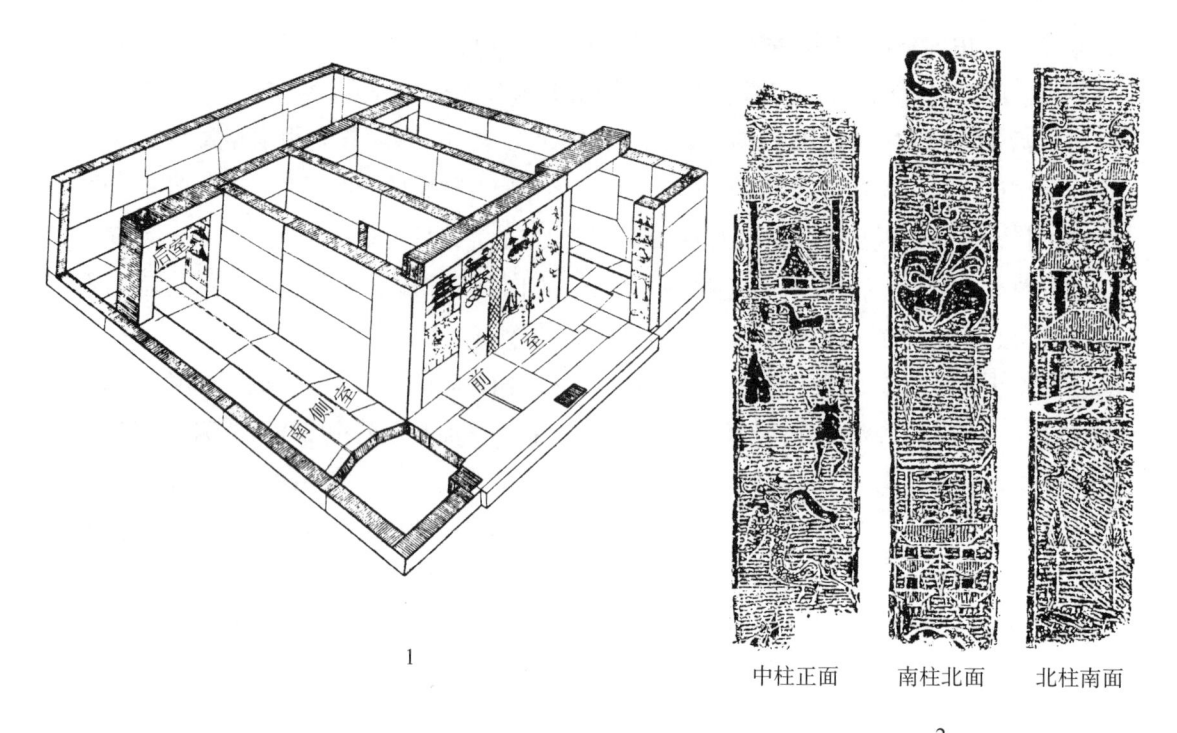

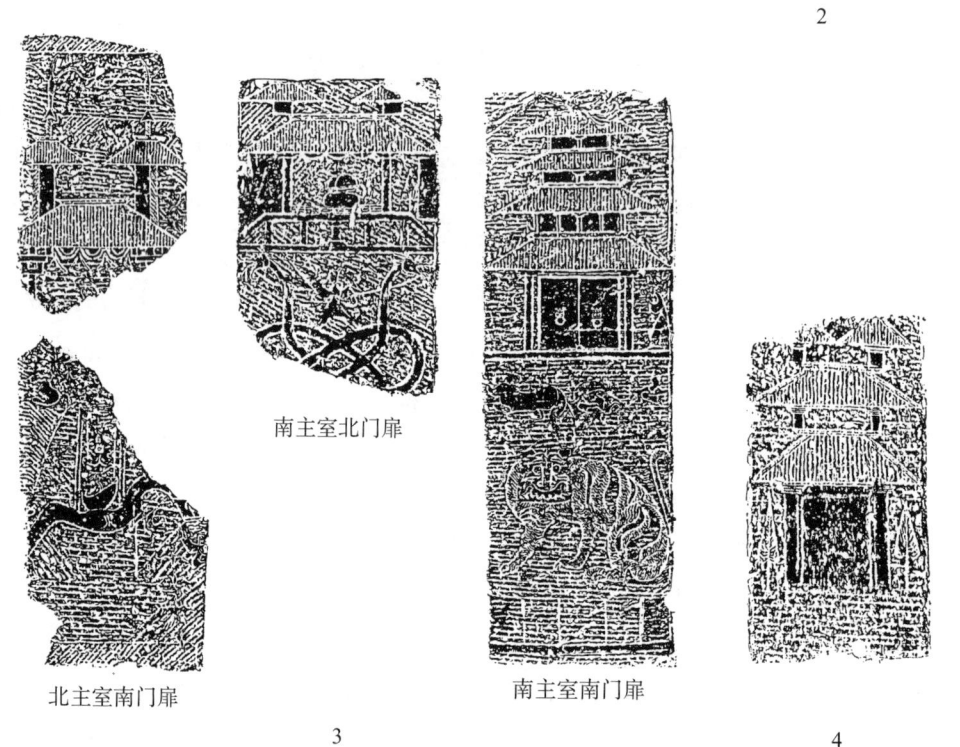

南主室北门扉

北主室南门扉　南主室南门扉

3　　　　　　　　　　　　　　4

图一一八　河南南阳杨官寺墓画像石

1. 墓室透视图　2. 墓门门柱画像　3. 主室门扉画像　4. 南侧室门柱画像

238　汉代画像石综合研究

图，其构图、画像细部与右门柱石北侧下部的图像几乎完全一样（图一一八，2）。再让我们看一下主室门的画像（图五、图一一八，3）。图五是北主室北门扉的画像，上下共有四组图像，正如笔者在第三章第三节所指出的，各组图像之间没有明确的分界线，只有根据各组图像之间的距离才能判断出它们是不同内容的画像。其中第二组和第四组图像分别画四个人物和三个人物，内容不明，但第一组和第三组都是汉画像石中常见的历史故事画像。第一组为"孔子见老子图"，图中共有三个人物，右侧人物身材高大，长髯飘动，腰佩长剑，头戴进贤冠，恭谦地躬身面左而立，当为孔子；左侧人物面右而立，一手前伸，装束与孔子相同，当为老子；中间面右而立、一手前伸的童子应是七岁为孔子师的智童项橐。第三组图像描绘的是晋灵公纵獒啮赵盾的故事，画面右边，赵盾一边拼命向右奔逃，一边惊恐万状地回头张望；画面左边，一条凶猛的巨犬作人立状扑向赵盾。这一著名的历史事件发生在春秋晚期的晋国。据《史记》晋世家、赵世家和《左传·宣公二年》记载，晋灵公即位后，日渐骄慢，恣意横行，执掌晋国国政的正直大臣赵盾多次进谏，晋灵公不仅不痛改前非，反而对赵盾十分嫉恨。晋灵公十四年（前607），一天晋灵公让膳夫为其煮食熊掌，因熊掌难熟，晋灵公勃然大怒，下令杀死膳夫，命人将尸体抬出去掩埋。此事恰好被赵盾看到，晋灵公心中有鬼，于是策划谋杀赵盾。"秋九月，晋侯（灵公）饮赵盾酒，伏甲，将攻之。其右提弥明知之，趋登，曰：'臣侍君宴，过三爵，非礼也。'遂扶以下。公嗾夫獒焉，明搏而杀之。盾曰：'弃人用犬，虽猛何为！'斗且出，提弥明死之。"为此，赵盾不得不逃出都城。不久，赵盾族人赵穿杀死晋灵公，赵盾还都拥立晋成公，继续执掌晋国国政。北主室南门扉的画像因石板中部残失过多，图像已不完整，但画像内容却大体可知：上部图像为双阙厅堂图，厅堂内坐一人；中部图像为泗水捞鼎图；下部图像为弋射图，一人跪坐在地，正弯弓用缴矰射雁，一只被缴矰缠住脖颈的雁正从空中向下跌落，另外四只雁仍在列队飞行。南主室北门扉下半部残失，上半部有两幅图像，上边为双阙厅堂图，一座庑殿顶厅堂建在台基之上，内有一人正襟危坐，屋脊两侧露出双阙的顶部，厅堂左右各有一株桃形树冠的树木。下边的图像虽然已不完整，内容却大体可知，两条互相缠绕的巨龙龙首上扬，似欲向两边奔逸，一位神人站在缠绕的龙身之上，双手紧紧拉着拴在龙首上的缰绳。据《左传·昭公二十九年》载："昔有飂叔安有裔子，曰董父，实甚好龙，能求其嗜欲以饮食之，龙多归之。乃扰畜龙以服事帝舜。帝赐之姓曰董，氏曰豢龙，封诸鬷川，鬷夷氏其后也。故帝舜氏世有畜龙。及有夏孔甲，扰于有帝，帝赐之乘龙，河汉各二，各有雌雄。孔甲不能食，而未获豢龙氏。有陶唐氏既衰，其后有刘累，学扰龙于豢龙氏以事孔甲，能饮食之。夏后嘉之，赐氏曰御龙，以更豕韦之后。"据此，笔者推测这幅图像描绘的是豢龙氏或御龙氏扰畜龙的故事。南主室南门扉共有上、中、下三幅图像，上图画一座紧闭门扉的四层高大楼阁，楼阁屋脊上停落一鸟，楼阁右侧立一门卫。中图正中画一熊形神兽，神兽的左前足紧紧拉着一头拼命向左逃窜的雄牛的长尾，右前足紧抓着一个人的头发。同样的神兽形象也出现在图九五即武氏祠左石室天井前坡西段的第三层和第四层画像中，所不同的是，在武氏祠天井石的画像中，抓住牛尾的不是熊形神兽，而是一位神人，熊形神兽是作为傩神的子孙或部属被描绘在第三层画像中的。总之，这幅图像表现的也应是傩神驱鬼场面。门扉的最下部画一只蹲踞的大虎，前已指出，墓门上画虎意在吓退恶鬼，保护墓主尸体。主室门中柱正面刻菱形纹图案。南侧室和后室之间的北门柱侧面刻双阙楼阁树木图像（图一一八，4）。

通过以上考察，可以清楚看出，南阳和湖北北部地区的早期汉画像石墓，存在着画像内容不断增加的倾向。与唐河县石灰窑村墓、南阳赵寨砖瓦厂墓相比，时代略晚的杨官寺墓的石刻画像，不仅有前两墓都有的双阙楼阁树木图或双阙厅堂树木图，还有意在驱逐恶鬼、保护墓主尸体的傩神图和神虎图，特别是新出现的大量历史故事画像非常引人注意，说明当时的墓室画像内容已经开始受到祠堂画像的强烈影响。作为西汉晚期的大型画像石墓，尽管墓室可以雕刻画像的壁面面积非常大，但仍像唐河县石灰窑村墓、南阳赵寨砖瓦厂墓一样，只在门扉、门柱和门额石上雕刻画像，并且往往一个石面上不加分界、不问主从地配置多幅内容不同的画像。这种状况表明，直到西汉末期，南阳和湖北北部地区的墓室画像石在画像配置上仍然处于无规律的状态。但不可否认的一点是，墓室画像内容不断增加这一发展倾向本身，就强烈地要求实现画像更加规律化的配置。由此可以看出，与第一汉画像石分布区的情况一样，这一地区的墓室画像石，到西汉末期已经具备了进入更加成熟的发展阶段的条件。

第三节　成熟期的墓室画像石

1. 成熟期画像石墓的墓葬形制

汉画像石第一、第二分布区即山东、江苏北部、安徽北部、河南东部地区和以南阳市为中心的河南省西南部、湖北省北部地区的汉画像石墓，分别从王莽时期和东汉初期开始，迎来了自己发展的成熟期。在汉画像石的第三和第四分布区即陕西北部地区和四川、重庆地区，画像石墓虽然从东汉早中期之交才开始发展起来，但由于受到早已进入成熟期的第一分布区，特别是第二分布区画像石墓的强烈影响，这两个地区的画像石墓从一出现就表现出成熟期的特征。各分布区的画像石墓，在各自的发展过程中相互间虽有交流和影响，但由于各自地理条件不同，社会经济状况各异，石刻工匠集团的技术工艺传统的差异，使各分布区的墓室画像石呈现出迥然不同的艺术风采。东汉中期到东汉末，是汉画像石墓的极盛期，各分布区的画像石墓在画像的艺术风格上，呈现出一种异彩纷呈，争奇斗艳的繁荣局面，从而使画像石墓成为这一时期装饰墓的主流。

对成熟期的画像石墓，可以从不同角度来加以考察。如果对墓室的建筑材料进行分类的话，这一时期的画像石墓可以分为纯石结构墓和砖石混合结构墓两大类。第一和第四分布区的画像石墓几乎都是纯石结构墓，第二分布区的画像石墓虽有为数不多的纯石结构墓，但最流行的是砖石混合结构墓。第三分布区主要流行砖石混合结构墓，也有相当数量的纯石结构墓，但这些纯石结构墓的墓壁不是用打制规整的大型石材，而是用石片打制成的石砖垒砌的，因此这种墓也应看作是砖石混合结构墓。所谓砖石混合结构墓，是指墓室门即门扉、门柱、门额用石材，其他部分如墓壁、墓顶、墓底都用砖来构筑的墓。当然，在这种结构的墓中，画像只能配置在墓室门上。在纯石结构墓中，可以根据需要，将画像配置在墓门和墓室任何壁面上。因此，纯石结构墓往往墓门和墓室满刻画像，画像面积之大是砖石混合结构墓无法比拟的。

如果换一个角度，从墓葬形制方面来分析这一时期的画像石墓，可以将其归纳为四种类型。

第一种类型是主室即棺室周围设有回廊的回廊式画像石墓。这种类型的画像石墓又可分为两种，一种是砖石混合结构的回廊式画像石墓，另一种是纯石结构的画像石墓。前者的典型墓例是 1978 年在河南省唐河县新店村发掘的王莽天凤五年（18）郁平大尹冯孺人墓[1]。该墓方向正东，墓室东西长 9.5 米，南北宽 6.15 米，平面呈回字形，前部为长方形的前室，前室两侧附有南车库和北车房，前室后部有门道与横长的中室相通，中室西部是并列的南后（主）室和北后（主）室，中室南北两侧有门与回廊相通（图一一九，1）。该墓墓室顶部有三种结构，中室为穹隆顶，前室和南车库、北车房为砖券顶，其他墓室都是铺设平板盖石的平顶。在墓室中发现了八处石刻文字题记，清楚地标明了墓主的姓名和身份、建墓年代以及一些墓室的名称和用途。墓中共发现画像石三十五块，画像上均施朱彩。无疑，这座墓是第二分布区最早同时也是最重要的成熟期画像石墓。纯石结构的回廊式画像石墓，其早期墓以河南省唐河县针织厂墓为代表，晚期墓以江苏省徐州市邳县的缪宇墓为代表。1971 年发掘的唐河县针织厂墓[2]墓门向东，墓室东西长 5.08 米，南北宽 4.52 米，高 2.23 米，由前室、主室和回廊

---

[1] 南阳地区文物队、南阳博物馆：《唐河汉郁平大尹冯君孺人画像石墓》，《考古学报》1980 年 2 期。
[2] 周到、李京华：《唐河针织厂汉画像石墓的发掘》，《文物》1976 年 6 期。

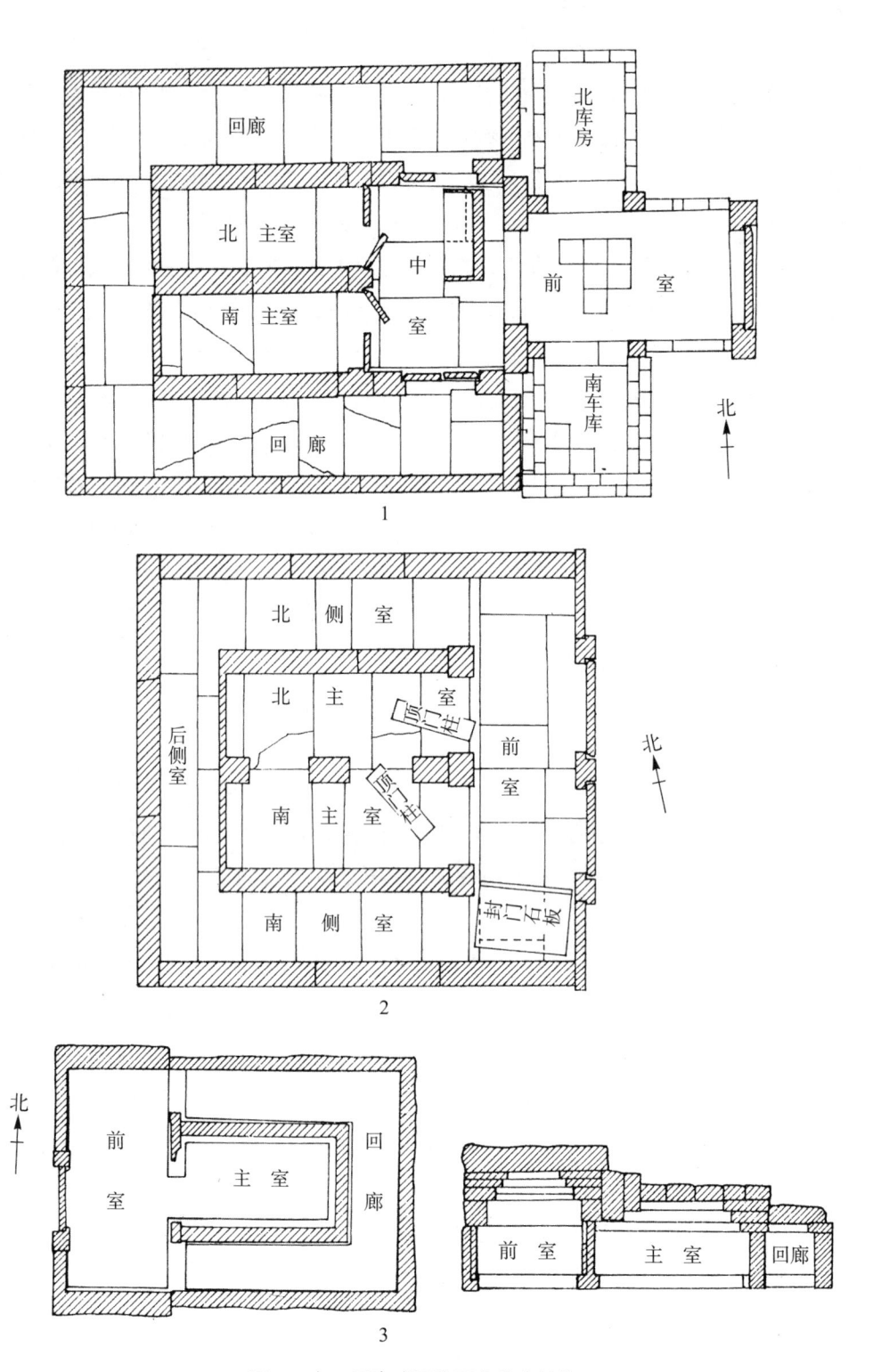

图一一九 回廊式画像石墓墓室结构图
1. 河南唐河王莽天凤五年冯孺人墓墓室平面图　2. 河南唐河针织厂 1 号墓平面图
3. 江苏邳县缪宇墓墓室平、剖面图

组成，主室由隔墙分为南主室和北主室，各室顶部均为铺设石板的平顶结构（图一一九，2）。墓门、各室壁面、前室和主室的顶部均雕刻画像，这是迄今在南阳地区发现的画像内容最丰富、墓室画像面积最大的汉画像石墓。1980年清理发掘的徐州邳县缪宇墓[1]，在封土周围尚残留有修建规整的墓园石墙，墓门向西，平面布局与唐河针织厂墓相同，墓室东西长7.2米，南北宽4.65米，由前室、主室和回廊组成（图一一九，3）。主室门的上方刻有十一行、全文共109个字的题记铭文。根据铭文记述，墓主缪宇生前为彭城国相，死于东汉桓帝和平元年（150），葬于元嘉元年（151）。东汉时期，诸侯王国相的官秩与郡守相同，为二千石的高级官吏。因此可以判断，这种回廊式画像石墓的墓主，都应是官秩二千石以上的高级官吏和贵族。

第二种类型的画像石墓，是纵向有三重或四重墓室，并且两侧附有耳室和侧室的多室墓。这种类型的大型画像石墓大约东汉中期以后才出现，主要流行于东汉晚期，按其建筑用材，也可分为砖石混合结构墓和纯石结构墓两种。1963年发掘的河南省襄城县茨沟汉画像石墓[2]，是砖石混合结构画像石墓的代表。该墓墓门西向，墓室东西长11.6米，南北宽9.22米，由前室、中室、后室和左前室、左后室、右前室、右耳室共七个墓室组成（图一二〇，1）。其中前室和右耳室为券顶，其他各室均为穹隆顶。墓室中只有各室门用石材构筑，其他部分均用砖砌筑而成。由于该墓早年被盗，部分画像石遭到破坏，发掘时仅发现五块画像石。在中室北壁的中部，发现了一处朱书题记，文为"永建七年正月十四日造……"永建为东汉顺帝年号，永建七年为公元132年。1960年发掘的山东省安丘市董家庄画像石墓[3]和1953年发掘的山东省沂南县北寨村画像石墓[4]是纯石结构多室画像石墓的典型墓例。安丘董家庄墓墓门向南，墓室南北长14米，东西宽7.91米，由前室、中室、东后（主）室、西后（主）室、中室附设的东耳室共五个墓室组成，另外在西主室后部附设一间厕所，各室顶部均为覆斗形（图一二〇，2）。墓门、各室壁面和天井、立柱上满刻画像，共有画像石一百零三块，上刻各类内容的画像六十余幅。沂南北寨村画像石墓的结构比安丘董家庄墓更为复杂，该墓墓门南向，墓室内部南北长8.55米，东西宽7.55米，由前室、中室、东后室、西后室和东西两侧的五个侧室组成，东、西后室之间有两个过洞相通，东北侧室的后部隔有一间厕所（图一二〇，3）。各室顶部结构有两种形式，前室和东前侧室、西前侧室顶部为抹角式藻井结构，其他各室顶

---

[1] 南京博物院、邳县文化馆：《东汉彭城相缪宇墓》，《文物》1984年8期。
[2] 河南省文化局文物工作队：《河南襄城茨沟汉画像石墓》，《考古学报》1964年1期。
[3] 安丘县文化局、安丘县博物馆：《安丘董家庄汉画像石墓》，济南出版社，1992年；殷汝章：《山东安邱牟山水库发现大型石刻汉墓》，《文物》1960年5期；山东省博物馆：《山东安丘汉画像石墓发掘简报》，《文物》1964年4期。
[4] 曾昭燏、蒋宝庚、黎忠义：《沂南古画像石墓发掘报告》，文化部文物管理局，1956年。

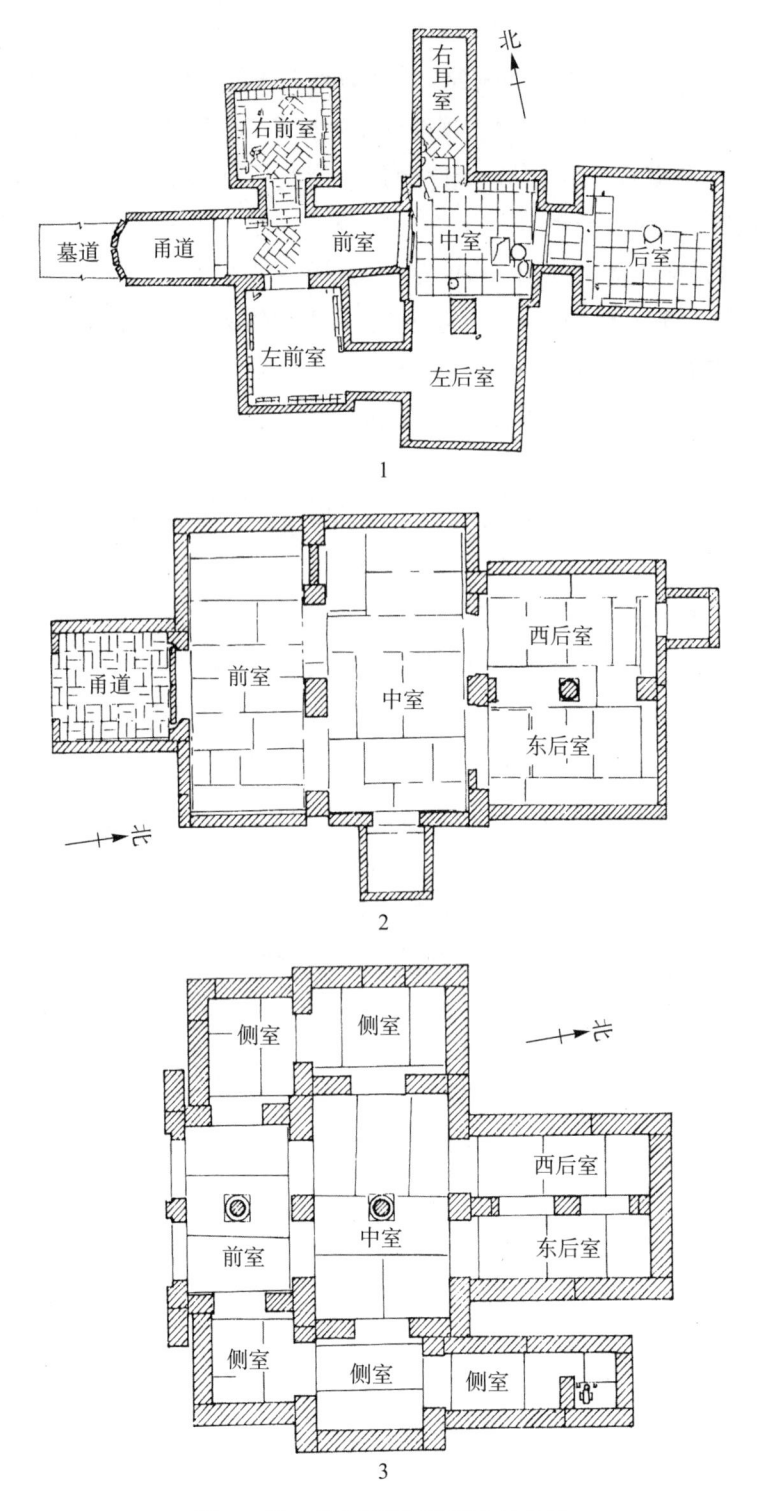

图一二〇　多室画像石墓墓室结构图
1.河南襄城茨沟画像石墓平面图　2.山东安丘董家庄画像石墓平面图
3.山东沂南北寨村画像石墓墓室平面图

部为叠梁式结构。在前室和中室的正中央各有一根支撑横梁的八角形擎天柱，柱顶的斗拱两侧又各有一个龙首状附拱。墓门和前室、中室、后室的壁面以及两根八角形擎天柱的柱身上满刻画像，合计有画像石四十二块、画像七十三幅。无论墓室的建筑技术，还是画像的雕刻水平，安丘董家庄墓和沂南北寨村墓都堪称代表汉画像石墓最高水平的杰作。关于这种大型多室画像石墓的墓主身份，尽管目前还没有在这类墓中发现明确记载墓主身份的墓志和题记铭文，但从墓室规模之大和画像极为丰富这两点看，墓主的社会地位绝不会低于回廊式画像石墓的墓主。换言之，这种大型多室画像石墓的墓主都应是官秩二千石以上的高级官吏和贵族。

第三种类型，是由前后两重主要墓室组成的、平面呈日字形或凸字形的画像石墓。这种类型的画像石墓也有纯石结构和砖石混合结构两种形式。1973年发掘的山东省苍山县元嘉元年墓[1]和1982年发掘的陕西省绥德县苏家岩墓[2]可以作为纯石结构墓的代表。苍山县元嘉元年墓墓门南向，墓室内南北长5.46米，东西宽2.94米，由前室、东后（主）室、西后（主）室和前室两侧的东、西侧室组成，前室顶部为抹角式藻井结构，其他各室均为平顶（图一二一，1）。墓中共发现画像石十块，集中配置在墓门、前室和后室。另外，在支撑前室西横梁的西侧室两根立柱上，发现了十五行、共计328个字的长篇石刻题记，题记开头有"元嘉元年八月廿四日"的明确纪年，元嘉为东汉桓帝年号，元嘉元年为公元151年，从而证明这是一座东汉晚期的画像石墓。绥德县苏家岩墓墓门向北，由前、后室组成，只有墓门和后室门用打制规整的石材构筑，室壁和室顶都用砖形的长方形石板砌筑，前室为覆斗式顶，后室为券顶，墓室内南北长7.17米，东西宽2.7米（图一二一，2）。墓中共发现画像石十一块，其配置与这一地区流行的砖石混合结构画像石墓相同，集中配置在墓门和后室门部位。在后室的中门柱石上，刻有"西河太守行长史事离石守长杨君孟元舍永元八年三月廿一日作"的27字铭文题记。永元为东汉和帝年号，永元八年为公元96年，证明该墓属东汉中期。砖石混合结构画像石墓的典型墓例，可以举出1972年发掘的河南省南阳市石桥画像石墓[3]和四川省成都市曾家包1号画像石墓[4]作为代表。南阳市石桥画像石墓墓门东向，由前室及其两侧的左耳室、右耳室、南后（主）室、北后（主）室共五个墓室组成，画像石集中配置在墓门和各室之门，墓室内东西长4.02米，南北宽7.02米，各室顶部均为券顶（图一二一，

---

[1] 山东省博物馆、苍山县博物馆：《山东苍山元嘉元年画像石墓》，《考古》1975年2期；方鹏钧、张勋燎：《山东苍山元嘉元年画像石题记的时代有关问题的讨论》，《考古》1980年3期。
[2] 绥德县博物馆：《陕西绥德汉画像石墓》，《文物》1983年5期。
[3] 南阳博物馆：《河南南阳石桥汉画像石墓》，《考古与文物》1982年1期。
[4] 成都市文物管理处：《四川成都曾家包东汉画像砖石墓》，《文物》1981年10期。

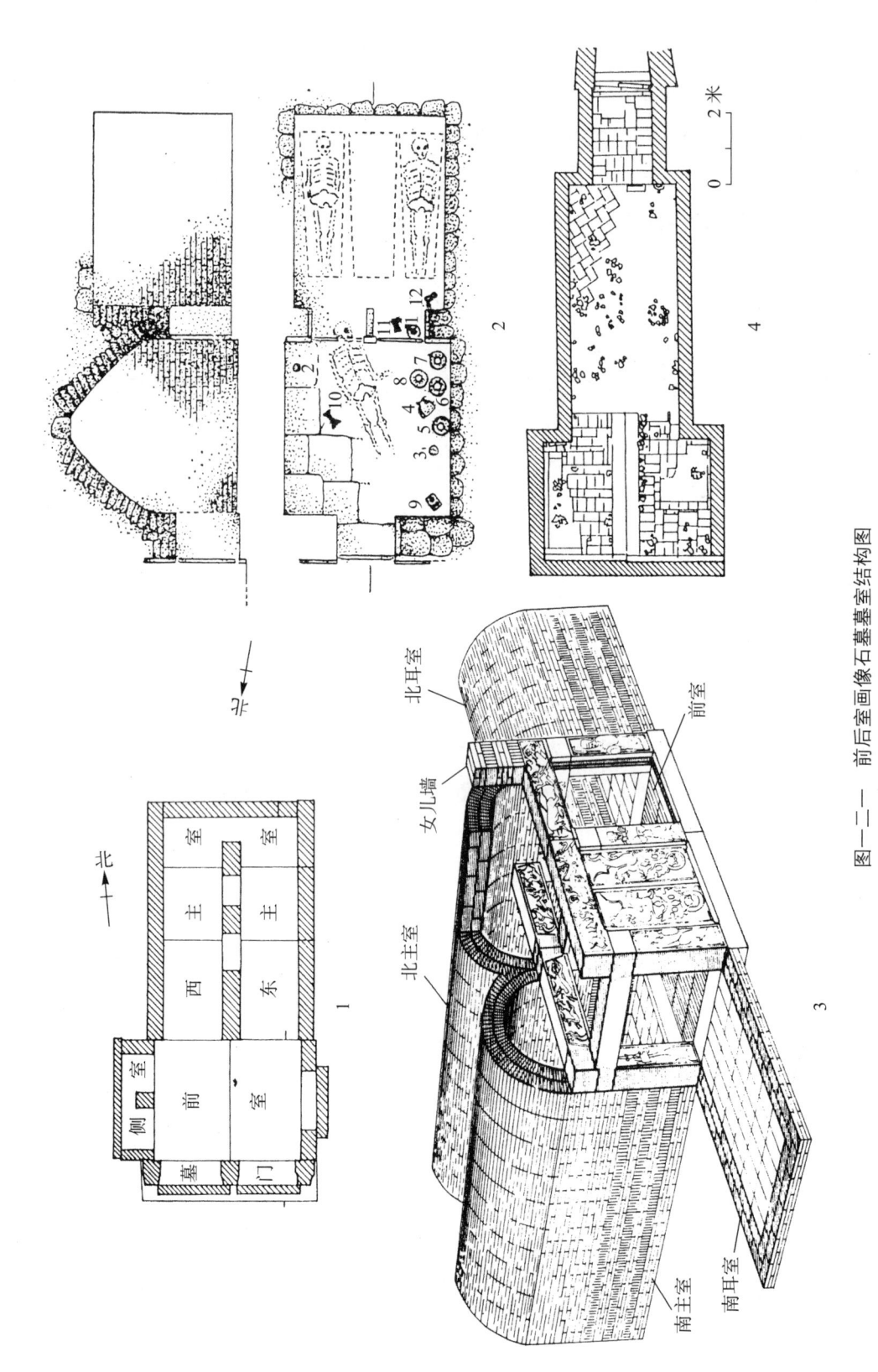

图一二一 前后室画像石墓墓室结构图

1. 山东苍山元嘉元年墓平面图 2. 陕西绥德苏家岩岩墓平面图（下）和剖面图（上） 3. 河南南阳石桥墓透视图 4. 四川成都曾家包1号墓平面图

246　汉代画像石综合研究

3）。从墓形及出土随葬品的特征看，该墓属东汉早期画像石墓。成都市曾家包 1 号画像石墓墓门南向，由甬道、前室、东后室和西后室组成，墓室南北长 9.8 米，东西宽 3.01 米，各室顶部均为券顶（图一二一，4）。与其他砖石混合结构画像石墓不同的是，该墓不仅墓门部位，东、西后室的后壁也是石结构。在所有墓室构石上均刻有画像，合计有画像石十三块，此外，在前室的东、西侧壁上嵌有画像砖。根据墓中出土的随葬品特征和东汉的剪轮五铢钱，推测该墓的年代为东汉晚期。关于这类有两重墓室的画像石墓的墓主身份，根据绥德县苏家岩墓后室中门柱上的题记铭刻，推测当为县令长等级以下的中下级官吏或地方豪强。

第四种类型的画像石墓，是第四分布区四川省和重庆市这一汉画像石分布区所特有的隧道式崖墓。因这种画像崖墓无论在墓形上还是在画像的配置上，都与前三类画像石墓迥然不同，笔者将在下一节中另加讨论，本节主要考察前三类墓的石刻画像。

通过以上考察可以看出，尽管各汉画像石分布区的汉画像石墓进入成熟期的时间先后不一，但成熟期的画像石墓都有共同的特征，它们不仅在墓葬形制方面完全打破了木椁墓简单的平顶箱式结构，采取了与人间居室相近的房屋式建筑形式，而且随着墓室建筑规模的扩大，画像面积也在不断增加。当然，各类画像内容也实现了更有规律的配置。

2. 成熟期墓室画像石的配置规律

前面已经介绍过，在山东苍山元嘉元年（151）画像石墓的西侧室立柱上，刻有长达 328 字的题记铭文（图一二二）。这篇题记铭文，不仅逐幅描绘了墓室中所有石刻画像的内容，而且准确地记述了各幅画像在墓室内的位置，可以说，在汉画像石的发现史上，这是一次绝无仅有的最重要的发现。通过这篇铭文，我们可以探索成熟期画像石墓的画像组合及其配置规律。下面，让我们将铭文中有关画像内容的记述与苍山元嘉元年（151）（墓的石刻画像（图一二三）互相对照，来考察一下墓室石刻画像的配置规律。

① 主室画像

主室中共有两幅画像，都配置在西主室内，可依次编为第一幅和第二幅画像。

第一幅画像：配置在西主室天井上，内容为互相嬉戏的龙虎形象。

铭文：没有记述。

第二幅画像：配置在西主室后壁。遗憾的是，原画像因石面剥落过甚而模糊不清，简报没有发表画像拓本。发掘简报称，画像分为上下两层，上层左侧是由青龙、白虎、朱雀、玄武组成的四神图，右侧为仙人神兽图；下层为穿壁纹图案。

铭文：薄疎郭（椁）内，画观后当，朱爵（雀）对游戏仙人，中行白虎后凤凰。

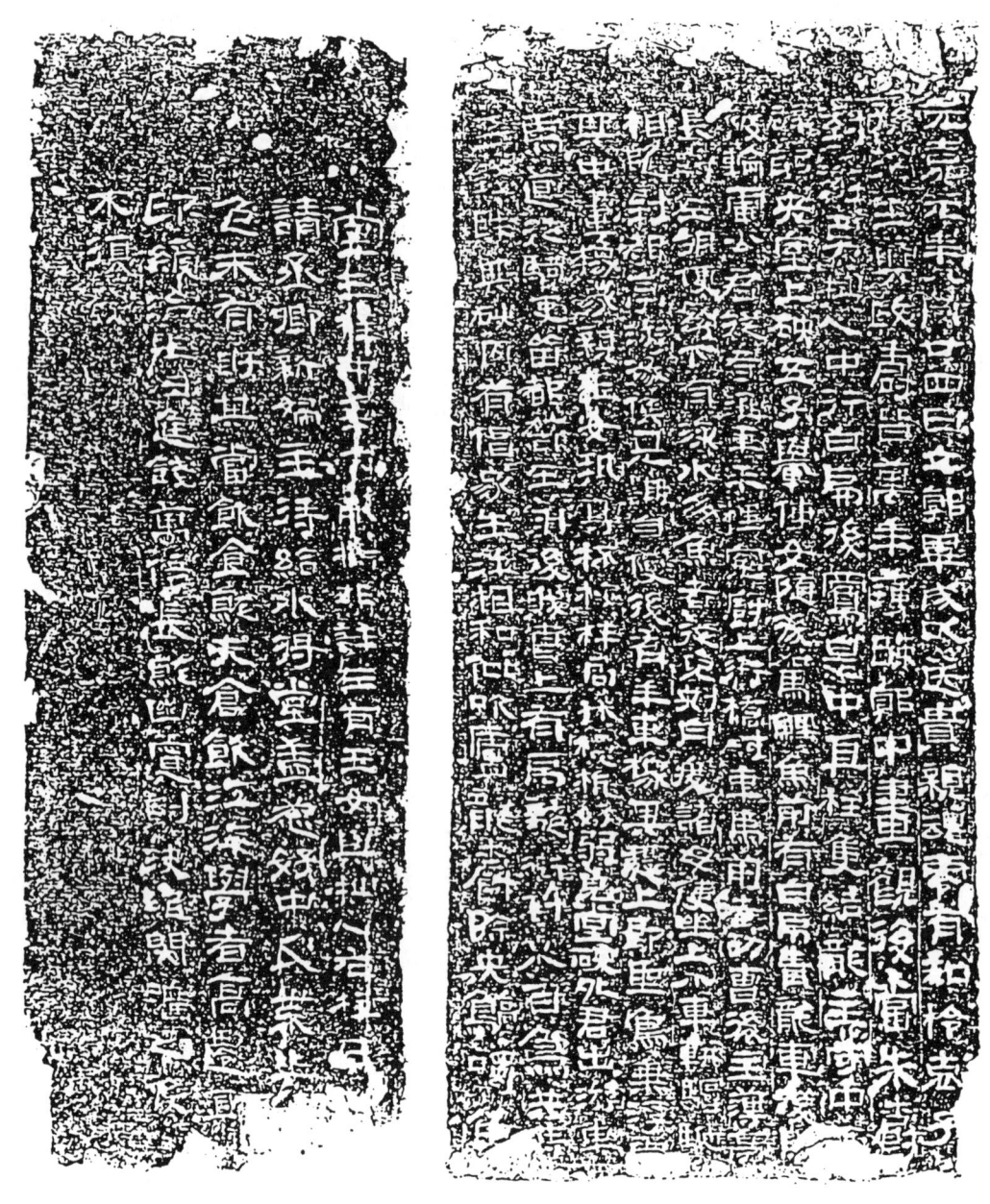

图一二二　山东苍山元嘉元年画像石墓的题刻铭文

② 前室画像

前室共有六幅画像，按顺序分别编为第三幅到第八幅，这六幅画像与铭文的对应关系如下。

第三幅画像：配置在北壁中柱即后室门的中门柱正面，内容为两条互相缠绕的巨龙形象。

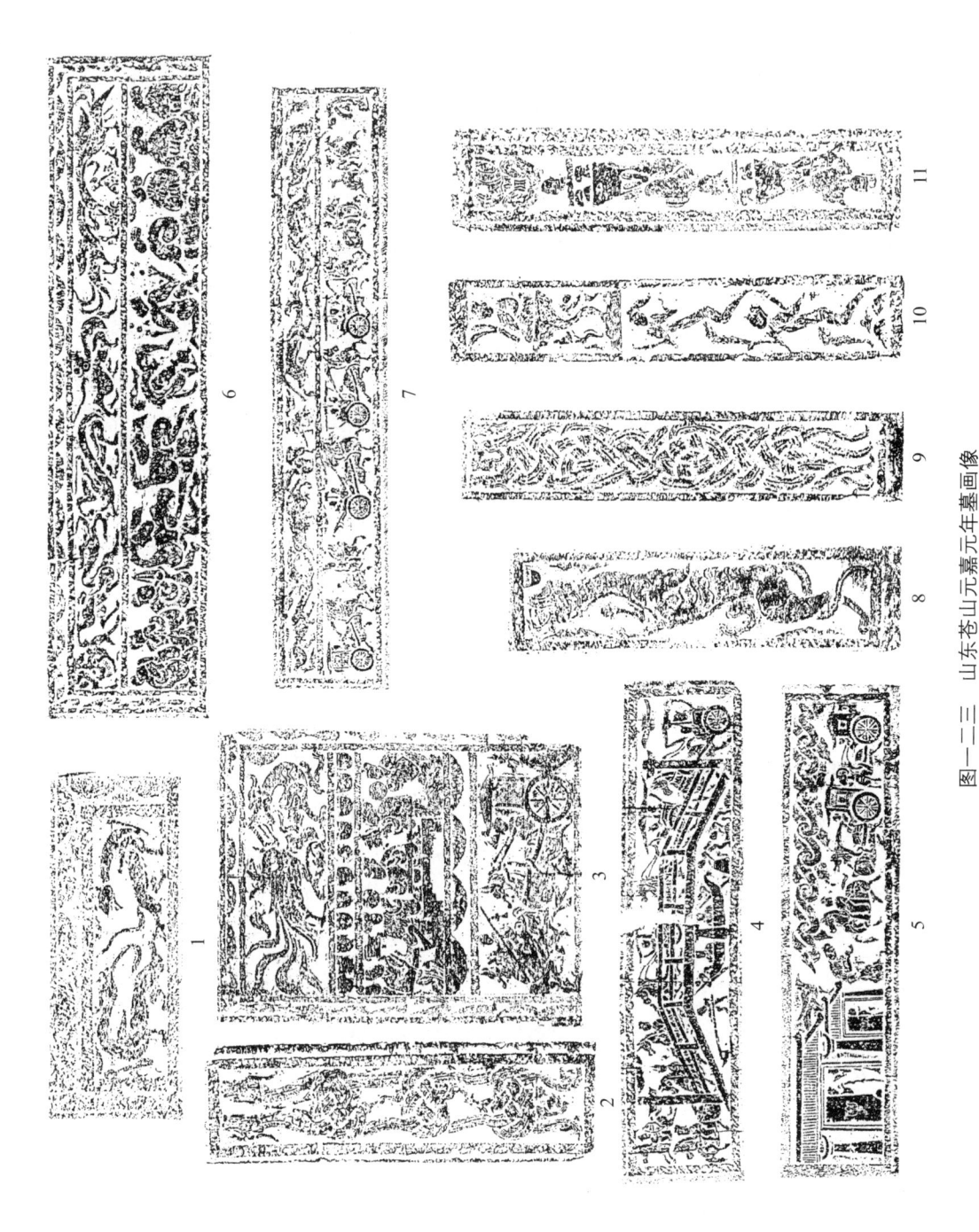

图一二三 山东苍山元嘉元年墓画像

1. 第一幅 2. 第三幅 3. 第六幅 4. 第四幅 5. 第五幅 6. 第七幅 7. 第七幅 8. 第八幅 9. 第十幅 10. 第十一幅 11. 第十二幅

铭文：中直柱，双结龙，主守中雷辟邪殃。

第四幅画像：配置在西壁的横梁上，内容为墓主车马出行图。一座很大的木桥横贯整个画面，桥上，由三名骑吏和三辆四维辎车组成的墓主车马出行行列正自右向左行进，在木桥左侧，一名胡骑一边纵马向左奔逃，一边回首向车骑行列弯弓射箭。木桥下的河水中，两名船工操桨驾着一条木船正向左岸驶去，船上坐着两名妇女，木船周围，三名渔夫正在捕鱼。

铭文：上卫桥，尉车马，前者功曹后主簿，亭长骑佐胡使弩，下有流水多鱼者，从儿刺舟渡诸母。从铭文可知，三辆辎车中，前面的是功曹之车，后面的是主簿之车，中间的是墓主的主车，墓主生前的最高官职是"尉"。

第五幅画像：配置在东壁的横梁石上。横长的画面上，左边是一座单层屋顶的大门，大门右侧附设一有屋顶的侧门，大门和侧门都只开启左门扉，门内露出手执便面和手杖的人物。大门之前，双手捧盾的游徼躬身面右而立，正在迎接自对面驰来的车骑行列。画面右边的车骑行列由一名导骑、一辆马拉的轩车和一辆羊拉的轩车组成，车骑行列上方，飘浮着卷成涡状的云层，云头均作鸟头状。

铭文：使坐上，小车轩，驱驰相随到都亭，游徼候见谢自便，后有羊车像其□，上即圣鸟乘浮云。铭文中的"游徼"，是汉代基层治安机构"亭"的官吏，其地位低于亭长。

第六幅画像：配置在东壁横梁下的壁石上。由垂幛纹花纹带围起的大画框内，又由两条垂幛纹带分为上、中、下三层小画面。下层画的是车马出行图，左侧的先导是一名执矛的骑吏，其后是一辆轩车，轩车后即画面右端只画出一匹马的前半部，表明后面还有随行的车马。中层的画像内容为宴饮乐舞场面，画面中央一名老年妇女在几案后正襟危坐，几案上摆满食物，几案后摆放着酒樽和耳杯，老年妇女左侧跪坐着手持便面的男女人物各一，右侧一名妇女正翩翩起舞，另一名男子在抚琴伴奏。上层画像为龙凤相戏图。

铭文：其中画，像家亲，玉女执樽杯案桦（盘），局□□□好弱（搦）完（玩）。尽管铭文中的一些文字已经无法辨识，但文辞大意还是清楚的。其意是，画像中的主人公是母亲，玉女手执樽、杯、案、桦（盘），正陪侍着母亲尽情享乐。

第七幅画像：配置在南壁的横梁即墓门横额石的背面。横长的画面由一条横线分为上下两层，上层画像为仙禽神兽图，图中自左向右依次为朱雀、嬉戏的双龙、白虎、啄鱼的双鹤，仙禽神兽间飘荡着流云；下层为乐舞图，画面左侧是三人的乐队，分别吹奏着笙和笛，其右方两名舞女长袖轻拂，翩然曼舞，一人口衔一壶在作双手倒立，另一人作双手跳丸表演，画面右侧，四名妇女面左而坐正在观看演出。

铭文：其硖（墙）内，有倡家，生（笙）汙（舞）相和仳（比）吹芦，龙爵（雀）除央（殃）骦（鹤）噣（啄）鱼。其意为，画像描绘了娼优的乐舞场面，龙雀图像有辟除不祥的作用，双鹤啄鱼象征着吉祥大利。铭文中的"鹤"与"贺"谐音，"鱼"与"裕""余"谐音，无疑有大吉大利的意思。

第八幅画像：配置在南壁的中柱即墓门中柱石的背面，内容为白虎图。

铭文：无记述。

这里需要特别指出的是，尽管前室顶部并没有发现石刻画像，但是铭文中不仅明确记载前室顶部有画像，而且对画像内容进行了描述。对顶部画像的内容，铭文描绘说："室上硖（墙），五子舆，僮女随后驾鲤鱼，前有白虎青龙车，后即被轮雷公君，从者推车，平理冤厨（狱）。"从铭文描述可以推知，前室顶部原来配置有雷公天罚图，大概原图是彩色壁画，因石质墓顶对壁画颜料附着作用太小，在漫长岁月的墓室水汽侵蚀下，壁画色彩已经消退殆尽，以致出现了墓室画像内容与铭文记载不符的矛盾现象。

③ 墓门画像

墓门上共刻有四幅画像，门额石和三块门柱石上各配置一幅，四幅画像按顺序分别编号为第九幅到第十二幅。

第九幅画像：刻在门额石上。横长的画面分为上下两层，上层为仙禽神兽图，画面中央是两只相对蹲坐的玉兔，其两侧刻有四龙二虎，神兽间配以各类仙禽；下层为墓主车马出行图，由三名骑吏、两辆轺车、一辆辀车和一辆斧车组成的墓主车骑行列正自左向右行进，画面右端，是双手捧盾、面左躬身而立迎接车骑行列的亭长。

铭文：堂硖（墙）外，君出游，车马道（导）从骑吏留，都督在前后贼曹，上有虎龙衔利来，百鸟共侍至钱财。从铭文叙述可知，画像的四辆马车中，第一辆轺车为都督车，第二辆轺车为墓主乘坐的主车，第三辆为贼曹乘坐的斧车，辀车当为女墓主所乘之车；上层的仙禽神兽图象征着吉祥大利。

第十幅画像：配置在中柱石上，刻画四条身躯互相缠绕的巨龙。

铭文：堂三柱，中央柱，龙非详（飞翔）。

第十一幅画像：配置在东门柱石上，有上下两层图像。上层为西王母图，图中西王母端坐在蘑菇状的昆仑山顶部，身前有一株羽状的仙草，昆仑山麓两侧有人立状的九尾狐和一只人首神兽。下层为仙人图，一位有翼仙人站在仙山之上，双手举托着另一位披发有翼仙人。

铭文：左有玉女与仙人。

第十二幅画像：配置在西门柱石上，纵长的画面分为上、中、下三层，每层各画一个人物。上、中层所画的人物均为头戴进贤冠、双手执板的官吏形象，下层的人物是一位双手捧物的妇女。

铭文：右柱□□请丞卿，新妇主侍给水浆。铭文中虽有两个字已不能辨识，但对图像的解释还是大体可知的。即上、中层的两个人物为墓主生前的属吏丞、卿，下层的妇女是墓主的子妇，这位进门不久的子妇正用酒浆招待丞、卿。

通过以上对照分析，可以清楚看出，苍山元嘉元年画像石墓的画像，除了第一幅、第八幅画像铭文中没有记述，前室顶部的雷公天罚图铭文中虽有记述而实际上并无画像外，其他画像与铭文记述完全相合。如果将画像与铭文相参照，可将该墓的画像内容归纳为四大类。第一类是表现墓主赴祠庙接受子孙家人祭祀的画像（关于此类画像题材，后面还要详加考证），第二类是象征吉祥、起着保护墓室作用的仙禽神兽画像和龙虎图像，第三类是表现天界诸神的画像，第四类是描绘西王母昆仑山仙界的画像。在墓室中，这四类画像按照当时人们的宇宙方位观念，配置得极有规律。第一类内容的画像主要配置在中室通往后室的门额、横梁、左右侧壁的壁面和墓门的门额石上，无论在画像数量上还是在画像面积上，这类画像都居于首位，表明这是图像学意义最为重要的墓室画像内容。象征吉祥大利、具有保护墓主灵魂的安宁、防止墓主尸体遭受侵害的第二类画像，则配置在放置墓主棺柩的后室、中室和墓门的横梁及门柱上。第三类画像配置在象征天穹的前室顶部。第四类画像主要配置在墓门的门柱上。可以说，这座墓的画像配置，在某种程度上反映了成熟期画像石墓的画像配置规律。因此，将该墓与其他画像石墓的画像配置相对照，就可以准确无误地找出成熟期画像石墓的画像配置规律。

由于纯石结构画像石墓的画像配置不受或很少受到位置的限制，可以比较自由地按照造墓者的意志来进行，因此这种墓也最能正确地反映汉画像石墓的画像配置规律。下面，让我们来考察其他纯石结构画像石墓的画像配置。

先来考察后室的画像配置情况。在目前所发现的画像石墓中，后室配置画像的墓例并不多，最能代表后室画像配置规律的是山东沂南北寨村画像石墓和山东安丘董家庄画像石墓。沂南北寨村墓的后室由一面斗拱式隔墙分为东、西两个主室，隔墙两端的上部有过洞使两室相通。画像配置在两主室的顶部、东主室西壁即隔墙的东面和西主室的东壁即隔墙的西面[1]（图一二四）。东主室是女墓主的棺室，其西壁南、北端的两块构石上刻有画像。南端构石的画面由图案花纹带分为上下两层，上层画像为闺房陈设图，图上画有两件几案和一件两层的化妆台，几案上放置着化妆品和衣箱，化妆台上层放置着镜盒，旁边放置着薰衣用的薰笼。下层画像为婢女图，画面上部是三名并立的婢女，手中分别拿着镜台、镜盒和拂尘，下部地面的左方放置着摆有耳杯和碗

---

[1] 曾昭燏、蒋宝庚、黎忠义：《沂南古画像石墓发掘报告》图版七五～八一，文化部文物管理局，1956年。

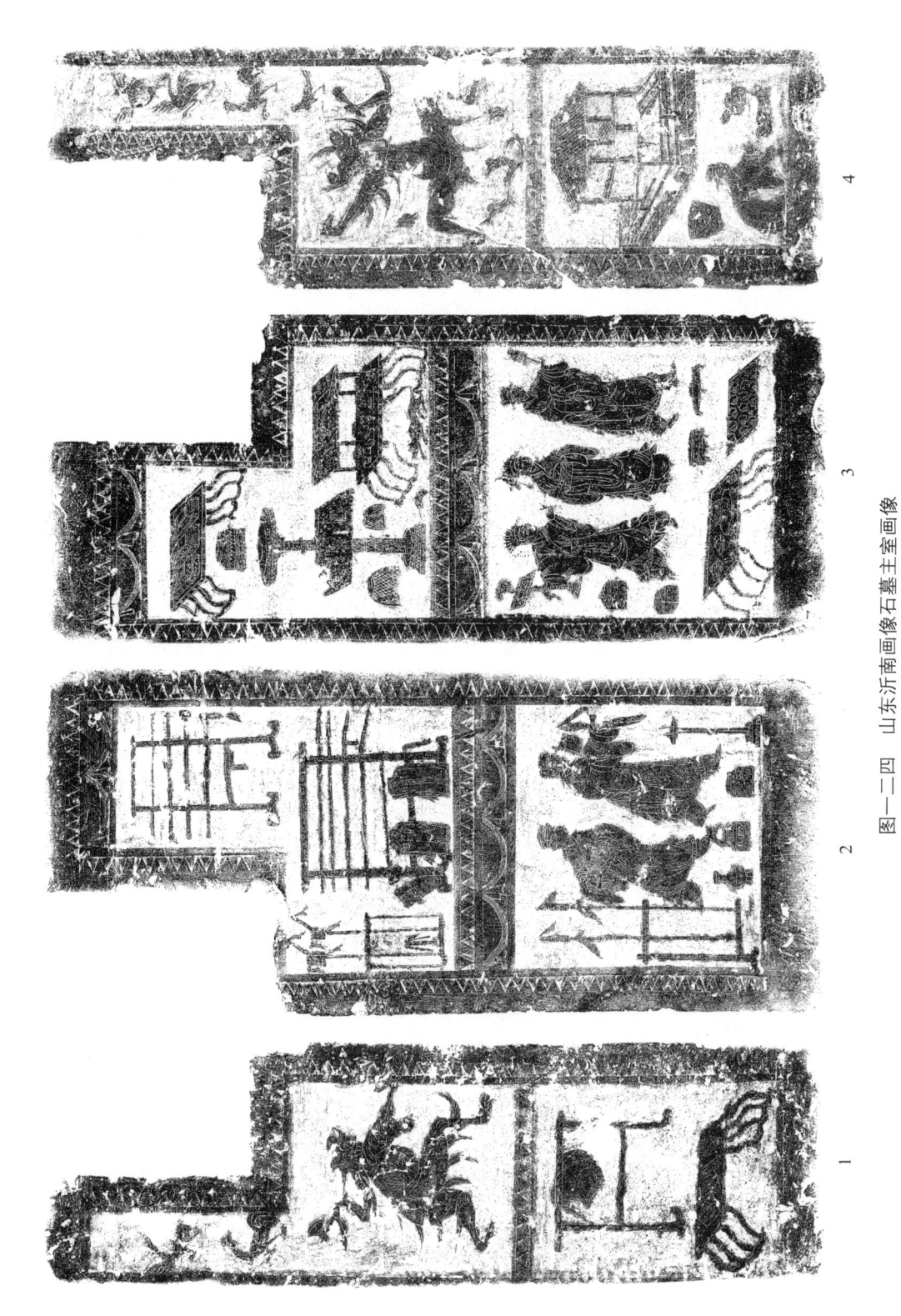

图一二四 山东沂南画像石墓主室画像

1. 西主室东壁北段画像 2. 西主室东壁南段画像 3. 东主室西壁南段画像 4. 东主室西壁北段画像

第五章 | 地下墓室画像石　253

钵的几案，右方是摆满耳杯的方案、放有大钵的托盘和鼎等。很显然，这幅婢女图描绘了婢女们无微不至地照料女墓主日常起居生活的场面（图一二四，3）。东主室西壁北端构石同样也分为上下两层画面，上层画怪神图，怪神兽头披发，身着短绔，上身裸露，体生长毛，左手挥舞着一根短棒，显得极为狰狞凶猛。这位怪神与该石背面即西主室北端构石上层所画的另一位怪神，应是度朔山上统领万鬼的神荼和郁垒二神。下层画的是洒扫图，画面上方是瓦顶干栏式厕所，周围绕以围栏，下方即近处地面上放置着男女便器，一名婢女正俯身进行清洗，婢女身旁有一盛水的大缸（图一二四，4）。这幅画像，表现的应是清晨婢女为墓主夫妇清洗便器、打扫厕所卫生的场面。有意思的是，在这座墓东后侧室的后部就设有厕所。此外，东主室西壁上部即斗拱的上部刻有仙禽神兽图，顶部刻有象征光明的莲花图案和天窗。西主室即男墓主棺室的画像配置与东主室基本相同，但东壁南北两端构石上的画像与东主室西壁的不同，内容更加符合男性身份。东壁南端构石的画面分为上下两层，上层为武库图，武库中共有三个兵器架，上方的兵器架上摆放着刀、剑等短兵器，下方的两个兵器架，右边的摆放着矛、戟等长兵器，旁边斜靠着两面盾牌和两件箭箙，左边的纵插着一排长矛。下层为仆役图，两名男仆左右并立，右边的男仆左手托着衣物，右手拿着便面，似乎在照料墓主起居；左边的男仆双手捧着食盒，似正在为墓主操办酒宴；两名男仆脚下放置着灯台和壶、樽等酒器，其左侧立着插有长戟的兵器架（图一二四，2）。西主室东壁北端构石的上层画一位身着短绔、上身赤裸、手执斧钺狂奔的狰狞怪神；下层为内室陈设图，画面上部是挂有衣物的衣架，下部是一件几案，几案上放置两双鞋，暗示墓主夫妇已经就寝安睡（图一二四，1）。从这些画像可以看出，沂南北寨村画像石墓主室画像的表现重点是墓主夫妇在地下墓室中的日常生活。其中东主室画像表现的是墓主白天的生活，西主室画像表现的是墓主晚间的生活。画像中虽然没有出现男女墓主的形象，但通过侧面场景的描绘，不仅使人明确感到男女墓主的存在，而且他们的生活细节也展露无遗。而神荼、郁垒图像和仙禽神兽图则起着守护墓室、辟除不祥、保证墓主灵魂安宁的作用。换言之，住在地下世界的墓主夫妇，不仅有神灵佑护，而且有众多的奴仆供其驱使，仍然像生前一样过着锦衣玉食、悠闲自在的生活。

再让我们来看一下山东安丘董家庄墓后室的画像及其配置方式。该墓各室满刻画像，共有画像石一百零三块，刻画像六十余幅。画像构图复杂，雕刻细腻精湛，根据艺术表现的需要，分别运用了阴线刻、浅浮雕、高浮雕、透雕等不同技法，特别是复合图案花纹带的巧妙而铺张地大量使用，极大地提高了画像的美感，可以毫不夸张地说，这是代表汉画像石最高艺术水平的作品群。因该墓的东、西后（主）室均为覆斗式顶，不仅四壁，顶部的四坡和封顶石也都刻满画像，这就使后室的画像面积要比其他纯石结构画像石墓大得多。从画像内容看，两后室画像主要有三类，第一类是仙禽神兽图，第二类是表现墓主升仙愿望的图像，还有一类是表现天界诸神的画像。以西后室为例，东、南、北三壁横梁，顶部南坡、西坡和东坡的画像都是仙禽神兽图或四神图，图中奔腾驰走的仙禽神兽与仙人互相嬉戏，呈现出一派欢乐祥和的气氛。在墓主的棺室中配置如此多的仙禽神兽图像，除了表达墓主升仙的愿望，更主要的目的应是辟除不祥、守卫墓室、保护墓主不受恶鬼的侵扰。图一二五，1是西后室西壁的画像[1]，由优美的复合图案花纹带围起的长方形画框内，有上下两层图像。下层绘仙禽神兽图，图中两名腰部生有双翼的仙人正与一群欢快的神兽嬉戏，神兽主要为龙虎和六牙白象等。上层画像的内容极为有趣，画面正中是形如"山"字的重峦叠嶂，山峰间云雾缭绕，各类鸟兽出没其间，山麓下的两只卧鹿刻画得极为醒目，两侧山脚下各有一仙人。山峦右侧为狩猎场面，四名猎手牵着猎犬手持T形器向左追赶着群兽，另一名猎手手持毕网也在纵马追逐，鹿、兔等正拼命向左边的山峦逃遁，山脚下一虎回首怒吼，另一只兽已被猎犬扑倒，群兽上方有一株小树，旁有一猿。画面右端刻一株枝条互相缠绕的大树，群鸟栖息在茂密的枝叶间，一只大鸟正由左方向大树飞来；大树下，系着一马，蹲着一犬，栖一凤鸟，树枝上挂着马的饲料筐；大树左边，一人正弯弓射树上之鸟；大树右边，两人正向大树走来。山峦左边为仙禽神兽图，最右端两位体生长毛的有翼仙人一持圆珠，一持仙草，正与鸟兽嬉戏，形体各异的众多仙禽神兽飞腾跳跃，使画面充满动感和喧闹气息。从上层画像的整个画面看，山峦左右两侧图像描绘的显然是不同的世界。山峦右侧的狩猎和树木射鸟场面，在祠堂画像中常与后壁的祠主受祭图结合在一起，在早期的石椁画像中，或与象征墓地的双阙图配置在一起，或单独配置，表现的都是子孙家人通过射猎活动为祭祀墓主（或祠主）而准备血食牺牲的场面。画面中央的山峦有高耸的三个山峰，与文献记载中昆仑山有三重境界相吻合，而且山峦间有仙人形象，证明这里是昆仑山仙界。同样，山峦左边的仙禽神兽图表现的也应是昆仑山仙界的景象。在汉代画像中，同一幅画像同时表现仙俗两个世界，这是一个极为罕见的孤例。西后室顶部北坡刻四位褒衣博带的人物，皆作张口怒吼状，左起第二人蹲坐，其余三人站立，右侧一人佩剑，图像内容不明，估计是驱逐恶鬼的神怪之属。西后室的盖顶石共刻有三组图像，南侧为伏羲女娲图，中部刻二龙缠绕成穿璧状，北侧刻一巨大的柿蒂纹。东后室的画像及其配置与西后室相近。南壁的横梁、东柱和西壁横梁均刻复合图案花纹，北壁和东壁的画像以仙禽神兽图为主，构图极为华丽。其中，北壁的上端、右端和下端为仙禽神兽图像带，其内是由复合图案花纹带组成的长方形画框，画框内又由一条云纹图案带分隔为

---

[1] 山东省博物馆、山东省文物考古研究所：《山东汉画像石选集》图版二二六，图537，齐鲁书社，1982年。

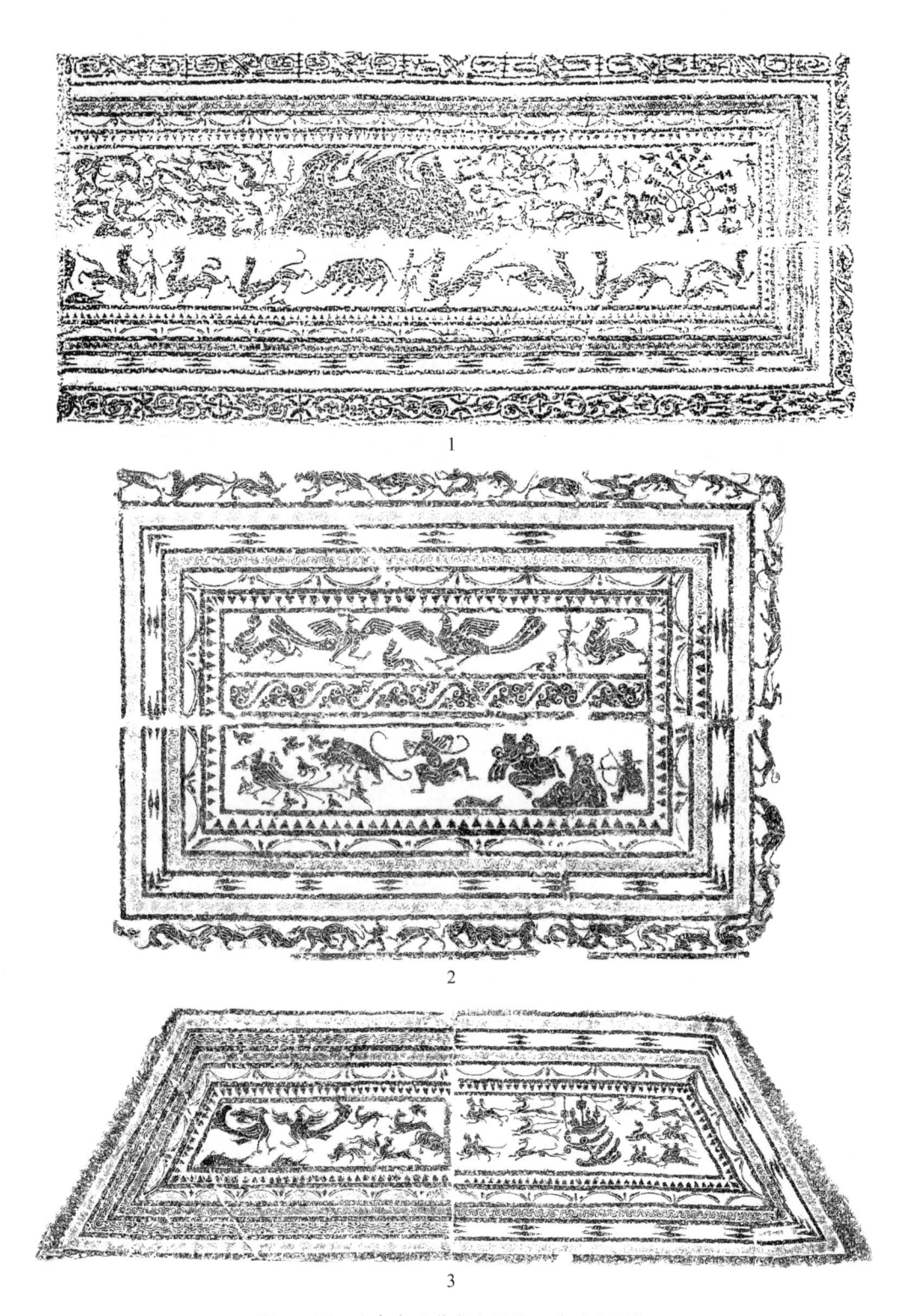

图一二五 山东安丘董家庄画像石墓后室画像
1.西后室西壁画像 2.东后室北壁画像 3.东后室顶部西坡画像

上下两个画面。上层刻仙禽神兽图，左端一虎，中央为对舞的两只朱雀，右端一仙人正与虎嬉戏，画面空间填刻两只小虎。下层画面左端刻一凤鸟，周围有九只小鸟，其右一虎在捕食一只小兽，虎下一仙人似正与凤鸟嬉戏；中部一位怪神两手各操一蛇，张口咬住蛇头，其下刻一鱼；右端为一山峦，山左一人面虎身怪神背负一妇人向右奔跑，山右一人弯弓欲射[1]（图一二五，2）。据《山海经·西山经》记载，"西南四百里，曰昆仑之丘，是实惟帝之下都，神陆吾司之。其神状虎身而九尾，人面而虎爪；是神也，司天之九部及帝之囿时"。《山海经·大荒西经》曰："西海之南，流沙之滨，赤水之后，黑水之前，有大山，名曰昆仑之丘。有神——人面虎身，有文有尾，皆白——处之。"根据这些记载，可知下层画像中的人面虎身怪神就是昆仑山的守护神陆吾。袁珂认为神陆吾就是昆仑山的守护神开明兽[2]，但开明兽为九首，应与神陆吾有别。《山海经》记载博父即夸父、巫咸皆双手持蛇，画面中部的手握双蛇怪神或为其中的一位。画面左端的凤鸟，据《山海经·海内西经》记载，"开明西有凤凰、鸾鸟"。因此，这幅画像描绘的是昆仑山仙界图。东后室东壁的画像构图与北壁同，上端、右端和下端为仙禽神兽图像带，复合图案花纹带构成的长方形画框内，上下两层都刻仙禽神兽图。东后室顶部，盖顶石、北坡和东坡均刻仙禽神兽图，南坡刻武士图，西坡刻雷公图[3]。南坡的武士图中，三名武士围着一只卧鹿，左侧的武士右手执剑欲刺，左手持戟，右侧的两名武士一人持剑，一人操T形器，正向左飞奔而来，三人皆张口怒目。从画像中人物的动作表情看，似不是狩猎场面，三名武士应与西后室顶部北坡的武士相同，都是驱逐恶鬼、守护墓室的神怪。室顶西坡的画像描绘了雷公出行的场面，画面右侧，雷公坐在由三条龙牵拉的云车上，正在云气间风驰电掣般向左飞行，云车上立有三面建鼓，建鼓的立柱上有飘扬的羽葆。云车前，两名神人骑虎为先导；云车后，随行着三只神兽和三位骑兽神人。雷公出行行列的前方即画面左侧，为仙禽神兽嬉戏场面，左刻一对朱雀，下刻双鱼，右刻六兽一鸟（图一二五，3）。

沂南北寨村墓和安丘董家庄墓都是东汉晚期的画像石墓，而在河南南阳地区，东汉早期纯石结构画像石墓的主室画像就已经实现了有规律的配置。这一点，可以从唐河县针织厂画像石墓[4]中清楚看出（图一一九，2）。该墓的主室由隔墙分为南主室和北主室，两主室壁面和顶部满刻画像（图一二六）。后室顶部（即天井）刻内有蟾蜍的月轮和星宿图，北壁刻鲁义姑姊故事、虎食恶鬼、乐舞宴饮、狩猎等内容的画像，南壁刻仙人神兽

---

[1] 安丘县文化局、安丘县博物馆：《安丘董家庄汉画像石墓》图版54和图版56上，济南出版社，1992年。
[2] 袁珂：《山海经校注》，上海古籍出版社，1980年，299页。
[3] 山东省博物馆、山东省文物考古研究所：《山东汉画像石选集》图版二二五，图535，齐鲁书社，1982年。
[4] 周到、李京华：《唐河针织厂汉画像石墓的发掘》，《文物》1976年6期。

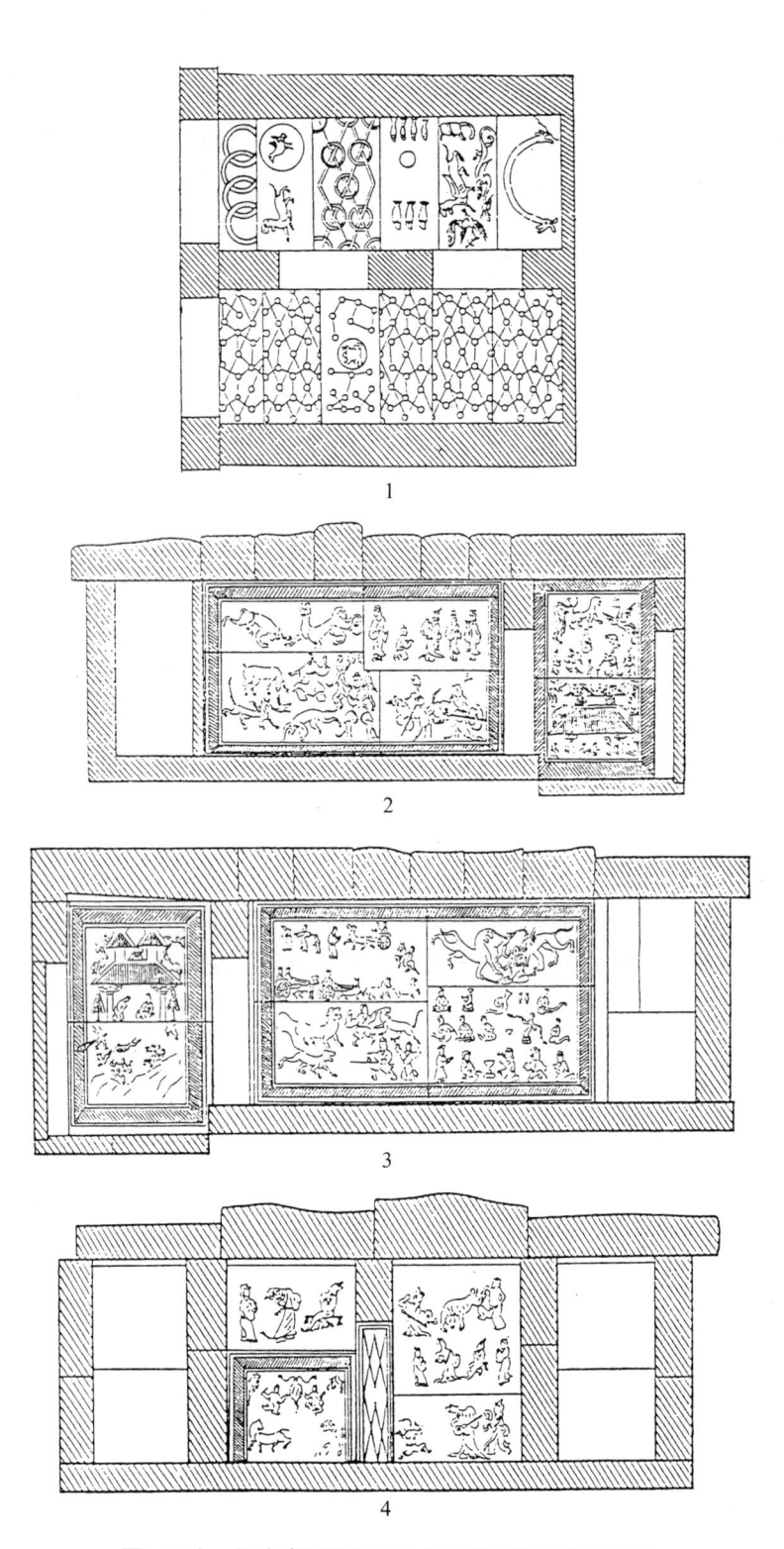

图一二六　河南唐河针织厂 1 号画像石墓画像配置图
1. 南北后室天井画像　2. 南后室和前室南壁画像　3. 北后室和前室北壁画像　4. 南北后室西壁画像

图，西壁刻建鼓图和一幅内容不明的历史故事画像。其中，北壁的鲁义姑姊图描绘的是一则当时非常流行的东周历史故事。据刘向的《列女传》卷五载："鲁义姑姊者，鲁野之妇人也。齐攻鲁至郊，望见一妇人抱一儿、携一儿而行。军且及之，弃其所抱，抱其所携而走于山。儿随而啼，妇人遂行不顾。齐将问儿曰：'走者尔母邪？'曰：'是也。''母抱者谁也？'曰'不知也。'齐将乃追之。军士引弓将射之，曰：'不止，吾将射尔。'妇人乃还。齐将问：'所抱者谁也？所弃者谁也？'对曰：'所抱者，妾兄之子也；所弃者，妾之子也。见军之至，力不能两护，故弃妾之子。'……于是齐将按兵而止，使人言于齐君曰：'鲁未可伐也。乃至于境，山泽之妇人耳，犹知持节行义，不以私害公，而况于朝臣大夫乎！请还。'齐君许之。鲁君闻之，赐妇人束帛百端，号曰'义姑姊'。"北后室顶部刻日轮白虎图、用七条鲤鱼象征的天河图、连环图、穿璧图、由一双头龙表示的彩虹图和四神图，南壁刻两幅内容不明的历史故事画像，北壁刻仙禽神兽图、手抱伏羲和女娲的高禖神图以及两幅内容不明的历史故事画像。在后室中配置如此多的历史故事画像，为南阳地区其他画像石墓所不见。

　　从上述分析可以看出，成熟期画像石墓的主室画像按其图像学意义有六类内容。第一类是表现墓主在地下世界日常起居生活场面的画像，一般配置在主室壁面上。第二类是具有辟除不祥、保护墓主灵魂安宁和尸体安全、象征吉祥大利的仙禽神兽图和穿璧图等，散布在主室各处。第三类是表现天上世界的诸神图和天象图，都配置在主室顶部。第四类、第五类和第六类分别是表现墓主升仙愿望的仙界图、与祭祀墓主活动有关的狩猎图和历史故事画像，都配置在主室侧壁。在六类画像中，前三类是成熟期画像石墓主室最常见的、比较固定的画像内容，后三类则较为少见。从主室的画像内容及其配置可以看出，在画像石墓营造者的观念中，主室的顶部象征高高在上的天穹，四壁的壁面象征其他宇宙构成部分，各类题材内容的画像根据当时的宇宙方位观念，分别被配置在适当的位置。

　　下面，再让我们考察一下成熟期画像石墓中室和前室的画像配置规律。从考古发现看，将这一规律表现得最明确的画像石墓，仍然是沂南北寨村画像石墓和安丘董家庄画像石墓。董家庄墓的中室和前室均为覆斗式顶，顶的四坡几乎全部刻仙禽神兽图，盖顶石上刻表现天上世界的画像。中室的盖顶石由五石组成，画像边饰均为复合图案花纹带，画面互不相连，东起第二石中央刻日轮，内有三足乌，四周云气飘荡，地纹为菱格纹；东起第四石中央刻月轮，内有捣药的玉兔和蟾蜍，地纹为穿璧纹；其他三石分别刻云气纹和仙禽神兽图。前室的盖顶石由三石组成，画面互不相连，边饰亦为复合图案花纹带，东起第一、第三石的画像分别为伏羲女娲图和仙禽神兽图，第二石刻诸神出行图（图一二七）。第二石的横长画面上，上端、左端和下端是由复合图案

图一二七　山东安丘董家庄墓前室天井的诸神出行图

花纹带组成的边框。画面左侧，两名神人拉着雷公乘坐的雷车在缭绕的云气中向左飞驰，雷车旁生羽翼，车上立三面建鼓，建鼓的立柱上羽葆飘扬，雷公头戴高冠，肩生双翼，击鼓催车前行。雷车上方，一女神高髻长衣，体态婀娜，手持长鞭，当为闪电之神电母。雷车之前，六位体生长毛的神人正手舞足蹈地迎接雷车。雷车之后，随行着三列神人。上列三位神人，前一位是手持长鞭的电母，后二位头顶盆钵、手握长颈壶，当为司雨之神雨师。中间一列二位神人，前一位是手持长鞭的电母，后一位是跪地张口鼓风的风伯。下列四位神人，第二位为雨师，其余三位皆为电母。画面右侧刻日轮，内有三足乌，周围云气缭绕。画面右端，刻五位神人。从安丘董家庄墓中室、前室顶部的画像内容和苍山元嘉元年（151）墓石刻铭文对前室顶部画像内容的记述看，成熟期汉画像石墓中室和前室顶部为配置表现天上世界内容的画像之处。至于中室、前室其他部位的画像内容及其配置，各画像石墓表现出很强的规律性。以安丘董家庄墓为例，前室的东壁和西壁、中室的西壁和南壁横梁都以很大的整幅画面刻画墓主车马出行场面，其他壁面主要配置仙禽神兽图、迎谒图、泗水捞鼎图等，但与前者相比，无疑只是次要画像。遗憾的是，董家庄墓中室和前室的多幅车马出行图，尽管雕刻极为精美，场面非常壮观，但由于图中既无其他场景，又没有题记铭刻，从画像本身很难了解其图像学意义。而沂南北寨村画像石墓的中室，不仅配置有同样内容的车马出行图，而且图中有关的场景刻画得极为细腻生动，这就为我们了解这种车马出行图的图像学意义提供了重要线索。沂南北寨村画像石墓的前室和中室，画像内容极为丰富，除了仙禽神兽图，其他画像按其图像学意义大体可分为三大类，一类是表现祭祀墓主活动的画像，一类是历史故事画像，另一类是表现西王母昆仑山仙界的画像。表现祭祀墓主活动的画像又可分为祠庙祭祀墓主图和表现墓主夫妇赴祠庙接受祭祀的车马出行图两类，分别配置在前室和中室横梁上。表现祠庙祭祀墓主场面的画像，按祭祀活动的先后顺序，共有三幅画像，分别配置在前室南壁、东壁和西壁的横梁上[1]（图一二八）。南壁横梁配置的是描绘个人祭祀墓主场面的画像。画面中部是一座很大的二层建筑，因建筑有紧闭的两扇门扉，推测不是祠庙，而应是寝。寝的两侧，是有很多树木的宽阔庭院，右侧庭院中停有轺车一辆、軿车一辆、马两匹，左侧庭院中停放轺车一辆、大车一辆，从车、马上下来的人正向寝跪拜行礼。这幅画像，表现的应是刚刚到达墓地的祭祀者在寝前以个人身份拜祭墓主的场面（图一二八，1）。笔者在第四章第一节已经指出，这种墓地中的寝是墓主灵魂日常饮食休息之处，大概为了不惊扰墓主灵魂，才紧闭大门。东壁横梁的画像，左端是一座曲尺形建筑，大门前一名男仆双手拥篲面右而立，似正恭迎前来祭祀墓主的宾客，其右侧的五列宾客共十四人，前面一列二人，后面四列每列三人。笔者认为，画面左侧的曲尺形建筑应是供参加祭祀活动的宾客临时休息之处，画像表现了众多参加祭祀的来宾正进入房间作祭祀前的短暂休息的场面（图一二八，2）。西壁横梁画像描绘了集体祭祀墓主仪式，画面右端是一座紧闭两扇门扉的单层平顶建筑，门前一名男仆拥篲面左而立，其左侧是隆重的集体祭祀场面。右侧，一名头戴进贤冠的主祭官员面左而跪，正在宣读手捧的祭文。官员身后恭立两个双手举幡的男子，身前跪伏一位冠服人物，似是墓主的嫡长子。墓主的嫡长子身后，跪伏着五排祭祀者，前两排每排四人跪伏在地，当为墓主的子孙家人，后面三排每排三人揖手恭立，当为墓主的门生故吏和僚友。祭祀者行列之后即画面的左端，放置着摆满耳杯的几案、盛有果品和鱼的圆盘、壶、樽等祭祀用品，旁边站立着两名男仆（图一二八，3）。值得注意的是，在前室这三幅表现祭祀墓主活动的画像中，包括墓主的子孙家人和僚友在内的所有人物都是生活在现实世界的人，作为祭祀对象的墓主夫妇并没有出场。表现墓主赴祠庙接受祭祀的画像共有四幅，两幅是墓主车马出行图，一幅是乐舞杂技图，一幅是庖厨图，分别配置在中室四壁的横梁上。两幅车马出行图分别描绘了男、女墓主出行的场面。其中，男墓主车马出行图，从北

---

[1] 曾昭燏、蒋宝庚、黎忠义：《沂南古画像石墓发掘报告》图版28、29，拓本第5～7幅，文化部文物管理局，1956年。

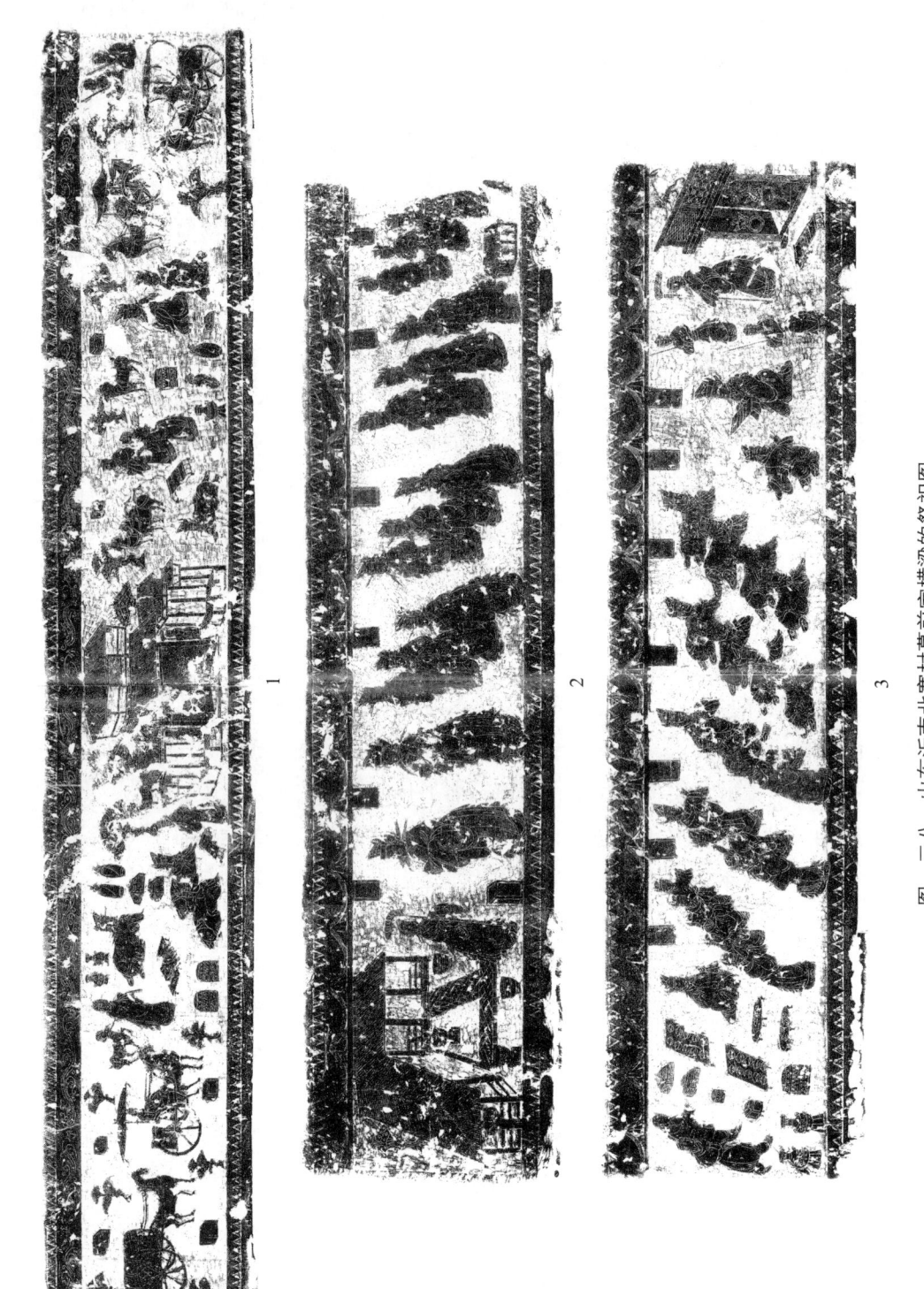

图一二八 山东沂南北寨村墓前室横梁的祭祀图
1. 南壁横梁画像 2. 东壁横梁画像 3. 西壁横梁画像

壁西段横梁即西后室门额开始，经西壁横梁一直延续到南壁横梁的西段[1]，场面极其恢宏壮观（图一二九）。图中自右向左行进的车马出行行列刻在北壁西段横梁和西壁横梁上，由八辆轺车、一辆斧车、一辆主车和多名骑吏及伍佰组成。西壁横梁的最左端刻二人，一名是双手捧盾的亭长，另一人双手拥篲，正恭身迎接自右而来的车马行列。车马行列的先导是两名右手持管而吹、左手荷幢的鼓吹和两名骑吏，其后为一辆斧车，车后斜插着两枝棨戟，斧车之后是五辆有盖轺车，后与北壁西段横梁画面相接。北壁西段横梁左侧为两辆有盖轺车，其后为主车，主车之后为一辆有盖轺车，最后为两名送行的小吏。在车马行列中，男墓主乘坐的主车显得极为醒目，与其他轺车不同，不仅伞盖上结有四维、车轮上部施耳，而且车的前后还有四名手持箭弩、便面的伍佰和四名骑吏为仪仗。无疑，这一切都标志着墓主身份的显贵。在车马行列中，主车为倒数第二辆车，恰好位于北壁西段横梁即西主室门额上，而西主室为男墓主的棺室。这种图像配置，显然表明男墓主出行的车水马龙是从葬有男墓主棺柩的西主室中出发的。男墓主出行的目的地刻在南壁横梁西段的左侧，是一处有前、中、后三排房屋、两侧围以长廊的两重院落日字形庭院（图一二九，3）。庭院的左后方，附有一间带菱形窗格的抱厦，外侧围以栏杆。庭院的大门设在右侧，后排房屋的屋顶明显比其他两排房屋和侧廊宽得多，表明这排房屋是庭院中最重要的建筑。值得注意的是，后排房屋的中央虽有房门却无门扉，只立有一根上托斗拱的楹柱，楹柱将房门分为左右洞开的门道。这种不设门扉的做法与山东长清孝堂山祠堂如出一辙，显然是祠庙的建筑特征。后院中央，正对后排房屋门口陈设一件几案，几案两侧摆放着壶、樽、盒等。庭院的前院，左侧有一口水井，井旁桔槔上的绳子下垂到井中。庭院大门的两扇门扉，一扇大开，一扇半掩。庭院大门外右侧，立一木架，架上悬挂着一面圆鼓。庭院大门外稍远处，立有对峙的双阙。在庭院和双阙之间，正中一人双手捧盾面右恭身而立，当为亭长。亭长上方为庖厨场面，双阙外是宽阔的大道，道旁有规律地放着三个上下车马用的石墩。左阙之前，停放着一辆施耳轺车，右阙之前立一华表柱，柱上拴着两匹马。画面的右侧，共有四排人物，最右边的一排三人，均双手持板面右跪伏于地，其前方摆放着几案；后面的三排，每排三人，均双手持板面右恭身而立。这十二个人物与刻在西壁横梁南端的亭长和拥篲者一起组成对男墓主车马行列的欢迎队列，跪伏的三人应是墓主的子孙，执板恭立的九人应是墓主的门生故吏或僚友。根据杨宽先生的研究结果，画面最左端的日字形庭院建筑是墓地的祠堂，整幅画像描绘的是男墓主人乘坐车马从地下墓

---

[1] 曾昭燏、蒋宝庚、黎忠义：《沂南古画像石墓发掘报告》图版49、50，拓本第36～38幅，文化部文物管理局，1956年。

第五章｜地下墓室画像石 263

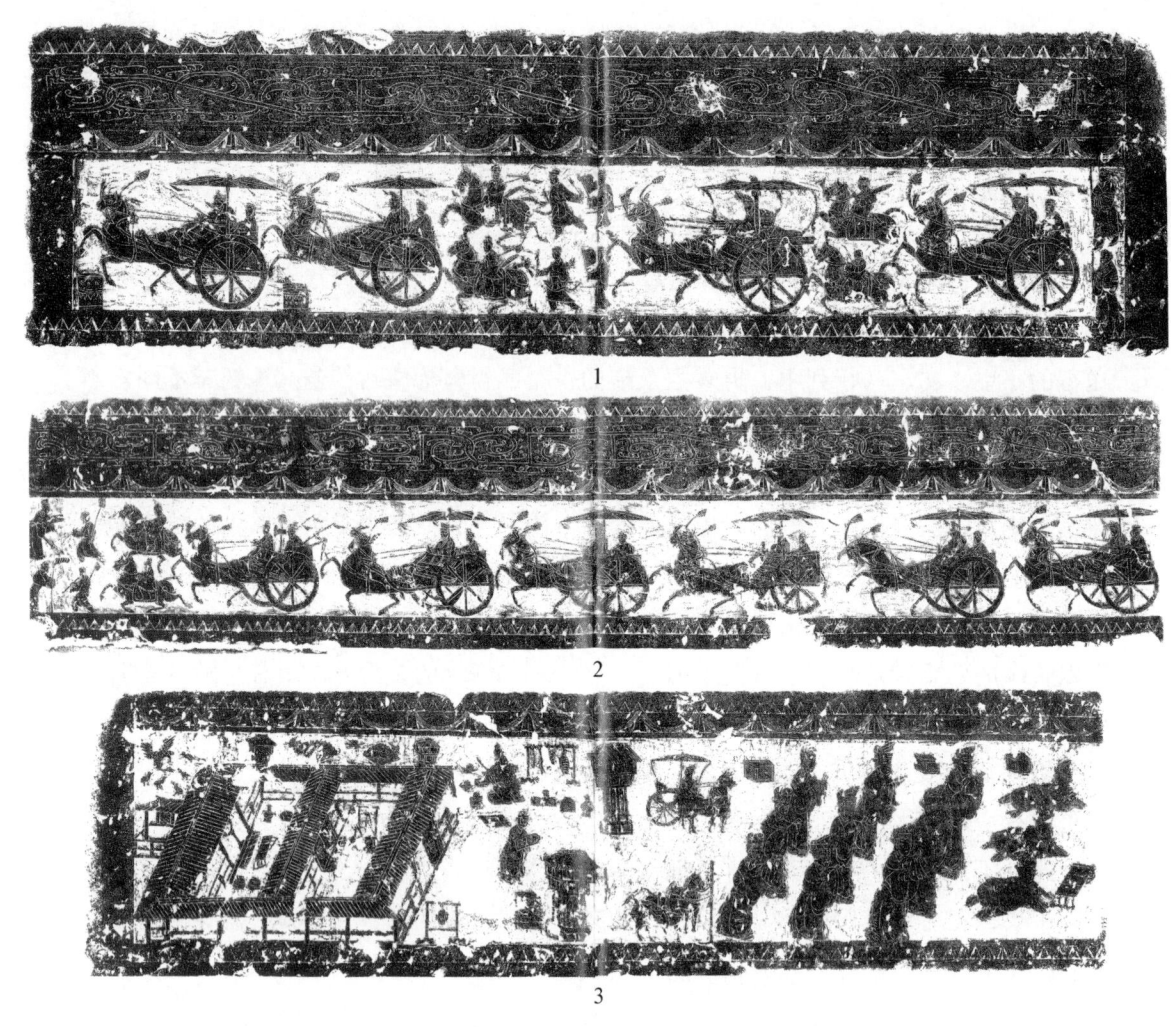

图一二九　山东沂南北寨村画像石墓中室横梁的男墓主车马出行图
1.北壁横梁西段画像　2.西壁横梁画像　3.南壁横梁西段画像

室赴祠堂接受祭祀的景象[1]。车马出行图的导从仪仗明确标示出男墓主人生前的官阶和身份。据《续汉书·舆服志》记载："公卿以下至县三百石长，导从，置门下五吏：贼曹、督盗贼、功曹，皆带剑，三车导；主簿、主记，两车为从。县令以上，加导斧车。公乘安车，则前后并马立乘。长安、洛阳令及王国都县，加前后兵车、亭长，设右骖，驾两。璅弩车前伍佰，公八人；中二千石、二千石、六百石，皆四人；自四百石以下至二百石，皆二人。"图中男墓主的主车前有一辆斧车、七辆轺车为导，后有一辆轺车为从，另有伍佰四人、骑吏六人和鼓吹二人，证明男墓主生前至少是二千石的高级官吏。女墓主车马

---

〔1〕 杨宽：《中国古代陵寝制度史研究》，上海古籍出版社，1985年，128～129页。

图一三〇　山东沂南北寨村画像石墓中室北壁横梁东段的女墓主车马出行图

出行图（图一三〇）刻在中室北壁东段横梁即女墓主棺室的门额上[1]。画面左端为对峙的门阙，阙门外两名面右恭立的门吏正在迎接自右而来的女墓主车马行列。女墓主的车马出行行列由两名手持便面的伍佰、六名骑吏、一辆有盖轺车、一辆轿车和一辆有篷大车组成。画像中尽管没有刻出祠庙之类的建筑，但由于车马出行行列的前方有象征墓地的双阙，表明女墓主车马行列出行的目的地也应是墓地祠庙。笔者认为，沂南北寨村画像石墓中室四壁横梁画像表现的重点是祠庙祭祀墓主的场面，不仅男、女墓主车马出行图如此，刻在东壁横梁的乐舞杂技图表现的也是祭祀时用文艺演出取悦墓主灵魂的场面，南壁东段横梁的庖厨图则描绘了为祭祀墓主准备供品的忙碌场面。在中室和前室的横梁上，用如此多的画面来详细描绘祭祀墓主的各种场面，证明祭祀墓主的内容是画像石墓中室和前室画像最重要的题材。

此外，沂南北寨村画像石墓中室四壁的九块门柱石上，各刻有两幅历史故事画像，总计共十八幅。故事的内容都是古代圣贤和著名的侠客及勇士的事迹，主要有：发明文字的仓颉和沮诵、荆轲刺秦王、周公辅成王、卫姬谏齐桓公、聂政刺侠累等。图二〇是中室西壁北门柱的石刻画像，整个画面由复合图案花纹带组成的画框分为上、下两个小画面，每个小画面内各配置一幅历史故事画像。下层的小画面内刻荆轲刺秦王图，故事的内容第四章已经作了介绍。上层的小画面内刻二人相斗之状，左侧人物头上梳髻，赤着双足，正飞身跃起挥动手中长剑刺向右侧人物，一双鞋子整齐地摆放在脚下；右侧人物惊慌跳起，双手五指箕张，作抵御之状。从两个人物的动作表情及场景看，这幅画像描绘的应是聂政刺韩王的故事。《太平御览》卷五七八·六引《大周正乐》云："聂政刺韩王者，聂政之所作也。聂政父为韩王治剑，过时不成，韩王杀之。时政未生，及壮，

---

[1]　曾昭燏、蒋宝庚、黎忠义：《沂南古画像石墓发掘报告》图版50，拓本第39幅，文化部文物管理局，1956年。

问其母曰：'父何在？'母告之。政欲杀韩王乃学屠，入王宫，拔剑刺韩王不得，走。政逾城而去，入太山，遇仙人，学鼓琴。漆身为厉，吞炭变其音，七年而琴成。欲入韩国，道逢其妻，妻对之泣下。对曰：'夫人何故泣？'妻曰：'聂政出游七年不归，吾尝梦想思，见君对妾笑，齿似政齿，故我心悲而泣也。'政曰：'天下人齿尽相似耳，胡为泣乎！'即别去，复入山中，……援石击落其齿，留山中三年，习琴持入韩国，人莫知政。政鼓琴阙下，观者成行，马牛止听，以闻韩王。王召政而见之，使之弹琴。政即援琴而鼓之，内刀在琴中。政于是左手持衣，右手出刀以刺韩王，杀之。"《淮南子》也有类似的记载。但据《史记·刺客列传》和《战国策》所载，聂政为战国时期韩国轵（今河南济源东南）人，是当时著名勇士，韩烈侯时，为替友人严遂报仇，只身闯进相府，刺死相国韩傀（即侠累），然后毁容自杀而死。从这两种有关聂政事迹的记载看，《大周正乐》和《淮南子》的记载明显出自后人的杜撰和附会，其中"漆身为厉，吞炭变其音"一事，本于豫让谋刺赵襄子的事迹，为韩王鼓琴一事，当从高渐离鼓瑟刺杀秦始皇为荆轲报仇的事迹演变而来。上层小画面的故事，采纳的应是《大周正乐》和《淮南子》的杜撰附会之说。在墓室中配置如此多的历史故事画像，无非是表明，这些按儒教伦理道德观点评价出的历史名人是墓主及其家人景慕和学习的榜样。

在沂南北寨村画像石墓的前室和中室的中央，各有一根支撑过梁的八角形擎天柱，柱身的八面满刻神怪、仙人和仙禽神兽图像。以中室的八角形擎天柱（图一三一）为例，柱身东侧面和西侧面的上部，分别为东王公和西王母图像，两位仙人端坐在华盖之下，座下有三峰高耸的昆仑山，西王母座下的昆仑山由一只巨大的神龟用前肢托举着；其下部均配置向上飞升的仙禽神兽。柱身南侧面和北侧面的上部，各刻一位头上有背光、双手合十、正面站立的神仙；另外，柱身南侧面的中部，刻着一位肩生双翼、双手作佛教施无畏印状的正面端坐神仙。关于这三位神仙的身份，林巳奈夫经过考证，认为他们分别是中国古代传说中的祝融、颛顼和黄帝[1]，但在中国传统的神话传说中，根本找不到这种具有佛教特征的神祇形象。俞伟超先生通过对汉代佛教人物图像的比较研究，认为三位神仙都是佛教的菩萨图像，并正确指出，由于当时的人们还不能正确地认识佛教，认为佛教是道教的一个支派，将佛陀和菩萨理解成与西王母、东王公同样的仙人，才导致这样的画像配置方式[2]。

除了上述内容，在山东省诸城县前凉台画像石墓[3]前室、中室的甬道两侧还可见到表现墓主生前地位和事迹的石刻画像。图二八是配置在前室甬道的"刑罚图"，画面上

---

[1] 林巳奈夫：《汉代鬼神の世界》，载《汉代の诸神》，临川书店，1989年，141～142页。
[2] 俞伟超：《东汉佛教图像考》，载《先秦两汉考古学论集》，文物出版社，1985年，157～169页。
[3] 任日新：《山东诸城汉墓画像石》，《文物》1981年10期。

图一三一　山东沂南北寨村画像石墓中室八角形擎天柱柱身画像摹本
1. 西面画像　2. 南面画像　3. 东面画像　4. 北面画像

方和左侧坐着两列共十一名头戴进贤冠的官吏，均双手持板，身前有樽、杯、盘等酒具；画面左侧，为两排共十二名面右站立的持板官吏；画面中部，十二名小吏正手持刀、烙铁等刑具对二十名犯人施用髡刑，犯人有的待刑，有的正在受刑，中间的两名犯人露出光头，显然已经受过刑罚。无疑，这幅画像的主题是表现众官员主持、监督刑罚犯人的场面，墓主人肯定是众官员中的一位。图三四的谒见图表现的应是当时地方官员"上计"的场面，在一座高大的庑殿顶殿堂内，身躯伟岸的墓主端坐在围屏之前，身前的几案上摆放着六个耳杯，围屏两侧和后边站立着五名手持木吾、麈尾和便面的侍者，几案两侧

第五章｜地下墓室画像石

各坐一名持板官吏，当为墓主的属吏，殿堂内右侧，跪坐着五名持板谒见的官员。殿堂的阶砌之前，左右各站着两列手持便面和烙铁的小吏，每列六人，外侧各有两名持板官员和两名小吏；在四列小吏夹峙的中间通道上，两名持板官吏正跪着向墓主禀报着什么。汉代制度规定，每年冬季，县、邑、道的主要官员都要集中到郡国的治所，向郡守或封国的相报告当年治内的政治、经济、治安状况，郡国再派上计吏将治内情况报告朝廷，这种制度称为上计[1]。这幅上计图，证明了墓主生前应是郡守以上的高级官吏。图一三二是前凉台画像石墓甬道上刻的墓主宴饮图和墓主讲学图，画面上部的墓主宴饮图因原石上段残失，只留下右下部描绘厅堂中仆从进上酒食的场面。画面下部的墓主讲学图保存完好，在一所四周环以围墙的庭院内，墓主坐在一座厅堂内正在讲学，一名入室弟子坐在对面聆听，另有十三名弟子坐在庭院内聆听，众弟子均作手捧简牍书籍状。画面左端，刻有"密都乡安持里孙琮字威石之郭藏"的题铭。根据诸城县文化馆最初的调查记录，题铭全文为"汉故汉阳太守青州北海密都乡安持里孙琮字威石之郭藏"[2]。从题铭可知，墓主为孙琮。据《后汉书·赵歧传》和《金石录》收录的《东平相孙根碑》，高密孙氏一族合家百口，是东汉晚期最著名的豪门大族，族人孙朗桓帝时期曾任当时的最高官职——三公之一的司空，孙根曾任东平相，孙嵩在献帝时曾任青州刺史。据王恩田考证，墓主孙琮为孙朗之侄、孙嵩和孙根的兄弟，生前历任侍御史、汉阳太守等重要官职[3]。上述三幅画像描绘的都是孙琮担任这些官职时执行公务的场面。这些画像的内容，证明了墓主孙琮是一个集豪族、官僚、儒者于一身的人物。

从以上考察可以清楚看出，成熟期画像石墓中室和前室的画像内容，主要有表现天界诸神的画像、西王母和东王公的昆仑山仙界图像、描绘各种祭祀墓主活动的画像、历史故事类画像、表现墓主生前经历的画像等五大类，几乎各画像石墓都有的仙禽神兽图，可以归纳到前两类内容的画像中。这五类画像，按照当时人们的宇宙方位观念进行有规律地配置，其中，描绘各种祭祀墓主活动的画像作为墓室画像的最重要的内容，一般配置在位置较高的横梁和门额上，有时也配置在中室和前室的侧壁上；描绘天界诸神的画像几乎毫无例外地配置在象征天穹的墓室顶部；表现西王母和东王公的昆仑山仙界图一般配置在门柱和立柱的上部；横梁和门额下面的墓室壁面才是配置历史故事画像和表现墓主生前经历的画像的地方。

最后，让我们来考察一下墓门的画像内容及其配置规律。纯石结构画像石墓的墓门画像有两种配置方式。一种为最常见的配置：门额刻仙禽神兽图，门柱刻门吏图，门扉

---

[1]《续汉书·百官志》。
[2] 王恩田：《诸城前凉台孙琮汉画像石墓考》，《文物》1985年3期。
[3] 王恩田：《诸城前凉台孙琮汉画像石墓考》，《文物》1985年3期。

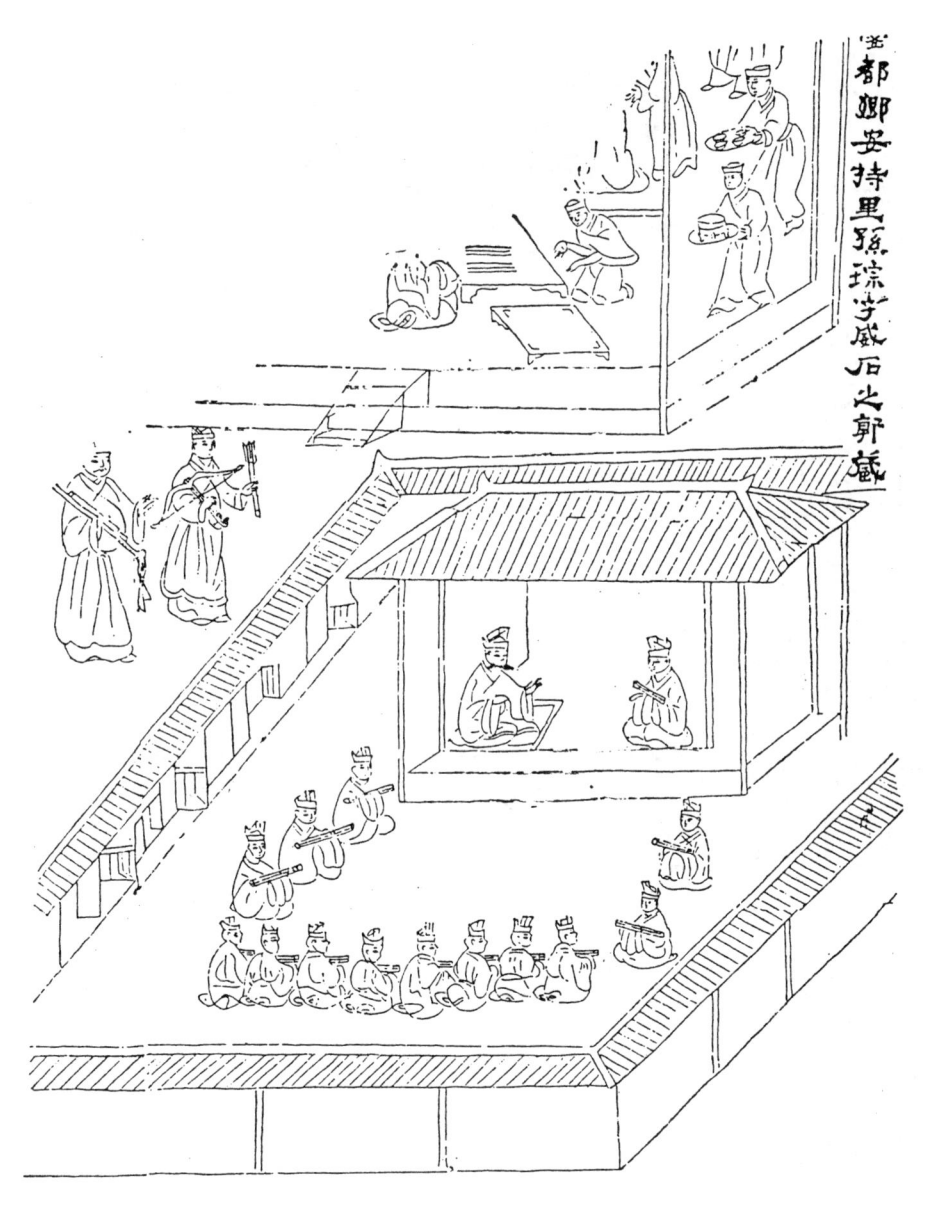

图一三二　山东诸城前凉台孙琮墓出土墓主宴饮讲学画像石摹本

刻铺首衔环。另一种配置方式则复杂得多，沂南北寨村画像石墓墓门的画像配置[1]（图一三三）是这种配置方式的典型。其门额画像的内容与苍山元嘉元年（151）画像石墓中室西壁横梁所刻的尉车马出行图大体相同，但情节更为复杂，场面更为壮观。画面中央是一座很大的拱形木桥，桥下有两根桥柱，桥两侧各立一根华表，墓主人乘坐的四维辒车正从桥右侧上桥，辒车前后各有两名骑吏，众多汉军步卒正从桥上向左方的胡人阵

―――
[1] 曾昭燏、蒋宝庚、黎忠义：《沂南古画像石墓发掘报告》图版24～27，文化部文物管理局，1956年。

第五章｜地下墓室画像石　269

图一三三 山东沂南北寨村画像石墓门画像
1.门额正面画像 2.西门柱正面画像 3.中门柱正面画像 4.东门柱正面画像

270 汉代画像石综合研究

地冲去。桥的左侧是连绵的山峦,手持弓箭的胡人骑兵和步卒从山峦中源源而出,冲在最前面的胡人步卒与汉军步卒在桥边展开激烈搏杀,一个胡人步卒已被砍下头颅。桥下的河水中,三名船夫操桨驾着一只木船向左岸驶去,船上坐着两名妇女。木船周围,五名渔夫正在捕鱼。乍一看,这幅画像描绘的是胡汉战争场面,而实际上却是墓主车马出行图的另一种表现方式,对这种有胡汉战争场面的车马出行图,笔者后面还要详加讨论。门额下的三块门柱石上,均配置仙人、神怪和神兽图像。中门柱上部为傩神图,中部刻一双手高举一只虎的有翼仙人,下部配置一个头上长着长鬃毛、张着巨口,只有两肢而没有身躯和耳目的怪兽。西门柱的上部刻一头生鬃毛、圆腹有尾的怪兽,下部刻西王母昆仑山仙界图,头戴玉胜、肩生双翼的西王母端坐在昆仑山三峰的中峰之上,左右侧峰上各有一只玉兔面向西王母用杵臼捣制着不死之药,一只神虎穿行在三峰下部,另一只神虎的四足分别踏在西王母的玉胜、肩翼和玉兔的头上,似在护卫西王母。东门柱上部配置双手搂抱伏羲和女娲的高禖神图像,下部配置东王公仙界图,头戴玉胜、肩生双翼的东王公端坐在仙山的中峰之上,左右侧峰上为捣制不死之药的玉兔,一条青龙穿行在仙山的三峰下部。在墓门的门柱上配置仙人图像无疑表现了墓主人对升仙的强烈愿望,傩神图像、高禖神图像和神兽图像则起着守护墓室、辟除不祥、保证墓主人安宁的作用。

砖石混合结构画像石墓的画像内容及其配置,由于受到墓室构石所在位置的限制,与纯石结构画像石墓有很大的差别,不仅画像面积要少得多,而且不得不把画像集中配置在石结构的墓门和各室之门。其结果,首先是在这种画像石墓中,很少看到表现墓主在地下世界日常生活场面的画像、表现墓主生前官宦经历的画像和描绘天界诸神的画像,此外,还经常出现违反规律的画像配置。不仅如此,各汉画像石分布区的砖石混合结构画像石墓,无论在画像内容上还是在画像配置上,都存在着相当的差异。例如,在汉画像石第二分布区即河南南阳和湖北北部地区的砖石混合结构画像石墓中,基本看不到东王公、西王母等仙人图像和描绘在祠庙中祭祀墓主场面的画像,就连表现墓主赶赴祠堂去接受祭祀的车马出行图也比较少见。其画像配置规律,一般是墓门的门额刻仙禽神兽图像,个别墓如唐河电厂画像石墓[1]的墓门门额刻墓主车马出行图(图一三四,1),门柱刻门吏图、神荼和郁垒图以及伏羲、女娲图像,门扉上配置铺首衔环和白虎、朱雀图像,前室或中室的横梁即后室、侧室、耳室的门额以及墓门门额的背面多配置仙禽神兽图和乐舞宴饮图,各室门柱和门扉的画像内容及其配置与墓门基本相同。值得注意的是,这种配置在中室和前室横梁上的乐舞宴饮图,由于周围没有表现在祠庙中祭祀墓主活动的其他画像,其图像学意义也暧昧不明。这一地区画像石墓特别是砖石混合结构画像石

---

[1]《南阳汉画像石》编委会:《唐河县电厂汉画像石墓》,《中原文物》1982年1期。

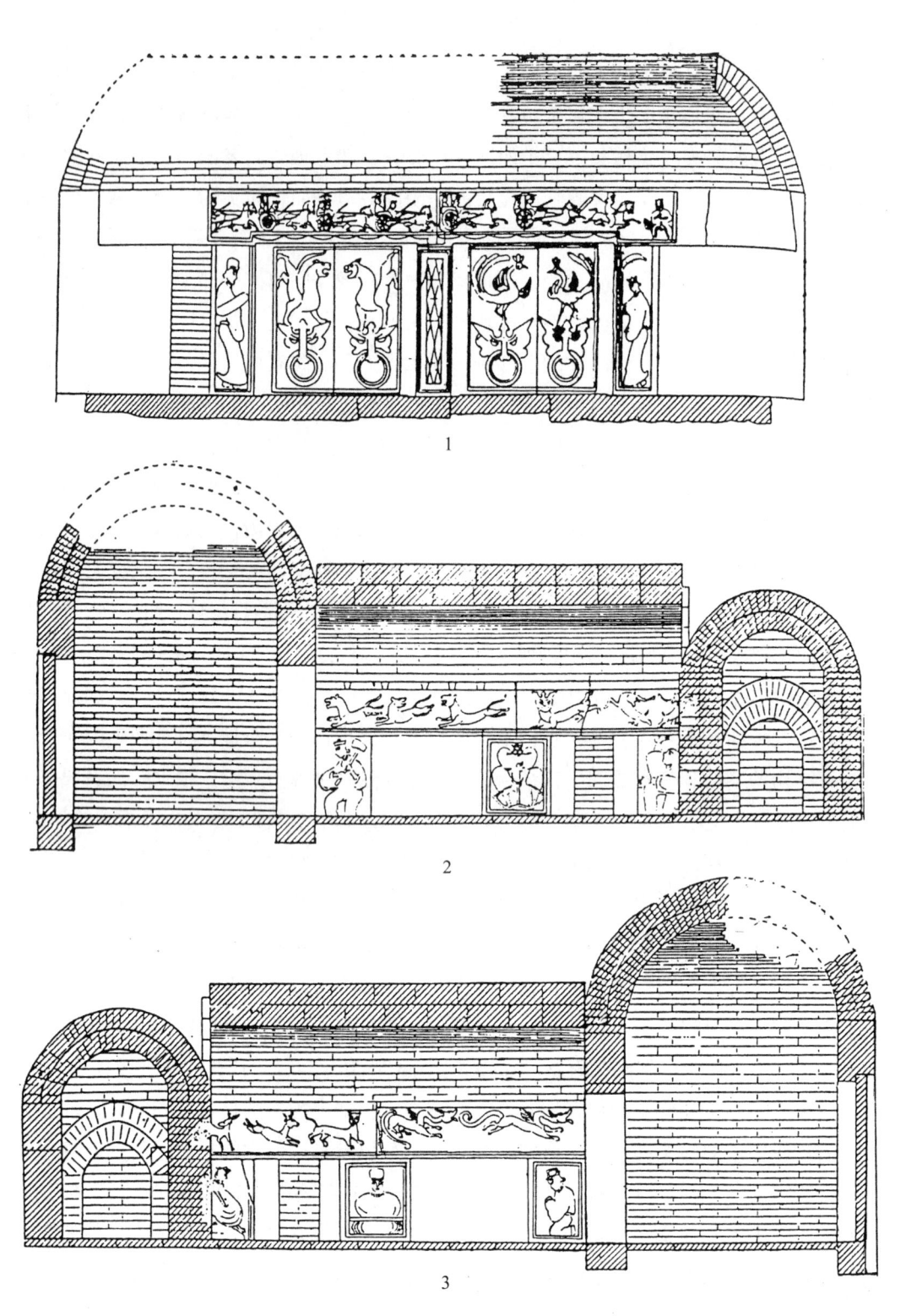

图一三四 河南唐河电厂墓画像配置图
1.墓门 2.东主室西壁 3.西主室东壁

墓在画像配置上的最大特点，就是刻画生动、气势磅礴的仙禽神兽图像无论在数量上还是在画像面积上都占有压倒的优势。在这一点上，前述襄城茨沟画像石墓可以说是典型的代表。该墓共出土四块画像石，除了后室盖顶石上刻内有蟾蜍的月轮图，其他三石分别为墓门、左前室门和中室门的门额石，其中中室门的门额石两面刻画像，画像内容均为仙禽神兽图（图一三五）。1973年发掘的邓县长冢店画像石墓[1]，是目前南阳地区发现

图一三五　河南襄城茨沟画像石墓画像
1.墓门门额画像　2.后室盖顶石画像　3.左前室门额画像　4.中室门额正面画像　5.中室门额背面画像

---

[1]《南阳汉画像石》编委会：《邓县长冢店汉画像石墓》，《中原文物》1982年1期。

的画像石数量最多的一座砖石混合结构汉画像石墓，该墓墓门东向，由前室、后（主）室和南北两个侧室组成，后室和南北侧室又各由石结构隔墙分为有门洞相通的并列二室，墓门、前室四壁、后室及南北侧室隔墙满刻画像（图一三六）。其中，墓门门额石的正面和背面、后室门额、后室和南北侧室隔墙的两边以及门扉的上部，刻的都是仙禽神兽图像，其幅数和面积占了全部画像的一半以上。这种画像配置表明，当时南阳地区的墓室装饰，重视的是在图像学意义上具有辟除不祥、保护墓主灵魂和尸体安全作用的画像内容。这种对某类墓室画像内容的重视和偏爱，应与南阳地区的民风和习俗有直接关系。《汉书·地理志》云："颍川、南阳，本夏禹之国。夏人上忠，其敝鄙朴。韩自武子后七世称侯，六世称王，五世而为秦所灭。秦既灭韩，徙天下不轨之民于南阳，故其俗夸奢，上气力，好商贾渔猎，藏匿难制御也。"东汉时期，南阳地区虽然贵为"帝乡"，但这种朴野的民风并没有多大改变。在仙禽神兽图中，各类仙禽神兽那种雄健的体态、在天地风云间恣意遨游、雄视一切的气势，再加上粗犷凿纹地的衬托，使南阳地区的汉画像石别有一种深沉雄大的气概和古拙朴野的力量，而这正是南阳地区不重礼教、崇尚气力、朴野难御的豪迈民风在艺术上的反映。唐河电厂画像石墓的后室与邓县长冢店墓一样，也由有过洞的石隔墙分为并列的东、西两个主室，隔墙的横梁和支撑横梁的三块墙体石两面均刻画像。横梁石两面刻仙禽神兽图，三块墙体石中，东主室一面分别刻傩神、神荼和郁垒图像（图一三四，2），西主室一面分别刻墓主凭几端坐图像和两名男侍图像（图一三四，3）。在南阳地区发现的数十座汉画像石墓中，于后室刻画墓主燕居场面画像的仅此一墓。汉画像石的第三分布区即陕西北部和山西西部地区的砖石混合结构画像石墓，其画像内容及其配置比其他地区的同类墓葬表现出更强的规律性。以前述陕西绥德苏家岩画像石墓为例，该墓虽为纯石结构，但墓壁和墓顶都用打制较规整的砖形石片砌筑而成，只有墓门和后室门用大型石材构筑，因此此类墓可以看作一种砖石混合结构墓。画像集中配置在墓门和后室门即前室的后壁上，两处的画像配置基本相同。门扉画像与南阳地区的画像石墓相同，刻铺首衔环和朱雀、獬豸等仙禽神兽图像。主要画像内容全部刻在门柱和门额上，其中，除了配置在门柱下部的博山炉图像和门吏图等较次要的画像内容，主要画像题材有两种，一种是表现墓主从地下世界赶赴祠庙去接受祭祀的车马出行图，另一种是东王公和西王母图像。墓主车马出行图均配置在门额上，墓门门额上配置的车马出行图表现的是墓主的车马刚刚到达目的地的景象，画面左边停着男墓主乘坐的轺车，画面右边停着女墓主乘坐的骈车，两车之间两名舞女正翩翩起舞，刚从车上下来的男、女墓主双双站在轺车后面观看舞蹈演出（图一三七，1）。主室门额上实际配置着两幅画像，右边为墓主车马出行图，左边为狩猎图。狩猎图中共有三名骑马的猎手，两名猎手正纵马向左驰射，另一名猎手控马紧跟在后。墓主车马出行图与墓门门额

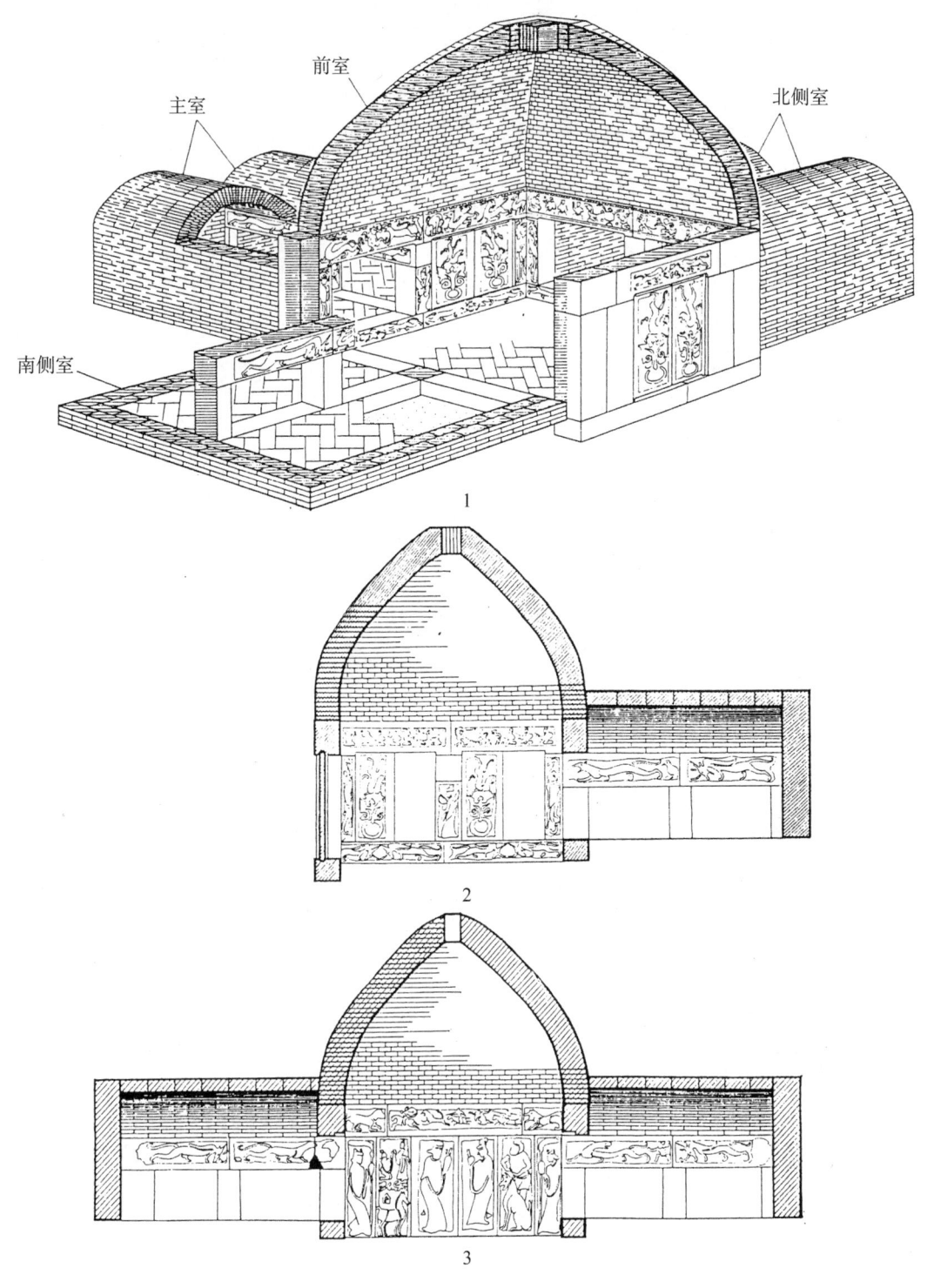

图一三六　河南邓县长冢店画像石墓画像配置图
1. 墓室透视图　2. 南侧室门和北主室南壁画像　3. 前室东壁和南北侧室隔墙画像

第五章｜地下墓室画像石

图一三七 陕西绥德苏家岩墓画像
1. 墓门画像　2. 后室门画像

的画像大体相同，左侧停着男、女墓主乘坐的轺车和骈车，两车之间是一名骑吏，刚刚下车的男、女墓主站在两车之后正观看两名舞女的演出，最右边是一辆有篷的牛车（图一三七，2）。在两幅车马出行图中，由于轺车和骈车都是驻马静止的停车状态，而且墓主正在车旁观看舞女演出，表明墓主夫妇已经到达了目的地，但目的地究竟是何处，仅从画像本身是无法判断的。陕西绥德义合镇2号墓门额石上所刻行进中的墓主车马出行图[1]（图一三八，1），其出行的目的地同样不明。但陕西北部地区许多画像石墓门额上的墓主车马出行图，却将出行的目的地直接描绘出来。图一三八，2是在陕西省绥德县收集到的一块墓室门额石画像[2]，原石右端虽已残失，但画像内容大体可知。残石的右端刻象征墓地的墓阙，其左边的画面分为上、下两层，上层左边刻骑马射猎图，右边刻比武图；下层左边刻墓主车马出行图，右边刻乐舞图，墓主车马出行图中的车马行进方向朝向墓阙。这种画像配置，表明了画像中墓主车马出行的目的地和举行狩猎、乐舞等活动的地方就是墓地，尽管画面上没有出现祠庙类建筑，但可以肯定整个画像表现的是在墓地祠庙进行的祭祀墓主的活动场面。图一三八，3、4分别是绥德县义合镇园子沟画像石墓门额石画像[3]和绥德东汉永元十二年（100）王得元墓后室门额石画像[4]，两幅画像的内容虽然不同，但都将祭祀墓主活动的场所清晰地描绘出来。前者画面的正中为一座上有望楼的两开间祠庙建筑，祠庙后高耸着一根上有脊顶的墓表。祠庙的右室内，手持鸠杖的男墓主面右而坐，一人正跪地谒见于前；室外，两人作拱手晋谒状，身后停着一匹马，表示男墓主是乘马而来。祠庙的左室内，左侧似是一块墓碑，右侧女墓主面右而坐，也在接受一人拜谒；室外是一株象征墓地的灵木，其左侧有一名骑吏和一辆骈车，表示女墓主是乘车而来。后者画面的中央刻一座二层楼阁式祠庙建筑，男女墓主人在楼阁下层相对而坐，楼阁两侧各有十二人在进行歌舞演出。显然，前者描绘的是墓主夫妇乘车马到墓地祠堂后接受子孙家人祭祀的场面，后者描绘的是墓主在墓地祠堂中欣赏献祭歌舞的场面。将祠堂祭祀墓主图配置在墓室最醒目的门额石上，证明这一题材是这一地区墓室画像最重要的内容。

让我们再来看一下这一地区墓室门柱上所刻的表现仙人世界的画像。在绥德苏家岩墓墓门和后室门的左右门柱正面内侧上部，分别配置着东王公和西王母图像，两位男女仙人均头戴玉胜，端坐在高耸的昆仑山峰巅，两侧有捣制不死之药的玉兔，山下腾跃着九尾狐等神兽。门柱外侧的蔓草状云气纹中，隐现着欢快嬉闹的仙禽神兽和有翼仙人，

---

〔1〕 陕西省博物馆、陕西省文物管理委员会：《陕西东汉画像石刻选集》图49，文物出版社，1959年。
〔2〕 陕西省博物馆、陕西省文物管理委员会：《陕西东汉画像石刻选集》图84，文物出版社，1959年。
〔3〕 陕西省博物馆、陕西省文物管理委员会：《陕西东汉画像石刻选集》图71，文物出版社，1959年。
〔4〕 陕西省博物馆、陕西省文物管理委员会：《陕西东汉画像石刻选集》图16，文物出版社，1959年。

图一三八 陕北画像石墓门额画像
1.绥德义合镇 2 号墓门额画像摹本 2.绥德画像石墓门额画像 3.绥德义合镇园子沟墓门额画像
4.绥德王得元墓后室门额画像 5.绥德刘家沟墓门额画像

与东王公和西王母图像互相衬托，融为一体，表现出墓主对升仙的强烈渴望。陕西绥德县刘家沟墓门额石上所刻的墓主升仙图[1]（图一三八，5），更直接地表现了墓主的这一愿望。画面的左端、上端和右端是由水波纹、勾连纹和穿璧纹组成的画框，画框内的横长画面左端刻月轮，内有蟾蜍，右端刻日轮，内有三足乌，用日月表示东方和西方。日轮左边，墓主乘坐的云车由三只形似燕子的神鸟牵驾，正风驰电掣般自东向西飞行，一位仙人站在车舆前扬鞭驾驭着云车。月轮右边，端坐着头戴玉胜的西王母，其两侧配置着跪侍的有翼仙人、拥臼操杵捣制不死之药的玉兔、击节舞蹈的蟾蜍和九尾狐等西王母的可爱灵兽们。目前，在陕北、晋西地区的汉画像石墓中，这是唯一一幅配置在门额石上的墓主升仙图，其他墓门额石的画像几乎全部是与祭祀墓主有关的内容，墓主升仙图一般都配置在门柱上。例如，山西省离石县马茂庄3号画像石墓[2]的两幅墓主升仙图就分别配置在后室的左右门柱石上（图一三九）。该墓为砖石混合结构，坐东向西，由墓门、甬道、前室、北侧室和后室组成，墓门、前室的西壁和东壁满刻画像，其中前室东壁即后室门的画像配置十分引人注目。后室门额石的画面分为上、下两层，上层刻卷云纹，下层刻怪诞迷离的诸神出行图，在漫天云气中向左飞驰的诸神出行行列自左至右依次为：御虎导骑、虎车、雁车、狐车、豹车、鱼车、狗车、龙车、御神兽的从骑，诸车皆为车舆下有云气的云车，诸神端坐在车舆中，前有立乘的御车神人。按照墓室画像的配置规律，这种表现天界诸神的画像本应配置在前室的顶部，大概由于砖筑墓顶无法配置石刻画像，才造成这种违反规律的配置。后室左门柱石刻男墓主升仙图，画面上部是两位持幡骑兽的导引仙人，其下方三头神兽牵拉着一辆云车向左飞驰，男墓主端坐在上有华盖的车舆中，车舆前部站着御车的仙人，一名有翼仙人乘坐巨龙随行在云车旁，另有两名有翼仙人站在云头上与一条巨龙嬉戏，画面下部立着一位鸡首人身的持戟神人。后室右门柱刻女墓主升仙图，画面自上而下依次为：两名骑着神兽的持幡导引仙人，四匹神兽牵挽的华盖云车，三名骑神兽和两名乘神鸟、手持幡和节的仙人，五只神兽牵挽的云车，两位女墓主分坐在两辆云车之上，画面最下部是一位牛首人身的执板神人，其身前的云气中长出一株仙草。很明显，两幅升仙图分别描绘了男、女墓主在西王母使者的接引下向昆仑山升仙的景象，画面下部的两位神人应为昆仑山的守护神。如果仅从后室门额和门柱的画像内容看，似乎表现天界诸神内容图像和升仙内容的图像是该墓画像的中心主题，但实际上并非如此。在该墓墓门的门额石和前室西壁横梁石上，配置的都是墓主车马出行图，其中前室西壁横梁石上的车马出行图中还刻有庑殿顶祠庙建筑，证明表现墓

---

[1] 陕西省博物馆、陕西省文物管理委员会：《陕西东汉画像石刻选集》图20，文物出版社，1959年。
[2] 山西省考古研究所、吕梁地区文物工作队、离石县文物管理所：《山西离石马茂庄东汉画像石墓》，《文物》1992年4期。

图一三九　山西离石马茂庄 3 号画像石墓后室门柱画像摹本
1. 左门柱画像　2. 右门柱画像

主赴祠庙接受祭祀的画像仍然是该墓最重要的画像内容。这一点，从与该墓相邻的其他画像石墓的画像内容及其配置会看得更加清楚。1990 年在马茂庄墓地发掘时，共发现三座砖石混合结构的汉画像石墓，除了 3 号墓外，还有 2 号墓和 4 号墓，时代均为东汉晚期。这三座墓，是目前陕北、晋西地区所发现的年代最晚、画像内容最丰富、画像面积最大的画像石墓。与陕北地区东汉中期的画像石墓相比，这三座墓尽管画像内容更加丰富，雕刻技法更加娴熟，艺术表现上也更加繁缛细腻，但画像配置却呈现出很强的一致性。特别是 2 号墓，墓门和前室四壁满刻画像，共有二十八块画像石，三十一幅画像，主要画像内容有两类,一类是东王公、西王母图,另一类是墓主车马出行祠庙图,前者均配置在门额上,后者均配置在门柱上。其中前室四壁的横梁即后室、左右侧室及前室与甬道间的门额石上,均刻墓主车马出行图或祠庙建筑图。由此可以看出,在第三分布区的画像石墓中,虽然表现西王母昆仑山仙界和墓主升仙的画像是重要的题材内容,但与祭祀墓主的画像内容相比,只是一种占附属地位的画像题材。

由于砖石混合结构画像石墓在石材使用上的差异,常常造成违反规律的墓室画像配置,四川成都曾家包1号画像石墓[1]主室后壁的画像配置就是典型的一例。该墓的东、西主室后壁均用三块长方形石板横立拼合而成,墓室主要画像集中配置在这里。图一四〇,1为西主室后壁的画像,自上而下共有四组内容。最上部一组图像为狩猎图,在连绵起伏的群山中散布着奔走的各类野兽,一名伏在右侧山峦中的猎手瞄准一只奔鹿张弓欲射,山下的河流中群鱼游动,空中有飞鸟。第二组图像中部立一兵器架,架上横摆着叉、戟、矛、环柄刀,下部左侧挂着弓、弩、箭和箭箙,右侧挂着盾牌。兵器架两侧各有一台织机,两名妇女正在机上织布。左侧织机的上方立一木柱,柱顶悬一猿猴,旁边停立一匹马和一辆卷篷车。第三组图像为酿酒图,从女郎提水、牛车送粮、炊者烹煮到列瓮盛酒,生动地描绘了家庭酿酒过程。最下面的一幅是禽畜图,左侧立一墓阙,右侧是成群的鸡鸭猪犬等禽畜。在四组画像中,具有象征意义的是第二组画像中卸驾的车、马和第四组画像中的墓阙,它们表明,墓主车马到达之处和狩猎、禽畜饲养、酿酒等活动的地方都是墓地。其中第一、第三和第四组画像描绘的都是子孙家人为祭祀墓主准备供品的忙碌场面;第二组画像中的兵器架和机织场面,描绘的应是墓地"寝"中景象。东主室后壁的画像(图一四〇,2)为其他画像石墓所不见,最上部是象征吉祥的一对瑞兽,下面的图像宛如一幅优美的田园风景画,一座屋脊上有望楼的厅堂建筑和一座二层楼阁分列左右,两座建筑之间有一株高大的树木,树下坐着一位怀抱鸠杖的老人,楼阁上两名妇女凭栏而坐。两座建筑之前,左侧是水田和池沼,池沼内停放一只小船,旁有鱼荷;右侧有一庑殿顶干栏式建筑,旁有一株枝干婆娑的大树,干栏式建筑前二人平列踏碓,一人在耘田。笔者认为,图中的厅堂建筑和二层楼阁应分别是墓地中的祠庙和寝,怀抱鸠杖的老人和楼阁上凭栏而坐的妇女应为男女墓主。毫无疑问,东、西主室后壁的画像表现的都是在墓地祠庙祭祀墓主的内容。但是,按照画像石墓的画像配置规律,这类内容的画像不应配置在后室,而应配置在前室。大概由于纯砖结构的前室无法雕刻画像,才不得不将这类内容的画像集中配置在主室后壁。为了避免这种违反墓室画像配置规律的现象,在四川地区的砖石混合结构墓中,常将画像石和画像砖混合配置。例如,

---

[1] 成都市文物管理处:《四川成都曾家包东汉画像砖石墓》,《文物》1981年10期。

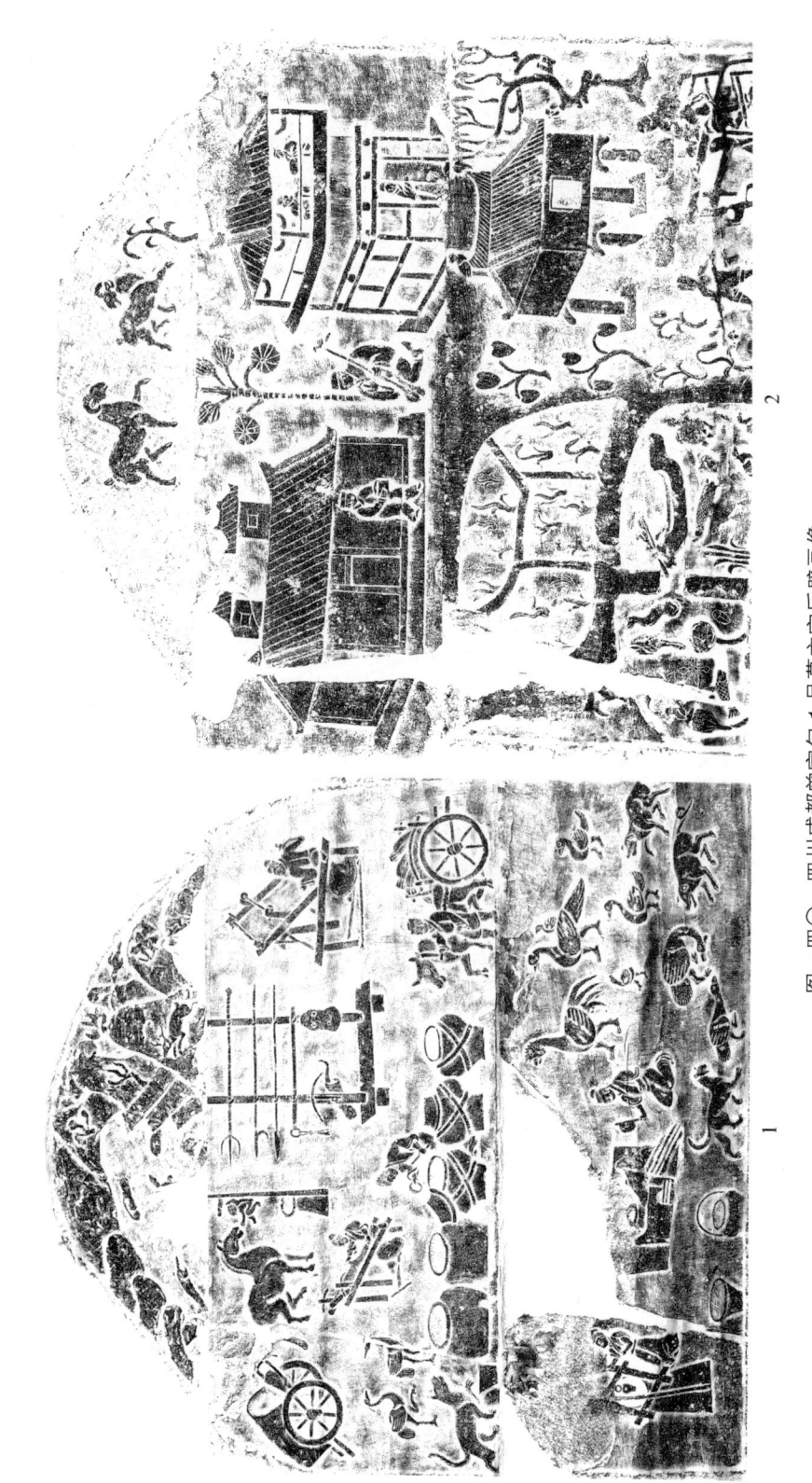

图一四〇 四川成都曾家包1号墓主室后壁画像
1. 西主室后壁画像 2. 东主室后壁画像

282　汉代画像石综合研究

成都曾家包2号墓[1]就是采取的这种画像配置方法。曾家包2号墓与1号墓埋在一个封丘之下，墓向和墓室结构也大体相同，当为东汉晚期同一家族的两座墓葬。2号墓的主室后壁虽为石结构，但没有刻画像，画像主要配置在墓门和甬道、前室的两侧壁上。画像石全部配置在墓门，其中门额石配置龙虎图，两门扉正面上部刻卧鹿，下部刻手持铜镜等生活用具的仆侍（图一五），东门扉背面刻武库图，西门扉背面刻朱雀和门吏图。甬道和前室的两侧壁共嵌二十块，包括十六个题材的画像砖，其中前室东西侧壁各嵌九块，甬道东西壁各嵌一块。画像砖的具体排列位置是，甬道东壁接近墓门处嵌日月图画像砖，前室东壁从前至后依次嵌帷车、小车、骑吹、飞剑跳丸、乐舞宴饮、宴饮、陆博、庭院、盐井画像砖；甬道西壁接近墓门处嵌墓阙画像砖，前室西壁依次嵌凤阙、市井、帷车、宴饮、弋射、辎车、庭院、馈赂、盐井画像砖。虽然每块画像砖的画像内容都独立成幅，但这种配置序列却表现出一个共同的图像学意义。无疑，其中的两块墓阙画像砖和五块车骑画像砖有着特殊意义。配置在墓门近旁的墓阙画像砖显然象征着墓地，五块车骑画像砖中的车骑行进方向均朝向墓阙，表明墓主的车马出行行列是从墓室出发到墓地祠庙去接受祭祀的。其他画像砖，如飞剑跳丸、乐舞宴饮、宴饮、陆博、弋射等内容，描绘的都是在墓地祠庙中祭祀墓主的场面或为祭祀墓主准备血食牺牲的场面。就这点来说，该墓画像砖的内容和配置与同时期画像石墓中室、前室的画像基本相同，最重要的画像题材都是与祭祀墓主活动内容有关的画像。

3. 四川省的崖墓和石棺画像

在四川省和重庆市的长江、嘉陵江、岷江、沱江、涪江两岸的山丘中，广泛分布着具有强烈地方色彩的汉代崖墓，不少崖墓中刻有精美的画像。在这类崖墓中，常以厚重的石棺作为葬具，从20世纪三四十年代起，就不断从中发现刻有各种图像的画像石棺[2]，目前四川地区所发现的近30具汉代画像石棺多数出自崖墓，可以说这一地区的汉代画像石棺和崖墓是一种并存的考古现象。

四川地区的汉代崖墓，早在南宋时期就已经受到金石学家的注意，从19世纪末起，很多外国学者和我国的考古工作者都进行过调查。遗憾的是，到现在为止，公开发表的汉代崖墓特别是画像崖墓的考古资料非常有限。

---

[1] 成都市文物管理处：《四川成都曾家包东汉画像砖石墓》，《文物》1981年10期。
[2] 常任侠：《巴县沙坪坝出土之棺画研究》，《金陵学报》8卷1、2期合刊，1938年；常任侠：《沙坪坝出土之石棺画像研究》，《说文月刊》一卷，1943年；常任侠：《民俗艺术考古论集》，正中书局，1943年，1～17页；任乃强：《辨王晖石棺浮雕》，《康导月刊》5卷1期，1943年；任乃强：《芦山新出汉石图考》，《康导月刊》4卷5、6期合刊，1942年。

根据已发表的汉代崖墓资料和笔者的实地调查，四川地区的汉代崖墓，几乎毫无例外地都是在砂岩山丘的山麓上穿凿出的隧道式洞室墓。由于墓主生前的社会地位和贫富程度不同，崖墓的规模也有很大差别，最大的崖墓洞室长达90余米，而一般小型崖墓的洞室长度只有5至6米[1]。大型崖墓的长隧道两侧，一般都附设数个放置砖棺或石棺的棺室。南宋金石学家洪适在《隶释》卷十三收录了汉代武阳县（今四川彭山）崖墓中的《张宾公妻穿中二柱文》，柱文分别刻在张宾公妻墓门的左右门柱上。二柱文内容如下：

维兮本造此穿者，张宾公妻、子伟伯、伯妻、孙陵，在此右方曲内中。

维兮张伟伯子长仲，以建初二年六月十二日与少子叔元俱下世，长子无益为之祖父穿中造内，栖柱作崖棺，葬父及叔元。

从两根墓柱刻铭文字可以总结出以下三点。第一，这种崖墓的长隧道和其两侧的棺室当时分别称为"穿"和"内"。第二，这座崖墓共埋葬张宾公家族的四代人，第一代是张宾公及其妻子，第二代是张伟伯及其妻子，第三代为张陵和张长仲，第四代是张叔元。第三，这座崖墓是分前后两次构筑的，最后一次构筑是建初二年（77）张无益为父亲张长仲和侄子张叔元在张宾公穿中造内。由此可知，这种大型崖墓，是埋葬子孙数代人的家族合葬墓。

根据已发表的调查资料，四川地区的崖墓可以分为两种。一种是由墓道、隧道式的"穿"和一个或数个"内"组成的、"穿"的前部不设享堂的崖墓。1942年至1943年，由川康古迹考察团调查的四川彭山460号崖墓[2]就是这种崖墓的代表。该崖墓墓口向西，由墓道、墓门、甬道、一条"穿"和一间"内"组成。墓道宽2.2米，长度不明。墓室全长11.34米，其中"穿"长10.8米，宽1.8米，高1.54米，"穿"东端的南侧附设一"内"。"内"平面略呈方形，东西宽4.64米，南北进深4至4.4米，高1.66米，"内"的入口由一根八角形擎天柱分为东、西两个门道，"内"的东壁穿凿出一间有灶的厨房，南侧用山岩的原石凿成两具南北并列的石棺（图一四一）。在这座崖墓中，除了用高浮雕技法刻成的墓门门额上层的斗拱和"内"门八角形擎天柱承托的斗拱外，有具体图像学意义的画像只有刻在墓门门额下层象征吉祥的双羊图。另一种崖墓是前部设有高大的享堂，享堂的后壁向内穿凿有隧道式的"穿"，"穿"的两侧有数个"内"的崖墓。这种崖墓，几乎都是规模宏大的大型家族合葬墓，不仅"内"的数量多，而且"穿"也往往不止一

---

[1] 李复华、曹丹：《东山汉代崖墓石刻》，《文物参考资料》1956年5期。
[2] 南京博物院：《四川彭山汉代崖墓》，文物出版社，1991年，6～8页。

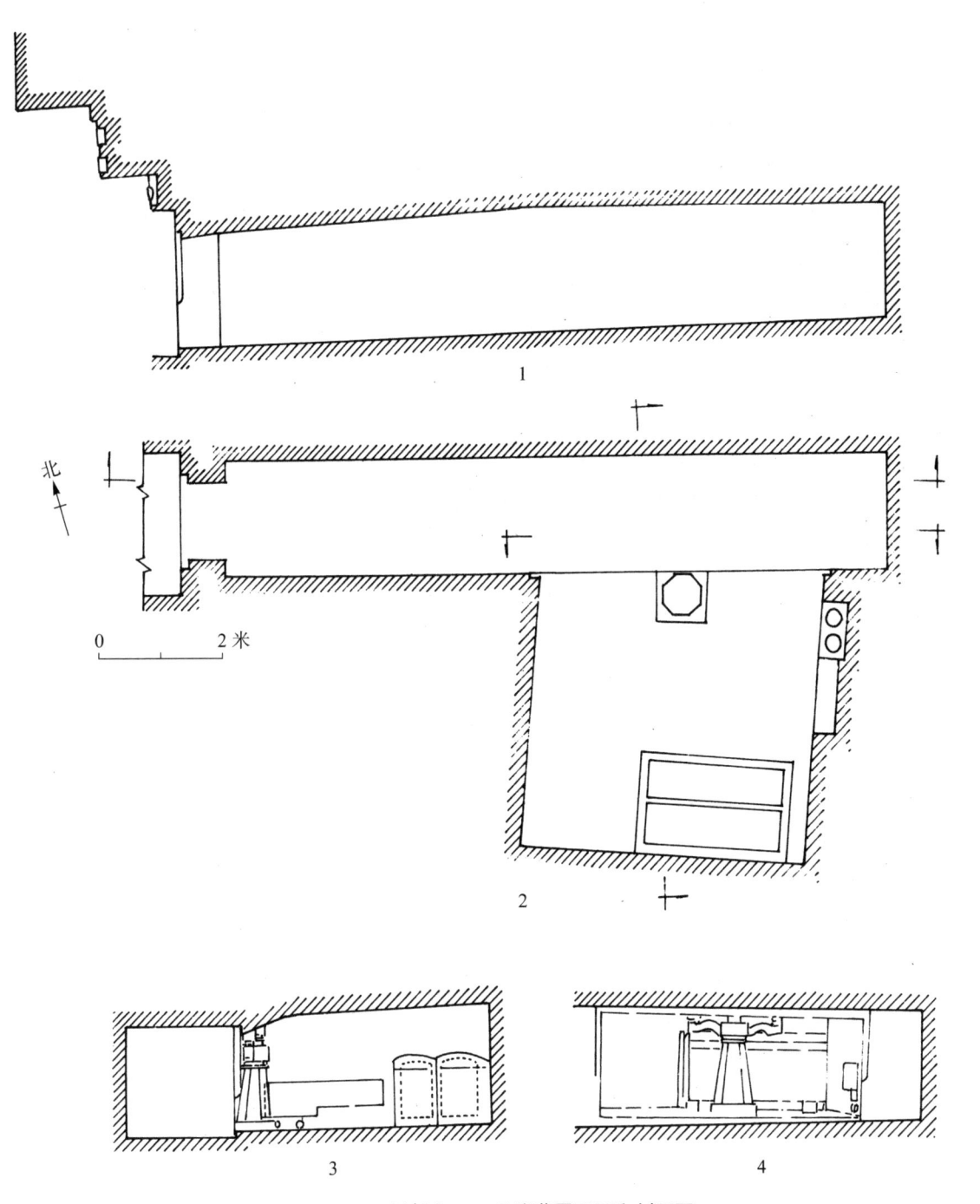

图一四一 四川彭山 460 号崖墓平面图和剖面图
1. 剖面 2. 平面 3."内"的横剖面 4."内"的纵剖面

条。在这种崖墓的高大享堂中，一般都刻有大量画像，所谓四川画像崖墓主要指的是这种大型崖墓。著名的四川省乐山市麻浩1号崖墓[1]就是这种崖墓的典型代表。该墓位于岷江东岸的乐山市九峰乡明月村，在前临麻浩河的虎头山上穿凿而成，墓门向西，由墓道、墓门、享堂、南穿、中穿、北穿和多间"内"组成（图一四二，1）。墓门宽12.1米，进深2.63米，高2.48米，中间由两根粗壮的方柱分为南、中、北三条门道（图一四二，2）。享堂平面呈不规则形状，内部南北宽11.2米，东西进深南部为6.13米，北部为4.02米，高2.9米，宛如一座雄伟的殿堂。南、中、北三穿在享堂后壁向东凿出，均由甬道、前室和后室组成。其中北穿宽1.78~2.28米，全长21.12米。中穿和南穿共用一条甬道，甬道宽4.25米，进深1.1米，高2米。中穿宽1.78~2.2米，全长12.82米，高1.63~2.23米。南穿宽1.3~1.9米，全长19.74米，高1.75~1.9米，为了不破坏中穿的"内"，后部向东南方向偏斜，穿的前室被位于该墓南侧的5号崖墓破坏。三条穿的两侧各设有左、右"内"和带灶的厨房。墓门的门额和门柱的侧面、享堂的南北侧壁和后壁均刻有画像。尽管由于当地湿度较大，石刻画像的表面已被侵蚀成粉末状，但大部分画像的内容仍可辨识。墓门门额的画像分为上、下两层，上层的檐枋上刻朱雀、对兽、鱼等仙禽神兽；下层的中央和两侧各配置一组斗拱，斗拱之间配置瑞兽、乐舞画像。墓门的北门柱北侧刻建筑人物图，因石面剥落过甚，其具体内容已经无法确认；中门道两侧即北门柱南侧和南门柱北侧分别刻门吏图和迎谒图（图一四三，1）。迎谒图中，五名男子正跪在地上迎接一位拄杖老人，这位拄杖老人当即是墓主，跪迎者是其孝子贤孙，画像描绘的是子孙家人迎接墓主来享堂接受祭祀的场面。享堂内的画像，北壁刻"荆轲刺秦王"图（图一四三，2），南壁刻"孝子董永"故事画像和门吏图。享堂的后壁即东壁实际上相当于南、中、北三穿之门，三个门的门额和门柱上均刻有画像。其中，北穿的门额上刻朱雀，北门柱上刻一位头戴前部高耸的僧冠、身着交领长衫、左手持禅杖、右手握布袋的僧侣（图一四三，3），南门柱上刻仙人六博、玉兔捣药和蟾蜍图像。中穿门额的中央刻一尊头上有背光的坐佛图像，坐佛身着圆领长衫，手作施无畏印姿态（图一四三，4）。中穿甬道外的享堂北壁上，刻有第四章已经介绍过的"挽马图"（图五五），表现墓主已经从地下世界来到享堂接受祭祀。南穿的门额右端刻一持杆钓鱼的人物，南门柱上配置一幅没有刻完的殿堂建筑图。从这座崖墓墓门和享堂的画像内容及其配置看，既具有汉画像石第一分布区祠堂画像的特点，又有墓室画像的特点。实际上，这种位于崖墓前部的高大享堂，就是墓地祠堂的一种，而祠堂的后壁又相当于地下墓室之门，因此其中的画像同时具有祠堂和墓室画像的双重特点也就毫不足怪了。关于这座崖墓的穿

---

[1] 乐山市文化局：《四川乐山麻浩一号崖墓》，《考古》1990年2期。

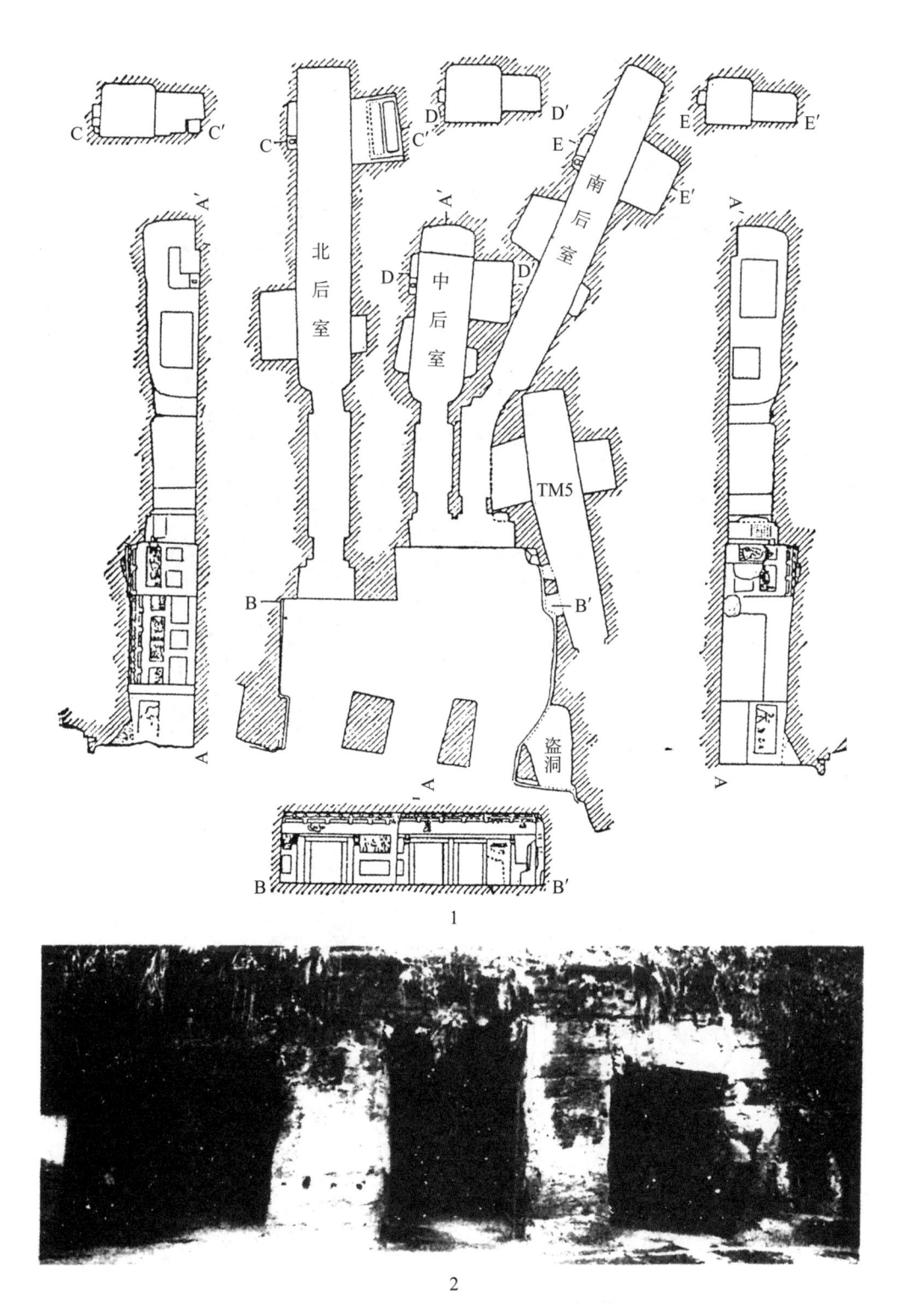

图一四二 四川乐山麻浩 1 号崖墓墓室结构图
1. 墓室平、剖面图 2. 墓门（照片）

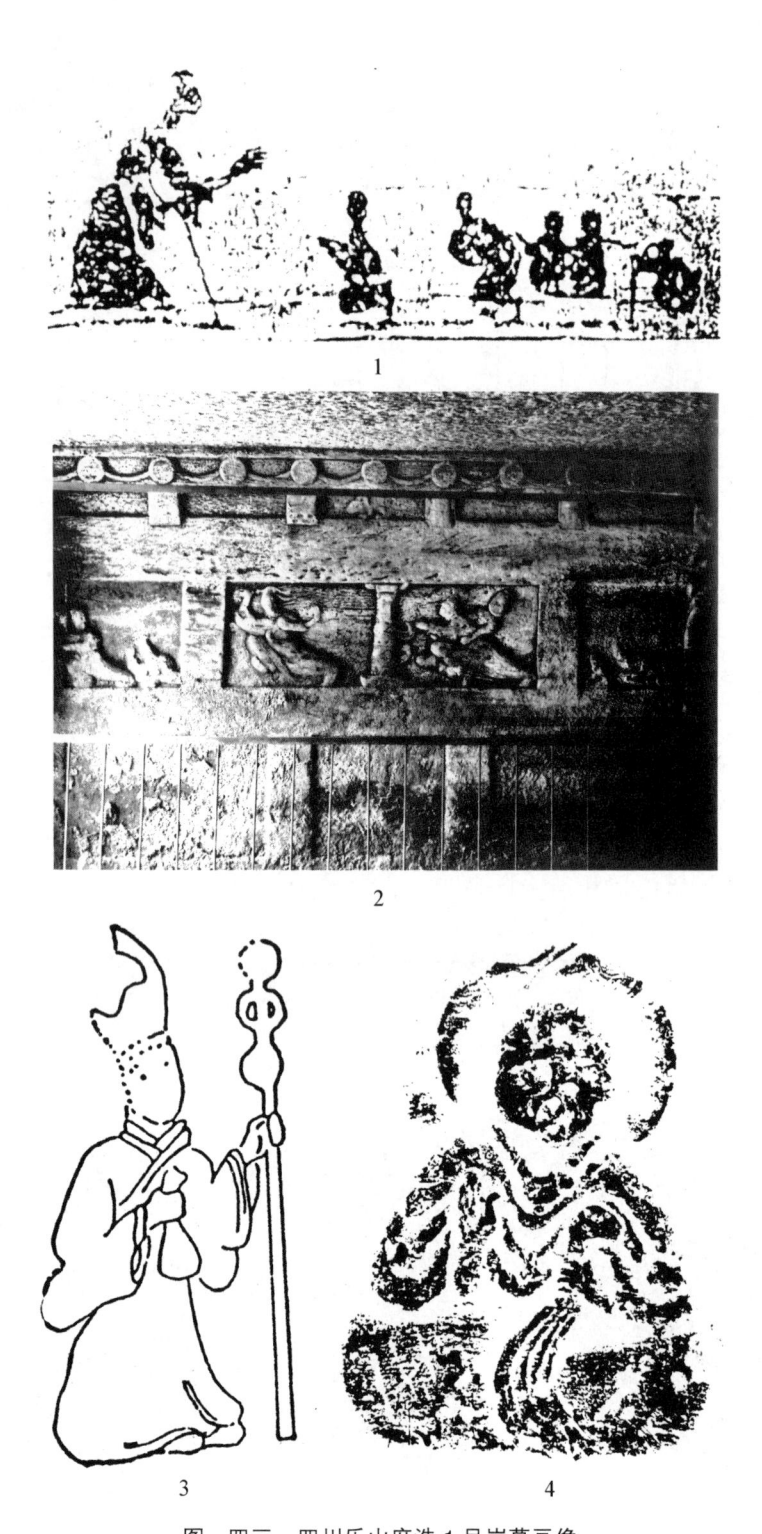

图一四三　四川乐山麻浩1号崖墓画像
1. 中门道门柱侧面的迎谒图　2. 享堂北壁的荆轲刺秦王图（照片）
3. 北穿北门柱正面的僧侣图摹本　4. 中穿门额上的佛陀图像

288　汉代画像石综合研究

造年代，从享堂后部的结构看，至少是分两次穿造的，其中享堂和北穿是第一次穿造完成的，时间大概在东汉晚期；南穿时代最晚，有可能迟至蜀汉（221～263）初期；中穿因与南穿共用一个甬道，其穿造年代应与南穿相同或略早。值得注意的是该墓后壁所刻两幅佛教人物图像，特别是刻在北穿北门柱正面的僧侣图，与南门柱上的玉兔捣药图、仙人六博图、蟾蜍图左右互相对应，这不仅证明了当时的蜀中地区是初期佛教的一个重要流布区，而且也说明了这一地区的初期佛教也像中原地区一样，被人们看作道教的一个支派，佛陀和菩萨等佛教神圣也被理解为与东王公、西王母一样的仙人而受到信仰和崇拜。其他同类崖墓的画像数量虽然不如麻浩1号崖墓多，但在配置上却表现出很强的规律性，画像一般都配置在享堂内，两侧壁靠近墓门处刻象征墓地的双阙或门吏，靠近穿门处刻车马图，个别享堂的顶部刻日月天象图。与其他汉画像石分布区的祠堂画像和墓室画像一样，四川地区的汉代崖墓画像也将表现祭祀墓主活动的画像和表现墓主升仙愿望的画像作为主要内容。从所发现的崖墓纪年铭文看，四川地区最早的汉代纪年崖墓是东汉明帝永平六年（63）的彭山县682号崖墓[1]，最晚的纪年墓已到建安时期。由此可以推断这一地区的汉代崖墓主要流行于东汉时期，个别崖墓可能晚到蜀汉时期。

最能代表四川地区汉画像石地方特色的，是这一地区的石棺画像。四川地区汉代画像石棺的结构与汉画像石第一分布区的早期画像石椁不同，棺体不是由头足挡板、左右侧壁板和底板拼合构成，而是用一块大石料雕造而成，棺盖则用另外的石板充当。从20世纪30年代到现在，在四川地区已发现汉代石棺五十多具，其中绝大多数是近二十年来新出土的[2]，比较重要的画像石棺主要有：巴县沙坪坝出土的两具石棺[3]，重庆市出土的一具石棺[4]，宜宾市出土的五具石棺[5]，郫县新胜1号墓[6]、2号墓和3号墓[7]出土的六具石棺，泸州出土的五具石棺[8]，彭山出土的两具石棺[9]，新津出土的三具石棺[10]，

---

[1] 南京博物院：《四川彭山汉代崖墓》，文物出版社，1991年，97页。
[2] 高文：《四川汉代石棺画像概论》，载《四川汉代石棺画像集》，人民美术出版社，1997年，1页。
[3] 常任侠：《巴县沙坪坝出土之棺画研究》，《金陵学报》8卷1、2期合刊，1938年；常任侠：《沙坪坝出土之石棺画像研究》，《说文月刊》一卷，1943年；常任侠：《民俗艺术考古论集》，正中书局，1943年，1～17页。
[4] 迅冰：《四川汉代雕塑艺术》图31～32，中国古典艺术出版社，1959年。
[5] 吴仲实：《四川宜宾汉墓清理很多出土文物》，《文物参考资料》1954年12期；匡达莹：《四川宜宾市翠屏村汉墓清理简报》，《考古通讯》1957年3期；宜宾市文化馆兰峰：《四川省宜宾县崖墓画像石棺》，《文物》1982年7期。
[6] 李复华、郭子游：《郫县出土东汉画像石棺图像略说》，《文物》1975年8期。
[7] 四川省博物馆、郫县文化馆：《四川郫县东汉砖墓的石棺画像》，《考古》1979年6期。
[8] 高文、高成英：《四川出土的十一具汉代画像石棺图释》，《四川文物》1988年3期。
[9] 高文：《绚丽多彩的画像石——四川解放后出土的五个汉代石棺椁》，《四川文物》1985年1期；高文、高成英：《四川出土的十一具汉代画像石棺图释》，《四川文物》1988年3期。
[10] [法]色伽兰：《中国西部考古记》（冯承钧译），中华书局，1955年；成恩元：《四川大学历史博物馆调查了彭山、新津的汉代崖墓》，《文物参考资料》1956年8期；闻宥：《四川汉代画像选集》图26～29，40～45，群联出版社，1955年。

芦山出土的王晖石棺[1]，南溪县出土1号和2号石棺[2]，富顺县出土的一具石棺[3]，合江县出土的一具石棺[4]，高县出土的一具石棺[5]，成都天迥山崖墓出土的一具石棺[6]等。此外，云南省昭通市也发现了一具汉代画像石棺[7]。这些汉代画像石棺，无论在画像内容上还是在画像配置上，都表现出相当强的规律性。石棺的盖板一般不配置画像，但郫县新胜2号墓出土石棺的盖板内面却刻有一幅颇具情趣的龙虎系璧图（图一四四，1）。画面的中央，一位上身裸露的神怪正面跪伏于地，背上驮着一面很大的玉璧，左面的青龙和右面的白虎分别用一只前足牵着玉璧上的绶带；画面的上部，刻着与龙虎的方向相反的牛郎织女图，中部的牛郎回首用力牵着一头牛向右赶去，右边的织女右手拿着绕线板，正焦急地望着牛郎。将牛郎织女的神话故事描绘得如此生动传神，说明这一爱情故事在汉代已经深入人心。很明显，这是一幅天象图，图中的青龙、白虎、牛郎、织女形象分别象征着天上的青龙星座、白虎星座、牵牛星座和织女星座。在石棺盖板上配置青龙、白虎和玉璧图像，无疑意在辟除不祥、保护墓主灵魂和尸体的安全；而牛郎织女图像显然蕴涵着对墓主万事如意的祝愿。但从总体上看，主要的画像几乎都配置在石棺四壁的外侧，画像的内容按其图像学意义大体可分为两种。一种是描绘在墓地祠庙中祭祀墓主活动场面的画像，另一种是表现墓主升仙愿望的画像。描绘祭祀墓主活动场面的画像，以1972年郫县新胜1号墓出土的石棺画像最为典型。这具石棺长237厘米，宽72～77厘米，高86厘米，棺体四壁厚8～10厘米，盖板厚26～29厘米。画像全部刻在棺体四壁的外侧，每壁各配置一幅画像，共计有四幅画像。头部挡板刻人首蛇身的日神羲和与月神常羲图，二神的蛇尾交缠在一起，头部紧贴，右边的羲和左手高举着内有三足乌的日轮，左边的常羲右手高举着内有蟾蜍的月轮（图一四四，2）。图中的日轮和月轮无疑是阴阳的象征，再配以羲和与常羲拥抱交尾的情节，显然意味着阴阳交合、化生万物的造物过程。将这种内容的画像配置在石棺上，毫无疑问有祝愿墓主再生和子孙后代昌盛不衰的意义。就这点来说，日神羲和与月神常羲交尾图与伏羲女娲图、高禖神图的图像学意义完全相同。伏羲、女娲创世的神话传说有可能就是从羲和与常羲的传说演化发展而来的。足部挡板刻阙门图，高耸的双阙之间为有顶的大门，两扇门扉

---

[1] 任乃强：《辨王晖石棺浮雕》，《康导月刊》5卷1期，1943年；任乃强：《芦山新出汉石图考》，《康导月刊》4卷5、6期合刊，1942年；迅冰：《四川汉代雕塑艺术》图29～30，中国古典艺术出版社，1959年。
[2] 李复华、郭子游：《郫县出土东汉画像石棺图像略说》，《文物》1975年8期。
[3] 李复华、郭子游：《郫县出土东汉画像石棺图像略说》，《文物》1975年8期。
[4] 李复华、郭子游：《郫县出土东汉画像石棺图像略说》，《文物》1975年8期。
[5] 李复华、郭子游：《郫县出土东汉画像石棺图像略说》，《文物》1975年8期。
[6] 刘志远：《成都天回山崖墓清理记》，《考古学报》1958年1期。
[7] 孙太初：《云南古代画像石刻内容考》，《学术研究》（云南卷）1963年5期。

图一四四 四川出土汉代石棺画像

1. 郫县新胜2号墓1号石棺盖板画像 2. 郫县新胜1号墓石棺头部挡板画像 3. 郫县新胜1号墓石棺足部挡板画像 4. 郫县新胜1号墓石棺左侧壁画像 5. 郫县新胜1号墓石棺右侧壁画像 6. 彭山梅花村崖墓3号石棺左侧壁画像 7. 彭山梅花村崖墓3号石棺右侧壁画像

第五章│地下墓室画像石 291

大开，门前站着双手捧盾的亭长，似在恭迎主人的到来（图一四四，3）。笔者已经反复论证过，双阙是象征墓地的图像。这幅画像中虽然没有刻出墓主人的形象，但从亭长俯首躬身、毕恭毕敬的态度看，似乎墓主人已经来到墓门之前。石棺的左侧壁板刻建筑乐舞图（图一四四，4），画面的中部是一座庑殿顶二层楼台，楼台的下层是墓主人的宴饮场面，并排而坐的五名冠服人物面前摆着杯盘，楼上坐着一排妇女。楼台的左边，是戴竿、叠案倒立的杂技和乐舞演出场面。楼台的右边，是高耸的阙观，与一般门阙不同的是，在阙身之上有屋室。崔豹《古今注》云："阙，观也。古每门树两观于其前，所以标表宫门也。其上可居，登之则可远观，故谓之观。"图中的阙观，应即是这种上可居人的大型门阙。阙观右侧，上部是庖厨炊爨场面，下部一辆卷篷马车正向阙观行进。曾布川宽认为，这幅画像描绘的是升仙后的墓主在仙界欣赏杂技和乐舞的场面[1]。但是，我们在画面上看不到任何象征仙界的事物。实际上，这幅画像不过是将画像石墓前室或中室常见的祠主受祭图、杂技乐舞图、庖厨图和墓主车马出行祠庙图集中到了一幅画面上，但其图像学意义却没有丝毫改变，画像表现的仍然是墓主乘车马从地下世界到墓地祠庙接受子孙家人祭祀，并在祠庙中欣赏献祭乐舞杂技演出的场面。图中的二层楼台就是墓地中的祠庙，阙观是墓地的大门，阙观右边的卷篷马车是墓主从地下世界到墓地祠庙的乘车，庖厨场面表现了子孙家人为墓主操办祭食供品的忙碌场面。总之，画像中的所有情节都与祭祀墓主这一中心主题密切相关。石棺右侧板的画像分为上、下两组内容（图一四四，5）。上面一组画像为神怪出行图，向左行进的神怪行列由七名上身裸露、下着短绔、面目狰狞的赤足神怪组成。最左侧的先导是一名手持长柄钩兵的兽头怪神；第二位兽头怪神背负一罐；第三名怪神奋力用双手拉着龙虎之尾拖着一辆龙虎云车前行，云车的车舆由盘曲的龙虎构成，立乘在车舆中的熊头怪神巨口怒张，露出满口獠牙，奋力挥动着两臂，胸前有一斧，斧下为一人面图案盾牌；龙虎云车之后，是一位右手执盾、左手持剑的兽头怪神；其后的第六位兽头怪神双手用力搬着一个大釜；最后一位着冠怪神手中握一瓶。关于这幅画像的图像学意义，曾布川宽沿用了李复华、郭子游二人的解释，认为这是由人戴面具表演的曼衍角抵戏[2]。在汉代的墓室画像中，表现墓主观看、欣赏献祭乐舞、杂技和曼衍角抵戏场面的画像屡见不鲜，但画像中的情节与这幅神怪出行图有明显区别。在乐舞、杂技和曼衍角抵戏画像中，都有边宴饮、边欣赏演出的墓主及宾客形象，而在神怪出行图中却没有欣赏者。此外，在迄今所发现的汉代曼衍角抵图中，都有乐队伴奏、舞女曼舞和叠案、跳丸等演出场面，但在神怪出行图中却只

---

[1] 曾布川宽：《漢代画像石における昇仙図の系譜》，《东方学报》京都版第65册，1993年，79页。
[2] 曾布川宽：《漢代画像石における昇仙図の系譜》，《东方学报》京都版第65册，1993年，51～59页。

有狰狞的兽面神怪而不见其他演出场面。因此，这幅画像描绘的绝不会是祭祀中娱乐墓主灵魂的曼衍角抵戏演出。在七位怪神中，立乘在龙虎云车上的熊头怪神无疑是出行行列的主神，几乎形象相同的身带各类兵器的熊头怪神在武氏祠左石室天井前坡西段（图九五）第三层画像中也可以看到，根据第四章的考证，这位怪神是具有驱逐恶鬼职能的傩神。图中其他手持兵器和瓶罐的怪神当为傩神的部属。将傩神图像配置在石棺上，显然是为了守护石棺，使墓主的灵魂和尸体免遭恶鬼的侵害。傩神图的下部即下组画像为墓主渡河图。画面左侧是一条游动着鱼蛙、生长着莲荷的河流，由两名船夫驾驶的一条小船停在河的右岸，船上坐着女墓主，两只鹳鸟一只停落在船头，另一只站在河水中觅食。河的右岸上，两人正面右躬身迎接自右而来的男墓主登船，另一人执伞握盾立在河边，头戴进贤冠的男墓主旁若无人地昂然而立，身后是七名躬身送行者。笔者认为，这幅画像的图像学意义与墓主出行祠庙图大同小异，描绘的都是墓主从地下世界赶赴墓地中的祠庙接受子孙家人祭祀的场面，画像中的河流明显具有幽明两界分界线的意义。大概四川地区水路交通发达，所以墓主赶赴祠庙的交通工具没有使用车马，而是选择了当地人熟悉的船只。画面定格于男墓主即将登船出行的瞬间，画面右侧那隆重的迎送场面衬托出男墓主尊贵的身份，画面左侧河流中茂盛的莲荷，情趣盎然的鱼蛙和鹳鸟，使整幅画像充满江南水乡的浓厚生活气息。在重点表现丧葬礼制的汉代墓室画像中，出现这种情景交融的作品，反映出生活在锦山绣水中的四川民众特有的艺术情趣。从这具石棺的画像配置可以看出，在雕造这些石棺的石匠观念中，小小的石棺是一个完整的宇宙世界，棺盖板位置最高，配置象征天穹的星座和神祇图，石棺四壁配置表现幽明两界关系的有关祭祀墓主内容的画像。在这一点上，石棺画像与墓室画像、祠堂画像一样，其画像配置原则都是当时占统治地位的宇宙方位观念。表现墓主升仙愿望的石棺画像，以1985年在彭山县两江乡高家沟梅花村崖墓发现的3号石棺[1]最为典型。该石棺的四幅画像全部配置在四壁的外侧，头、足部挡板分别刻双阙图和麒麟图，左右侧壁分别配置仙山图和墓主车马出行图。其中，刻在左侧壁的仙山图（图一四四，6）与常见的西王母图像大异其趣，横长的画面上左右并耸立着三座中狭上广的平顶仙山，左侧的仙山顶上两位仙人正对坐陆博，中间的仙山顶上一位头戴进贤冠的人物在神态悠然地静坐抚琴，右侧的仙山顶上两名头戴进贤冠的人物面左而坐正聚精会神静听悠扬的琴声，三座仙山顶部边缘都生长着茂密的丛状草木。抚琴和听琴的三位人物从冠服到形象与常人无异，明显不同于陆博的两位仙人，应为刚刚升仙到仙山的人，其中一位当为墓主。图中虽然没有出现昆仑山主仙西王母的形象，但三座仙山明显就是《淮南子·地形训》中记

---

[1] 高文、高成英：《四川出土的十一具汉代画像石棺图释》，《四川文物》1988年3期。

载的昆仑山中的昆仑之丘、凉风之山和县圃之山。有意思的是，画像描绘了昆仑山升仙的三个步骤。根据《淮南子·地形训》的记载，昆仑三山表示升仙的不同层次，"昆仑之丘，或上倍之，是谓凉风之山，登之不死。或上倍之，是谓县圃，登之乃灵，能使风雨"。画面上的三座仙山，左面的山峰当是县圃，上面六博的两位人物已经褪尽凡人的一切特征，成为"能使风雨"的真正仙人；中间的山峰应为凉风之山，上面静坐抚琴的人物已经进入不死的境界；右面的山峰为昆仑之丘，上面两位听琴的人物应是刚刚升入昆仑仙界的升仙者，墓主就是其中的一位。石棺右侧壁刻墓主车马出行图（图一四四，7），在崎岖的路面上向左奔驰着一辆导车、一辆四维轺车和两名从骑，四维轺车上的乘者无疑是墓主。曾布川宽认为，这幅车马出行图描绘的是墓主升仙途中的景象。笔者在第四章已经指出，这种推论不符合汉代人的升仙观念，因为当时的人们认为乘坐普通的车马是无法到达昆仑山仙界的。实际上，图中车马行列出行的目的地应该就是由画在石棺头部挡板上的双阙图所代表的墓地。笔者的这一推定，可以由新津县宝子山出土的石棺画像[1]进一步加以证明。该石棺的四幅画像均刻在棺体四壁的外侧，其中头足部挡板外侧分别刻双阙图和日神羲和、月神常羲图，两侧壁外面一刻墓主车马出行图（图一四五，1），一刻仙山图（图一四五，2）。墓主车马出行图因棺体下部残损而仅存上半幅，但画像内容还是清楚的。画面左端是象征墓地的阙门，阙门右侧是已经到达的墓主车马行列，最前面是一名导骑，后面是两辆四维轺车，画像描绘了墓主从地下世界来到墓地祠庙接受祭祀时的景象。仙山图所描绘的仙界景象与彭山梅花村崖墓3号石棺的仙山图虽说基本相同，但画面左侧的县圃和凉风之山的上部合为一个山顶，上边坐着两位陆博的仙人；画面右侧的昆仑之丘顶部，左边坐着一位抚琴的人物，右边两位男女人物正热烈地相互拥抱亲吻，显然这是刚刚在昆仑山仙界相会的墓主夫妇。从这两具石棺画像可以看出，即使在以表现墓主升仙为主要内容的石棺画像中，表现祭祀墓主活动的墓主车马出行图和双阙图仍然是最重要的画像内容。可以说，没有西王母的昆仑山仙界图是四川地区汉画像石特有的图像。但是，用西王母图像来表现昆仑山仙界依然是这一地区汉代画像石棺中最常见的艺术主题。例如，郫县新胜2号墓出土的2号石棺侧壁就刻有一幅西王母昆仑山仙界图（图一四五，3），画面中部是高耸的昆仑山最高仙境县圃，其顶部的龙虎座上端坐着头戴玉胜的西王母，西王母头上撑着灵芝状的华盖，县圃左侧配置着三足乌、九尾狐、玉兔和蟾蜍，画面右侧的仙山上，两名仙人正兴高采烈地相对陆博[2]。与其他地区汉画像石中的仙人图像相比，四川地区汉代石棺画像中的仙人图像场

---

[1] 闻宥：《四川汉代画像选集》图26～29，群联出版社，1955年。
[2] 四川省博物馆、郫县文化馆：《四川郫县东汉砖墓的石棺画像》，《考古》1979年6期。

图一四五　四川出土汉代石棺画像
1. 新津宝子山出土石棺左侧壁画像　2. 新津宝子山出土石棺右侧壁画像
3. 郫县新胜 2 号墓 2 号石棺侧壁画像

景开阔，构图奇妙，有着更强的艺术观赏性。

在研究四川地区的石棺画像内容时，不能不对简阳县鬼头山崖墓出土石棺上所刻的"天门图"画像进行探讨。1986 年，在四川省简阳县鬼头山的一座小型崖墓中出土了六具石棺，其中四具是画像石棺[1]。"天门图"画像刻在 3 号石棺上，该石棺长 212 厘米，宽

---

[1] 内江市文管所、简阳县文化馆：《四川简阳县鬼头山东汉崖墓》，《文物》1991 年 3 期。

63厘米，高64厘米，发现时棺盖封闭严密。这具画像石棺珍贵之处在于，不仅棺体四壁的石刻画像别具一格，而且图像旁刻有标示内容的隶书题记。头部挡板上的画像因棺体残损而中部缺失，只能看出残留的鸟翼和鸟的长尾，旁边一行纵刻的题记也只残留最下面的一个"鸟"字，估计原题记为"朱鸟"二字。足部挡板外侧刻人首蛇身的伏羲、女娲和一只甲壳很高的神龟及一只小鸟，其旁分别刻有"帝（伏）羲""女娃（娲）""兹（玄）武"和"九"字共四组题记（图一四六，2）。石棺的左侧壁刻有数组画像（图一四六，3）。画面右上角刻仙人陆博图，两位头戴长羽冠的仙人左右相对陆博，旁刻"先（仙）人博"三字题记。仙人陆博图的左边刻仙人骑鹿图，骑在鹿背上的仙人戴着同样的长羽冠，旁有"先（仙）人骑"三字题记。仙人骑鹿图的左边，刻着一辆只有巨大的车轮而没有车舆的奇特马车。上述三幅画像的下方，刻着一条麟角分明的巨龙，龙头下部和龙身之上各有一条鱼，表明巨龙在水中游动。画面的左侧，刻日神羲和与月神常羲左右相对。与汉代画像中常见的人首蛇身、手托日轮和月轮的日月神形象不同，这幅画像上的羲和与常羲均头戴长羽冠、圆腹、有翼、长有羽状鸟尾，手上不托日轮和月轮，而是以圆腹作为日轮和月轮，右边日神羲和的圆腹内刻有三足乌，左边月神常羲的圆腹内刻有桂树和蟾蜍，二神之间刻有"日月"二字题记。据《山海经·大荒南经》记载："东南海之外，甘水之间，有羲和之国。有女子名曰羲和，方浴日于甘渊。羲和者，帝俊之妻，生十日。"另据《山海经·大荒西经》载："有女子方浴月。帝俊妻常羲，生月十有二，此始浴之。"帝俊即神话传说中的天帝帝喾。从《山海经》的记载可知，羲和与常羲均为帝喾之妻，日、月是帝喾与她们所生的子女。很明显，石棺左侧的日月二神图像本于《山海经》中记载的神话传说，描绘的是孕育日月的羲和与常羲形象。在羲和与常羲图像的下方，刻着一棵神树，神树的树冠由三根树枝组成，旁有"柱铢"二字题记。在四川和陕西南部的汉墓中，经常出土一种陶座、铜干、铜枝的神树，神树的陶座和铜枝上有西王母、佛陀和仙禽神兽形象，铜枝上以五铢钱作为花、叶。这种神树，习惯上被称为"摇钱树"。实际上，这种"摇钱树"是神话传说中的通天之树。"柱铢"题记中的"柱"字指的即是树，"铢"指的应即是五铢钱，可见画像中的神树就是"摇钱树"即通天神树。在中国古代神话传说中，有多种神树，其中最著名的是建木。《山海经·海内经》云："有木，青叶紫茎，玄华黄实，名曰建木，百仞无枝，有九欘，下有九枸，其实如麻，其叶如芒，大皞爰过，黄帝所为。"《淮南子·地形训》云："建木在都广，众帝所自上下，日中无景，呼而无响，盖天地之中也。"有趣的是，这段记载紧接在昆仑山的内容后面，说明建木与昆仑山之间有着千丝万缕的关系。从这些记载可知，这种建木是最尊贵的天帝——黄帝亲手种植在都广，供上帝和诸神往来天地之间的通路。建木所在的都广，有的文献记为广都，杨慎《山海经补注》认为"黑水广都，今之成都也"，曹学

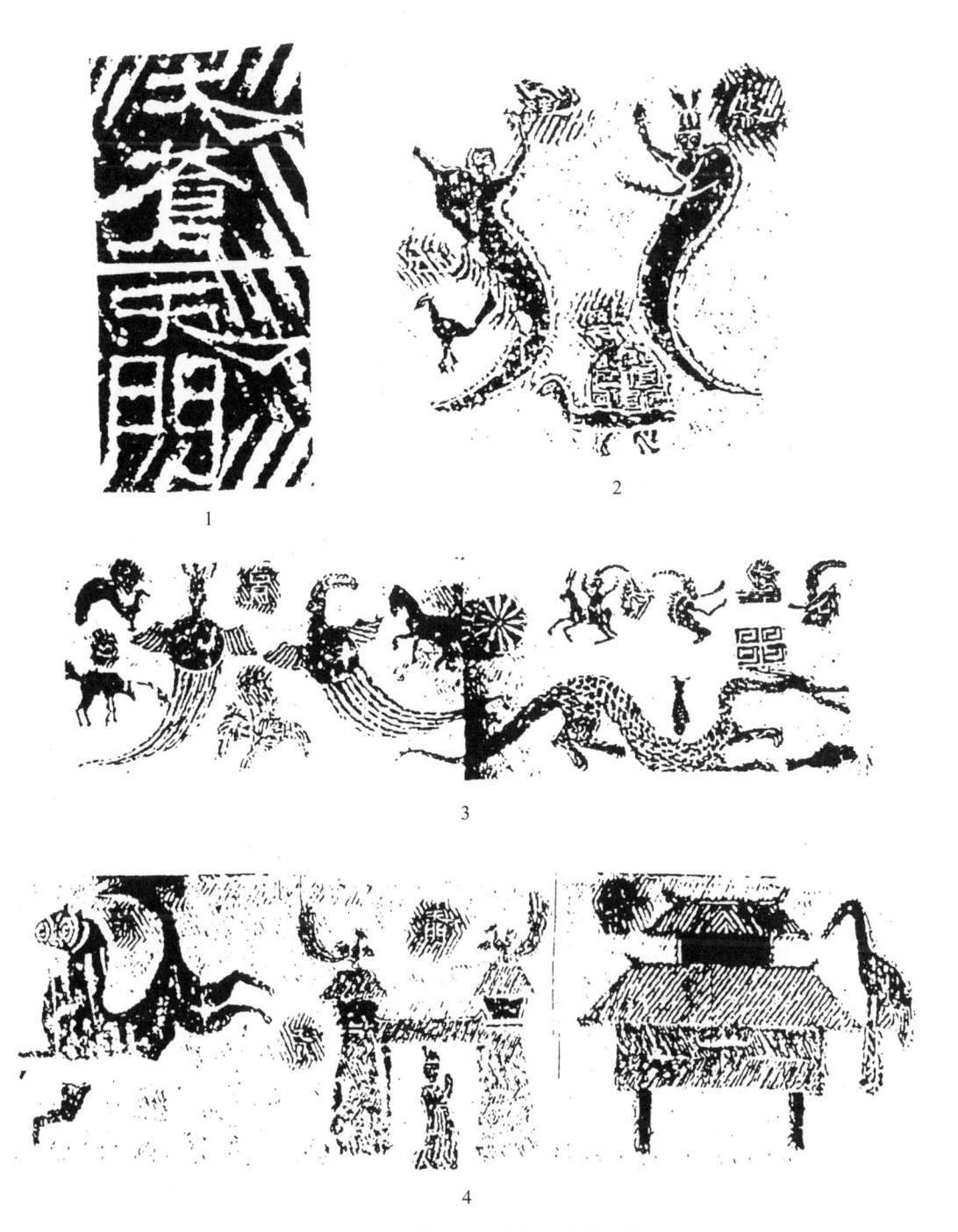

图一四六　四川简阳鬼头山墓 3 号石棺画像
1. "太仓"和"天门"题刻　2. 足部挡板画像　3. 左侧壁画像　4. 右侧壁画像

佺《蜀中名胜记》认为在成都附近双流县境内。总之，建木是四川成都附近的神树。这一有关当地的神话传说无疑在当时四川民众的内心深处刻下了深刻的烙印，并成为他们艺术创造的题材。画像中的"柱铢"和汉墓中随葬的"摇钱树"，描绘的都应是这种建木神树。因大多数"摇钱树"的树枝上都有西王母图像，可知在人们的观念中，"柱铢"即建木已经成为昆仑山仙界的象征，从某种意义上说已成为人们升仙到昆仑山仙界的通路。将"柱铢"神树配置在石棺上，反映了墓主对升仙到昆仑山的强烈愿望。在日神羲和、月神常羲图像的左侧，刻有一只长尾鸟和一头独角兽，旁刻"白雉"和"离利"两则题记。"离利"虽文献无征，但"白雉"却是一种祥瑞之鸟，《太平御览》卷九一七引《春秋感精符》云："王者之德，流布四方，则白雉见。""离利"和"白雉"刻在一起，也应是祥瑞动物。石棺的右侧壁刻有三组画像（图一四六，4）。画面的右侧刻太仓图，仓房为一座上有望楼的干栏式建筑，仓房右边停立一只长腿鹤鸟，仓房左上方刻有"大（太）仓"二字题记（图一四六，1上）。画面的中部刻"天门图"，图中高耸的阙门前立着一位双手捧盾的人物，阙门上方刻"天门"二字题记（图一四六，1下），阙门左侧刻"大可"二字题记。画面左侧刻一头巨虎，旁有"白虎"二字题记。通观石棺的所有画像，朱鸟、白虎、伏羲、女娲、玄武、"柱铢"神树、"白雉"和"离利"等图像都是具有辟除不祥、驱逐恶鬼、守护墓主作用的画像，仙人陆博、仙人骑鹿和"柱铢"神树图像则表达了墓主的升仙愿望。

目前学界对"天门"画像却存在着不同的解释。除了这幅刻在石棺上的天门图，在巫山县汉代崖墓和单室砖墓中出土的七枚圆形画像铜牌上也有同样的天门图像[1]。这种画像铜牌，一座墓中出土二三枚，铜牌背面附有木棺的残屑，发现位置都在棺的前部，推测原是固定在木棺头部挡板中央的饰件。铜牌的直径在23～28厘米之间，铜牌的中心有一个小圆孔，估计是将铜牌固定在木棺上的钉孔。图一四七的1、2分别是从巫山县城东江嘴干沟子两座汉墓中出土的两枚铜牌图像。前者直径23.5厘米，中心的圆孔直径1.2厘米，圆孔的两侧各刻画一座有两层屋顶的门阙，圆孔外画一圆圈与圆孔共同组成玉璧图，圆孔中向外飘出两条绶带，两阙之间的门楼顶上停立着一只凤凰，门楼上用双钩体纵刻隶书"天门"二字，双阙周围飘荡着云气，外侧配置着一鸟一兽，圆孔下的阙门正中端坐着一位肩生双翼的男性神人。后者直径23厘米，图像与前者基本相同，但"天门"二字为横书，中心圆孔下即阙门正中端坐的神人是一位女性。这些汉代"天门"图的发现，对汉代画像的传统解释新提出了两个重大问题。一个问题是，画像中用双阙表示的天门究竟是诸神天上世界的入口还是仙人世界的入口，换言之，天门图所反映的究

---

[1] 赵殿增、袁曙光：《"天门"考——兼论四川汉画像砖（石）的组合与主题》，《四川文物》1990年6期。

图一四七　四川巫山东汉墓出土铜牌图像摹本
1.铜牌图像（一）　2.铜牌图像（二）

竟是墓主升天的愿望还是升仙的愿望。对这个问题，曾布川宽进行了深入的探讨，他正确指出，中国古代对"天门"有两种解释，一种解释认为天门是天上世界天帝所住的紫微宫之门，另一种解释认为天门指的是西王母所在的昆仑山之门，四川发现的汉代天门图中的天门应本于后一种解释[1]。实际上，在古代神话传说中，昆仑山就是登天的门户。《山海经·西山经》所云"昆仑之丘，是实惟帝之下都，……是神也，司天之九部及帝之囿时。……有鸟焉，其名曰鹑鸟，是司帝之百服"，已经暗示了昆仑山是沟通天上世界和人间世界的门户。《淮南子·地形训》将这一点表达得更加明确，根据其中有关昆仑山的记载，昆仑山的最高境界是县圃，"或上倍之，乃维上天，登之乃神，是谓太帝之居"。可见在汉代以前人们的观念中，昆仑山确实是天门。因此，石棺画像和木棺铜牌上的"天门"，只是昆仑山仙界的别名或代名词。四川绵阳市河边乡一座东汉晚期崖墓出土的摇钱树陶座上的浮雕图像[2]和四川泸州出土的1号汉代石棺的画像[3]可以作为笔者这一推断的佐证。绵阳河边乡东汉崖墓出土的摇钱树陶座高43厘米，座身有浮雕的图像，下部的图像为双阙图，两层屋顶的主阙外侧附有单层屋顶的子阙，子阙外侧是陡峭的山峦，山峦顶部长有一株神树。双阙之间的拱门上方，头戴玉胜的西王母端坐在龙虎座上，龙

---

[1] 曾布川宽：《漢代画像石における昇仙図の系譜》，《东方学报》京都版第65册，1993年，84～92页。
[2] 何志国：《四川绵阳河边乡东汉崖墓》，《考古》1988年3期。
[3] 高文：《四川汉代石棺画像集》图一五八，人民美术出版社，1997年。

虎座前配置着三足乌和九尾狐（图一四八，1）。图像中夹山而建的阙门无疑是进入昆仑山仙界的大门，根据汉代通用的上远下近透视构图法，坐在双阙拱门上方的西王母应在双阙内的昆仑山仙境中。从构图看，这幅浮雕图像与上述两枚铜牌的图像一样，描绘的也应是"天门"图。既然浮雕"天门"图中的神人是昆仑山的主仙西王母，那么两枚铜牌"天门"图中的男女神人当然只能是西王母和东王公。泸州1号石棺的左右侧壁外面

图一四八　四川发现的"天门"画像

1. 绵阳河边乡墓出土摇钱树陶座的浮雕图像
2. 泸州1号石棺侧壁画像

分别刻青龙和白虎图像，足挡外面刻同样的"天门"图像（图一四八，2）。图中，在表示"天门"的双阙之间，刻有一面很大的玉璧，玉璧的上部和下部配置朱雀和玄武图像；双阙的阙顶上方即阙门内，西王母和东王公分别端坐在龙虎座上。从这幅图像看，四川地区发现的"天门"图，实际上就是西王母的昆仑山仙界图，所谓"天门"，实际上是昆仑山仙界的大门。四川发现的汉代"天门"图像向我们提出的第二个问题是，既然"天门"图中的双阙是昆仑山仙界的大门，那么是否汉代画像中的所有双阙图都是表现仙人世界内容的画像呢？对这一问题，笔者的回答是否定的。因为在大量的双阙图和双阙楼阁图中，既没有"天门"的题记，也没有作为仙人世界象征的东王公、西王母等仙人形象和仙禽神兽图像。如果不对这类画像作具体而全面的考察，仅仅根据构图要素的某些雷同，就将所有双阙图和双阙楼阁图都解释成为仙人世界内容的画像，那么表现墓主升仙愿望的画像内容就成了汉代画像唯一重要的艺术主题。但是，这种解释不仅与最重视祖先祭祀的汉代丧葬礼仪观念不合，而且使大量汉代画像的内容变得无法理解。因此，笔者认为，对这类画像绝不能望图生义，必须作具体分析，上述"天门"图不过是汉代四川地区特有的仙人世界内容画像的表现方法。

小　　结

　　以上各节逐一考察了汉代墓室石刻画像的由来、发展及其配置规律。与汉代墓上祠堂画像来源于宗庙壁画不同，汉代墓室的石刻画像来源于西汉中期以前木椁墓中的漆棺画和随葬的帛画，主要的画像内容有：表现墓主在地下世界日常生活的画像，描绘天帝和诸神天上世界的画像，表现墓主升仙愿望的画像和刻画各种祭祀墓主活动的画像，其中刻画各种祭祀墓主活动的画像内容是最重要的核心主题。不同题材内容的画像，按照当时的宇宙方位观念，有规律地配置在墓室内，一般是：表现墓主在地下世界日常生活的画像配置在后室；其他各类内容的画像主要配置在中室、前室和墓门，配置方式与祠堂画像基本相同，即天井配置天上世界内容的画像，门柱和立柱上部多配置仙人世界内容的画像，横梁和门额上配置表现祭祀墓主活动的画像。在四川的汉代崖墓中，画像一般集中配置在墓室前部的享堂中，其画像内容及其配置，兼有祠堂和墓室画像的双重特点。具有强烈地方色彩的四川汉代石棺画像，虽然其核心内容仍然是表现祭祀墓主，但构图奇妙、场景开阔的仙人世界图像意境悠远，别具一格，有着很高的艺术观赏性。其中的"天门"图，是当时四川地区特有的仙人世界内容画像的表现方法。同祠堂画像一样，墓室的石刻画像也生动地表现了汉代人的宇宙观和生死观。

第六章

石阙画像

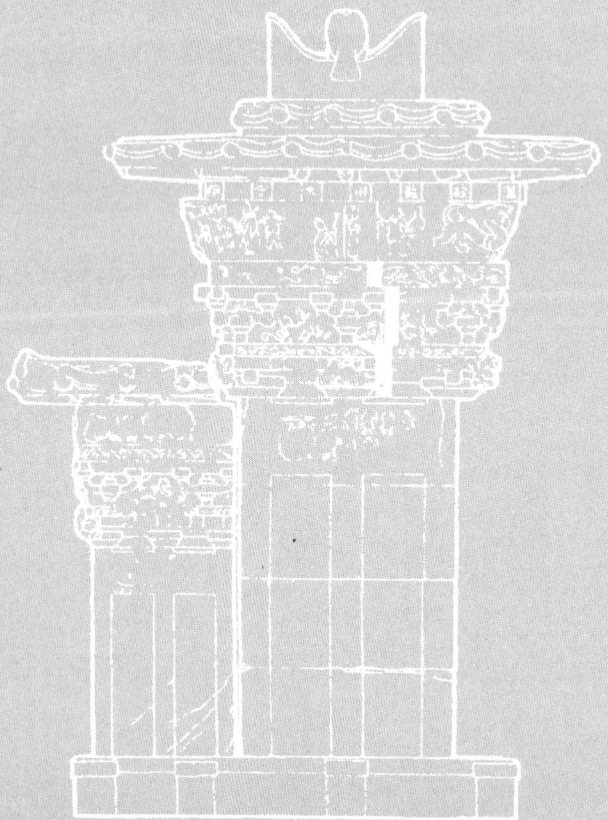

阙是我国古代设置在城垣、宫殿、祠庙、陵园大门两侧的高层建筑物，故又称为门阙。阙的起源非常久远，有的学者认为，商代的甲骨文中就已出现了阙的象形字[1]，证明商代已有门阙建筑。阙名最早出现在周代，《诗经·郑风·子衿》中说的"纵我不往，子宁不来，挑兮达兮，在城阙兮"，吟诵的是一对情侣在城阙幽会的欢乐情景。《左传·庄公二十一年》载"郑伯享王于阙西辟"，所言阙当指宫阙。先秦时期，门阙又称为"经皇""象魏"和"观"。《左传·庄公十九年》："夏六月，庚申，（楚子）卒。鬻拳葬诸夕室；亦自杀也，而葬于经皇。"杜预注曰："经皇，冢前阙。生守门，故死不失职。""经皇"又称"窒皇"。《左传·宣公十四年》："投袂而起，屦及于窒皇，剑及于寝门之外。"杜预注曰："窒皇，寝门阙。"《周礼·天官·太宰》曰："正月之吉，始和，布治于邦国都鄙，乃悬治象之法于象魏，使万民观治象，挟日而敛之。"郑众注曰："象魏，阙也。"《礼记·礼运》："昔者仲尼与于蜡宾，事毕，出游于观之上，喟然而叹。"陈澔注曰："观，门阙也。"可见先秦时期所谓"经皇"或"窒皇""象魏""观"，指的都是门阙。汉代以后，"经皇""窒皇"和"象魏"等旧名废而不用，通称为"阙""观"。《说文解字》云："阙，门观也。"《尔雅·释宫》曰："观，谓之阙。"《释名》谓："观者，观也，于上观望也。阙在门两旁，中央阙然为道也。"晋代崔豹在《古今注》中进一步解释说："阙，观也。古者每门树两观于其前，所以标表宫门也。其上可居，登之则可远观。"但陈明达先生认为，先秦时期的阙和观本来是两种不同的建筑物，到汉代才混为一谈，实际上汉代仍有建在庭院中的独立的观[2]。

从文献记载和门阙的建筑特点看，阙有两方面的功能。因为阙是耸立在城垣、宫殿、祠庙和陵墓大门两侧的高层建筑，其上可居，又可望远，因此具有守卫功能。同时，阙还具有别尊卑贵贱的政治功能，《水经注·穀水》引《白虎通》"门必有阙者何？阙者，所以释门、别尊卑也"，指的就是这种功能。正因为阙是一种象征尊卑贵贱的政治性建筑，所以先秦时期对门阙的营建有着严格的等级制度规定。《公羊传·昭公二十五年》载："子家驹曰：'诸侯僭于天子，大夫僭于诸侯久矣。'昭公曰：'吾何僭于哉。'子家驹曰：'设两观，乘大路。'"何休注曰："礼，天子、诸侯台门。天子外阙两观，诸侯内阙一观。"显然，作为诸侯的鲁昭公门阙建两观是对周礼的僭越，并因此受到了子家驹直言不讳的指责。两汉时期，对门阙的营建仍有严格的制度。根据文献记载和考古发掘调查，当时的皇帝宫殿和陵墓大门上都建有雄伟壮观的双阙。特别是东汉洛阳的朱雀阙，高耸入云，极为壮观。《水经注·穀水》引《汉官典职》云："偃师去洛阳四十五里，望朱雀

---

[1] 重庆市文化局、重庆市博物馆、徐文彬、谭遥、龚廷万、王新南：《四川汉代石阙》，文物出版社，1992年，1~6页。
[2] 陈明达：《汉代的石阙》，《文物》1961年12期。

阙其上郁然与天连，是明峻极矣！"近年对西汉诸帝陵的考古调查证明西汉帝陵的四面都建有雄伟的墓阙。《续汉书·礼仪志》注引《古今注》记述了东汉帝陵的建筑布局，光武帝的原陵陵垣四出司马门，明帝以下至质帝静陵的八座帝陵或有垣或无垣皆四出司马门，桓帝宣陵、灵帝文陵无记载。按当时"门必有阙"的制度，四出的司马门都应建有陵阙。可见帝陵建四出阙是两汉的定制。关于两汉时期吏民的墓阙营建制度，史无明文。根据考古调查资料，似乎每个家族墓地只建有一对墓阙。《汉书·霍光传》载，大将军霍光死后，霍光的妻子"改光时所自造茔制而侈大之。起三出阙，筑神道"。所谓"三出阙"，推测是在茔地的前方和左右两侧的神道上分别营建的双阙。霍光妻子的这一做法，后来被视为僭越的罪行之一，可证当时吏民的茔地只能建一出阙即一对墓阙。

　　根据考古调查资料和文献记载，两汉时期的门阙按建筑用材有两大类。一类是土木结构的门阙，一般是结构复杂、雄伟壮观的高等级的门阙，如皇家宫殿的宫阙、城垣的城阙、帝陵的陵阙，都属于这一种。遗憾的是，这类土木结构的门阙，也像土木结构的汉代祠庙一样，在漫长的历史岁月中化为一堆堆丘土。另一类是石结构的门阙，上面都刻有精美的画像。据统计，我国现存汉代石阙共二十八处，其中十九处分布在四川省，另外九处中河南有四处、山东有四处、北京有一处。在这二十八处石阙中，除了河南登封的太室阙、少室阙和启母阙即著名的嵩山三阙为神庙前的庙阙外，其余的二十五处石阙均为设在坟墓之前的墓阙。尽管从建筑性质上说，庙阙和墓阙都是为祭祀鬼神所设的"神道阙"，但墓阙与地下墓室及墓上祠堂是一组互为表里的丧葬性建筑，三种建筑上的石刻画像也有着密切的联系。为了使叙述更具有逻辑性，本章中将主要探讨汉代石结构墓阙的画像，同时也将对嵩山三阙的画像内容略加讨论。

　　现存二十八处汉代石阙在建筑结构上都由基座、阙身、楼身、阙顶四部分组成。从总体上看，汉代石阙都是仿土木结构的建筑。但从它们的仿作细部看，四川地区的石阙和其他地区的石阙有着明显的差异。四川地区的石阙，基石四周大都刻有斗、柱，阙身四周隐刻出柱身，特别是阙楼部分仿刻有复杂的斗拱结构，表明这些石阙是仿木构建筑。而山东、河南和北京等地的九处石阙，基石、阙身和阙楼一般都不仿刻枋、柱和斗拱，表明这些石阙是仿土木结构或仿砖木结构建筑。汉代石阙这种结构上的地区差异，应与当时各地区流行的建筑形式有着直接关系。四川地区气候湿热，所以石阙也仿刻当地流行的干栏式木构建筑的形式。而北方气候凉爽干燥，石阙也模仿当地流行的砖木结构或土木结构建筑形式。

　　由于这些汉代石阙的造型不一，如果严格按建筑结构特点进行分类，可划分为多种型式。但由于这种划分与石阙的画像关系不大，因此这里笔者只按子（耳）阙的有无，将所有汉代石阙简单分为两种。一种是阙身平面呈方形或长方形，上有出檐的四阿顶或"四阿重屋"，主阙外侧不附设子阙，外形挺拔高峻的石阙。属于这种形制的石阙有山东莒南县东兰墩阙[1]、山东平邑县的皇圣卿阙和功曹阙[2]、四川西昌的无铭阙、盘溪的无铭阙、忠县㵲井沟的无铭阙[3]。在六处石阙中，以山东平邑的皇圣卿阙保存最为完整，四川㵲井沟无铭阙的结构最为复杂。现以四川㵲井沟无铭阙为例，分析一下这种石阙的建筑特征。该阙位于四川省忠县城东北10公里的㵲井乡，左阙无存，仅存右阙，方向为南偏西45°。右阙由基座、阙身、阙楼和阙顶四部分组成，其中阙楼分为一楼和二楼两层，两层阙楼之间设有腰檐，通高5.66米（图一四九）。阙的基座为一整石，高0.26米，

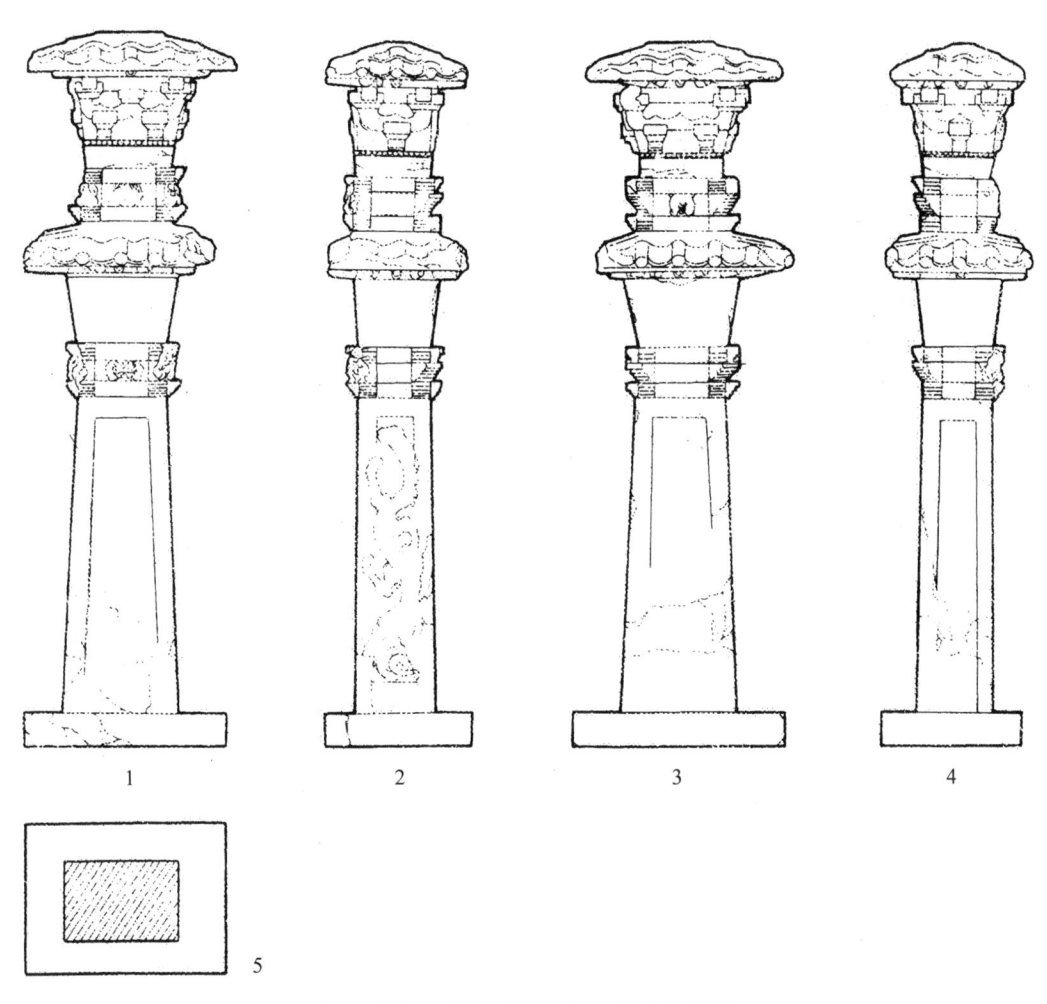

图一四九　四川忠县㵲井沟无铭阙结构图
1. 正面　2. 左侧面　3. 背面　4. 右侧面　5. 平面

---

[1] 刘心健、张鸣雪：《山东莒南发现汉代石阙》，《文物》1965年5期；陈明达：《汉代的石阙》，《文物》1961年12期。
[2] 刘敦桢：《山东平邑县汉阙》，《文物参考资料》1954年5期；陈明达：《汉代的石阙》，《文物》1961年12期。
[3] 重庆市文化局、重庆市博物馆、徐文彬、谭遥、龚廷万、王新南：《四川汉代石阙》，文物出版社，1992年，47、48页，图二五五～二六一。

宽 1.62 米，进深 1.17 米，四面无雕刻图像。阙身为一块整石，呈上窄下宽的侧脚式，高 2.53 米，下宽 0.93 米，进深 0.64 米，上宽 0.7 米，进深 0.59 米，四面隐起立柱及栏额。阙楼的一楼由三石叠置构成。下数第一石高 0.42 米，宽 0.91 米，进深 0.77 米，四面上下均刻出一层纵横枋子，正面上、下两枋头之间的柱外各置一圆雕角神，正中刻一铺首。左前角神男性，全裸，显露性器官，双手托住上方枋头。右前角神着衣履，右手支颐，肘撑膝上，左手抚膝，左肩承枋头。第二石上部侈出呈斗状，高 0.56 米，上宽 0.92 米，进深 0.72 米，素无纹饰。第三石为腰檐，高 0.42 米，宽 1.53 米，进深 1.18 米，正、背面出檐 0.32 米，两侧面出檐 0.47 米，其上刻出椽子、连檐、瓦当、瓦垄、四脊，正、背面各刻七椽，两侧面各刻五椽。阙楼的二楼亦有石材三层。第一层高 0.44 米，宽 0.9 米，进深 0.77 米，纵横枋和角神的雕刻与一楼第一石基本相同，惟正面中央所刻铺首不露双足，背面刻出臀部和尾。第二层高 0.2 米，宽 0.77 米，进深 0.61 米，四面上沿隆起，刻仰弧形装饰图案一周。第三层呈斗状，高 0.5 米，上宽 1.06 米，进深 0.77 米，正面刻两垛鸳鸯交手拱，背面刻一垛鸳鸯交手拱，左、右侧面各刻一垛一斗二升式斗拱。阙顶现仅存石材一层，高 0.33 米，宽 1.76 米，进深 1.17 米，正、背面出檐 0.23 米，两侧面出檐 0.38 米，其上刻椽子、连檐、瓦当、瓦垄、四角脊，形制与腰檐大体相同，惟斜脊与瓦垄坡面中部以上隆起，表示两檐相重叠为重檐庑殿顶。整个石阙挺拔秀丽，造型优美，特别是楼身上的仿木结构，匠心独运，构思巧妙，雕刻精巧，充分体现了巴蜀人民灵巧多思的性格。与四川地区的石阙相比，山东地区的同类石阙就显得相对朴实无华。例如，仅存西阙的山东平邑功曹阙，通高只有 2.5 米左右，基座、阙身、阙楼和阙顶各由一块整石构成。阙身高 1.5 米，宽 0.72 米，进深 0.59 米，四面各用凸线分为四个画框，内刻画像。阙楼石高仅 0.41 米，下部素面，上部四面各仿刻两垛一斗三升式斗拱。阙顶石底部四面各刻檐椽一排，侧面刻连檐和瓦当，上部刻四注瓦垄和角脊。平邑皇圣卿阙与功曹阙结构、大小大体相同，有可能为同一批工匠所造。这两处石阙阙身宽和进深的比例约为六比五，接近方形，使石阙显得敦厚稳重，简朴单纯。但山东莒南东兰墩阙的阙身却显得过于单薄。该阙阙身为一块梯形的石板，高 1.8 米，上宽 0.52 米，下宽 0.7 米、厚 0.18 米（图一五〇）。这种单薄的阙身，仅以榫卯结构下连基座、上承两层阙楼和阙顶，显然既不美观，也不稳固。造成这种石阙结构差异的原因，除了各地工匠集团工艺传统上的差别，还应与墓阙所属墓葬主人公的生前身份地位有着直接关系。山东莒南东兰墩石阙是孝子孙仲阳为父亲营建的墓阙，根据阙身上的刻铭，孙仲阳为一介平民，估计其父也是平民。山东平邑皇圣卿阙西阙正面第四画框内刻有"南武阳平邑皇圣卿冢之大门"的刻铭，阙主皇圣卿之前没有任何官职，说明皇圣卿生前也是一介平民。平邑功曹阙的西阙正面第四画框内刻有"南武阳功曹卿嗇夫府文学掾平邑□□卿之门"的刻铭，

1　　　　　　　　　　　　2　　　　　　　　　　　3

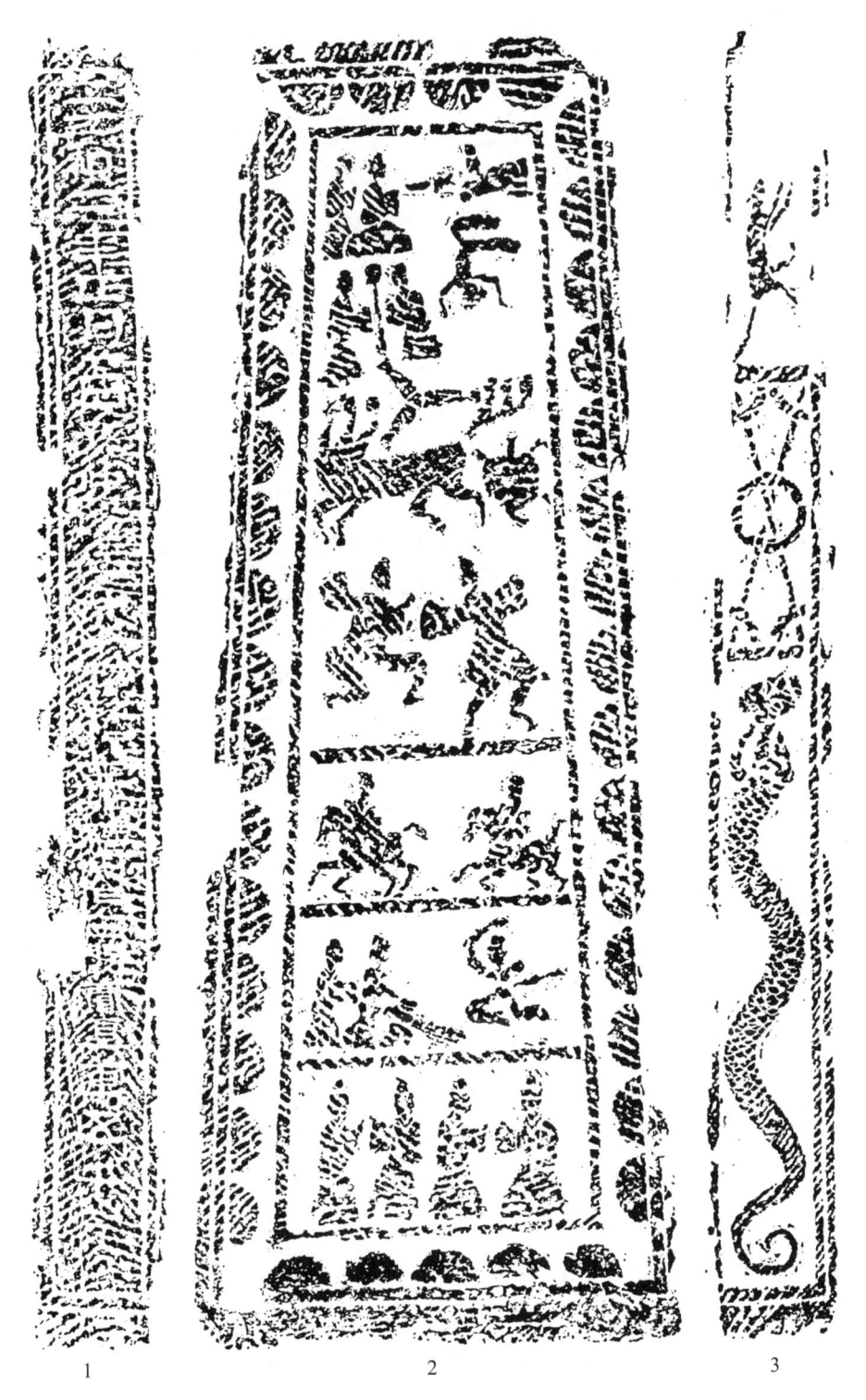

图一五〇　山东莒南东兰墩石阙阙身画像
1. 左侧面画像　2. 正面画像　3. 右侧面画像

第六章｜石阙画像　309

南武阳县为两汉泰山郡属县，据铭文可知阙主生前仅是南武阳县的斗食小吏。四川西昌的无铭阙、盘溪的无铭阙和忠县㴲井沟的无铭阙，因无铭文佐证，阙主生前身份不明，估计均为中下级官吏。这六处石阙的建造年代，莒南东兰墩石阙建于东汉章帝元和二年（85），平邑功曹阙建于元和三年（86），平邑皇圣卿阙建于章帝章和元年（87），其他三阙根据形制特征判断，均建于东汉中后期。可以看出，这种主阙外侧不设子阙的石阙，应主要流行于东汉早中期。

另一种是主阙外侧附设子阙的石阙。除了上述六阙外，其余二十二处石阙均属于这种类型，其中嘉祥武氏祠前的双阙保存最好，结构最为简洁明快。武氏双阙面朝西北，按双阙的方位，分别称为西阙和东阙。两阙之间相距6.15米，通高4.3米，结构相同，皆仿砖木建筑形制，全部用雕凿好的石块垒砌而成（图一五一）。现以西阙为例，简述其结构和形制。西阙由基座、阙身、楼身、阙顶四部分组成。基座三层，最下面的两层用长方形石块平铺。第一层基座石东西长2.6米，南北宽1.41米，高0.2米。第二层基座石在第一层上内收，长2.36米，宽1.13米，高0.23米。第三层基座石在第二层基座上内收，作覆斗状，主阙覆斗状基座比子阙覆斗状基座宽大，两者相连，平面呈"凸"字形，高0.48米，下部东西长2.15米，上部东西长1.92米；主阙覆斗状基座部分，下部南北宽0.94米，上部南北宽0.74米；子阙覆斗状基座部分，下部南北宽0.65米，上部南北宽0.42米。覆斗状基座石上安置阙身。主阙阙身高2.08米，宽1.18米，厚0.7米，由三块方石垒砌而成，西侧的中部凿出深1厘米的凹槽，以嵌接傍依的子阙。子阙的阙身为一块整石，高1.65米，宽0.71米，厚0.4米。阙身上面为阙楼。主阙的阙楼为两层，第一层楼身为栌斗状，高0.48米，下部东西长1.2米，南北宽0.74米，上部东西长1.36米，南北宽1.2米，上置四阿屋檐。屋檐石东西长1.87米，南北宽1.5米，高0.22米，上部的正中刻出放置二层阙楼楼身的方槽，方槽四周刻出瓦垄和角脊，侧面刻出椽、枋和瓦当。二层楼身亦为斗状，高0.38米，下部东西长0.65米，南北宽0.38米，上部东西长0.7米，南北宽0.45米。子阙的阙楼为单层，楼身亦为斗状，高0.38米，下部东西长0.69米，南北宽0.43米，上部东西长0.78米，南北宽0.55米。阙楼楼身之上安放阙顶。主阙的阙顶石东西长1.33米，南北宽0.94米，高0.23米，形式与一层阙楼的屋檐石相同，南、北各有瓦垄六，东、西各有瓦垄五，上部正中平坦，原应安有脊石，已佚失。子阙的阙楼楼身之上应有的单檐四阿顶和脊石，均已佚失。东阙现存部分通高4.28米，其结构和构石的配置形式与西阙相同，惟东西方向相反，子阙傍依在主阙的东侧。在东西双阙之间的地面上，横铺着一条长5.7米、宽0.55米、高0.2米、上部呈弧形的长石。在这条长石的中部，有一长方形凹槽，槽中嵌立一块圆首碣形石，高0.51米，宽0.44米，厚0.2米，前后两面刻铺

图一五一　山东嘉祥武氏阙结构图

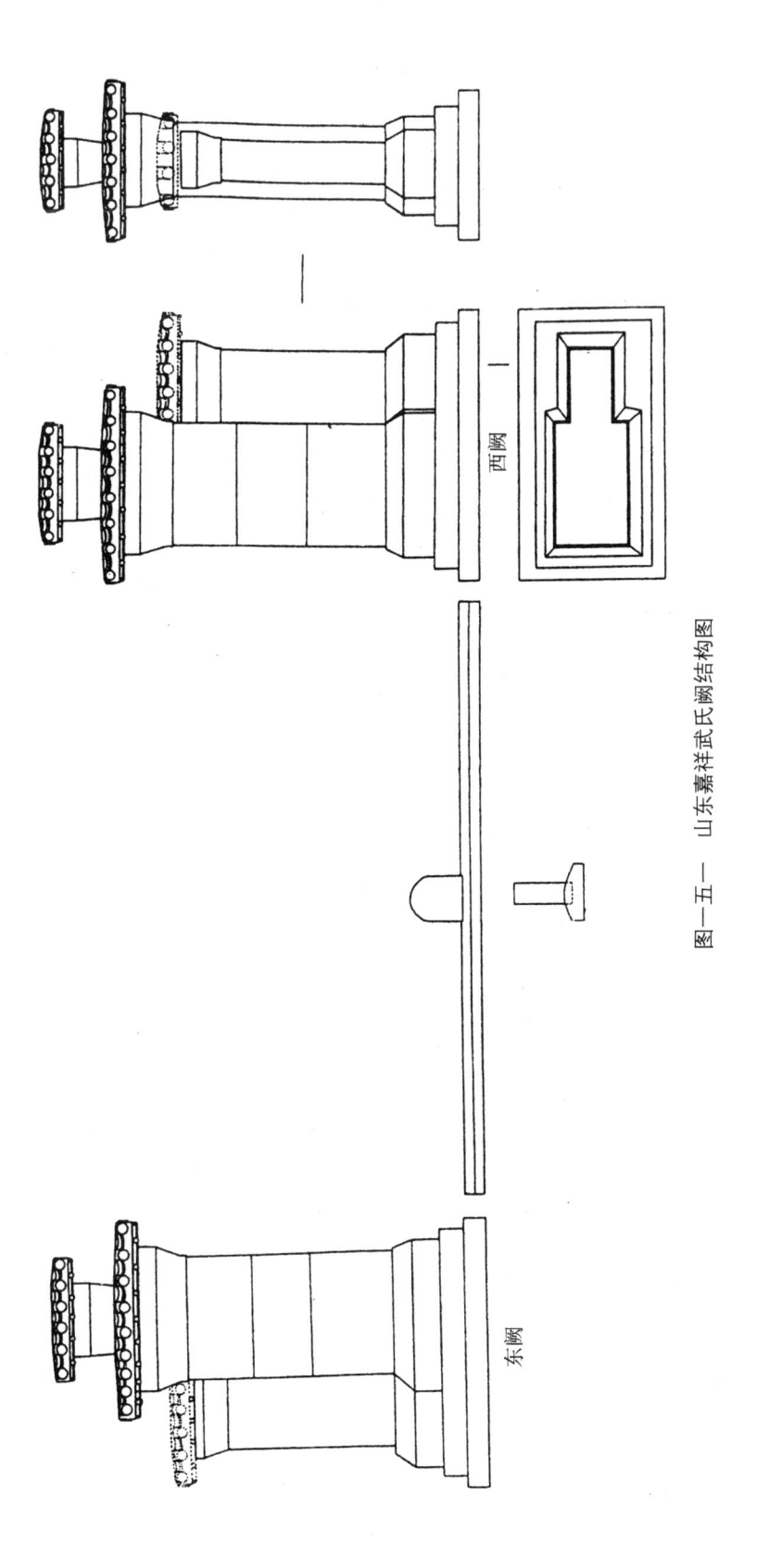

西阙

东阙

第六章 | 石阙画像

首衔环。根据长石和圆首碣形石在两阙间的位置，知道它们分别是"阈"和"闑"。《尔雅·释宫》曰："柣谓之阈。"注曰："阈，门限。"邢昺疏曰："门下横木，为内外之限也。"这种门阈，实际上就是俗称的门槛、门坎。"闑"，俗称门橛。郑玄《曲礼》注云："闑，橛也，……门中木。"孔颖达《玉藻》疏云："闑，谓门之中央所竖短木也。"武氏阙的"阈"和"闑"虽然都是石质的，但它们与文献记载中宫殿和房屋的木质阈、闑的用途应是一样的。将阈、闑置于双阙之间，说明已经到了神道入口处，起着阻止车骑的作用[1]。与武氏双阙相比，同为仿砖木结构的河南正阳的东关石阙[2]（图一五二）和登封太室阙、少室阙、启母阙的主阙阙楼结构更为简单，均只有斗形的单层阙楼。四川地区的十六处同类石阙，尽管部分石阙的阙身较武氏阙构造简单，如德阳的司马孟台阙、渠县冯焕阙和沈氏阙、渠县赵家村的两处无铭阙、渠县赵家坪的无铭阙，阙身都由一块整石构成[3]，但从整体看，这些石阙均仿木构建筑，在结构形制上远比上述山东、河南诸阙复杂，特别是楼身上的仿作斗拱，其精巧和复杂丝毫不让汉画中宏伟的殿堂建筑。四川雅安的高颐阙，在建筑形制上可以说是仿木构石阙的典型。高颐阙位于雅安市东郊8公里的姚桥乡，右阙保存完好，左阙的阙楼和阙顶佚失，两阙相距13.6米，方向南偏东12°。现以高颐阙的右阙为例，简单分析一下其仿木结构特点。高颐阙的主阙由

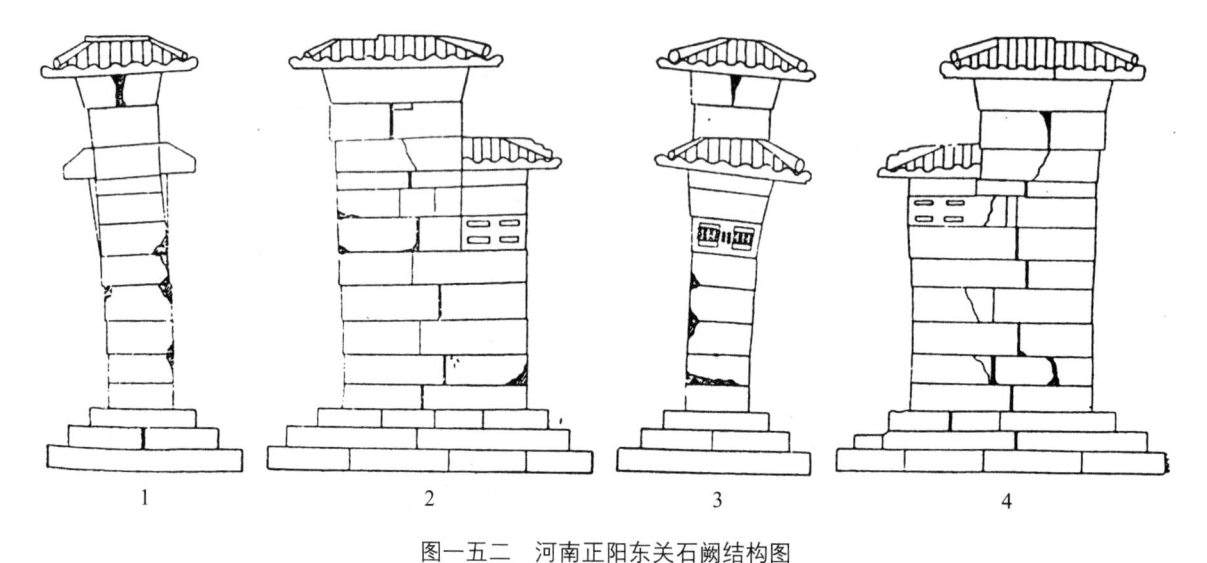

图一五二　河南正阳东关石阙结构图
1.西侧面　2.南面　3.东侧面　4.北面

---

[1] 蒋英炬、吴文祺：《汉代武氏墓群石刻研究》，山东美术出版社，1995年，7～10页。
[2] 王润杰：《正阳县汉代石阙调查》，《文物》1962年1期。
[3] 重庆市文化局、重庆市博物馆、徐文彬、谭遥、龚廷万、王新南：《四川汉代石阙》，文物出版社，1992年，1～6页。

基座、阙身、阙楼和阙顶四部分构成,通高5.9米。其中基座由二石合成一层,高0.46米,宽3.27米,进深1.5米,四周刻八斗。阙身由四层方石垒砌而成,高2.64米,宽1.62米,进深0.9米,正、背面隐起六柱。阙楼由四层石材构成,第一层高0.4米,宽1.95米,进深1.36米,下部一周刻栌斗六垛,下接阙身六柱,其上为三层纵横叠置的枋子,正、背面居中枋头间各有一铺首,四角刻角神;第二层高0.42米,宽2.18米,进深1.6米,正、背面各刻三垛斗拱,左、右面各刻两垛斗拱;第三层为一层板石,高0.18米,宽2.01米,进深1.41米;第四层呈斗状,高0.45米,上宽2.32米,进深1.6米。阙顶由四层石材构成,第一层高0.13米,宽2.38米,进深1.66米,满刻纵横相交出头的枋子,四周共露出枋子头二十四个;第二层为下檐,高0.32米,宽2.67米,进深2.18米,正、背面出檐0.64米,两侧面出檐0.72米,下面刻辐射状椽子,上面刻瓦垄和角脊,侧面刻连檐和瓦当;第三层为上檐,高0.28米,宽1.89米,进深1.33米,同样刻出瓦垄、角脊、连檐和瓦当,与下檐一起构成重檐庑殿顶;第四层为脊石,高0.62米,长1.12米,厚0.2米,正中刻一头南尾北的鹰。主阙右侧附设的子阙除脊石佚失,其他部分保存完好,基座以上现存阙身、阙楼和阙顶,共有六层石材,通高2.94米。子阙阙身为一整石,高1.6米,宽1.07米,进深0.53米,正、背面和右面隐起六柱。阙楼的结构和主阙同样复杂,共有上下四层石材。第一层刻纵横枋子,四隅刻角神,高0.3米,宽1.17米,进深0.78米;第二层高0.32米,宽1.19米,进深0.84米,正、背面和右面各刻两垛斗拱;第三层为平板石,高0.12米,宽1.16米,进深0.83米;第四层呈斗状,与主阙阙身的栏额平齐,高0.3米,上宽1.23米,进深0.97米。阙顶仅存檐石一层,高0.3米,宽1.58米,进深1.63米,同样刻出瓦垄、角脊、连檐和瓦当,右侧出檐0.52米,正、背面出檐0.55米。主阙和子阙互相依傍,高低错落,极为典雅庄重(图一五三)。可以毫不夸张地说,高颐阙代表了汉代石作工艺的最高水平[1]。在全国二十二处附有子阙的汉代石阙中,建造年代最早的是北京石景山上庄的秦君石阙[2]。该阙早年倾圮,发现的构石残缺不全。其中的2号方柱是阙身石,高2.07米,宽0.45米,厚0.24米,正、背面和左侧面刻有图像,右侧面粗糙无铭文,说明该石柱右侧原附有另一阙身石(图一五四)。同时出土的8号方柱石正面刻有"永元十七年四月□令改元元兴元年□十月鲁工石巨造"纪年铭,证明该阙建于东汉和帝元兴元年即公元105年。比秦君石阙略晚的有河南登封三阙和四川渠县的冯焕阙。根据阙上石刻铭文,登封太室阙建于东汉安帝元初五年即公元118年,启母阙建于安帝延光二年(123),少室阙刻铭中

---

[1] 重庆市文化局、重庆市博物馆、徐文彬、谭遥、龚廷万、王新南:《四川汉代石阙》,文物出版社,1992年,1~6页。
[2] 北京市文物工作队:《北京西郊发现汉代石阙清理简报》,《文物》1964年11期。

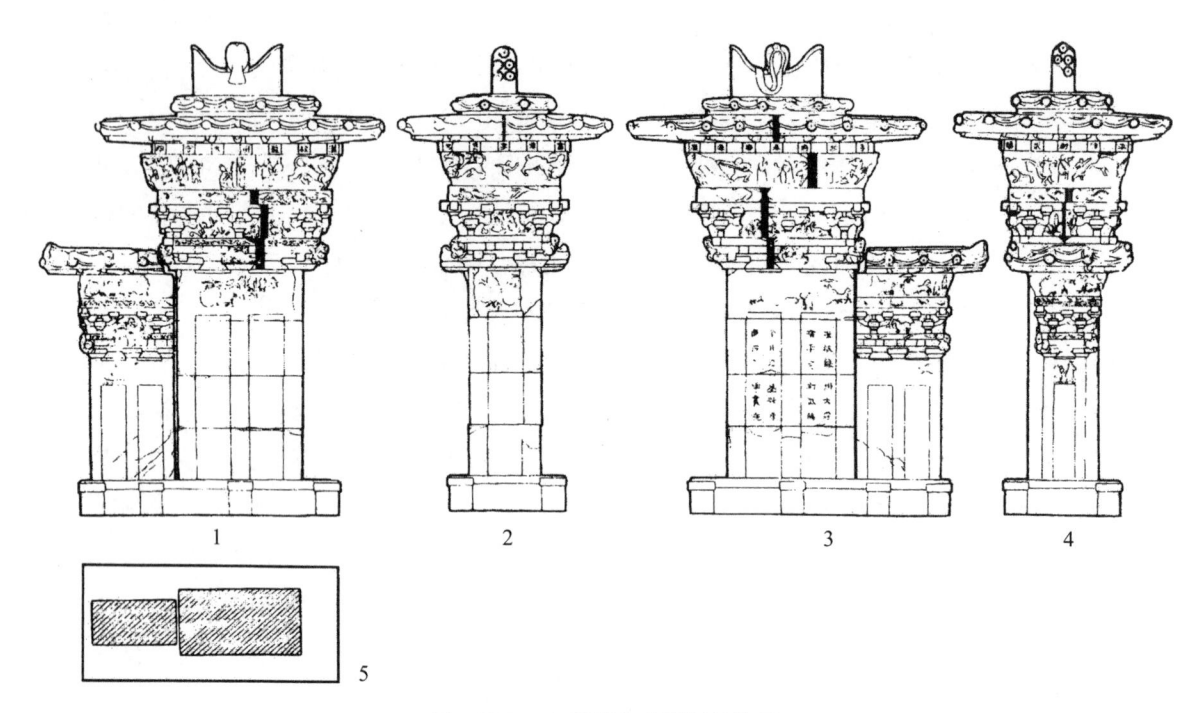

图一五三　四川雅安高颐阙结构图
1. 正面　2. 左侧面　3. 背面　4. 右侧面　5. 平面

虽无纪年，但阙形与太室阙、启母阙相同，监造官吏和部分工匠的姓名也与太室阙、启母阙相同，证明其建造年代也应与两阙相近。冯焕阙无纪年铭文，冯焕为东汉巴郡宕渠人，据《后汉书·冯绲传》记载，冯绲桓帝时官至车骑将军及廷尉，"父焕，安帝时为幽州刺史，疾忌奸恶，数致其罪。时玄菟太守姚光亦失人和。建光元年（121），怨者乃诈作玺书谴责焕、光，赐以欧刀。又下辽东都尉庞奋使速行刑。奋即斩光收焕。焕欲自杀，绲疑诏文有异，止焕曰：'大人在州，志欲去恶，实无它故，必是凶人妄诈，规肆奸毒。愿以事自上，甘罪无晚。'焕从其言，上书自讼，果诈者所为，徵奋抵罪。会焕病死狱中，帝愍之，赐焕、光钱各十万"。另据《隶续》卷十三记载，渠县有冯焕碑，残存文字六段，最后一段有"守以永宁二年四"之纪年。洪适认为，"'永宁二年'四字，盖其卒之年代也。……建光之元年，即永宁二年，是岁七月改元，焕以四月卒，故碑尚用旧年也"。据此，冯焕阙应建于永宁二年（121）或其后不久。东汉晚期的纪年石阙有两处，一处为山东嘉祥武氏阙，建于东汉桓帝建和元年（147）；另一处为四川雅安高颐阙，据《隶续》所载高颐碑文，高颐"建安十四年（209）八月卒官"，其阙当建于这一年或稍后。从纪年看，这种石阙主要流行于东汉中晚期，四川的个别石阙可能晚到蜀汉时期。这种石阙的阙主身份一般高于前一种石阙，结构最简单的北京石景山秦君阙阙主生前为幽州书佐，属低级官吏，其他身份明确的阙主生前均为中高级官吏。例如，

图一五四 北京石景山上庄出土秦君石阙阙身画像
1. 右侧面画像 2. 正面画像 3. 背面画像

第六章 | 石阙画像 315

四川德阳司马孟台阙的阙主为上庸长；武氏阙是武始公和弟武绥宗、武景兴、武开明四人，借为武开明之子武宣张举办丧事之机而营建的武士家族墓地门阙，武宣张官职为敦煌长史，与司马孟台均为中级官吏；冯焕阙的阙主为幽州刺史，芦山樊敏阙的阙主为巴郡太守，雅安高颐阙的阙主为益州太守，均为高级官吏。从两种石阙的阙主身份差异看，门阙在汉代确实是一种"饰门、别尊卑"[1]的建筑。

从石刻艺术的角度看，迄今发现的二十八处汉代石阙，每一处都是构思巧妙、雕刻精美的艺术杰作，特别是四川地区石阙阙楼上的角神，构思大胆，造型独特，刀法洗练，称得上是汉代圆雕艺术的神品，令人叹为观止。但这些石阙上的角神和复杂的仿作斗拱，严格说来都属于石阙本身的构件，与本书研究的石刻画像迥然有别。汉代石阙上或简或繁都刻有画像，画像一般都配置在阙身和阙楼斗拱间的平面上。从建筑本身来说，石阙无疑是仿木构或土木结构门阙而来。古代土木建筑门阙，其上都以绚丽的壁画作为装饰。东汉班固的《西都赋》和西晋左思的《蜀都赋》，都将长安的宫室门阙和成都的城阙称为"华阙"，晋代崔豹《古今注》在谈到门阙的装饰时说："其上皆丹垩，其下皆画云气仙灵，奇禽怪兽，以昭示四方焉。"这些记载，说明魏晋时期的门阙都有壁画装饰。显然，汉代石阙上的画像是模仿土木结构门阙的装饰壁画而来。

庙阙和墓阙的祭祀对象不同，其上的画像内容当然也会有区别。让我们先来分析一下墓阙的画像内容及其配置规律。

在二十五处墓地石阙中，其画像配置有两种形式。第一种阙身和斗状阙楼满刻画像，如山东平邑的皇圣卿阙、功曹阙和嘉祥的武氏阙。皇圣卿阙因没有子阙，阙身四周满刻画像，可惜由于剥落过甚，图像内容大半已不能辨识。图一五五是皇圣卿阙西阙阙身正面的画像，整个石面由四条阳刻横线分为五层，每层各配置一幅画像[2]。第一层为迎谒图，图中共有六个人物，中间二人各面向外侧，拱手迎接分别从左、右侧到来的冠服人物，两位冠服人物身后各有一从者。第二层为献俘图，画面上方即远处横陈着三具尸体，画面下方左侧一位冠服人物面右而坐，其右方，三名头戴风帽的胡人被反缚双手正自右向左走来，胡人身后是两名相对而立的汉装士卒。第三层似为纵鹰狩猎图，画面左边一名猎手用丝线牵着三只猎鹰似正在狩猎，其余画面漫漶不清。第四层分为左右两部分，左边为刻铭，原铭文至少应有五到六行，现只有最右面的两行尚依稀可辨，文为"南武阳平邑皇圣卿冢之大门，卿以元和三年三月六日□□物故，后……"；右边为弋射图，一人正仰身用弩弓和缴矰射雁，空中飞翔着四只大雁，其中一只已被缴矰射中，正

---

[1]《水经注·谷水》引《白虎通》："门必有阙者何？阙者，所以饰门、别尊卑也。"
[2] 关野贞：《支那山東省に于ける漢代墳墓の表飾》附图二百〇七，东京帝国大学工科大学纪要第八册第一号，1916年。

向下坠落。第五层为迎客图，画面上四人均躬身面右而立，似在迎客。画像的雕刻技法为当地东汉早期流行的凿纹地凹面刻，物象比例准确，线条流畅。山东嘉祥武氏阙的画像见于多种著录，但这些著录由于脱离了石阙的形制，出现很多混乱和错误。近年，蒋英炬、吴文祺将武氏阙全部图像拓本缩成比例一致的照片，配置成双阙四面的画像正视图，使研究者可以准确无误地了解该阙画像的全貌[1]。现利用蒋、吴二氏的武氏阙画像配置图，分析武氏阙的画像内容及其配置规律。图一五六是武氏阙西阙的画像配置图，参照该图，自下而上考察其画像内容。西阙的基座画像比较简单，第一层和第三层基座四面均刻复合图案花纹带，主要画像配置在第二层。第二层基座石北面刻仙禽神兽图，左边二龙交缠，中部一虎与二熊相戏，一兽向左奔驰，右侧画像残失；南面为列骑图，一列十一位骑者左向奔驰；东面和西面各刻两头神兽。阙身画像分刻在主阙和子阙阙身上。主阙阙身北面，外侧是由平行凿纹带、双菱纹带、绳索纹带和连弧纹带构成的很宽的复合图案花

图一五五　山东平邑皇圣卿阙西阙阙身正面画像

———————
[1]　蒋英炬、吴文祺：《汉代武氏墓群石刻研究》图版 11～19，山东美术出版社，1995 年。

第六章｜石阙画像　317

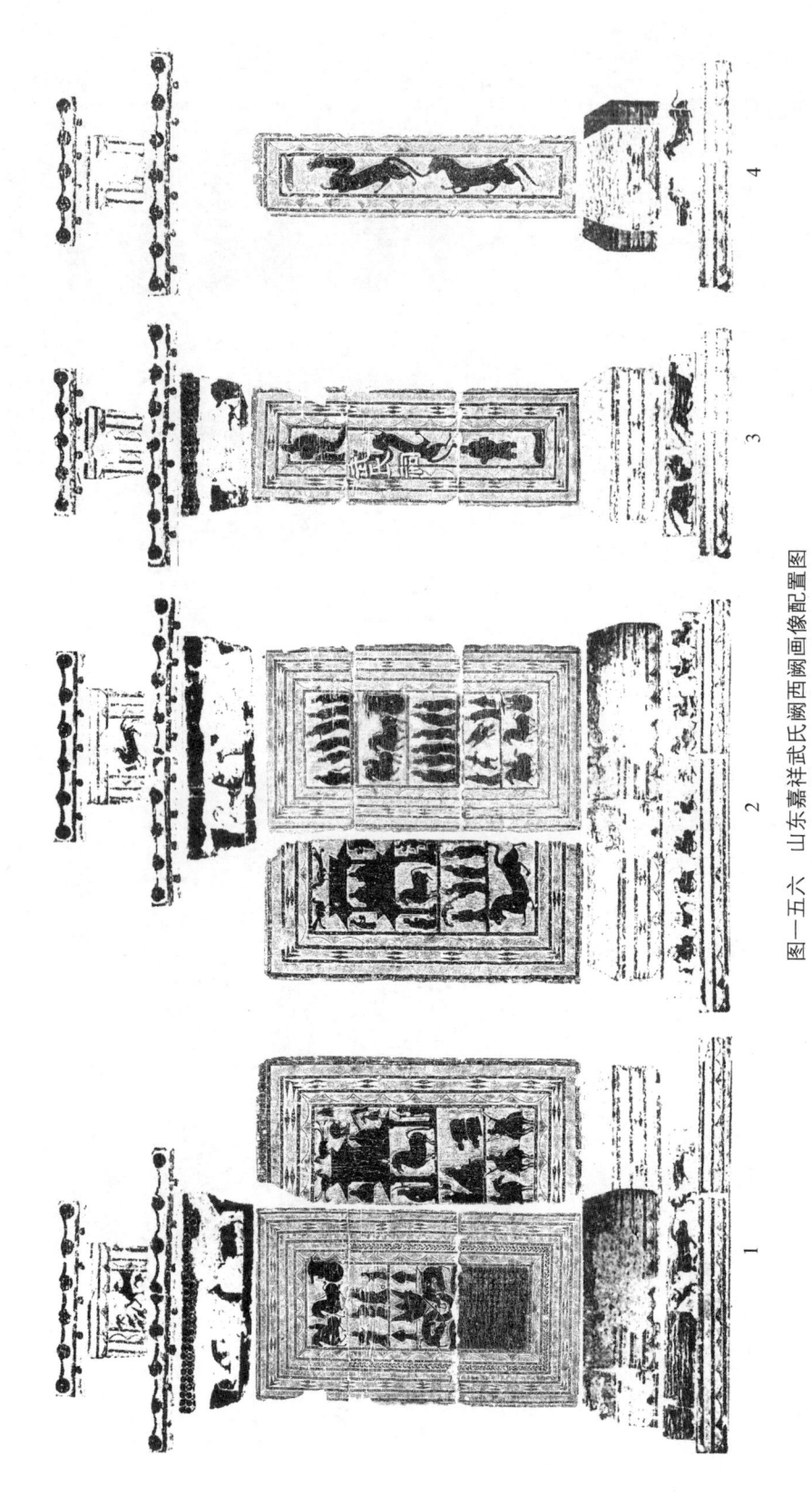

图一五六 山东嘉祥武氏阙西阙画像配置图
1. 西阙北面画像 2. 西阙南面画像 3. 西阙东面画像 4. 西阙西面画像

纹带画框，画框内的纵长画面分为五层。第一层刻车马出行图，一导骑、一轺车向右行进。第二层，右边两人执板相对而立；左边亦刻二人，右侧的人物褒衣博带，头戴进贤冠，拱手左向，正与左侧的童子对语，似为孔子拜七岁智童项橐为师的故事。第三层与第四层画像相连，中部一铺首衔环贯穿两层。第三层铺首两侧，各有一株树冠为三角形的灵木。第四层铺首衔环的左右，各有一回首相戏的神兽，兽下二鱼相对。第五层内刻石阙铭，共九行九十三字，文为："建和元年，太岁在丁亥，三月庚戌朔，四日癸丑，孝子武始公、弟绥宗、景兴、开明，使石工孟孚、李弟卯造此阙，直钱十五万；孙宗作师（狮）子，直四万。开明子宣张仕济阴，年廿五，曹府君察举孝廉，除敦煌长史，被病夭殁，苗秀不遂。呜呼哀哉，士女痛伤。"子阙阙身的北面，上、下、右面的外侧是由平行凿纹带、双菱纹带和连弧纹带构成的复合图案花纹带画框，画框内的纵长画面分为上下三层。第一层为双阙厅堂图，下部为对峙的双阙，双阙之间伫立一匹卸驾的马，双阙外侧各立一名执戟门吏；上部即远处偏左位置为一庑殿顶单间厅堂，厅堂外左右各端坐一人，右侧有一猴、二鱼、一鸟，右上角坐一童子。第二层为拜谒图，左边一位高大的冠服人物面右而坐，身后立着一个手持便面的侍者；右边，两人正向冠服人物跪拜。第三层刻三名骑者，左边骑者右向而立，右边两名正向而立的骑者，荷戟执鞭作对语状。西阙阙身南面的画像也分别刻在主阙和子阙的阙身上，画面外侧的复合图案花纹带画框与阙身南侧相同。主阙阙身南面画框内的画面分为上下五层，每层各配置一幅画像。第一层为迎谒图，左边一老者执曲杖右向而立，其右边五位头戴进贤冠的人物均左向，前一人跪地，后四人执板躬立。第二层为车马出行图，一导骑、一轺车向左行进。第三层为迎谒图，左边一人右向而立，其右边三人执板恭迎；右边二人相对拱手寒暄。第四层为角抵图，中间二人作角抵相扑状，左一人、右二人站立观看。第五层为车马出行图，一导骑、一轺车向左行进，车上乘者、御者各一人。子阙阙身南面复合图案花纹带画框内的纵长画面分为三层。第一层为楼阁图，画面正中画一双层楼阁，楼阁脊顶上停立两只相对的凤鸟，楼下伫立一匹卸驾的马，右柱外一人捧物登梯上楼，左柱外一人右向躬立；楼上二人正面端坐，两柱外侧各立一名双手捧物的侍者。第二层刻周公辅成王图，左边周成王头戴山字形冠正面而立，其右一位戴进贤冠者为周成王撑着华盖；右边二人相对躬立。第三层刻一虎昂首张口左向。西阙阙身东面，外侧是由平行凿纹带、双菱纹带、连弧纹带构成的复合图案花纹带画框，画框内的纵长画面分为三层。第一层刻人首蛇身的女娲拱手左向，身前下部有一鱼。第二层刻一龙昂首向上，左边刻"武氏祠"三个隶书大字，系后人所刻。第三层刻双手捧盾、正面而立的门亭长，下部刻一鱼。西阙子阙阙身西面，在复合图案花纹带画框内，上刻青龙，下刻白虎，龙虎皆昂首向上飞腾，虎口衔住龙尾，青龙上方刻一鱼。主阙阙楼的画像，分别刻在一层和二层斗状楼身的四面。

第六章 | 石阙画像　319

一层斗状楼身的画像，北面中部及两侧各刻一斗状柱，将画面分为左右两格，每格刻一神兽，上部刻三横列连珠纹；南面构图与北面相同，两个画格左刻青龙，右刻白虎；东面画像剥落过甚，从残存痕迹看，似为二骑者。二层斗状楼身的画像，上、左、右三面是复合图案花纹带画框，画框内的画面刻一向左行走的大鸟，其前有四小鸟，尾下一小鸟，背上立一小鸟；南面构图同北面，画框内的画面刻一条翼龙和一条鱼；东、西两面刻纵向图案花纹带。子阙斗状楼身的画像，北面上部为连弧纹，下部由左、中、右将画面分为两格，左格内刻一向左奔跑的仙鹿，右格内刻一左向伫立的麒麟，其右立一仙人；南面构图同北面，左格内刻玄武，右格内刻朱雀；西面中部刻一蹲兽，两边刻斗状柱，柱内侧各半露一神兽。武氏阙东阙的画像内容及其配置与西阙基本相同，唯左右方向相反（图一五七）。其中东阙的主阙阙身南、北、西三面的画像内容及其配置与西阙略有不同。东阙的主阙阙身北面，复合图案花纹带画框内的画面分为三层，第一层刻二骑者，第二层的线刻画像已漫漶不清，第三层刻铺首衔环和二神兽。主阙阙身南面，复合图案花纹带画框内的画面分为五层，第一、三、四、五层分别刻进谒图、迎谒图和车马出行图；第二层左边刻二人拱手相对，中部刻一只三首人面的神兽，右边刻九首人面虎身的开明兽。主阙阙身西面，画框内刻人首蛇身的伏羲，与西阙阙身东面的女娲图像对应。武氏阙虽有少数画像用阴线刻技法刻成，但绝大多数画像的雕刻技法与武氏墓地三座祠堂相同，均为凿纹地凸面线刻。

　　从皇圣卿阙和武氏阙的画像内容可以看出，这种四面满刻画像的石阙，其画像的题材内容除了无具体意义的边饰图案花纹外，大体有以下五大类。第一类是用以表示石阙建筑性质的画像，如武氏阙主阙北面的铺首衔环图和门吏、门亭长图。这类画像，一般多配置在双阙的正面和面向门道的侧面。第二类是表示墓阙方向，"昭示四方"，兼有辟除不祥、佑护墓地功能的四神图像和伏羲、女娲图像等。其配置规律是：伏羲、青龙在东，女娲、白虎在西，朱雀、玄武配置在南、北面。第三类是与墓祭阙主活动有关的画像，如阙主车马出行图、双阙厅堂图和楼阁图、弋射图、狩猎图、拜谒图、迎谒图等。第四类是周公辅成王、孔子师项橐等历史故事画像。武氏阙的这类画像，都配置在阙身的正面。第五类是表现阙主升仙愿望的仙禽神兽图、仙人图等。武氏阙的这类画像，除了开明兽图配置在东阙正面，其他均配置在主阙和子阙的斗状阙楼四周。从三阙的画像内容及其配置可以看出以下两点。第一，在五大类画像内容中，第三类即各种表现祭祀阙主活动的画像，不仅数量多，所占面积大，而且都配置在石阙最显著、最重要的位置——阙身的正面和背面。例如，在平邑皇圣卿阙西阙阙身正面的五幅画像中，两幅迎谒图和弋射图、狩猎图，描绘的都是祭祀阙主活动的内容，献俘图在古代宗庙壁画中也是与庙祭祖先有关的图像。武氏阙双阙阙身正、背即南、北

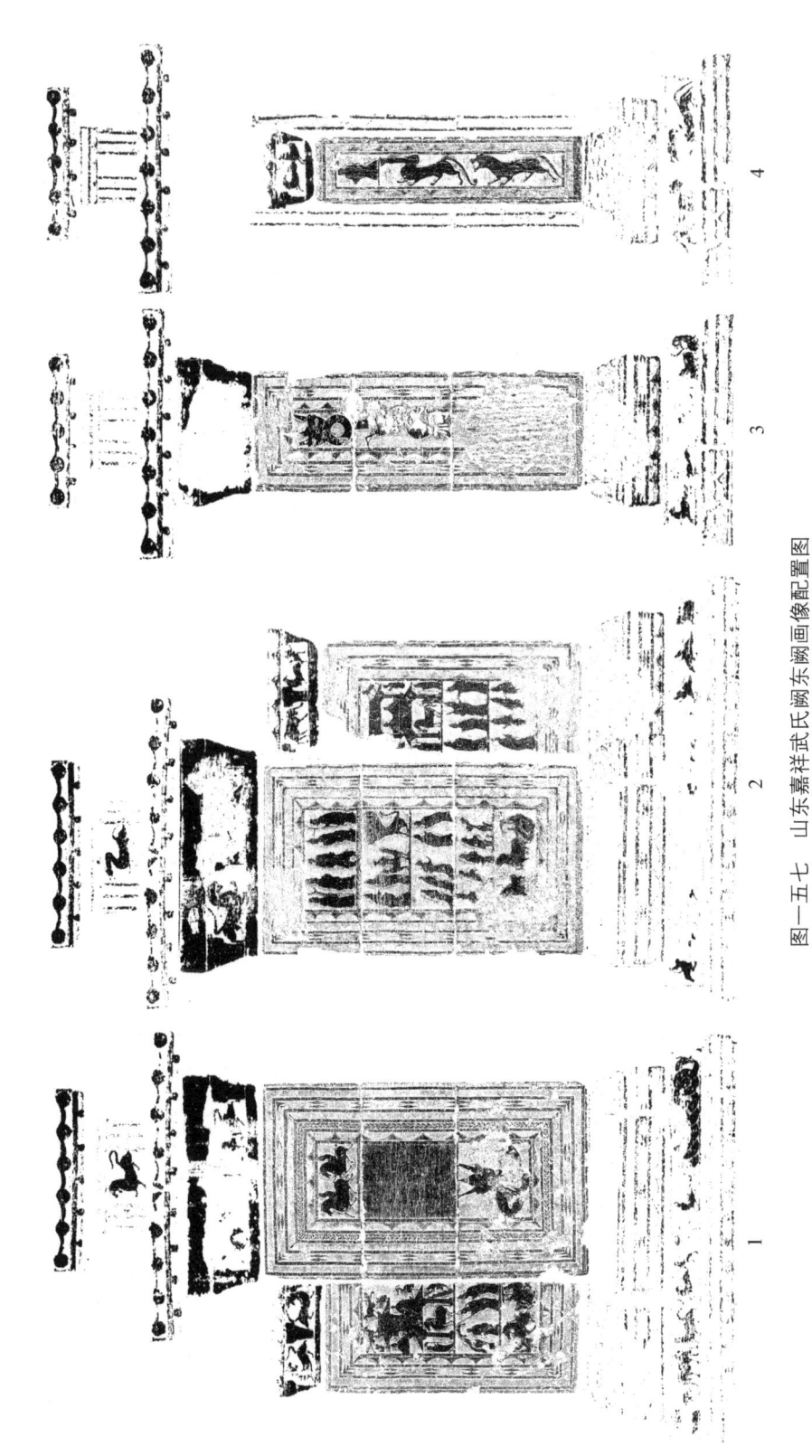

图一五七 山东嘉祥武氏阙东阙画像配置图
1. 东阙北面画像 2. 东阙南面画像 3. 东阙西面画像 4. 东阙东面画像

第六章 | 石阙画像　321

两面的画像，西阙的十五幅画像中，与祭祀阙主活动有关的画像占了十二幅；东阙的十四幅画像中，与祭祀阙主有关的画像至少占了十一幅。其中，仅阙主车马出行图就有七幅之多，加上西阙第二层基座上的列骑图共计八幅。这些车马出行图的所在位置将阙主车马的来历和出行目的地表现得一清二楚。以西阙南面的画像为例，第二层基座上的列骑图在所有画像中位置最低，显然意在表明阙主的车马行列是从地下鬼魂世界而来。主阙第二层和第五层的车马出行图，分别表现的是男女阙主的车马出行场面；而第一层、第三层、第四层的迎谒图和角抵图，表现的应是阙主到达目的地后受到欢迎和招待的景象。阙主车马出行的目的地，在双阙的子阙阙身南、北面第一层的双阙厅堂图和楼阁图中表现得非常明确。在双阙厅堂图中，伫立于双阙之间的卸驾之马，表明阙主已经到达了目的地，而厅堂两侧的端坐者无疑就是男女阙主。楼阁图中，伫立于楼下的卸驾之马和楼上端坐的男女阙主，也表明阙主出行的目的地就是图中的两层楼阁。图中的楼阁、厅堂和双阙，与祠堂后壁祭祀祠主图中的建筑几乎完全相同，可以肯定，图中的双阙是墓阙，楼阁和厅堂都是墓地中祭祀祖先用的祠庙。特别是西阙子阙北面的三幅画像，将阙主车马出行图与双阙厅堂图之间的关系以及它们的图像学意义明确无误地揭示出来。在第一层的双阙厅堂图中，男女阙主端坐在厅堂外两侧，厅堂内一无所见。第二层的拜谒图，其构图和人物的动作举止，与祠堂后壁祭祀祠主图中厅堂内或楼阁下层的场景完全相同，因此，可以将这幅拜谒图看作是双阙厅堂图中厅堂内祭祀场面的特写。结合第三层的列骑图，说明阙主车马出行的目的，是到墓地祠庙接受子孙祭祀。而皇圣卿阙西阙阙身正面的弋射图和狩猎图，描绘的应是阙主的子孙家人通过狩猎和弋射在为祭祀阙主准备血食牺牲。这些画像的数量和所在位置，证明了祭祀阙主内容的画像是墓阙画像中最重要的内容。第二点，是这三座石结构墓阙的画像内容与石结构祠堂的画像非常接近。例如，武氏阙子阙上的双阙厅堂图和楼阁图，几乎与祠堂后壁的双阙厅堂和楼阁在形态上完全相同，而八幅车马出行图也是祠堂后壁下部的固定不变的画像，尤其是武氏阙子阙北面的三幅画像，如果将第二层的拜谒图移入第一层画像的厅堂中，则与祠堂后壁的画像，无论内容还是配置位置都完全一致。而皇圣卿阙的狩猎图和献俘图，在东汉早期的祠堂中，一般都配置在侧壁。石结构墓阙和祠堂之间这种画像内容及配置上的相似，表明墓阙及其画像同祠堂一样，来源于宗庙的土木结构门阙及其壁画。

石结构墓阙画像的另一种配置方式，是阙身只刻表示建筑性质的门吏和"昭示四方"、表示方向的四神图像，而其他画像集中配置在阙楼的四周，使石阙显得极为简洁明快。例如，图一五四的北京石景山秦君石阙阙身，正面下刻执戟门吏，上刻朱雀，背面只刻三角图案外框，侧面刻青龙。四川地区诸阙的画像，几乎都采用的是这种配置方式。

1　　　　　　　　　　　2
图一五八　四川忠县㳇井沟无铭阙右主阙阙身左侧面画像
1. 照片　2. 拓本

其中忠县㳇井沟无铭阙[1]的画像最为简单，该阙现存的右主阙仅阙身左侧面刻有一幅浮雕白虎图像（图一五八），全阙再无其他画像。画像数量最多，配置最典型也最复杂的是四川雅安的高颐阙。现以保存较好的高颐阙右阙为例，分析一下其画像配置规律。高颐阙右阙的主阙和子阙的画像，都配置在阙身上部的栏额和其上的阙楼四周。主阙阙身栏

---

[1]　重庆市文化局、重庆市博物馆、徐文彬、谭遥、龚廷万、王新南：《四川汉代石阙》，文物出版社，1992年，45～46页，图二四七～二五七。

额的正面、背面和左面均刻车马出行图，整个车马行列连子阙部分共六段，双驾四维辂车的主车配置在主阙阙身正面栏额上。为了使车马出行图分布在同一水平线上，在较主阙低矮的子阙上，车马出行图不是刻在阙身栏额，而是刻在楼身最上层的正、背、右三面（图一五九，A、B）。主阙阙楼的画像分刻在四层构石上。第一层构石正、背、左三面的上横枋上刻仙禽神兽流云纹图像。第二层构石的正、背两面，在三垛斗拱之间各配置两组浅浮雕画像。正面，右组画像刻一神人握剑托腮侧卧，身下置一绳索；左组刻一

1

2

3

图一五九（A） 四川雅安高颐阙右阙的车马出行图（一）
1. 主阙阙身正面栏额部分　2. 子阙阙楼正面部分　3. 子阙阙楼右面部分

324　汉代画像石综合研究

神人挥长柄斧击虎，应为统领万鬼的神荼、郁垒二神。背面，一组刻三足乌和九尾狐，另一组刻一树二鸟，描绘的应是昆仑山仙界内容。左侧面斗拱间刻一人抚琴，一人倾听，左右及空中鸟兽衰舞，描绘的应是仙人抚琴的场面。右侧面斗拱间刻一坟丘，墓前树上挂剑，一人躬身以手拭泪，描绘的应是季札赠剑的故事。第三层构石四周用铲地凸面线刻技法刻仙禽神兽图像（图一六〇）。第四层构石的正面，中间刻一门半开，一双髻

4

5

6

图一五九（B） 四川雅安高颐阙右阙的车马出行图（二）
4.子阙阙楼背面部分　5.主阙阙身背面栏额部分　6.主阙阙身左面栏额部分

第六章 | 石阙画像　325

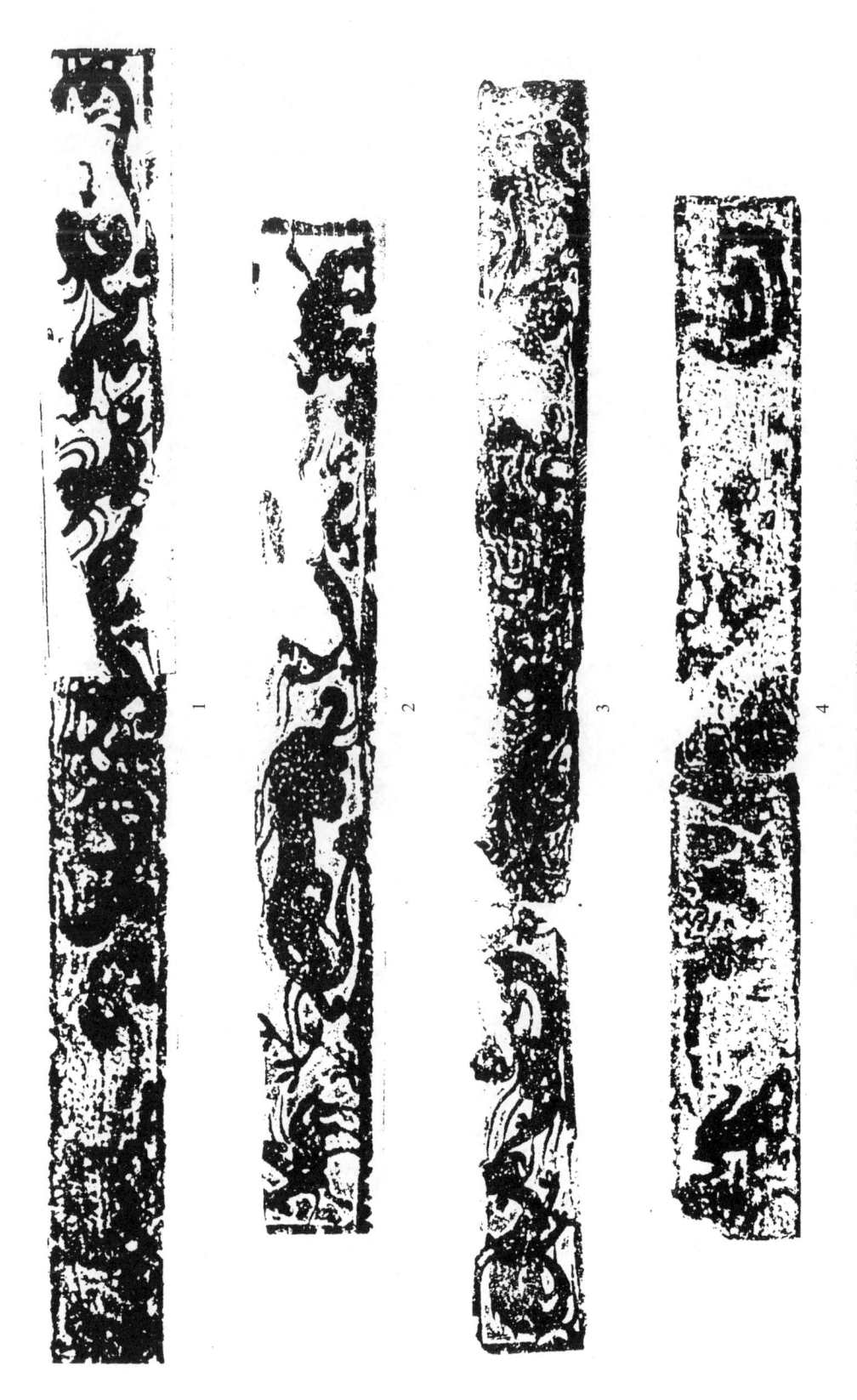

图一六〇 四川雅安高颐颐右阙阙楼第三层构石的仙禽神兽图
1. 正面 2. 背面 3. 左面 4. 右面

女子右手扶门，半身探出门外作探视状；门外右边，一人右手持节，左手举鸟，长跪在地，其身后一背生双翼、上身裸露的神人两手握物上举，另一人左手拥节正面而立；门外左边，刻二位神人，前一神人右手持长竿，左手捧物，后一神人身佩长剑，左手持一长形物。这幅画像，描绘的应是西王母的使者迎请阙主即高颐夫妇升仙的场面，门外左右两边的五位持节和捧物神人就是西王母的使者。背面画像为同样的内容，画面左边一人衣带飘飞，正面而立，应为阙主高颐；其左边，一高大冠服人物手持弓形幡面右而立，幡上垂挂着诸般宝物；右边，一冠服人物执板躬身面左而立，身后四人或跪或立，均应是西王母的使者（图一六一）。右侧面刻两位神人，一位双手捧物，另一位一手持节，一手举鸟，应是正面画像的继续，两位神人均应是西王母的使者。左侧面刻仙山图像。第四层构石的四隅，各刻一组仙人戏神兽图。子阙画像较主阙远为简单，阙身栏额只刻流云纹，阙楼画像除了第四层构石的车马出行图外，第二层和第三层构石均刻仙禽神兽图。重庆渠县沈氏阙的画像内容及其配置，阙楼部分与高颐阙基本相同，其中左、右主阙阙楼第二层构石的正面，均刻西王母坐于龙虎座上，其他三面刻仙人和仙禽神兽图；两主阙的阙身均正面上刻朱雀，中刻阙铭，下刻兽面，左主阙右侧面刻青龙衔璧，右主阙左侧面刻白虎衔璧。综上所述，可以看出，采用这种画像配置方式的石阙画像，其题材内容的种类与前一种配置方式的石阙画像基本相同，四川地区的石阙显然更重视表现阙主升仙愿望内容的画像。

　　无论采用哪种画像配置方式的石结构墓阙，其画像配置都遵循着同一原则。即按照当时的宇宙方位观念，将表现不同宇宙层次内容的画像配置在石阙的不同高度位置。为了表明阙主的车马行列是从位置较低的地下鬼魂世界而来，车马出行图一般都配置在位置较低的石阙基座和阙身上；而墓地祠庙既是联系现实人间世界和地下鬼魂世界的纽带，又是阙主车马出行的目的地，所以祠庙祭祀图和其他与祭祀阙主有关的画像多配置在阙身上；高耸的昆仑山仙界是阙主梦寐以求的归宿，表现阙主升仙愿望的画像都配置在位置较高的阙楼四周；而表现墓阙建筑性质和具有佑护墓地功能的门吏、四神图像，则多配置在阙身四面。值得注意的是，石阙画像中没有表现天界诸神的内容。

　　河南登封的中岳三阙即太室阙、少室阙和启母阙，是迄今仅存的三座汉代神庙前的石结构神道阙。中岳嵩山地处中原腹地，是古代最著名的神山，与山东泰山、陕西华山、山西恒山、湖南衡山合称五岳，为历代统治者朝拜和祭祀的对象。嵩山有两座主峰，东为太室山，西为少室山。《汉书·郊祀志》载："及秦并天下，令祀官所常奉天地名山大川鬼神可得而序也。于是自崤以东，名山五，大川祠二。曰太室。太室，嵩高也。"《汉书·地理志》云："武帝置（嵩高县）以奉太室山，是为中岳。有太室、少室山庙。"两庙东汉安帝时重建，太室阙和少室阙就是安帝重建的太室庙和少室庙的神道阙。启母阙

第六章｜石阙画像　327

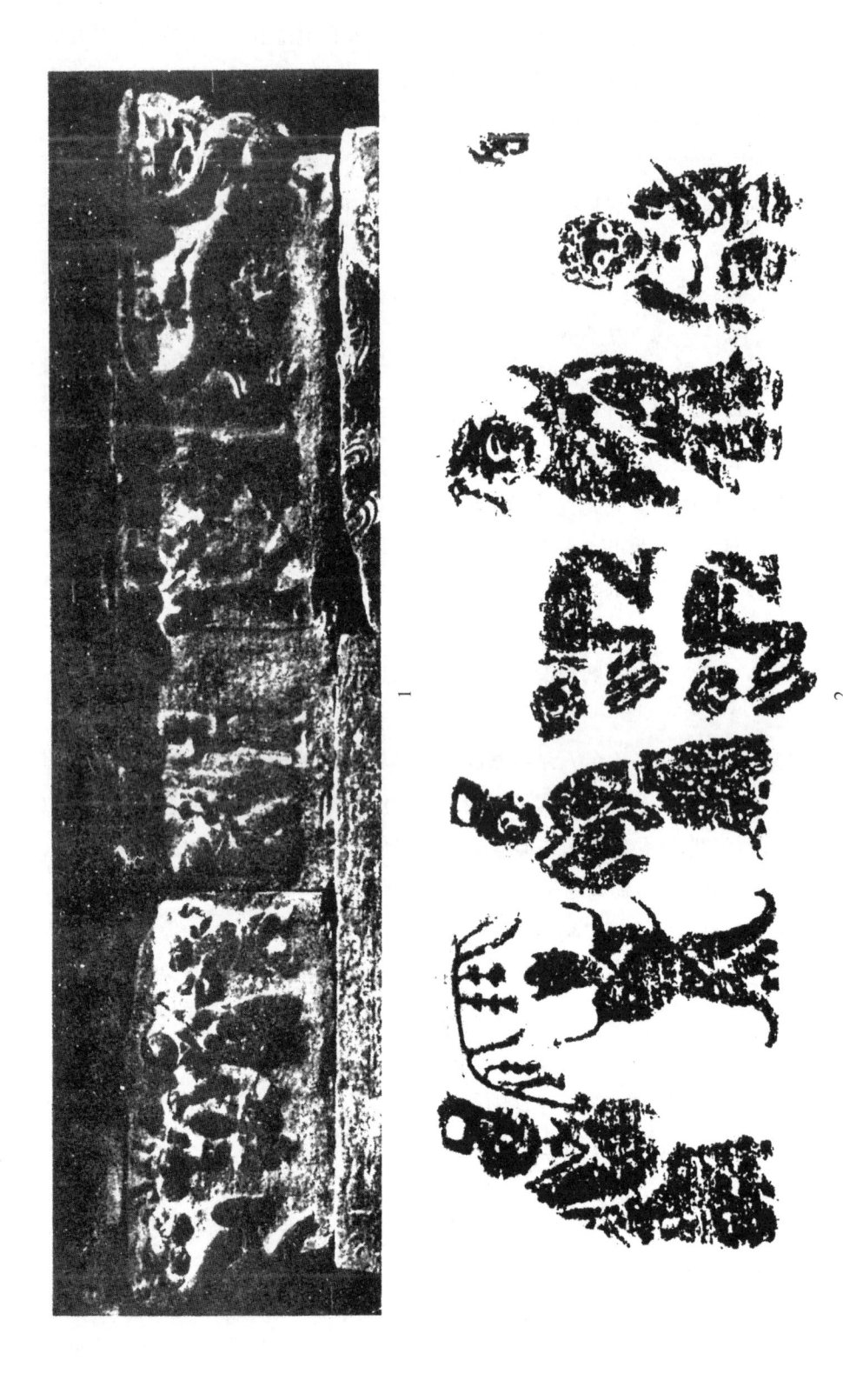

图一六一 四川雅安高颐阙右阙阙楼第四层构石画像
1. 正面画像 2. 背面画像

是大禹的妻子、启的母亲涂山氏神庙前的神道阙。在启母阙之北约190米处，有一块巨大的启母石，据传是涂山氏的化身。关于这个传说，《汉书·武帝纪》颜师古注云："禹治洪水，通轘辕山，化为熊，谓涂山氏曰：'欲饷，闻鼓声乃来。'禹跳石，误中鼓。涂山氏往，见禹方作熊，惭而去，至嵩高山下化为石，方生启。禹曰：'归我子。'石破北方而启生。"启母庙始建于汉武帝时，成帝时废置，现存启母阙是东汉安帝时重建的启母庙神道阙。中岳三阙的建造年代相近，形制结构完全相同，虽均附有子阙，但主阙、子阙的阙身不仅厚度（进深）完全相同，而且下部合筑成一个整体，只是高度不同罢了。在这一点上，三阙与图一五二的河南正阳东关石阙如出一辙。

嵩山三阙的画像，不只题材内容极为接近，雕刻技法也完全相同，都用凿纹地浅浮雕技法刻成。下面，以保存情况较好的太室阙西阙为例，探讨庙阙的画像内容及其配置规律。

太室阙的东、西两阙相距6.75米，西阙通高3.96米，子阙比主阙低1.31米，画像集中刻在阙身的四面。西阙的阙身由七层石材砌筑而成，每层用石材二至三块不等，下面六层石材构成的阙身为子、主阙所共有。画像主要配置在这七层石面上（图一六二）。画像分层配置，阙身共有七层画像，除了主阙阙身第七层三面刻圆饼纹，有具体图像学意义的画像均配置在下面六层。很明显，这些画像是逐石刻好后再拼砌成阙身的。让我们自下而上，逐层考察阙身四面的画像内容。先来看一下阙身南面即正面的画像。第一层是由平行凿纹带和连弧纹带组成的复合图案花纹带。第二层有两幅画像，右面画像漫漶不清，左面画像仅能看出一鱼和一兽足。第三层刻三幅画像，左、中两幅画像剥落严重，画像无存；右面画像为菱形穿环纹。第四层有两幅画像，左面刻拜谒图，画面左边一颔下有须的冠服人物正襟危坐，其右边二人跪拜于地；右图画面残损，仅能看出一头戴平帻的半身人像。第五层左刻画像、中右部刻铭文。左面画像为马戏图，画面右边刻一马昂首扬尾作奔跑状，一人在马背上双手倒立，体态轻盈健美，其余画面残损；中右部的铭文已漫漶不清，无法释读。第六层左石刻车马图，画面左边为一辆左行的单驾四维轺车，车上前坐驭手，后坐一冠服人物，车后为一从骑，其后为一辆四维轺车，后一轺车残损，仅能看出马的四腿、车盖和车轮；右石左面刻"中岳泰室阳城"六字阙铭，右面刻一圆腹有尾的大鳖。阙身北面的画像配置与南面略同。第一层为复合图案花纹带。第二层两幅画像，左石刻双鹤鲤鱼图，中刻一鲤鱼，两侧各有一长喙高足的仙鹤；右石刻一昂首张口、鳞甲分明的巨龙。第三层三幅画像，均严重残损，仅能看出左图中部刻一株上落一鸟的长青树、右图右下角刻一小兽。第四层两幅画像，右面画像残毁无存，左面画像为一只羽冠绮丽的凤鸟。第五层三幅画像，左边的画像剥落严重，仅能看出画面右侧有一正襟危坐的冠服人物；中图为一头戴冠，体似鳖，前肢上举，下肢半蹲的怪神，

第六章｜石阙画像　329

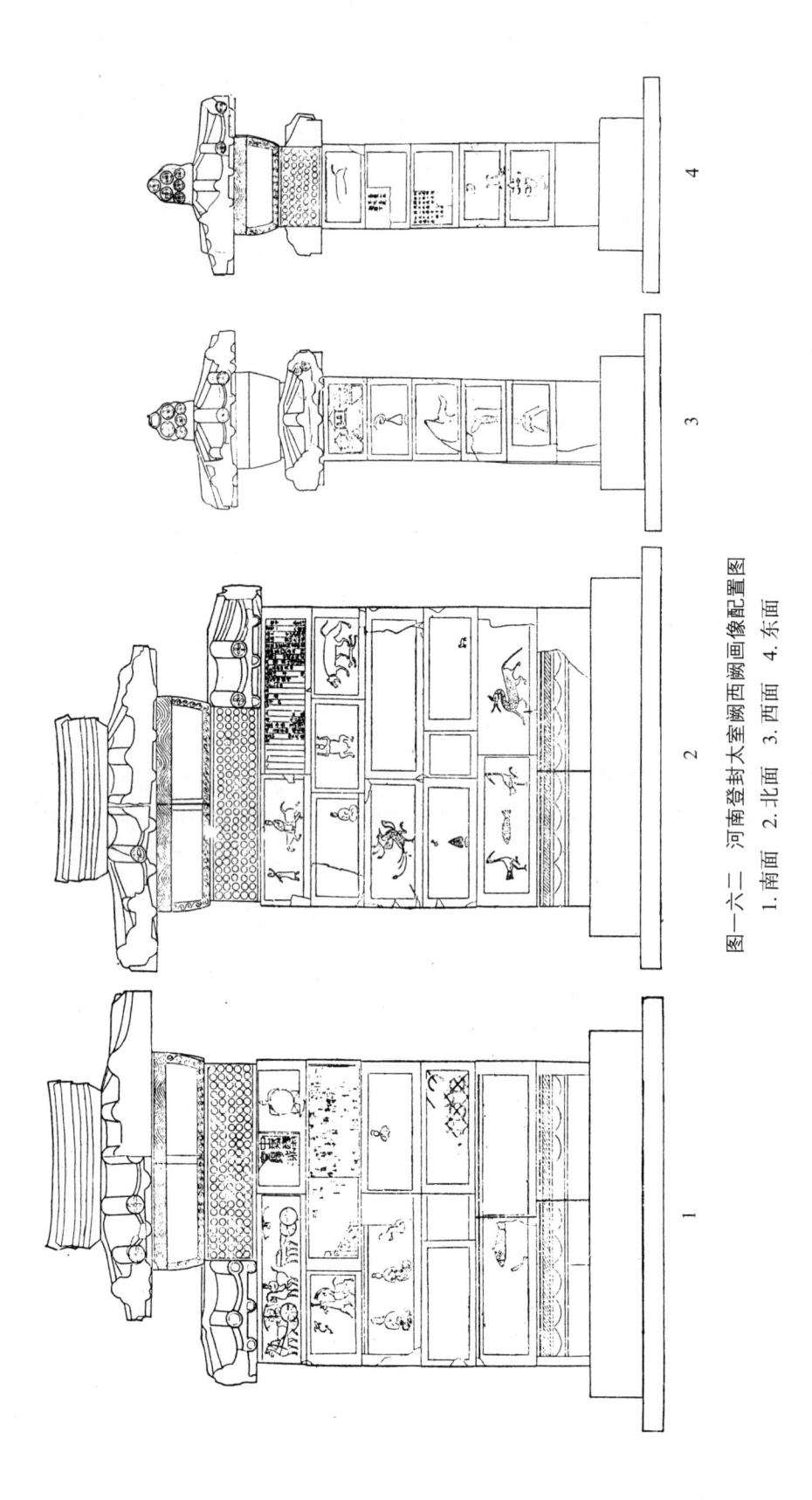

图一六二 河南登封太室阙西阙画像配置图
1. 南面 2. 北面 3. 西面 4. 东面

330　汉代画像石综合研究

有可能是大禹或其父鲧的形象；右边的画像为一只张口扬尾的巨虎，足下横陈一人，表现的应是虎食恶鬼。第六层左石刻画像，右石刻铭文。左石画像为出行图，一头戴平帻的步卒肩扛木吾为先导，一骑在后左行。右石刻铭文27行，记述了太室庙的祭祀对象、建阙年代和监造者姓名。文曰："惟中岳泰室嵩高神君，处兹中夏，伐业最纯。春生万物，肤寸起云。润施源流，鸿濛沛宣。并天四海，莫不蒙恩。圣朝肃敬，众庶所尊。斋戒奉祀，战栗尽勤。以颂功德，刻石纪文。垂显述异，以传后贤。元初五年四月，阳城县长、左冯翊万年吕常始造此石阙，时监之。……"阙身西面，每层各配置一幅画像，共有六幅画像。第一层，与南、北两面一样刻复合图案花纹带。第二层刻一头绾双髻、身着长衣、肩生双翼的神人。第三层刻一条一头三身的怪鱼，当为祥瑞图。第四层中部刻一鸟。第五层中部刻一株长青树，树顶一绾髻女子双手倒立，身姿妙曼优美。第六层刻三座并列的二层楼阁，中间的楼阁高而两侧的楼阁低，形成左右对称的布局，楼阁上层围有栏杆，下立木柱；中间的楼阁上二人正襟危坐（图一六三）。阙身东面的画像配置与西面相同，六层各刻一幅画像。第一层同其他三面一样，刻复合图案花纹带。第二层刻铺首衔环。第三层画面残缺，仅可看出中部刻一只长尾垂地的凤鸟。第四层和第五层的画像残毁无存，第五层左上角有"嘉庆十三年阮元来观阙下"刻字。第六层画面残缺，仅存一兽的背部及长尾。此外，在主阙的阙楼楼身四面，上部边缘阴线刻水波纹，两侧

图一六三　河南登封太室阙西阙阙身西面第六层的神庙图

及下部边缘刻涡纹图案[1]。太室阙东阙的画像内容及配置与西阙大体相同。大概由于都是神庙的门阙，少室阙、启母阙的画像，不仅配置与太室阙相同，题材内容也与太室阙大同小异。因此，太室阙的画像基本上可以代表汉代神庙门阙的装饰画像特点。

从太室阙西阙的画像可以看出，汉代神庙门阙的画像，除了没有具体图像学意义的图案花纹外，在题材内容上大体有四类。第一类是描绘朝廷官员到太室神庙祭祀中岳神君场面的画像，阙身南、北、西三面第六层的画像就属于这类内容。值得注意的是，阙身这一层南、北两面的铭刻文字分别标示了阙名和记述了建阙始末，而阙身这一层的西面恰好刻有一幅楼阁图，这种配置暗示着阙身西面图中的三座二层楼阁就是太室神君的神庙。阙身南面即正面，第六层左石所刻的车马出行图，车马行列自右向左行进，其前方恰好是西面第六层的楼阁图，表明出行者的目的地就是太室神君的神庙。出行图中的导车和主车均为四维轺车，主车前有导骑，说明出行车马行列的主人公绝非一般人物，而是身份较高的政府官吏。根据两汉书记载，汉代对名山大川的祭祀是国家行为，通常都是由朝廷直接派官员到名山大川的神庙去进行。阙身正面第六层的车马出行图和西面同层的神庙图，所绘应正是朝廷官员赴太室神庙去奉祀太室神君的场面。阙身北面第六层的出行图，其图像学意义亦应相同。西阙阙身正面第六层右石所刻的神鳖，笔者认为应是大禹的形象。之所以作出这种推断，理由有三。第一，文献记载大禹治水曾到过太室山。第二，神鳖形体特征与传说中的鲧相同。据《史记·夏本纪》：尧任用鲧治理洪水，无功。"舜登用，摄行天子之政，巡狩。行视鲧之治水无状，乃殛鲧于羽山以死。"《正义》注曰："鲧之羽山，化为黄熊，入于羽渊。熊音乃来反，下三点为三足也。束晳《发蒙纪》云：'鳖三足曰熊。'"笔者认为，"熊"字下面的三点并非三足，而是"水"字，鲧治水失败而死，故名曰"熊"。可见传说中鲧的形象是水中动物黄鳖，所以才能入于羽山的羽渊。大禹为鲧之子，其形象亦应为鳖。前引《汉书·武帝纪》颜师古注说，大禹在轘辕山治理洪水时化为熊，笔者认为熊为"熊"之误，传说中的大禹形象亦为鳖。对此，汉代人是清楚的，故太室阙中的大禹形象为鳖。"熊"即鳖，变为熊，推测是汉以后史籍传抄舛误，将"熊"误写为熊，唐人不解，才作出望文生义的解释。将大禹形象与车马出行图、神庙图配置在同一层，表明太室庙的祭祀对象即太室神君就是大禹。第三，太室阙西北距启母阙仅3公里，说明两座神庙是相邻的，为有大功于民的古代圣贤夫妻分别立庙奉祀，应是情理中事。其他人物图像，如阙身北面第五层的鳖身神怪图、南面第四层的拜谒图，也应是表现祭祀太室神君内容的画像。正因为祭祀名山大川是一种国家行为，因此这类画像是庙阙最重要的画像内容，都配置在阙身较高位置。第二类内容

---

[1] 吕品：《中岳汉三阙》图三～六，图版三九～六六，文物出版社，1990年，16～19页。

是描绘祭祀、庙会活动中娱神歌舞、杂技场面的画像，如阙身西面第五层的树顶倒立图、南面第五层马戏图，少室阙和启母阙阙身上的蹴鞠图等，而太室阙阙身北面第五层刻的鳖身怪神应当就是正在欣赏歌舞演出的祭祀对象大禹。由于这类画像内容与神庙祭祀活动直接相关，因而多配置在第一类内容的画像之下。第三类内容是仙禽神兽图和祥瑞图，前者主要有朱雀、神虎、青龙图像等，后者主要有双鹤鲤鱼图、一头三身的比目鱼图等。第四类内容是表现石阙建筑功能的铺首衔环类画像等。第三、第四类内容的画像一般配置在阙身的中下部。遗憾的是，汉代的其他名山大川神庙无一保存至今，致使我们无法对庙阙画像和庙堂画像进行比较研究。

综上所述，可以看出，汉代的石结构神庙阙和墓阙，由于祭祀者和祭祀对象不同，画像内容及其配置也各有自己的特点和规律。名山大川神庙的祭祀活动是一种国家行为，祭祀对象是山川神祇，祭祀者是朝廷特派的官员，因此神庙图、奉祀官员赴神庙的车马出行图、娱神的歌舞杂技图都配置在阙身上部，画像的表现重点是人与神祇之间的关系。墓阙的建筑形式和画像与祠堂一样均来源于宗庙，其祭祀者是孝子贤孙，祭祀对象是埋葬在墓地的祖先，墓祭活动是一种家族行为和个人行为。因此，描绘阙主从地下世界赴墓地祠庙的车马出行图和祠庙祭祀图就成了墓阙基座特别是阙身最重要的画像；而为了表现阙主的升仙愿望，位置较高的阙楼四面就成了仙人世界内容画像的配置之处。除了没有表现天界诸神内容的画像，墓阙和墓地祠堂的画像内容基本相同。墓阙画像表现的重点是现实人间世界与地下鬼神世界、西王母仙人世界之间的关系。

第六章｜石阙画像　333

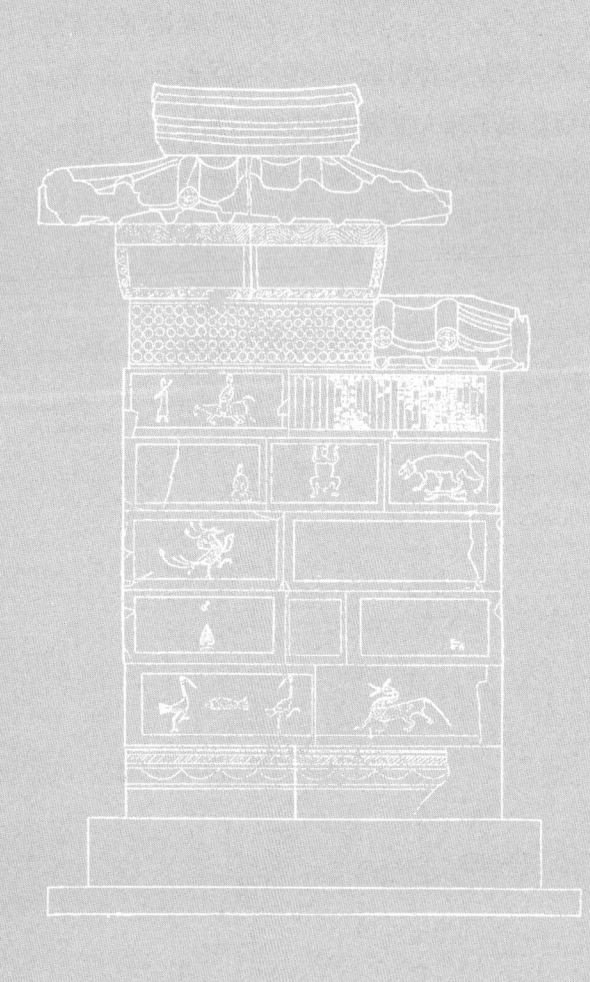

第七章

墓室画像与祠、阙画像之间的关系

汉代的地下墓室和墓地的祠堂、墓阙虽然建筑形式不同，结构各异，但从建筑性质上看，是一组互相关联的礼仪性丧葬建筑。因此，三种建筑的画像内容之间也应有着必然的关系。

第一节　地下之"堂"与地上之"堂"

我们在第四、五、六三章中分别对汉代地下墓室、墓地祠堂和墓阙的石刻画像及其配置规律进行了系统考察。通过这一考察，可以清楚看出，不仅祠堂与墓阙的画像内容有诸多相同之处，而且大型多室墓前室、中室画像与祠堂的画像之间，无论题材内容还是配置规律，都有着更多的一致性。换言之，二者都在建筑最高位置的天井上配置表现诸神天界内容的画像，在位置较高的门柱、立柱以及左右侧壁的上部配置表现墓主（即祠主）升仙愿望的画像，历史故事类画像则配置在其他壁面部分。不仅如此，二者都将表现祭祀墓主（即祠主）活动场面的画像作为最重要的核心内容配置在最重要、最醒目的位置。在多室墓的中室和前室，这类以祭祀墓主（即祠主）为内容的画像多配置在四壁的横梁或门额上，而在祠堂中则配置在后壁。地下墓室和墓地祠堂在画像内容及配置上的这种一致性，绝非偶然现象，而是由二者建筑性质相近而决定的一种必然现象。

关于墓地祠堂的建筑性质，正如第四章第一节所指出的，这是一种搬到墓地的宗庙，与宗庙一样，墓地祠堂也是一种祭祖建筑。先秦时期，作为唯一的祭祖礼仪性建筑，宗庙分为庙和寝两部分。庙位于前，内部陈放祖先木主，是祖先灵魂接受子孙家人的祭祀之处；寝位于后，内部陈放祖先生前衣冠用具，是祖先灵魂日常休憩之处。宗庙的这种建筑布局，明显是模仿统治者的宫室而建造的。古代统治者的宫室建筑布局前朝后寝，朝又称"堂"，是统治者处理公务和接待宾客之处；寝又称"室"，是统治者及其家眷燕居之处。墓地祠堂同宗庙中的庙一样，是祖先灵魂接受子孙后代祭祀之处。因此，对地下墓室而言，墓地祠堂是"堂"；反之，对墓地祠堂而言，地下墓室是寝，是墓主（即祠主）灵魂日常寝居之处。在当时一般官吏和庶民的墓地上，只有祠堂而无寝，祠堂与墓室间的这种关系显而易见。但在皇帝陵墓和高级贵族的墓地中，不仅有陵庙、祠堂，而且有寝，这就使陵庙、祠堂与地下墓室之间的关系变得暧昧不明了。实际上，即使墓地中有寝，从建筑功能上看，陵庙、祠堂与地下墓室之间仍然是"堂"与"寝"的关系。

有意思的是，汉代的地下墓室同宗庙一样，也是模仿生人的宫殿、居室而建造的。

这种做法，与古代人灵魂不死的观念有着直接关系。古代人坚信，人的灵魂是不死的，人死后，其灵魂在地下世界仍然过着与生前一样的生活。因此，从先秦时期起，重视孝道的儒家礼制就一直强调"以生事死"，要求为死者营建的地下墓室必须在建筑形制上模仿生人住宅。例如，战国晚期的儒家代表人物荀子就特别重视这一点，认为"丧礼者，以生者饰死者也，大象（像）其生以送其死也"。能做到这一点，就是"礼义之法式也"；否则，就"是奸人之道而倍（背）叛之心也"。为此，荀子非常注重墓室和坟丘的形制，主张"故圹垄，其貌象（像）室屋也"[1]。就是说，为死者营建的墓室和坟丘，在形制结构上应与生人住宅一样。实际上，汉代的大型多室墓就是按照儒家的这种丧葬礼义观念而建造的，汉画像石墓也是如此。前后室画像石墓和多室画像石墓，都与生人住宅一样，分为前堂和后寝两部分。陈放墓主棺椁的后室，是墓主灵魂日常寝居之处，其功能相当于生人住宅中的寝或室；后室之前的中室和前室，是墓主灵魂在地下世界接见宾客和处理公务之处，其功能相当于生人住宅中的堂或朝。山东苍山东汉元嘉元年（151）画像石墓的石刻铭文中，就将前室直接称为"堂"，证明了地下墓室确实是模仿生人住宅而建造的。

从以上论述，我们知道汉代的大型画像石墓一般都有两个"堂"。一个"堂"是地下墓室中紧靠后室、位于后室之前的中室或前室；另一个"堂"是墓地祠堂。这两个"堂"，对于地下世界的墓主来说，都是进行燕居生活以外各种活动不可缺少的场所。特别是墓地祠堂，是联系现实人间世界和地下鬼魂世界的纽带，体现着极受社会重视的伦理孝道，在两种"堂"中尤为重要。地下之"堂"与地上之堂这种建筑功能上的共同点，也正是二者画像内容及其配置规律非常相近的原因。

以前的研究，几乎都是将地下墓室画像和墓地祠堂画像当作互相独立的研究对象分别进行考察的。这种片面的研究方法，人为地割断了地下墓室和墓地祠堂之间的有机联系，显然不可能全面、正确地理解汉画像石。实际上，墓葬建筑中的这两种"堂"，不仅画像的题材内容及其组合极为相似，而且二者画像的图像学意义也有着不可分割的密切联系。表现这种密切联系的画像，就是配置在地下墓室"堂"的横梁、墓门门额和墓地祠堂后壁最下部的墓主（即祠主）车马出行图。为了表明墓主（即祠主）的车马行列是从位置较低的地下世界出行到位置较高的墓地祠堂去，墓室"堂"中或墓门的车马出行图一般都配置在位置较高的横梁或门额上。而在墓地祠堂中，为了表明墓主（即祠主）的车马行列是从位置较低的地下世界而来，车马出行图都配置在后壁的最下部，并与其上部的楼堂祭拜图共同构成完整的祠庙祭祖图。

---

[1]《荀子·礼论》。

从地下墓室和墓地门阙、祠堂三者的关系看，三者虽然都在墓域中，却代表着不同的宇宙世界：地下墓室代表着地下鬼魂世界，而墓地的门阙和祠堂则代表着现实人间世界。就三者的从属关系说，墓地的神道阙与墓地祠堂是一组互为表里的建筑，都从属于地下墓室。正因为如此，墓阙画像与祠堂画像之间存在着诸多共同之处。在今人看来，地下墓室与墓地门阙、祠堂之间只有咫尺之遥；但在汉代人的观念中，两处却分属两个世界，距离极为遥远，墓主从地下墓室到墓地，必须经过车马长途跋涉，先进入墓阙夹峙的神道才能到达祠堂。三种建筑内的车马出行图表现的就是这一长途跋涉过程，而墓主出行到祠堂的目的是在那里接受子孙家人的祭祀。

第二节　"都亭""驿"与祠堂的关系

在第四、五、六三章中，已经论述过墓主车马出行的目的地是墓地中的祠庙。但要彻底搞清墓室画像与祠、阙画像之间的有机联系，还必须说明墓地祠堂与"都亭""驿"的关系问题。

在迄今所发现的大量汉代车马出行图中，只有两幅画像的题记铭文明确标示出了车马出行的目的地。根据题记铭文所记，墓主出行的目的地分别是"都亭"和"驿"。"都亭"题记出现在山东苍山元嘉元年（151）汉画像石墓中的长篇铭文中，原文为："使坐上，小车軿，驱驰相随到都亭。"[1]原文是对前室东壁横梁的女墓主车马出行图（图一二三第五幅图像）的解释。图中，两位女墓主的车马行列已经到达了一所建筑的大门前，正受到"游徼"的迎接。显然，这处大门旁附有小门的建筑就是女墓主车马行列出行的目的地，根据铭文，这所建筑名曰"都亭"。"都亭"和"驿"两则题记，出现在山东省梁山县后银山东汉早期壁画墓[2]的车马出行图中。1953年发掘的梁山后银山东汉壁画墓是一座砖石混合结构的前后室墓，墓门南开，后室由两道隔墙分为左、中、右三个棺室，每个棺室各置一具棺椁。根据汉代的埋葬制度，该墓应是男墓主与他两个妻子的合葬墓。壁画主要配置在前室的天井、东壁、西壁和南壁。前室东壁所画的树木射鸟图第四章已经介绍过，墓主车马出行图配置在西壁（图一六四，1）和前室南壁的西段（图一六四，2）。西壁画面分为上下两层，上层中部画一人身蛇尾的神人，旁有"伏羲"二字题记，其右边画朱雀图像，左边画一男子正在屠牛。下层所

---

[1] 山东省博物馆、苍山县文化馆：《山东苍山元嘉元年画像石墓》，《考古》1975年2期。
[2] 关天相、冀刚：《梁山汉墓》，《文物参考资料》1955年5期；中国社会科学院考古研究所：《新中国的考古收获》，科学出版社，1988年，333～334页。

图一六四　山东梁山后银山壁画墓前室的墓主车马出行图
1. 前室西壁部分　2. 前室南壁部分

画的墓主车马出行图，描绘出一列左行的车马行列，先导是一名旁有"游徼"题记的骑吏，其后是有"功曹"题记的导车、有"淳于鹄卿车马"题记的四维主车、有"主簿"题记的从车和一名从骑，最后是一名俯首躬身的执板送行官吏。墓主车马行列出行的目的地画在南壁西段的上层，是一座二层楼阁建筑，楼阁旁有"都亭"二字题记。楼阁上层并列左、中、右三室，中室内端坐一位老年男子，左、右室内的端坐者似为老年妇女；楼下似无门扉，内部空无一人。这三个老人，无疑就是葬在该墓后室中的男墓主和其两个妻子的形象。此外，在楼阁右侧，一人面右躬身施礼恭迎墓主车马行列的到来，其旁有"曲成侯驿"四字题记。主车旁的题记，证明了图中车马出行行列的主人公即墓主是个名叫"淳于鹄"的人物。现在的问题是，楼阁右侧迎接者旁边的"曲成侯驿"题记到底是何含义。在文献记载中，东汉时期的"曲成侯"只有刘建一个人。据《后汉书·寒朗传》载，曲成侯刘建是东汉初期一个列侯等级的高级贵族，明帝永平年间（58～75）遭人陷害，以谋反罪被朝廷逮捕，后因寒朗极力营救获免，无罪释放。题记旁的人物，姿态卑恭，肯定是个身份低微的小吏，如果"曲成侯驿"的题记指的是这个人物，也只能证明他是"曲成侯驿"的驿长或驿卒，绝对不会是曲成侯刘建本人。两汉时期，驿又称驿站，是郡、县治所和交通要冲之处的官营旅馆，其性质相当于今天的政府招待所。"曲成侯驿"的驿名，说明这是设在曲成侯治所的驿站。那么，墓主淳于鵾与曲成侯刘建究竟是什么关系呢？为什么墓主淳于鵾的车马行列要出行到曲成侯的驿站去呢？笔者认为，要正确回答这个问题，就必须首先搞清图中附有"都亭"题记的二层楼阁究竟是何处。

苍山元嘉元年（151）画像石墓和梁山后银山壁画墓的墓主车马出行图中，车马行列所到达之处都由题记文字标明是"都亭"，证明了"都亭"与墓主之间有着密切的关系。据笔者所知，对于"都亭"，历来有两种解释。《史记·司马相如列传》载："（司马相如）家贫，无以自业。素与临邛令王吉相善，吉曰：'长卿久宦游不遂，而来过我。'于是相如往，舍都亭。"唐司马贞的《索隐》注曰："临邛郭下之亭也。"《汉书·司马相如传》对此事的记述与《史记》同，对"都亭"，唐颜师古解释为"临邛所治都之亭"。"亭"，是秦汉时期的基层治安机关，其职能相当于今天的公安派出所，长官是亭长，下有二亭卒。亭的职能主要是抓捕盗贼，维持地方治安。《续汉志》注引《汉官仪》云："十里一亭，亭长亭侯；五里一邮，邮间相去二里半，司奸盗。亭长持二尺板以劫贼，索绳以收执贼。""都亭"是郡、县和侯国治所都邑之亭。这是对"都亭"的第一种解释。另据《汉书·酷吏列传·严延年传》载："初，（严）延年母从东海来，欲从延年腊，到洛阳，适见报囚。母大惊，便止都亭，不肯入府。延年出至都亭谒母，母闭合不见。"文中的"都亭"，《汉书》无注。清代著名学者俞正燮解释说："《（汉书）严延年传》云：'母止都亭不入。'都亭，邑中传舍也。"[1]《续汉志》注引《风俗通》曰："汉家因秦，大率十里一亭。亭，留也，盖行旅宿会之所馆。"也就是说，"都亭"是由政府在都邑所设置的、当时被称为传舍或驿舍的旅馆。这种官营的传舍，不仅要为来往官员提供食宿，还必须备有马匹、车辆以供往来官员使用。这是关于"都亭"的第二种解释。实际上，这两种解释并无矛盾。当时的"亭"，其职能虽然主要是追捕盗贼、维持地方治安，但从文献记载看，至少还有另外两种职能。一是在辖区内保证上级官员的安全，对到达辖区内的上级官员负有迎送和守卫的责任。《后汉书·逢萌传》关于亭长捧盾迎接上级官员的记载和大量汉代车马出行图中描绘的亭长躬身捧盾迎接上级官员的场面，都证明了"亭"确实具有这

---

[1] 俞正燮：《癸巳类稿·少吏论》。

种职能。二是为了过往官员的夜间安全和旅途便利,"亭"都具备食宿条件。据《史记·李将军列传》载,李广因作战失利被罢职,"家居数岁。广家与故颍阴侯孙屏野居蓝田南山中射猎。尝夜从一骑出,从人田间饮。还至霸陵亭,霸陵尉醉,呵止广。广骑曰:'故李将军。'尉曰:'今将军尚不得夜行,何乃故也。'止广宿亭下"。当时的霸陵邑相当于县,霸陵亭当然相当于都亭。从这则记载,可知汉代的"都亭"确有食宿设备,具有驿站的功能。两汉时期,"亭"有都亭、乡亭之分,都亭是郡县和侯国治所之亭,乡亭是乡间之亭,两者虽有等级高低之别,职能却完全相同。对过往官员来说,都亭和乡亭都是临时住宿的旅馆或驿站,只不过乡亭规模较小,一般不备有供过往官员使用的车马。

那么,上述两幅墓主车马出行图中的"都亭"建筑到底是什么地方呢?首先可以断言,图中的"都亭"绝不会是地下鬼魂世界的建筑。因为在汉代人的观念中,对墓主的灵魂来说,地下墓室不是临时住宿的旅馆,而是永久性住宅。陕西绥德东汉永元十五年(103)郭稚文墓[1]的门柱上所刻的"圜阳西乡榆里郭稚文万岁室宅"题记,就是这种观念最有力的证据。图中的"都亭",也绝不会是天上世界或西王母昆仑山仙界的建筑。前面各章已经反复论证过,在汉代普通人的观念中是没有升天思想的,将图中墓主车马出行的目的地即都亭理解为上帝和诸神的天上世界,对于汉代人来说是无法想象的。西王母的昆仑山仙界是当时人们极为向往和憧憬的极乐世界,在当时的社会观念中,人们一旦升仙,肯定会在那里永远居住,过长乐无极的幸福生活,而绝不会将那里当作"都亭"那样的临时旅馆,暂住后重新回到幽暗阴冷的地下鬼魂世界或现实人间世界,继续过烦恼多忧的苦难生活。因此,图中的"都亭",只能是建在人间的祠庙。对墓主来说,祠庙并不是像地下墓室那样的永久性住宅,而只不过是在祭祀这一天为了接受子孙的献祭才去的地方,是建在另一世界、像旅馆一样的临时居留和休憩之处。就这一点来说,祠庙实际与"都亭"的功能是相同的。可以肯定,墓主车马出行图中的"都亭"建筑,实际就是祠庙。

祠庙在画像中被称为"都亭",应与两汉时期国家为功臣贵族营造坟墓和祠堂的做法有着直接关系。例如,据《汉书》《后汉书》记载,西汉的霍光、张安世,东汉的马援、张禹等朝廷重臣的坟墓和墓地祠堂,都是由皇帝下令派员、由国家出资建造的。由国家为个人营造祠庙,是国家对功臣一生功绩盖棺论定式的褒扬,无论对功臣本人还是其家族,都是极为荣耀的事情。这类由国家建造的祠堂,估计其祭祀活动,也是由国家资助的。如霍光的茔地内,由朝廷"置园邑三百家,长丞奉守如旧法",其祭祀活动无疑是由

---

[1] 陕西省博物馆、山西省文物管理委员会:《陕西东汉画像石选集》图74~75,文物出版社,1959年。

国家出资进行的。这对于埋葬在地下墓室中的墓主来说，像生前利用"都亭"一样，往来祠庙的车马和祭祀时享受的祭品都由国家提供，充分证明了身份的高贵。就这点来讲，墓主车马出行图中的"都亭"题记，与常见的"此上人马，皆食太仓"的题记一样，都是为了表明墓主在地下世界也是有身份的高贵人物。梁山后银山墓车马出行图中的"曲成侯驿"题记，暗示了墓主淳于鸠与曲成侯刘建的关系，很可能淳于鸠生前曾担任过刘建侯国的官员，所以死后才回到"都亭"接受祭祀。苍山元嘉元年（151）墓男、女墓主车马出行图的图像学意义也应相同。在第四、五、六三章中，我们已经论证过墓主车马出行的目的地是墓地祠庙，而上述两幅图中的墓主出行目的地都由题记标明是"都亭"，但汉代的"都亭"都建在郡县和侯国治所，似乎互相矛盾。这种矛盾，与墓地祠堂的由来有着直接关系。笔者在第四章已经指出，汉代的墓地祠堂本质上是从都邑搬到墓地的宗庙，尽管对墓主的祭祀活动都在墓地祠堂举行，但在当时人们的观念中，墓主灵魂接受祭祀之处仍然是都邑中的宗庙。

值得注意的是，在墓室和祠堂的石刻画像中，这种被称为"都亭"的祠庙，其建筑形制和格局千差万别，既有常见的单层屋顶的厅堂、楼阁双阙和建筑大门等较简单的建筑形式，也有更为复杂的重楼连院式建筑，如山东沂南北寨村墓中室南壁横梁西段的祠堂庭院图（图一二九，1）和四川成都曾家包1号墓东主室后壁的庭院图（图一四〇，2）。其中建筑形制和布局较复杂的祠庙建筑图，一般都根据画像石画面的长宽比例，分别采用横向布局和纵向布局的构图方法加以表现。例如，图一六五是江苏徐州铜山县茅村东汉熹平四年（175）画像石墓[1]中室南壁横梁的祠庙图，由于画面横长，双阙、祠堂和寝屋等建筑采用了自右而左的平面配列方式进行构图。而山东曲阜旧县村发现的祠庙图画像石[2]，由于画面纵长，大门、双阙、祠堂和寝屋等建筑，采用了自下而上的纵向排列方式进行构图（图一六六）。汉画像石中的祠庙图，尽管其建筑形制的复杂程度和构图方法各不相同，但作为墓室和祠堂画像的不变内容，始终是墓室和祠堂画像中最重要的表现题材。这种图像与墓主车马出行图一起，共同构成墓室、墓阙和祠堂画像的核心内容——祠庙祭祖图。而三种丧葬建筑装饰画像之间联系的纽带则是墓主车马出行祠庙图。

---

[1] 徐州博物馆：《徐州汉画像石》图62，江苏美术出版社，1985年。该墓清理时未发现纪年铭刻，1980年夏，笔者与俞伟超先生参观该墓时，在前室北壁发现了"熹平四年"纪年铭刻。同时参观者有当时徐州博物馆的王恺、夏凯臣、武利平和王黎琳等同志。

[2] 山东省博物馆、山东省文物考古研究所：《山东汉画像石选集》图版七二之图165，齐鲁书社，1982年。

图一六五 江苏徐州铜山茅村画像石墓中的祠庙建筑图

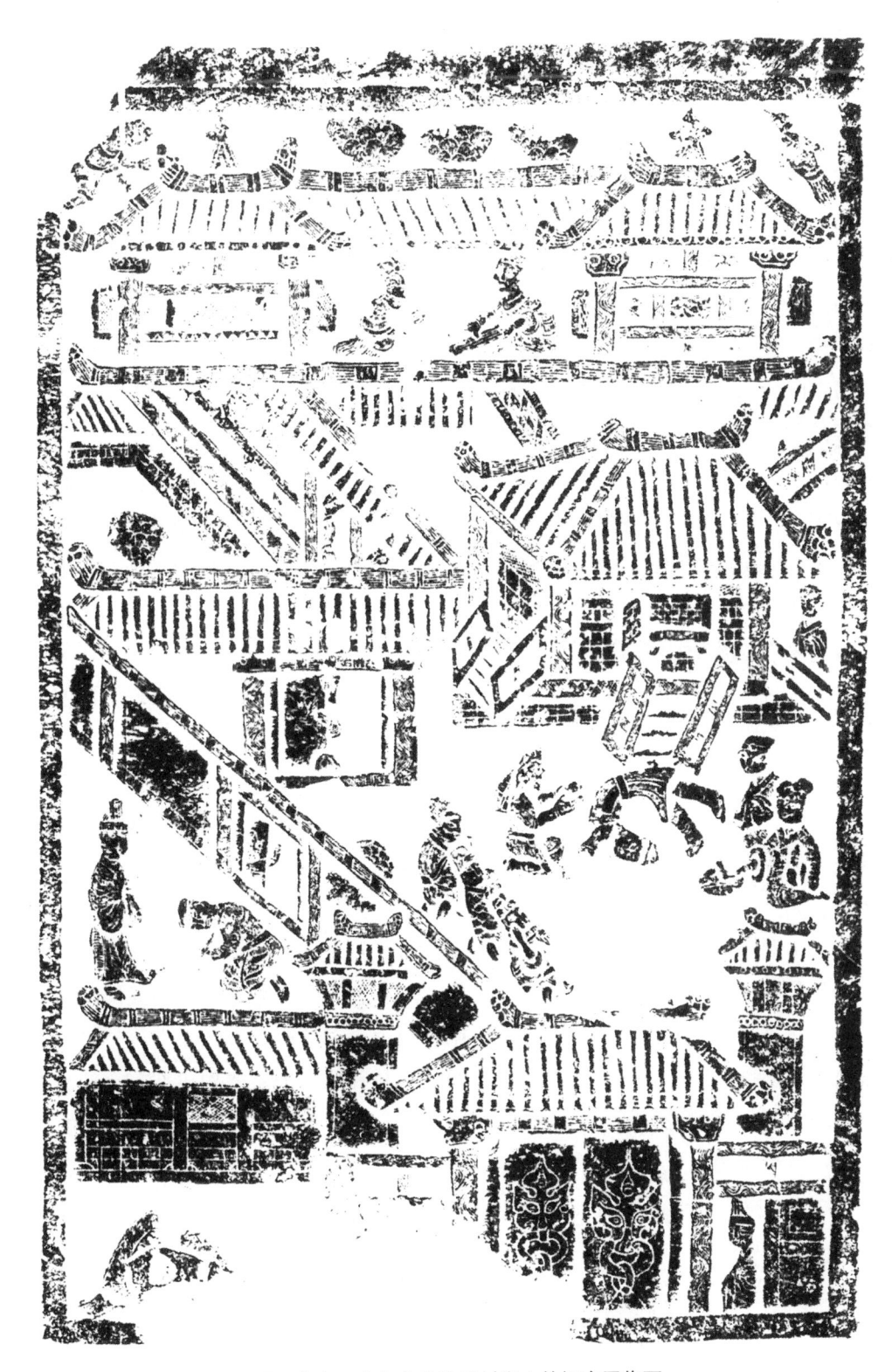

图一六六　山东曲阜旧县村出土的祠庙画像石

第三节　河、桥以及桥上交战图的图像学意义

到东汉晚期，早期祠堂石刻画像中常见的胡汉野战图已经消踪匿迹，代之而新出现的是桥上交战图。在祠堂中，这种桥上交战图一般都配置在祠堂西侧壁的下部，如武氏祠的左石室（图九）和前石室（图四一）即武荣祠，图中桥上的交战双方已经不是胡军和汉军，而是均为汉人军队。在墓室中，桥上交战图一般配置在前室、中室的横梁和墓门的门额上，图中交战双方以胡军和汉军对阵者居多，如苍山元嘉元年（151）墓前室西壁画像（图一二三之第四幅）和沂南北寨村墓的墓门门额画像（图一三三）。但在更多的河桥图上，看不到两军对阵厮杀的场面，如山东苍山县兰陵镇出土的河桥车马图画像石[1]（图一六七，1）和山东临沂白庄汉画像石墓出土的河桥车马图画像石[2]（图一六七，2），描绘的都是男、女墓主的四维轺车和辌车在众多军卒骑吏的护卫下自右而左越过河桥的场面。同样内容的墓主车马过桥图，在四川地区的汉画像砖上也常常可以看到。图一六七的3、4分别是四川省博物馆收藏的汉画像砖[3]和四川新都县出土的汉画像砖图像[4]，两图内容相同，画面下部是木结构河桥，墓主乘坐的轺车和从行的骑卒正从桥上驱驰而过。这种河桥交战图和墓主车马过桥图的大量出现，证明了这是东汉晚期画像的一个重要题材内容。其图像学意义，根据苍山元嘉元年（151）汉画像石墓的铭文题刻，可以确知描绘的是墓主车马出行的场面。问题是，在这种墓主车马出行图中，为什么墓主的车马行列和胡汉两军交战场面，要与河、桥联系在一起来加以表现呢？这个问题，也是正确理解墓室画像与祠、阙画像关系必须要搞清的另一个问题。

以下先来探讨图中河流与桥梁的图像学意义。笔者认为，将墓主车马出行行列与河、桥联系在一起，与我国古代的宇宙构成观念有着直接关系。至迟到战国时期，全部宇宙世界由天帝和诸神的天上世界、以昆仑山为代表的西王母仙人世界、现实人间世界、地下鬼魂世界四部分组成，现实人间世界与其他三个宇宙构成部分之间都有难以逾越的分界线的观念就已经形成了。其中，现实人间世界与诸神天上世界的分界线，就是一条流淌在天际被称为云汉、天河或银河的大河。《诗经·大雅·云汉》吟诵的"倬彼云汉，昭回于天"，《诗经·小雅·大东》歌颂的"维天有汉，监亦有光"，

---

[1]　山东省博物馆、山东省文物考古研究所：《山东汉画像石选集》图版一八三之图420，齐鲁书社，1982年。
[2]　山东省博物馆、山东省文物考古研究所：《山东汉画像石选集》图版一六五之图369，齐鲁书社，1982年。
[3]　高文：《四川汉代画像砖》图八十，上海人民美术出版社，1987年。
[4]　高文：《四川汉代画像砖》图七九，上海人民美术出版社，1987年。

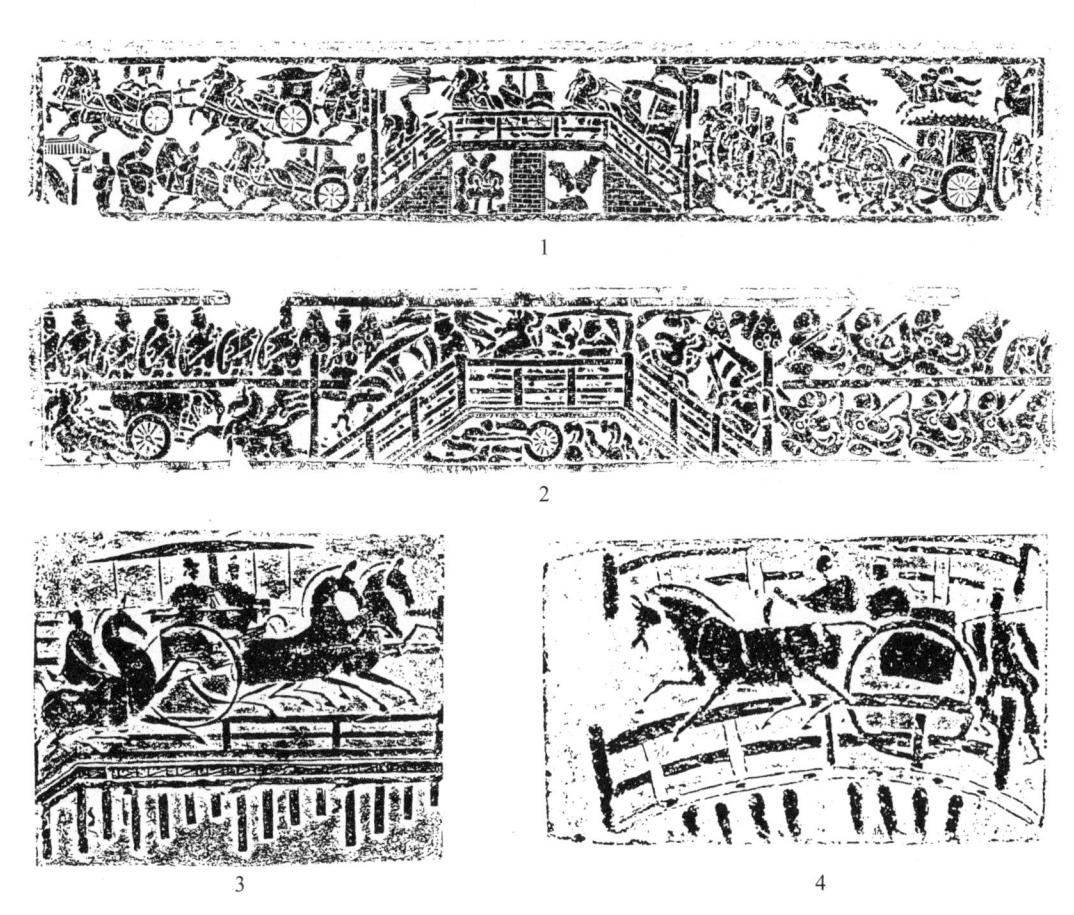

图一六七　汉画像中的河、桥画像
1. 山东苍山兰陵镇出土画像石　2. 山东临沂白庄汉墓出土画像石
3. 四川省博物馆藏河桥车马出行画像砖　4. 四川新都出土河桥车马出行画像砖

描绘的都是这条横亘天际、茫无际涯的天河。它隔在天、人两界之间，成为人神交往的最大障碍。神话传说中，哀怨凄绝的牛郎织女就是被这条大河悬隔，只能一年一度相会。《诗经》中的这两篇作品，一般认为是西周时期作品，说明关于天河的观念由来已久。第四章已经论述过，在神话传说中，隔在现实人间世界与西王母昆仑山仙界之间的，是"其水不胜鸿毛"的弱水。关于现实人间世界与地下鬼魂世界之间的分界线到底是什么，魏晋以前的文献中找不到任何线索，从隋唐以后的记载可知，同样是河流。《太平广记》卷三百四十六收录的《宣室志》所载董观故事，谈到董观死后到阴间去要渡过奈河。故事说，儒生董观一天突然死去。他像做梦一样，在早已死去的朋友灵习带领下来到一条河的岸边。河宽仅数尺，水向西南流去。董观问灵习："这是什么河？"灵习回答说："这就是人们常说的奈河，其源发于地府。"董观走近一看，发现河水都是血，臭不可近。此外，《太平广记》卷一百八收载的《报应记》中的张政故事也

图一六八　清代《目连救母》戏文中的"奈河桥图"

有类似的内容。故事说，张政于唐开成三年（838）七月十五日突然死去。开始他被四个人捉住带走，走了半天到了一条大河边。河很宽，水深三尺左右。他仔细一看，发现河水都是脓血。从这些小说野史的记述，可以清楚看出，关于奈河隔绝现实人间世界与地下鬼魂世界的观念，早在唐宋以前就已形成。在佛教轮回说的影响下，这条奈河后世被描绘成一条极为阴森恐怖的死亡之河：奈河的河水是从阴曹地府牢房中流出的血水，河水中潜伏着各种穷凶极恶的鬼怪和毒蛇，人死后的灵魂经过这里时，凡在阳世有罪恶者都会坠入河中，遭受恶鬼、毒蛇的残酷折磨。北宋以后，描绘奈河及阴间恐怖的故事大量被写进小说，编成戏剧搬上舞台，影响到整个社会意识形态。在人们的观念中，地下世界再也不是死后灵魂的安居之所，而是一个令人毛骨悚然的地狱。图一六八是清代《目连救母》戏文中的插图[1]，图中描绘了目连之母在牛头、马面二鬼的押解下走过奈河桥的景象。桥上，目连之母被绳索锁住脖颈，由牛头鬼在前牵拉着，马面鬼在后推搡着，自右而左走过奈河桥；桥下波涛汹涌，一人正在波涛中挣扎。这种以奈河为分界线的阴阳两界说或幽明两界说，对北宋以后特别是明清两代的丧葬礼仪和祭祀祖先活动产生了巨大影响。明清时期，由于人们将奈河视为死后灵魂赴冥界的畏途，为了让死者和祖先的灵魂能安全渡过奈河、轻松自由地往来于幽明两界之间接受子孙家人祭祀，在送葬和忌日举行祭祖活动时，都要焚烧用纸糊制的船、桥模型[2]。直到今天，这种祭祀风俗在偏僻乡村仍可见到。这种以河流作为幽明两界分界线的观念，在其自身的发展变化过程中，无疑曾经受到佛教轮回转世说的强烈影响，但从印度和中国传统的宇宙观

---

[1]　内田道夫：《北京風俗図譜》第一卷 105 页插图，平凡社，1985 年。
[2]　内田道夫：《北京風俗図譜》第一卷 104～105 页，平凡社，1985 年。

念特点来看，可以断言其来源绝不是汉以后传入的古代印度思想，而是中国固有的传统宇宙分界观念。笔者认为，在汉代画像石、画像砖的墓主车马出行图上画出河、桥的做法，也应受到了这种中国传统宇宙分界观念的影响。画像中的河与桥，显然是作为人间现实世界和地下鬼魂世界的分界线和幽明两界之间的通路而出现的，就这点来说，汉代画像中的河桥图就是后世奈河桥的前身和祖型。在墓主车马出行图中加画河桥，使画像的图像学意义更加一目了然：墓主的车马行列正在通过幽明两界的界河桥，即将从地下鬼魂世界到达墓地祠堂或都邑中的祠庙接受子孙家人祭祀。由于汉代的幽明两界说还没有受到佛教轮回转世说的影响，因此当时画像中的河桥图中看不到后世那种关于奈河桥的各种恐怖画面。

汉画像石中桥上交战图的出现，同样是上述中国传统幽明两界说影响的结果。这种画像题材的祖型，就是第四章已经介绍过的、先秦时期贵族宗庙中的胡汉战争图和献俘图。在汉代的墓上祠堂中，这种胡汉战争图和献俘图不仅变成了完全没有实际意义的因袭性画像，而且随着岁月的流逝，连其本来意义也逐渐被当时的人们所忘却。到东汉晚期，这种胡汉战争图与墓（祠）主车马出行图、河桥图结合在一起，形成了桥上交战图。很明显，画像中的河桥是幽明两界的分界线和通路。桥上交战的双方，虽然仍旧保留着激战的形式，但其图像学意义已经完全改变。其中在交战中保持优势、力图冲过河桥的一方显然是墓主的军队；而处于劣势、从桥上节节败退的一方应是守桥的军队。在当时人们的观念中，肯定认为隔绝幽明两界的河桥上驻有大量守桥的冥界军队，阻止死者灵魂随意往来于幽明两界之间，住在地下鬼魂世界的祖先灵魂要想回到墓地祠堂或宗庙去接受子孙家人的祭祀，就必须带领军队冲破守桥冥军的阻拦。笔者认为，桥上交战图表现的就是墓（祠）主率领军队，冲破守桥冥军的阻拦，赶赴祠庙去接受祭祀的场面。古代将地下鬼魂世界又称为幽界或冥界，幽、冥二字释义相近，都有黑暗的意思，幽字还有北方的意思，冥字因北方之神名曰玄冥，实际也可释为北方。因此，古代人会自然而然地将地下鬼魂世界理解成北方的幽暗之地。两汉时期，生活在长城以北草原地带的都是被称为"胡人"的游牧民族，这一点当然很容易使人联想到守卫幽明两界之间河桥的冥军是由胡人组成的。这也是桥上交战图中胡人军队与墓主的汉人军队激战的原因。在汉代画像中，胡汉战争图中的胡人军队就这样变成了幽明两界之间河桥的守军。这一变化，赋予了墓主车马出行图以新的图像学意义。这种河桥交战图或墓主军卒过桥图清楚表明，墓主在地下世界仍然像生前一样，是一个炙手可热的有力人物，他利用自己的强大势力，可以轻而易举地打破冥界的严格限制，自由地往来于地下鬼魂世界和墓地祠庙之间，心满意足地按时接受子孙家人的祭祀。

小　结

　　通过以上各节的讨论，证明了汉画像石最重要的画像题材——墓主车马出行图中墓主车马出行的目的地，就是在画像题记中被称为"都亭"的墓地祠庙，而在当时人们的观念中却仍是建于都邑的宗庙。到东汉晚期，由于受到传统宇宙分界观念的影响，墓主车马出行图与河桥图、胡汉战争图结合在一起，以河桥交战图或墓主军卒过桥图的形式出现在墓室和祠堂的装饰画像中，其图像学意义也被赋予了新的内容。图中的河桥是幽明两界的分界线和唯一的通路，从桥上败退的一方是冥界的守桥军队，占优势的一方是墓主率领的军队，早期胡汉战争图中的胡军已经演变为败退的守桥冥界军队。这一变化，进一步证明了图中墓主车马行列出行的出发地是地下鬼魂世界，目的地是建于人间现实世界的祠庙。这种画出河桥的墓主车马出行图，是墓室画像和墓地祠、阙画像之间联系的纽带。为了表明墓主的车马行列是从位置较低的地下世界出行到位置较高的墓地祠庙去，这种画像在墓室中一般配置在中室、前室的横梁或墓门门额上，在墓地祠堂中则一般配置在左、右侧壁下部，墓阙则多配置在基座和阙身上。这种画出河桥场面的墓主车马出行图，形象地揭示了当时观念中的人鬼两界之间的关系。

第八章

江苏连云港孔望山的摩崖画像

汉代的摩崖画像迄今发现极少。南宋洪适的《隶续》和清代冯云鹏、冯云鹓的《石索》,曾著录过甘肃成县鱼窍峡东汉灵帝建宁元年(168)的五瑞图摩崖画像,内容为甘露、嘉禾、木连理、白鹿、黄龙五种祥瑞[1]。这处摩崖画像目前是否存在,保存状况如何,学界一无所知。另一处也是唯一一处保存较好的汉代摩崖画像是江苏省连云港市孔望山摩崖画像群[2]。20世纪80年代初,经考察确认,孔望山摩崖画像是我国最早的一处佛、道教内容摩崖造像群。这一考察结论,立即引起了国内外宗教界、艺术界和考古学界的广泛注意。尽管这处摩崖画像群在艺术形式、题材内容和造像性质上,都与真正意义上的汉画像石相去甚远,但在雕刻技法上却又与东汉晚期的汉画像石完全一致。用当时流行的画像石雕刻技法雕造社会宗教图像,是孔望山摩崖画像群的一个显著特点。因此,本章将这处摩崖画像群作为汉画像石的一个特殊类别来进行介绍和研究。

孔望山位于连云港市海州区锦屏山(古称朐山)东北,是一座东西长约700米、高129米的东西走向的孤立山丘,整个山体由前震旦系花岗片麻岩构成。孔望山东部今天是一片平川,但三百年前还是大海,据传孔子曾登此山东望大海,山也因此得名"孔望"。摩崖画像群位于孔望山南麓最西端,依山岩的自然形势雕刻而成。目前可辨识的人物图像共有105尊,分布在东西长17米、高8米的山崖上,编号分别为X1～X105(图一六九)。在画像群东约70米处有一长4.8米、高2.6米、头东尾西的大型圆雕石像,石像北侧的颈部刻有一高0.92米的带镣持钩象奴(图九八)。画像群南150米处的山凹中,有一圆雕蟾蜍。石像南25米处有一高4米、直径3米的巨大石碣,俗称"馒头石",顶部刻有一长方形凹槽。很明显,这些石刻是一处互有联系的雕刻群。

关于孔望山摩崖画像群的最早记载,见于孔望山南麓东部龙洞中的"安纯题记",文曰:"大明成化十年春三月朔日,直隶淮安府同知安纯,抚民之暇,偕知州陶晟,因观古圣贤遗像,来游此洞,三慨以书。海州书吏钱铸,老人刘宣。"以后的记载,大多认为这是一处表现世俗内容的汉代石刻画像。20世纪80年代初的考察,首次确认了这处摩崖石刻画像群属于佛、道教内容。

第一节 道教人物画像

孔望山摩崖画像的一百零五尊人物画像,根据其相互关系,大体可以分为十八组;

---

[1] 洪适:《隶续》卷五;冯云鹏、冯云鹓:《石索》卷二。
[2] 连云港市博物馆:《连云港市孔望山摩崖造像调查报告》,《文物》1981年7期。

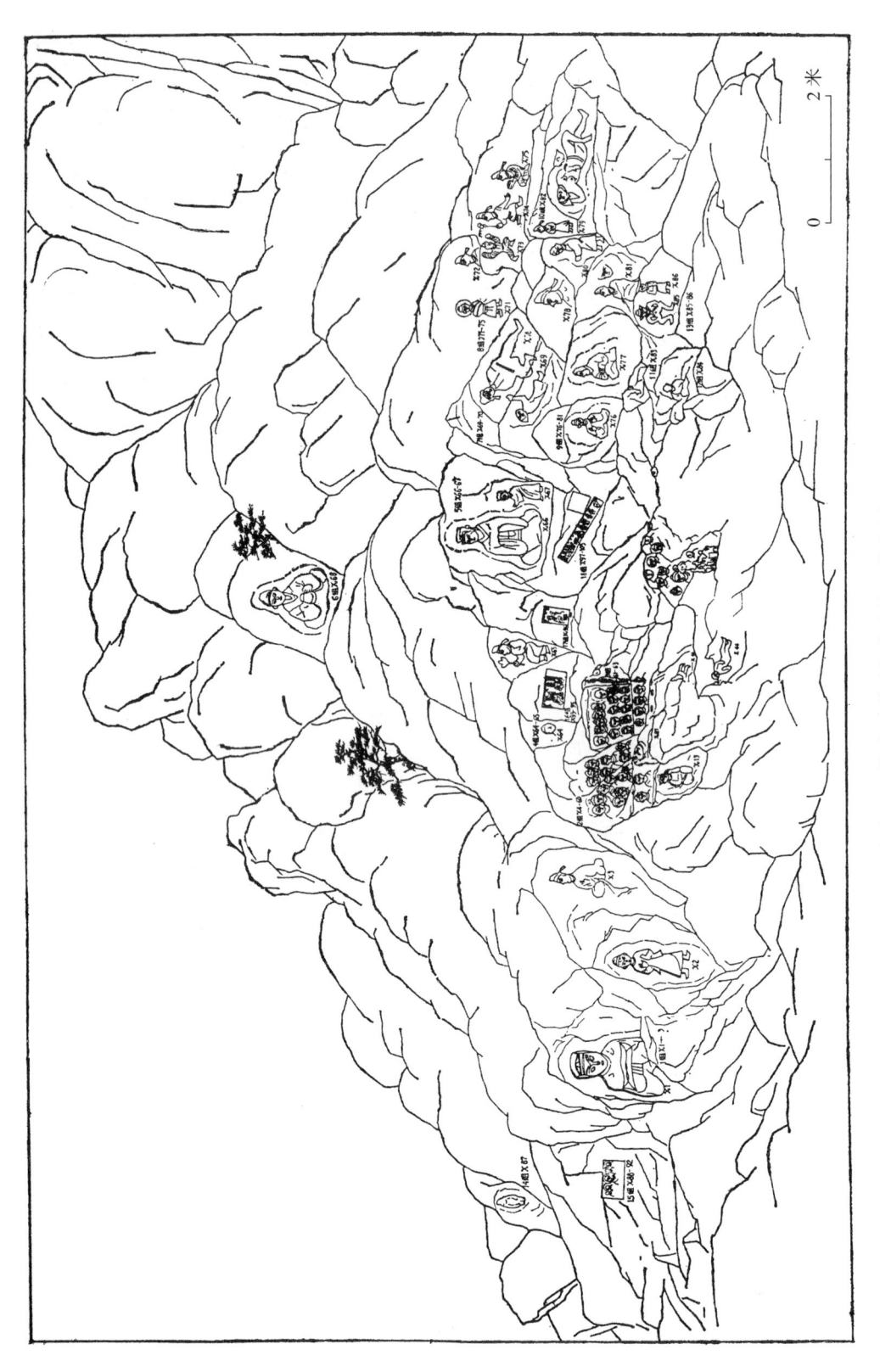

图一六九 江苏连云港孔望山摩崖画像实测图

354 汉代画像石综合研究

按画像人物的衣冠装束，又可分为两种。其中三组共四尊人物像均着汉式衣冠，与其他各组人物像多为胡人装束或佛像区别极为明显。

三组汉装人物像分别是由 X1 代表的第一组、X68 代表的第六组、X66 和 X67 代表的第五组画像，其中 X1、X66、X68 三尊人物像都是高 1 米以上的大型画像，一望即知是整个摩崖画像群中最重要的人物像。其所在位置也证明了这一点。

三组汉装人物像中，由 X66 和 X67 组成的第五组画像位于整个画像群的中部偏上，画面东西宽 1.3 米、高 1.6 米。其中 X66 高 1.48 米，着汉式衣冠，面庞瘦长，正面拱手而坐，脸向西呈半侧面状（图一七〇），身下前突的平台上阴刻莲花座和一圆形灯碗。这是画像群中体型最大的人物，无疑也是地位最尊崇的人物。X67 位于 X66 东侧，身着冠服，侧身面向 X66 而立，高度仅为 X66 的二分之一，应为 X66 的侍者或供养人。第六组 X68 位于第五组上部 2 米处，像高 1.14 米、宽 0.95 米，身着汉式衣冠，面部清癯，袖手盘坐（图一七一），身前的平台上刻一圆形灯碗。第一组 X1 位于画像群的西部，身着汉式冠服，双手捧盾，正面而立（图一七二）。

在考察这三组画像时，有两点是不容忽视的。第一点，这三组画像人物，都身着汉民族衣冠。例如，第五组的 X66 头戴进贤冠，第一组的 X1、第五组的 X67 头戴武冠大弁，两种冠都是汉代最流行的文武官吏佩戴头冠。同样的头冠，在汉画像

图一七〇　老子画像 X66

图一七一　黄帝画像 X68

第八章｜江苏连云港孔望山的摩崖画像　355

石、画像砖和汉墓壁画的人物像中大量出现。从这一点来说，这四尊人物像与其周围的头戴三角形风帽、身着窄袖长衫的佛教人物像风格迥异，证明这些画像绝非佛教人物像。第二点，第五组的 X66 和第六组的 X68 两尊画像，不仅位于画像群的中央最高位置，而且两像下部突出的平台上都刻有圆形灯碗，X66 像前平台上还刻出莲花座，证明这两位画像人物不仅身份最为尊崇，而且也是最重要的宗教祭祀对象。孔望山摩崖造像群雕造于东汉晚期[1]。当时，与佛教同时传布流行的汉民族的重要宗教只有新出现的道教，在中原和东部沿海地区是由张角创建领导的太平教，在四川和陕南地区则是由张陵、张鲁创建领导的五斗米教。因此，可以断定，上述三组四尊汉装人物像都是道教内容画像，其中体型高大的 X66、X68、X1 三像应是太平教祭祀崇拜的神像。

图一七二　关令尹喜画像 X1

那么，这三尊神像到底是太平教中哪些神的偶像呢？由于三尊画像均没有标示其姓名、身份的题刻铭文，难以从画像本身确定其身份和性质。但是，三尊画像与其周围佛教内容画像之间的关系、三尊画像自身的特点及相互关系，为这一问题的解决提供了重要线索。

从三像与其周围的佛教图像的关系看，可以将其分为两种，一种图像人物与佛教有着密切关系，另一种图像人物与佛教毫无瓜葛。先来看一下第六组的 X68。这尊坐像，被单独配置在画像群中央的最高处，周围没有任何佛教内容画像，因此一望可知这是一尊与佛教没有关系的画像人物。与 X68 相反，第一组的 X1 和第五组的 X66 两像周围则配置着多组佛教内容画像。例如，第一组的 X1 东侧，配置着施手印的立佛画像和戴三角形风帽的胡人坐像。特别是第五组的 X66，不仅其位置恰恰被配置在画

---

[1] 俞伟超、信立祥：《孔望山摩崖造像的年代考察》，《文物》1981 年 7 期。

像群的中央偏高处，而且其左右两侧和下部还配置着多组重要的佛教内容画像。其中，被认为是孔望山画像群中最重要的佛教内容画像"涅槃图"和"舍身饲虎图"，就分别配置在X66的左下方和东侧。不仅如此，在X66的两边，还刻有汉装供养人像X67和手持莲花的胡人供养人像X65。这种配置特征，有力地证明了第一组的X1和第五组的X66两尊人物像都是与佛教有着密切关系的道教神像。特别要指出的是，从画像的所在位置及其像体大小看，第五组的X66，显然比其周围的佛教画像人物的地位更高一些。换言之，X66这位人物，不仅是太平教崇拜祭祀的偶像，也是当时中土佛教中至高无上的神祇。可以毫不夸张地说，整个孔望山摩崖画像群就是以这尊神像为中心而雕造出来的。

此外，第一组的X1和第五组的X66两尊人物像，作为道教神像，东西相对地配置在大量佛教内容画像的分布范围内，其本身就暗示着这两位人物之间存在着某种因缘关系。而两尊人物像的相互位置、方向和身姿表情也说明了这一点。作为画像群中最重要的人物像，第五组的X66以半侧面的姿态眺望着西方，而配置在画像群西部的第一组X1恰好进入其视野。在汉代画像中，人物关系的表现方法，一般是两侧的次要人物面向中心的主要人物。但从这两尊人物像的位置看，毫无疑问，第五组的X66是主要人物，第一组的X1是次要人物。让主要人物以半侧面的姿态去眺望次要人物，两像之间这种违反汉代画像表现规律的表现手法，只能用另外的理由加以解释。笔者认为，第五组的X66这位人物，大概与发生在西方，而且第一组X1这位人物也参与过的某一事件有关。关于这一事件，第一组X1的装束和姿势，是揭开这一谜底的钥匙。这位人物头上所戴的武冠，在汉代是非常流行的中下级军吏的头冠，从这一点可以推定其社会地位绝不会很高。特别是其双手捧盾的姿势，更明确地标示出了他的身份。同样身姿、装束的人物大量出现在汉画像中，其身份几乎都是站在宅邸大门前或门阙前的亭长一类下级官吏。秦汉时期，在城市的城门、主要道路上的关隘、农村乡镇和贵族官僚的宅邸门旁，都设有称为"亭"的基层治安机构，其长官为亭长或门亭长。"亭"的职能相当于今天的公安派出所，主抓捕盗贼、维持地方治安。在上级官员到达"亭"的辖区时，亭长有迎送和保卫其安全的责任。《后汉书·逢萌传》载："逢萌字子康，北海都昌人也。家贫，给事县为亭长。时尉行过亭，萌候迎拜谒，既而掷盾叹曰：'大丈夫安能为人役哉！'遂去之长安学，通春秋经。"李贤注曰："亭长主捕盗贼，故执盾也。"以这些资料为依据，将第一组X1这位图像人物的身份推定为亭长一类的低级官吏，我想当大致无误。在东汉以前的文献记载中，与道教有关，并且担任过亭长一类官职的人物，只有关令尹喜一个人。关于关令尹喜的身世，最早的记载出自《史记·老子列传》：

老子修道德，其学以自隐无名为务。居周久之，见周之衰，乃遂去。至关，关令尹喜曰："子将隐矣，强为我著书。"于是老子乃著书上下篇，言道德之意五千余言而去，莫知其所终。

这里所说的"关"，其地望所在历来有两说。一说认为是周即今河南洛阳市西部灵宝县的函谷关，如《索隐》注引李尤《函谷关铭》曰："尹喜要老子留作二篇。"另一说认为是今陕西省宝鸡市东南的散关，《抱朴子》和北魏的崔浩均持此说。从春秋战国之际的形势看，第一说显然更有说服力。关于关令尹喜的身份和姓名，古来就是一笔糊涂账。有人认为关令是官名，尹喜是人名；有人认为关令尹是官名，喜是人名。总之，在汉代人的心目中，关令尹喜是个管理关隘的门亭长之类的低级官吏。在《史记》的这段记述中，有两点值得特别注意。第一，道教最重要的经典——五千余字的《道德经》即《老子》一书，是老子应关令尹喜的请求而著的。第二，是关于老子晚年"莫知其所终"的记载，给老子这位本来就很神秘的人物又披上了一层更神秘的面纱，这就为围绕老子经历而编造新宗教神话的好事之徒提供了文献上的依据和充分想象的余地。

从以上考察可以看出，无论在身份上还是在经历上，第一组X1与关令尹喜完全相合。因此，第一组X1应该就是关令尹喜的画像。如果这一推论成立，则配置在画像群中心位置的第五组的X66肯定是与关令尹喜有着特殊关系，并且地位高于关令尹喜的老子像无疑了。

老子像之所以被配置在画像群的中心并被多组佛教内容的人物画像所环绕，应与东汉时期出现的新的宗教神话——"老子化胡说"有直接关系。东汉时期，是现代意义上的社会宗教诞生的时代。大约从西汉晚期到东汉中期，神仙方士集团利用老子、庄子的以清净无为为宗旨的道家学说，先后炮制出《包元太平经》《太平清领书》等新的道家经典，为道教的诞生作了长时间的舆论准备。东汉晚期，中国最早的社会宗教——奉黄帝、老子为教祖的太平教和五斗米教终于登上了历史舞台，并迅速广泛传播，形成了庞大的宗教组织。几乎与此同时，佛教也从印度经西域传入中土并传播发展起来。与一切社会宗教的诞生期一样，在道教与佛教开始出现的东汉时期，各种杜撰的新宗教神话不断产生。就这一点来说，东汉时期可以被称为宗教神话时代。"老子化胡说"，就是由道教徒和佛教徒所炮制出的新宗教神话之一。

较为详细地记述"老子化胡说"的早期记载，见于《三国志·魏书·东夷传》注引鱼豢《魏略·西戎传》："浮屠所载与中国老子经相出入，盖以为老子西出关，过西域之天竺，教胡。"《后汉书·襄楷传》："或言老子入夷狄为浮屠。"文中的"浮屠"，不是"佛陀",而是佛教的意思;"为",不是"加入"或"当",而是"创立"的意思。这段文字,是襄楷在延熹九年(166)给桓帝上疏中的话。由此可知,至迟在2世纪中叶的东汉桓帝时期,关于"老子化胡"、创立佛教的宗教神话已经出现,并在社会上传播流行开来。必须指出,"老子化胡说"出现在东汉时期绝非偶然。中国历来重夷夏之分,特别在统一、强大的两汉时期,强烈的民族自负感使全社会都认为,中国是世界文明的中心。在这种社会条件下,刚从异域传入中土的佛教当然会遭到社会各阶层的排斥和抵制。对当时的佛教来说,能够在中土顺利传播发展的唯一途径,就是将佛教学说与中国传统的思想、信仰尽可能地加以调和。而被当时的道教奉为教祖的老子,不仅是对全社会有很大影响的古代圣贤,而且老子以清净无为为宗旨的道家学说,在某种程度上与佛教万物皆空的宗教哲学观念十分相近。因此,对于当时的佛教徒来说,用杜撰的宗教神话将佛教学说与老子的道家学说相调和,当然是最适宜的方法。而《史记·老子列传》关于老子晚年出关西去、不知所终的记载,又给佛教徒提供了便利的杜撰依据,使他们可以根据自己的需要,杜撰出老子出关后,经西域到天竺,并在那里创立佛教的新宗教神话。总之,正是老子成了使佛教中国化的最佳人选。于是,"老子化胡说"就这样诞生了。说到"老子化胡说"的炮制者,笔者认为与其说是道教徒,倒不如说是佛教徒更为妥当。

如果将《史记·老子列传》和《后汉书·襄楷传》《魏略·西戎传》中有关老子的记载稍加比较,"老子化胡说"的杜撰痕迹就昭然若揭了。老子所出关的地望和位置一再被向西移动,《史记·老子列传》中的关,指的是函谷关或散关;《后汉书·襄楷传》仅云"入夷狄为浮屠",究竟是何方夷狄则只字不提,所出之关当然就任凭想象了;而到了《魏略·西戎传》,老子所出之关则被搬到了西临西域的玉门关或阳关,造成了老子"过西域之天竺"的印象。可以看出,《后汉书·襄楷传》和《魏略·西戎传》中关于老子出关以后在异域创立佛教的记述,是完全没有任何依据的杜撰。尽管如此,这一宗教神话,从东汉到隋唐时期一直在流行。东汉时期,佛教徒利用这一宗教神话,消除或至少是减少社会对佛教的抵制和排斥,扩大佛教影响,加强并巩固了佛教的地位;而道教徒也利用这一宗教神话,壮大了自己的力量。在佛、道教进行激烈斗争的魏晋至隋唐时期,已经在中土成长壮大起来的佛教,再也不需要老子这块招牌,佛教徒对自己前辈所杜撰的"老子化胡说"非常反感,讳莫如深。相反,道教徒则紧紧抓住这块招牌,利用"老子化胡说"诋毁、贬低佛教。这一时期,道教徒伪造了多种《老子化胡经》,《大正藏》中所收录的敦煌卷子《老子化胡经》残本,就是其中之一。

根据"老子化胡说"这一宗教神话,老子这位古代人物,不仅是道教的教祖,也成了佛教的教祖。这也正是老子画像不仅刻画得特别高大，而且被配置在大量佛教内容画像中心的原因。关令尹喜因与老子有着特殊的因缘关系，也与老子画像东西并列地配置在画像群的西端。这或许是因为，当时流行的"老子化胡说"中，有关令尹喜作为老子的弟子，随老子出关西去，并在天竺协助老子创建佛教的杜撰内容。

第六组的 X68 虽然是一尊与佛教没有任何关系的画像人物，但因其被配置在画像群的最高处，说明这位人物的身份比老子更高。而在道教信仰中，比老子地位更高的人物只有黄帝一个人。因此，第六组的 X68 肯定是黄帝的画像。黄帝，作为上古传说中的五帝之一，是最著名的古代圣贤之君；而在道教信仰中，也是比老子地位更高的教祖。因此，黄帝的画像理所当然地被配置在孔望山摩崖画像群的最高处。

此外，在第五组老子画像的下方和左下方有三个长方形画龛，龛内各有一组阴线刻画像，分别编号为第十六组、第十七组和第十八组。第十六组的画龛位于老子像的左下方，龛东西长 67 厘米、高 33 厘米，分为东西两部分。龛的东部宽 16 厘米、高 33 厘米、深 0.5 厘米，原应为题榜栏，但未刻文字。龛的西部东西长 51 厘米、高 33 厘米、深 9 厘米，内刻第十六组画像。画面上部及两侧刻垂幛，幛内刻三人跽坐。左侧一冠服人物颔下有须，左手持便面向右而坐，似正与坐在对面的人物侃侃而谈；其对面的跽坐者头戴前低后高的无翅纱冠，身着袍服，身后坐一戴帻的侍者（图一七三）。龛前的平台上刻一圆形灯碗。第十七组所在画龛位于第十六组画像龛之东 1 米处，龛高 40 厘米、宽 30 厘米、深 6 厘米，龛内正面刻一手持便面的冠服人物面右而坐，膝前置三足圆案，上置尊、勺。第十八组的画龛恰好位于老子像的下方，龛长 110 厘米、高 20 厘米、深 3 厘米，西高而东低。画像刻于龛内正面，画面上部及两侧刻有帷幛，幛下共刻有十位人物，中心人物是画面西部围坐在尊案两侧正在互相交谈的两位人物。坐在尊案左边的人物身着冠服，双手前伸，正在高谈阔论，其后立着两名戴帻的侍者，前面的侍者手持便面；坐在尊案右边的人物头戴无翅纱冠，左手抚胸，右手作摆手状，似正激烈争辩，其右侧，是六名或坐或立的侍者（图一七四）。这三组阴线刻画像，有场面，有情节，与老子像、黄帝像和关令尹喜在表现形式上截然不同，但又都配置在老子像之下，而且所画人物均为汉装，显然不是佛教内容画像。笔者认为，这三幅龛内画像，可能都是论道图，其中坐在画面左侧高谈阔论的冠服人物应是精通道家奥义的高士，与其相对而坐、头戴无翅纱冠的对谈者应为道教首领。东汉晚期，坐而论道，用儒家或道家观点品评人物、臧否朝政之风盛行，并成为正统的儒派官僚集团与宦官集团进行政治斗争的手段。魏晋时期，流行于高级士族中的清谈之风，当即滥觞于此。当时的道教首领有可能是这种坐而论道的参加者和推动者，三幅论道图表现的应就是道教首领参与这种活动的场面。

图一七三 第十六组画像摹本

图一七四 第十八组画像摹本

第八章 | 江苏连云港孔望山的摩崖画像 361

第二节 佛教内容画像

在孔望山摩崖画像的十八组石刻画像中，除了上述六组道教内容画像，其余的十二组画像均为佛教内容。按画像内容，大体可分为佛传故事、佛像和供养人像三类。

佛传故事画像在数量上占有绝对多数，可惜因多数没有铭刻题记，而且画像群下部的佛传故事画像剥落严重，画像内容多数已经不可索解。保存较好而又内容明确的佛传故事画像只有两组，一组为第二组的"涅槃图"，另一组是第十组的"舍身饲虎图"。

第二组"涅槃图"刻在老子像下方偏西，在画像群中位置接近中部。画面东西长4.6米、西高2.3米、东高1.4米，由X4～X60共五十七个人物像组成。核心人物像X21刻于画面的中心，是借用一块肉红色山石的自然形状、用高浮雕技法刻成的释迦牟尼半身侧卧像。释迦牟尼像面部圆长，头有高肉髻，身着圆领衣，身下有榻或毡毯，右手支颐，半仰身而卧，神态静谧安详。像前的平台上刻有灯碗两个。其他人物像大多是用浅浮雕和阴线刻技法刻成的头像，分层逐段地配置在释迦牟尼像周围的青灰色岩壁上。这些人物头像脸型方圆，有男有女，有老有少，均着圆领衣，有的戴冠，有的梳髻，有的以花束发，有的剃发，均面向释迦牟尼像，面呈悲戚哀伤之色（图一七五）。所谓涅槃，是释迦牟尼八相之一的入灭之相，即通过死达到不生不灭的永恒境界。据佛传载，释迦牟尼教化众生已毕，功德圆满，于中天竺拘尸那城跋提河边的沙罗双树之间，一日一夜讲完了《大涅槃经》，头北面西，右胁侧卧而殁，弟子、信徒、诸王、天女、十方佛和六道大众纷纷赶来哀悼。这幅"涅槃图"表现的就是弟子、信徒哀悼释迦牟尼涅槃的景象。

第十组即"舍身饲虎图"位于画像群的最东端，刻一头西足东的侧卧人物（X82）。侧卧人物身长1.55米，头戴三角形风帽，上身裸露，下着短裙，右手托颐，左腿弯曲搭在右腿之上。在其腰部上方，突起一块东西宽24厘米、高10厘米的岩石，上有线刻的口、目，极似虎头；和虎头相连，有一延伸至卧像头西部、向上弓起的狭长山石，很像蹲伏的虎身。据佛传载，释迦牟尼的前生为乾陀尸利国王子摩诃萨埵，为人慈悲好施，一日见一母虎产七子，天降大雪，将要饥寒而死，于是舍身投虎前，为虎所食，虎母子因而获救。这组画像，表现的应该就是摩诃萨埵王子舍身饲虎的故事。

在孔望山佛教内容画像中，有些人物像明显是佛像和菩萨像。例如，刻于"舍身饲虎图"上方偏西位置的第八组画像，画面东西长2.5米、高1.08米，刻有X71～X75五个人物像。其中配置在最西部的X71为一尊立像，高肉髻，着圆领长衫，有项光，无疑

图一七五　涅槃图摹本

是佛像（图一七六，1）。其东侧的X72为头戴风帽的胡人头像，当为力士像。刻在东部的三尊像亦为胡人形象，X73双手上扬，面东而舞；X74面西而立，右手持一莲花；X75颔下长有长须，面西而跪，双手捧一方盒。这三个人物，均应为供养人（图一七六，3～5）。因此，第八组画像应是一幅礼佛图。第十五组画像中也有典型的佛像。该组画像位于画像群的最西端，刻于一个东西长60厘米、高36厘米、深8厘米的画龛内，共刻有并列的五个人物像。居中的坐像形象略大，高肉髻，有圆形项光；其东的两立像亦有项光，其西的两立像剃发。除佛像外，还有施手印和结跏趺坐的菩萨像。如关令尹喜像东侧的X2和X3。X2圆脸大耳，深目高鼻，头有高肉髻，身着圆领长衫，右手在胸前五指疏开，掌心向外，左手在胸前作握衣状。位于老子像和"涅槃图"之间山石转角处的第三组画像共刻有三尊人物像，其中的X61装束和手势与X2相同。据《造像量度经续补·五威仪式》云："左手如前正定（即左手下伸），右手胸前，或乳傍，手掌向外略扬之，谓之施无畏印。"《守护国界主陀罗尼经》云："右手展掌，竖其五指，当肩向外，名施无畏，此印能施一切众生，安乐一切。"X2和X61的手势，与佛经中记载的施无畏印完全相同，证明这是正在说法度化众生的佛像或菩萨像。1990年秋，笔者在四川乐山曾见到一尊与X2装束、神态和手势完全相同的陶俑。陶俑高约20厘米左右，陶色暗红，

图一七六　佛像和供养人像
1. 佛像 X71　2. 供养人像 X65　3. 供养人像 X73　4. 供养人像 X74　5. 供养人像 X75

不施釉，右手作施无畏印，左手胸前握一布袋。据四川省文物管理委员会高文同志介绍，该俑出自一座东汉晚期墓。乐山和连云港东西悬隔数千里，所出佛像却如此一致，说明佛教造像到东汉晚期已经趋于定型化。位于 X2 东侧的 X3 深目高鼻，头戴有翅风帽，面西结跏趺坐。《慧琳音义》卷八曰："结跏趺坐，结有两种：一曰吉祥，二曰降魔。凡坐先以右趾压左股，后以左趾压右股，此即左压右，手亦左在上，名曰降魔坐，诸禅宗多传此坐。……其吉祥坐，先以左趾压右股，后以右趾压左股，令二足掌仰于二股之上。手亦右压左，安仰跏趺之上，名为吉祥坐。如来昔在菩提树下，成正觉，身安吉祥之坐，手作降魔之印，故如来常安此坐，转妙法轮。"从 X3 头戴风帽的装束看，显然是释迦牟尼成正觉以前的形象，因此可以称之为释迦修道图，属于佛本生故事画像。位于X61东侧的第四组X65，深目高鼻，头戴风帽，身着圆领长衫，手持一朵三瓣莲花面西而立，应为X61或X65的供养人（图一七六，2）。

上述画像中的人物特征，如高肉髻、项光、施无畏印、结跏趺坐、莲花等，都具有极其典型而鲜明的佛教艺术造型特点，特别是第二组的"涅槃图"和第十组的"舍身饲虎图"，更是后代佛教艺术中经常出现的表现题材。从这类画像的数量和所占面积看，佛教题材画像是孔望山摩崖画像中的重要内容。

第三节　孔望山摩崖画像的雕造年代和性质

与大同云冈和洛阳龙门的北魏佛教石刻画像相比，孔望山摩崖画像群带有明显的早期石刻画像特点。自清代以来，这处画像群一直被认为是汉代作品。如嘉庆年间所修《海州直隶州志》卷十一引《淮安府志》即云：孔望山"有诸贤摩崖像，冠裳甚古，如读汉画"。傅惜华编《汉代画像全集》收录了孔望山的两尊画像[1]。1954年，江苏省文物管理委员会派员对孔望山画像群进行了调查，认为画像风格与武梁祠画像相近[2]。1957年，朱江再次调查后，仍然认为是汉代画像[3]。但自20世纪80年代初孔望山摩崖画像群发现大量佛、道教题材的画像后，一些学者对其是否为汉代作品提出质疑。由于孔望山摩崖画像群是我国最早的一处佛、道教造像群，其雕造年代的确定对画像群历史价值的认识具有关键意义，因此有必要对这一问题作进一步的考察。

同考察任何古代石刻艺术品一样，雕刻技法和由此而决定的画像艺术风格，应是判断孔望山画像群雕造年代的最重要的依据。孔望山所在的连云港地区，地处汉画像石第一分布区范围内，自西汉末到东汉晚期，一直流行营造画像石墓。因此，可以用比较研究的方法，将孔望山摩崖画像群的雕刻技法、艺术风格与山东、苏北地区的汉画像石相对照，来确定其雕造时间。

孔望山摩崖画像的雕刻技法主要有三种。第一种为剔地浅浮雕，画像群中的绝大多数人物像都是用这种技法刻成的。在雕刻画像前先将石面打平，然后将物象轮廓线

---

[1] 傅惜华：《汉代画像全集》二编图232，巴黎大学北京汉学研究所，1951年。但傅惜华受古董商欺骗，错误地将孔望山摩崖造像中的X2、X65合为一幅画像，并将画像地点误定为山东益都的稷山。
[2] 寄庵、人俊：《江苏省文管会调查孔望山石刻画像》，《文物参考资料》1954年7期。
[3] 朱江：《海州孔望山摩崖造像》，《文物参考资料》1958年6期。

外剔地成平面，物象面呈边缘圆缓凸起，物象细部如人物的眉、目、口、鼻均用阴线刻出。这种技法，在南阳地区约出现于王莽时期，在山东、苏北地区约出现于东汉早期，东汉中期以后，成为山东、苏北地区汉画像石的最重要的雕刻技法。孔望山画像群中的剔地浅浮雕人物像，如老子像和关令尹喜像，比例准确，线条流畅，刀法洗练，与山东、苏北地区东汉中晚期画像石剔地浅浮雕作品的风格相近。第二种雕刻技法为阴线刻，第十五、十六、十七、十八组龛内画像都是用这种技法刻成的。在山东、苏北地区的汉画像石中，阴线刻技法约出现于西汉晚期，成熟于东汉晚期，早期作品构图简单，线条拙稚，晚期作品特别是人物像作品，形象洒脱传神，线条流畅准确，细部的刻画极其细腻。孔望山的四组阴线刻画像，人物众多，线条准确，刻画细腻，具有东汉晚期画像石作品的风格特点。第三种技法是高浮雕，"涅槃图"中的释迦牟尼侧卧像和"舍身饲虎图"中的虎头都是用这种技法刻成的。在汉画像石中，高浮雕技法是浅浮雕与圆雕技法发展到成熟阶段互相结合的产物。目前在山东、苏北地区发现的高浮雕画像石，都属于东汉晚期作品，孔望山画像群中的高浮雕画像，也应属于同一时期。可以看出，用传统的汉画像石雕刻技法来雕造宗教题材画像，是孔望山摩崖画像群的最大特点。这一点，使孔望山摩崖画像群具有明显的汉画像石的艺术风格，而与魏晋以后流行的具有犍陀罗风格的石刻画像迥然有别。因此，孔望山摩崖画像群应是一组东汉晚期的石刻作品。

画像群中的人物特征也具有鲜明的时代性。如 X2、X61，都是右手施无畏印，左手置于胸前作握衣状，与四川彭山崖墓出土摇钱树陶座上的坐佛像、乐山麻浩 1 号崖墓享堂的坐佛像、沂南北寨村画像石墓立柱上的坐佛像的手势完全一样。一些结跏趺坐的佛像，深目高鼻，头戴有翅三角形风帽，为魏晋以后所不见。很显然，这是北方或西北苦寒之地胡人的形象，而不应是古印度即天竺人的特征。说明当时的人们只知佛教来源于"夷狄"，对天竺的气候和风土人情尚一无所知，主观地把释迦牟尼理解为苦寒之地的胡人。这一点，说明了画像群雕造于佛教刚刚传入中土的东汉时期。

此外，孔望山摩崖画像群的黄帝像、老子像和"涅槃图"中释迦牟尼卧像前平台上，都刻有祭祀用的灯碗，老子像下还刻有莲花座，证明这三尊人物像都是祭祀对象。将道教教祖黄帝、老子与佛教教祖佛陀放在一起进行合祀，是东汉时期流行的祭俗。其最早记载，见于《后汉书·楚王英传》。楚王刘英，是东汉开国皇帝光武帝庶子，于建武十五年（39）封为楚公，十七年（41）晋爵为楚王，二十八年（52）就国。据本传载："英少时好游侠，交通宾客，晚节更喜黄老，学为浮屠斋戒祭祀。（永平）八年，诏令天下死罪皆入缣赎。英遣郎中令奉黄缣白纨三十匹诣国相曰：'托在蕃辅，过恶累积，欢喜大恩，奉送缣帛，以赎愆罪。'国相以闻。诏报曰：'楚王诵黄老之微言，尚浮屠之仁祠，絜斋三月，与神为誓，何嫌何疑，当有悔吝？其还赎，以助伊蒲塞桑门之盛馔。'因以班示诸国中傅。"通过这段记载，可以了解到当时上层社会中对道教和佛教信仰的大致情况。首先，楚王刘英"晚节更喜黄老，学为浮屠斋戒祭祀"，"楚王诵黄老之微言，尚浮屠之仁祠"的做法，明显是将黄帝、老子与佛陀放在一起进行合祀。东汉时期，黄帝和老子不仅被奉为道教的教祖，也被全社会看成是长生不老的仙人加以祭祀和崇拜。由于当时的人们对佛教还缺乏了解，佛陀即佛教的教祖释迦牟尼也被看作是长生不老的仙人，与东王公、西王母放在一起加以崇拜。这一点，第五章已作了详细论述。换言之，当时的佛教是作为道教的一个流派而在社会上传播和被人信奉的。其次，当时的最高统治者汉明帝对楚王刘英合祀黄老、佛陀的做法，不仅不感到奇怪，反而下诏书予以热烈赞扬和支持，并颁示各诸侯国。明帝的这种态度，从侧面表明，合祀黄老、佛陀的做法在当时的社会上层已经相当流行，甚至明帝本人也可能就是这种做法的实行者。第三，楚王刘英所"尚"的"仁祠"，无疑是祠堂或寺庙一类的祭祀性建筑，"仁祠"中当然要安置佛像之类的崇拜偶像。看来，楚王刘英是将佛陀与黄帝、老子一样当作长生不老的仙人，并在祠庙一类建筑中摆上他们的偶像来进行合祀的。

到东汉晚期，合祀黄老、佛陀的做法更加普及。汉桓帝刘志（147～167）本人就是这种做法的狂热奉行者。据《后汉书·襄楷传》载："又闻宫中立黄老、浮屠之祠。此道清虚，贵尚无为，好生恶杀，省欲去奢。……"这是襄楷载延熹九年（166）给桓帝奏疏中的一段话。由此可知，桓帝在皇宫内建有祭祀黄老、浮屠的祠庙。其具体场所和祭祀方法，《后汉书·桓帝本纪》的赞论中说："饰芳林而考濯龙之宫，设华盖以祠浮屠老子，斯将所谓'听于神'乎！"对此，《续汉书·祭祀志》中谈得更为具体："桓帝即位十八年，好神仙事。延熹八年，初使中常侍之陈国苦县祠老子。九年，亲祠老子于濯龙。文罽为坛，饰淳金釦器，设华盖之坐，用郊天乐也。"在这些记载中，有两点值得注意。第一点，是桓帝在濯龙宫合祀黄老、浮屠时，"设华盖之坐"。记载中虽然没有明言华盖下的座位上究竟有什么，但可以推断，其座位上肯定安放有黄帝、老子和佛陀的偶像。第二点，是桓帝合祀黄老、佛陀的原因，出于"好神仙事"。这就证明了，东汉时期的佛陀与黄帝、老子一样，是被当作长生不老的仙人而受到祭祀的。但从记载看，佛陀与黄老在地位上是有尊卑之分的。桓帝本纪虽然明确提到桓帝在濯龙宫中"设华盖以祀浮屠老子"，但《续汉书·祭祀志》中，却只提到延熹九年（166）桓帝"亲祀老子于濯龙"，对浮屠则只字未提。这一情况，只能用当时信仰中浮屠的地位低于老子并附属于老子这一点来解释。而这一点，与孔望山摩崖画像群完全一致。

从以上考察可以看出，在东汉时期，准确地说，至迟自明帝时起直到东汉晚期，在以皇帝为首的上层社会中，流行着合祀黄老、浮屠的祭祀风俗。从东汉时期道教和佛教的发展判断，这种祭俗应结束于灵帝中平元年（184）。这一年，以太平教教团为组织形式的黄巾起义爆发，太平教遭到东汉政府的严厉取缔。随着起义的失败，黄河流域和东部沿海地区的太平教势力受到沉重打击，在相当长的时间内一蹶不振。以此为契机，佛教开始脱离道教，走上了独立发展的道路。《三国志·吴书·刘繇传》和《后汉书·陶谦传》所述汉献帝初平年间，笮融用丹阳、广陵、彭城三郡漕粮，大起浮屠祠并招致三千余人悉读佛经一事，是佛教走上独立发展道路的重要标志。此后直到隋唐时期，佛、道两教势如水火，斗得昏天黑地。在这种情势下，佛教徒对曾将老子奉为教祖的早期历史，深感耻辱，讳莫如深，当然不可能再去祭祀黄老；道教徒虽然仍以这段历史为荣，并不断伪造新的《老子化胡经》，但其意不在崇奉佛陀，而在于诋毁贬低佛教。因此，合祀黄老、佛陀的祭俗是东汉时期的特有现象，其下限不会晚于灵帝中平元年（184）。由此观之，表现黄老、佛陀合祀的孔望山摩崖画像群，只能是灵帝中平元年（184）以前的东汉作品。

孔望山摩崖画像及其东南部的圆雕石像、石蟾蜍等构成了一组排列有序的石刻群，暗示其周围原来应有一处规模较大的宗教建筑。《金石录》和《隶续》卷二著录有东汉熹平元年（172）的《东海庙碑》，从碑名看，东海庙应是祭祀东海之神的神庙。秦汉时期的孔望山位于东海郡（国）的最东部，南靠朐山，东临大海，是祭祀东海之神最理想的地方。《史记·秦始皇本纪》云，秦始皇三十五年（前212），"立石东海上朐界中，以为秦东门"。从地形、位置分析，秦始皇所立秦东门石有可能就在孔望山下。当时有无东海庙，文献无征，但东汉时期的东海庙原址肯定就在孔望山附近。孔望山摩崖画像群东南被称为"馒头石"的巨大石碣，有可能就是秦始皇所立的秦东门石。石碣顶部有一长75厘米、宽25厘米、深50厘米的南北向立碑凹槽，说明石碣上原立有石碑。据连云港市博物馆丁义珍同志告知，石碣周围曾出土过汉代的绳纹板瓦和云纹瓦当，说明其附近有较大的汉代建筑遗址。笔者认为，石碣附近的汉代建筑遗址，应就是东海庙遗址。据《隶释》卷二熹平元年《东海庙碑》碑文，东海庙建于桓帝永寿元年（155），此后直到熹平初，桓君、满君和任恭三任东海相，都曾对朐山的东海庙进行过修饰。黄巾起义后，太平教被明令取缔，终东汉之世，当不会再有修饰东海庙之事。

综上所述，笔者认为，孔望山摩崖画像群应是东汉时期东海庙中的一处祭祀画像，其雕造年代约在桓帝永寿元年（155）到灵帝中平元年（184）之间。东海庙为祭祀东海之神的神庙，东海之神汉代称为东海君。《隶续》收录的汉代洛阳上清宫石刻《五君杯盘文》曰："大老君，西海君，东海君，仙人君，真人君。"洪适解释说："其文唯'大老君'三字最大，盖尊老子也。"洛阳上清宫为道教庙观，这处刻石无疑也应是道教内容。其中的东海君与仙人君、真人君并列排在道教教祖老子之后，证明了"东海君"是道教信仰中的一位重要神祇。饶有意味的是，在孔望山山顶的最东端，也刻有杯盘，虽然未发现刻铭，但从其位置看，应与祭祀东海君有关。《道藏》中的记述也证实了东海君在道教中的地位非同一般。据《上清后圣道君列纪》引《太平经》云，老子在道教中被尊为后圣，其下有五辅，其中的上相方诸宫青童君就是东海君。在《太平经》、陶弘景的《登真隐诀》《真诰》等道教经典中，东海君又被称为"东华玉保高晨师青童大君""东海青童君""东海小童"等，是道教信仰中统辖一方的重要尊神，其妹淳文期也是著名女仙[1]。既然东海君在道教中的地位如此重要，东海庙当然也必是东汉太平教的一处重要庙宇。

在当时的东海郡建造道教庙宇，并在庙宇中雕造道教和佛教内容的摩崖画像，无疑与东汉时期东海郡的宗教发展状况有着直接关系。早在20世纪30年代，陈寅恪就曾指出，道教起源于滨海地区[2]。《后汉书·襄楷传》云："顺帝时，琅邪宫崇诣阙，上其师于吉于曲阳泉水上所得神书百七十卷，皆缥白素、朱介、青首、朱目，号《太平清领书》。"李贤注曰："今……海州有曲阳城，北有羽潭水，……盖东海曲阳是也。"唐之海州即今连云港市，这里既然是太平教经典《太平清领书》的出现地，当然可以认为是东汉太平教的发源地。而在今连云港市之西的江苏邳县即东汉楚国都城，从明帝起楚王英就在这里实行黄老、佛陀合祀。此外，连云港所在的苏北地区又是汉画像石的一个重要分布地。因此，东汉晚期在滨海的连云港孔望山建造道教庙宇，并在庙宇内用传统的汉画像石雕刻技法雕造合祀黄老、佛陀内容的摩崖画像群，是完全可以理解的。

综上所述，可知孔望山摩崖画像及其东南不远处的圆雕石像、石蟾蜍等都是东汉桓灵时期道教庙宇"东海庙"内的石刻遗存。从《东海庙碑》的记述看，这处庙宇"进瞻坛□，退宴礼堂"，规模相当宏伟。摩崖画像群位于孔望山南麓的最西端，摩崖前有平地，应就是汉代祭坛所在，出板瓦和云纹瓦当之处在祭坛东南，或为汉代东海庙礼堂遗址。因此，孔望山摩崖画像群是东海庙祭坛的石刻崇拜偶像，主要内容是道教的神祇，佛陀也是作为道教偶像而配置在画像群中的。这是我国现存时代最早的道教、佛教内容的画像群，它的发现，对研究我国道教和佛教的早期发展史无疑具有重要意义。

---

[1]《皇天上清金阙帝君灵书紫文上经》所引《太平经》，《道藏》伤字号第三四二册；《三洞珠帘》卷三引《太平经》一一四；《真诰》卷九、十、十一、十三。

[2] 陈寅恪：《天师道与滨海地域之关系》，《金明馆丛稿》初编，上海古籍出版社，1980年，1～40页。

第九章

汉画像石各分布区间的交流和影响

在中央集权的长期强大影响下，最迟到西汉武帝时期，在汉帝国统治的广阔领土上就形成了统一的汉文化，包括丧葬礼仪在内的礼制和风俗在全国范围内呈现出越来越强的一致性和同一性。因此，要从画像题材内容的组合及画像配置特点的角度来考察各分布区画像石之间的交流和影响，可以说是相当困难的，甚至是不可能的。在本章中，笔者只拟从画像石雕刻技法的角度，对汉画像石各分布区之间的交流和影响略加考察。

笔者在第二章已经指出，在汉画像石的五个分布区域中，第五分布区即河南省洛阳周围地区是一个非常特殊的区域，尽管在该分布区的画像石上看不出明显的地方色彩，但由于其地理位置恰好处于其他四个汉画像石分布区的中间，所以极易受到其他分布区画像石雕刻技术的影响。因此，只要将这一地区画像石的雕刻技法和艺术风格与其周围各分布区稍加比较，就可以看出各个汉画像石分布区影响力的消长变化。

洛阳周围地区的汉画像石大体可以分为早、晚两期。早期汉画像石的典型资料，是被称为中岳三阙或嵩山三阙的河南登封县太室阙、少室阙、启母阙的石刻画像。第六章已经谈到，太室阙建于东汉安帝元初五年（118），启母阙建于安帝延光二年（123）。少室阙题刻铭文中虽无纪年，但监造者严寿之名也出现在太室阙题刻铭文中，其官职在营建太室阙时为"乡三老"，到监造少室阙时已经升任为"将作掾"，而颍川太守朱宠之名同时也见于启母阙题刻铭文，因此推断其建造年代略晚于太室阙，大约与启母阙建于同时或稍晚。总之，因为这三处神庙石阙的建造时间只相隔短短的五六年，完全可以将它们看作是同时期的作品。三阙不仅建筑结构相同，画像的雕刻技法也完全一样，几乎全部画像都是用凿纹地浅浮雕技法刻成的。从图一六四即太室阙西阙阙身西面第六层的神庙图拓本可以看出，图像轮廓线外的余白面上留有方向不统一的粗犷减地平行凿纹，使画像别有一种质朴单纯的风韵。一望可知，这种雕刻技法，与汉画像石第二分布区即河南南阳、湖北北部地区东汉中期的画像石雕刻技法别无二致。中岳三阙的画像雕刻技法证明，直到东汉中期，洛阳周围地区的画像石制作技术主要接受的是汉画像石第二分布区的影响。同样雕刻技法和艺术风格的画像石，还有1964年在北京石景山上庄村发现的汉幽州书佐秦君墓阙画像石[1]（图一五四）和1957年在北京丰台三台子村发现的汉墓墓门画像石[2]（图一七七）。前者的建造年代为东汉和帝元兴元年（105），后者虽然没有纪年铭文，但雕刻技法和画像艺术风格与前者极为接近，其雕造年代也应相近。此外，从图一四四、图一四五、

---

[1] 北京市文物工作队：《北京西郊发现汉代石阙清理简报》，《文物》1964年11期。
[2] 北京市文物工作队：《丰台区三台子汉画像石墓》，《文物》1966年4期。

图一七七　北京丰台三台子墓墓门画像石

图一四六的四川出土石棺画像可以看出，其雕刻技法与第二分布区的画像石雕刻技法非常相近。通过以上比较分析，可以清楚看出，在东汉中期以前（包括东汉中期）的汉画像石早期发展阶段，汉画像石第二分布区即南阳、鄂北地区的画像石雕刻技法和艺术风格，不惟影响到邻近的洛阳周围地区，就连北京地区的画像石也受到强烈影响。不仅如此，第四分布区即重庆、四川和滇北地区的汉画像石的出现和发展，也应是受到第二分布区画像石艺术强烈影响的结果。可以毫不夸张地说，在东汉中期以前的各汉画像石分布区中，第二分布区即南阳、鄂北地区是画像石雕刻艺术水平最高、影响力最大的一个区域。

到东汉晚期，第五分布区即洛阳周围地区的画像石艺术风格为之一变。最能代表这一时期风貌的画像石，是河南密县打虎亭 1 号汉墓和 2 号汉墓[1]中的石刻画像。两座汉墓都是画像石和壁画并用的大型装饰墓，其中 1 号墓的画像石面积超过壁画面积，而 2 号墓的壁画面积超过画像石面积。这种画像石和壁画并用的东汉晚期大型装饰墓，目前只在汉画像石第一分布区内有所发现。例如，属于东汉晚期曹操家族墓地的安徽亳县董园村 2 号墓[2]，就是这一时期最著名的并用画像石和壁画的大型装饰墓。从第一和第五两个分布区画像石技术发达程度的差异来判断，密县打虎亭 1 号、2 号汉墓的画像石和壁画并用的做法，极有可能是受到第一分布区同样做法的影响。在迄今所发现的汉画像石墓中，打虎亭 1 号墓是墓室内石刻画像面积最大的墓葬之一。该墓是一座大型多室砖石混合结构墓，墓门南向，由甬道、前室、中室、后室、北耳室、南耳室、东耳室和中室西侧的祭室组成，除了中室、后室的顶部和壁面配置彩色壁画，其他各室和墓中所有石门均以石刻画像为装饰，画像石总面积达 200 平方米以上。石刻画像的主要雕刻方法是铲地凸面线刻，由于所在位置和画像内容不同，各画像石余白面的铲地深度也各有差异。例如，门扉石正面所刻的仙禽神兽云气纹画像（图一七八，1），构图虽然繁缛细腻，但由于余白面的铲地深度达 3 厘米左右，使画像显得极其凝重醒目。墓室壁面和天井部位的画像，如东耳室北壁的庖厨图，余白面的铲地深度仅 1 毫米左右，以致很难拓制画像的拓本（图一七八，2）。根据考古发现，这种铲地极浅的凸面线刻技法，最早用在东汉早期的江苏睢宁九女墩汉墓画像石[3]中（图一〇），东汉晚期广泛用于第一分布区的画像石上，如山东沂南北寨村画像石墓的主要画像都是用这种技法刻成的，其精美和细腻，在全部汉画像石中无出其右者。同样技法和风格的石刻作品，还见于第五分布区的河南密县后土郭 1 号、2 号画像石墓[4]和第三分布区的山西离石马茂庄画像石墓[5]的石刻画像。发掘报告的作者根据《水经注》的记载，将打虎亭 1 号墓定为东汉晚期弘农太守张伯雅墓，并推断 2 号墓为张伯雅家族墓，这一推定大体可信。河南密县后土郭 1 号、2 号画像石墓和山西离石马茂庄画像石墓的墓主身份虽然不明，但根据它们的墓室结构和石刻画像特征，可以断定三墓都属于东汉晚期。这些画像石墓的石刻画像表明，东汉早期

---

[1] 河南省文化局文物工作队：《河南密县打虎亭发现大型汉代壁画墓和画像石墓》，《文物》1960 年 4 期；安金槐、王与刚：《河南密县打虎亭汉代画像石墓和壁画墓》，《文物》1972 年 10 期；河南省文物研究所：《密县打虎亭汉墓》，文物出版社，1993 年。
[2] 安徽省亳县博物馆：《亳县曹操宗族墓葬》，《文物》1978 年 8 期；亳县博物馆：《安徽亳县发现一批汉代字砖和石刻》，《文物资料丛刊》第 2 集，1978 年。
[3] 李鉴昭：《江苏睢宁九女墩汉墓清理简报》，《考古通讯》1955 年 2 期；《徐州汉画像石》图 127～139，江苏美术出版社，1985 年。
[4] 河南省文物研究所：《密县后土郭汉画像石墓发掘报告》，《华夏考古》1987 年 2 期。
[5] 山西省考古研究所、吕梁地区文物工作队、离石县文物管理所：《山西离石马茂庄东汉画像石墓》，《文物》1992 年 4 期。

图一七八　河南密县打虎亭 1 号墓画像石
1. 门扉画像　2. 东耳室北壁的庖厨图（上.拓本　下.摹本）

产生于汉画像石第一分布区的浅剔地凸面线刻技法，到东汉晚期不仅传播到第五分布区即洛阳周围地区，而且传播和影响到第三分布区的山西离石一带。这些东汉晚期墓葬所出的大量精美浅剔地凸面线刻画像石，证明了洛阳周围地区和离石地区活跃着一支由当地人组成的、已经熟练掌握这种由第一分布区传播来的雕刻技术的画像石工匠集团。这一现象，说明到东汉晚期，影响洛阳周围地区画像石的已经不是第二分布区，而是第一分布区即山东、苏北、豫东、皖北地区的画像石制作技术和艺术风格。换言之，到东汉晚期，从对第五分布区画像石制作技术的影响力来看，第二分布区的影响已明显消退，第一分布区取而代之，成为对该区影响最大的汉画像石分布区。

从考古发现看，到东汉晚期，汉画像石第一分布区已经发展成为囊括画像石所有雕刻技法、作品数量巨大、艺术造诣极高的、集汉画像石艺术之大成的一个汉画像石分布区。不言而喻，其影响力也跃居各画像石分布区之冠。它不仅向西影响到第五、第三汉画像石分布区，甚至对长江以南苏、浙地区的东汉晚期画像石也产生了巨大影响。最典型的例子，就是 1973 年在浙江省海宁县长安镇发掘的一座东汉晚期画像石墓[1]。该墓是一座砖石混合结构的前后室墓，墓口向南，前室两侧附有东、西耳室。画像石全部配置在墓门和前室四壁，画像的雕刻技法为典型的浅剔地凸面线刻，余白面的铲地深度只有 1 毫米左右，艺术风格与山东沂南北寨村画像石墓的室内画像极为接近（图一七九）。很明

图一七九　浙江海宁长安镇画像石墓后室门柱画像
1. 东门柱画像　2. 西门柱画像

---

[1]　嘉兴地区文物管理委员会、海宁县博物馆：《浙江省海宁县东汉画像石墓发掘简报》，《文物》1983 年 5 期。

显，这座墓的画像石与河南密县打虎亭汉墓、山西离石马茂庄汉墓的画像石一样，在雕刻技法上受到了第一分布区的影响。

作为一种历史现象，文化的传播和影响，宛如水的流动一样，总是从发达程度较高的地区向发达程度较低的地区转移流动。汉画像石艺术的传播和影响也是这样。各汉画像石分布区艺术影响力的消长变化，在总体上反映了各分布区汉画像石艺术发展水平的变化。从以上考察可以看出，从西汉晚期到东汉中期的汉画像石早期发展阶段，河南南阳和湖北北部的汉画像石第二分布区是画像石艺术最发达的地区，其雕刻技法和艺术风格不仅影响到洛阳周围的画像石第五分布区，而且远及四川的画像石第四分布区和北京地区；到东汉晚期，山东、苏北、皖北、豫东的画像石第一分布区，取代了第二分布区而一跃成为画像石艺术最发达的地区，其影响所及，不惟使第五、第三分布区的画像石与第一分布区更为接近，连远在浙江海宁的画像石也与第一分布区的画像石呈现出共同的艺术风貌。从雕刻技法看，第四分布区的画像石有可能是在第二分布区画像石艺术的影响下产生和发展起来的，从目前的考古资料还看不到该区对其他分布区的影响。画像石第三分布区是一个独立形成和发展起来的区域，到东汉晚期，才受到第一分布区的强有力影响，形成更为细腻飘逸的艺术风格。这种各分布区域间画像石制作技术的传播和影响，无疑是促进汉画像石艺术繁荣和发展的一个重要原因。

结束语

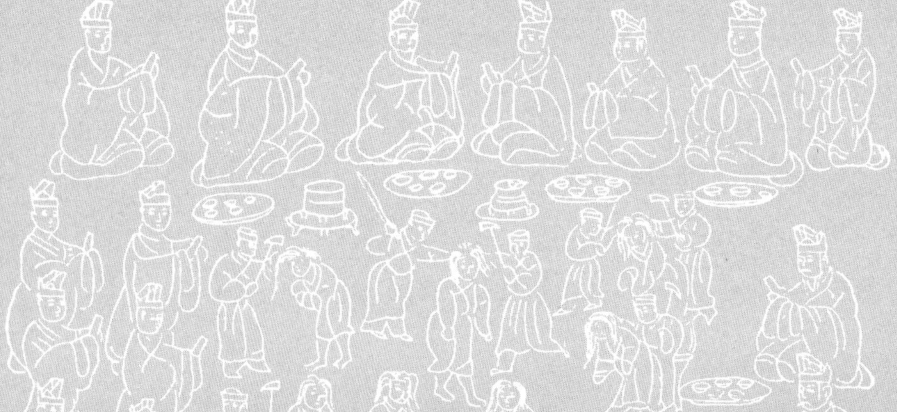

当笔者即将结束对汉画像石考察的时候，理性的思辨开始沉寂，多年积淀在心头的激动又潮水般地荡漾起来。我永远也不会忘记，20世纪70年代末第一次在四川乐山的麻浩1号崖墓享堂中观赏那些汉代石刻画像时受到的巨大震撼。面对寂静的、宫殿般雄伟壮丽的享堂和苔迹斑驳的画像，我感到血液都凝固了，头脑中一片茫然，仿佛置身于原始洪荒的丛葬之中，只感到个人的渺小和一种无名的惊惧。是对神明的恐惑，抑或历史隔阂的重压？我无法回答。其后，在我参观、考察河南密县打虎亭汉墓、山东安丘董家庄汉墓和孝堂山祠堂的画像时，又多次感受到这种巨大的震撼。这些汉代画像石所描绘的扑朔迷离的宇宙世界，莽莽苍苍，横无际涯，铺天盖地压在心头。我曾试图从图像本身去理解每一幅画像的内容，但一无所获。为了找到认识汉代画像的方法，我认真研究了古代埃及的墓室画像。这些埃及法老和贵族的墓室装饰画像，尽管鬼神杂糅，迷离怪诞，但由于画像旁所刻的题记和"死者之书"，使研究者可以从当时人的观念迅速判明画像的内容及各幅画像间的联系。看来，回到汉代去，用汉代人的观念去认识和解释汉代画像石的内容，是研究汉画像石唯一正确的方法。为此，我采用了图像学和文献学相结合的方法，重新对汉画像石进行了深入系统的研究。终于，迷雾逐渐消散，汉画像石的图像学意义一步步被揭开，原来观看画像时感受到的巨大震撼也逐步转化为对汉画像石的冷静理性认识。

  首先我认识到，最初给我心灵巨大震撼的原因，是汉画像石艺术所具有的深沉雄大的气魄，而这一点正是时代的产物。只有伟大的时代才能产生伟大的艺术。两汉时期，是我国历史上最灿烂辉煌的时代，是一个英雄辈出的时代。在强大统一的中央集权制国家的宽阔历史舞台上，各类生机勃勃的英雄人物应时而出，上演了一幕幕足以令后世感叹唏嘘的慷慨雄壮的历史剧。汉画像石就是从这片英雄时代沃土上生长出的一株艺术奇葩。作为一种丧葬艺术，它表现的主题是生者祭祀、悼念死者的永恒悲剧题材。但在艺术表现上，汉画像石并没有将死亡描绘得凄凄惨惨、悲悲切切，而是充满了对生命的乐观与渴望。就这一点来说，汉画像石可以称得上是古典现实主义和浪漫主义完美结合的典范。一方面，它作为祭祀性丧葬艺术，必须正视和尊重社会礼制与习俗，把当时祭祀祖先的场面加以提炼加工，尽可能准确、真实而又细致铺张地描绘出来；另一方面，它又力图表现人们对生命战胜死亡的渴望。这种现实和理想的矛盾冲突，正是汉画像石艺术创作的基础。雕刻出这些作品的民间艺术家不仅没有回避这一矛盾，反而用浪漫主义的手法极力加以铺张渲染。在他们看来，死亡已经不再是令人涕泗横流的与亲人的永诀，而是生命向更高境界的飞跃，是生者摆脱苦难尘世、取得升仙资格的必经过程，是一种值得欢呼雀跃的解脱。在汉画像石中，看不到对死亡的恐惧，只有对生命的赞颂和对未来幸福的热烈渴望。通过对人与神、鬼、仙人奇妙关系的形象描绘，人对永恒生命的追求在艺术创作中得到实现。这种艺术创造，从总体上说，绝不是一种个人行为，而是整个社会和民族观念的艺术体现，它表现了两汉时期的那种无往不胜的英雄气概和朝气蓬勃的时代精神。汉画像石的雄大气魄，不仅与它那大刀阔斧、粗犷豪迈的雕刻技法有着直接关系，还在于它的表现主题直接继承了整个民族积累起来的丰富而深厚的神话传统。将个人的生死放到宇宙世界的永恒变化中去进行表现，本身就是一个伟大的艺术命题。用远古神话去描绘宇宙世界，使汉画像石不仅具有一种扑朔迷离的神秘魅力，而且充溢着一股粗野古拙的力量。与唐宋以后世俗气浓重的墓室壁画和六朝以后主要以抒发个人意趣为主的文人画相比，汉画像石所蕴含的那种横空出世、震撼人心的气魄和力量，是后世美术作品无法望其项背的。

在汉画像石的研究过程中，我随着画像石工匠的雕刀，"上穷碧落下黄泉"，漫游了他们作品中的全部宇宙世界。从这些作品的思想内容来说，人世和鬼神杂糅，精华与糟粕参半。既然是大小统治者墓室和祠堂的装饰画，一定带有封建的思想糟粕；但由于是劳动人民所创造，其中一定凝聚着反抗和不平。对"祠庙祭祀图"和"孔子见老子"等历史故事画像以及祥瑞图，尽管那些民间雕刻艺术家力图认真而准确地进行描绘，但那冰冷的感情却通过雕刀凝固在画像上。这类图像从早到晚，构图永远是一个模式，各类祥瑞如同静物一般孤立地摆在画面上，人物的神态也始终是一个模样，既缺少变化，又没有动感，仿佛永远在简单地模仿、照抄。显然，他们对这类内容毫不关心。但这些民间雕刻家毕竟是热爱生活的，一进入他们所熟悉的现实生活题材，手中的雕刀立刻将生命和活力注入作品中。那欢乐的乐舞百戏表演、忙碌的庖厨操作，简直使人如身临其境。特别是那一幅幅气势磅礴的车马出行图，用准确而简练的线条，把奔马的神骏、骑吏的紧张、出行主人公的雍容，巧夺天工般地展现在人们面前。只有热爱生活才能细致地观察生活，只有深刻地感受生活才能真实地表现生活。在这些作品中，实际生活中的每一件事物，都被刻画得那样准确、细腻和传神，表现了作者对现实生活的热情和爱恋。一方面，对束缚人的儒家说教冷漠如冰；另一方面，对现实生活又热情似火。这种矛盾的态度，正是当时社会阶级矛盾在艺术作品中的反映。在描绘天界上帝、诸神和西王母的昆仑山仙界时，这些民间雕刻家的爱憎得到了最鲜明、最集中的反映。在画像石中，这些非人间的力量完全采取了人间的形式。很明显，这是将人间社会中统治阶级的典型形象无意识地加给了这些超自然的存在。那高高在上、呼风唤雨、严酷无情的上帝和诸神，不正是人间帝王及其大小爪牙的形象吗？那西王母和东王公所代表的昆仑山仙界，不正是哀苦无告的劳动人民力图摆脱现实苦难的幻想吗？在作品中，民间雕刻家虽然满怀恐惧地刻出了上帝和诸神的可怕形象，却让自己的主人公摒弃了对他们的祈祷和哀告，大胆而热情洋溢地飞升到西王母和东王公的昆仑山极乐仙境去了，而这个昆仑山仙境，却就在上帝和诸神的鼻子底下。这是人民在思想上对上天，同时也是对现实人间社会统治者的大胆背叛！应该说，西王母和东王公昆仑山仙界的出现，是当时群众性造仙运动的浪漫主义思想闪电幻化出的一束最绚丽夺目的光彩。这一题材被采撷到画像石中以后，极大地提高了汉画像石的艺术感染力，成为汉画像石中最富人性、最具情趣的浪漫主义作品。

由于汉画像石真实而形象地描绘了汉代生活的各个方面，已被学界称为汉代历史的画卷而受到珍重。迄今已有不少中外学者利用汉画像石资料对两汉历史作了许多卓有成效的研究，特别是汉画像石中有关社会生产和舆服制度方面的资料，以其形象性和准确性而备受重视。但这种研究，已经超出画像石研究本身而属于社会史研究的范畴，而且以前的研究者大多采取的是这种方法，因此本书没有采用这种研究方法。

从考古发现看，汉画像石是目前发现最多、数量最大，同时也是画像内容最为丰富的汉代美术作品群。在二百余年的存在和发展过程中，汉画像石所取得的巨大艺术成就，使它不仅成为汉以前中国古典美术发展的巅峰，而且对汉以后的美术发展也产生了巨大而深远的影响。主要由汉画像石创立和发展起来的汉代绘画艺术原则，为汉以后墓室壁画特别是中国画所继承。其中，上远下近的散点透视构图法，成为中国画的标准透视构图模式；而填白也成为中世纪绘画艺术的主要构图原则。魏晋以后，随着犍陀罗佛教造型艺术的传入，中国的石刻艺术走向了新的发展方向。从在中国美术史上承前启后的巨大作用来说，汉画像石永远是一座巍然屹立的艺术丰碑。

后　记

望着眼前杀青的厚厚原稿，多日紧张的心情终于松了下来。本书在日文版的基础上，充实了许多新的内容，同时新增加了墓阙画像石和连云港孔望山摩崖画像两章，基本上囊括了汉画像石的全部类别。

本书是我二十年来对汉画像石综合研究的一个总结。拙著能够付梓出版，是与众多师友的指教和帮助分不开的。

在我对汉画像石的研究中，从始至终一直得到我的导师俞伟超先生的指导。这次，又承俞伟超先生百忙中抽暇为本书写了序言。

在本书的写作过程中，很多中外师友提出了中肯的意见，特别是日本茨城大学的茂木雅博教授，不仅在日文版的写作和出版上付出了很多心血，对中文版的章节设置和插图内容也提出了许多建设性建议。在资料的搜集方面，中国历史博物馆的史树青研究员、文化部的童明康先生、南京博物院的车广锦先生、徐州兵马俑博物馆的王恺先生、陕西省考古研究所的张建林先生、日本学习院大学的鹤间和幸教授、茨城大学的上田武教授、早稻田大学的稻畑耕一郎教授、京都大学人文科学研究所的冈村秀典教授等都给予了很多帮助。

在此谨向以上师友致以诚挚的谢意。

中国历史博物馆　信立祥
1999年6月于北京